Jens Petersen

Nietzsches Genialität der Gerechtigkeit

Jens Petersen

Nietzsches Genialität der Gerechtigkeit

3. Auflage

DE GRUYTER

Dr. iur. Jens Petersen,
Professor für Bürgerliches Recht, Deutsches und Internationales Wirtschaftsrecht
an der Universität Potsdam

ISBN 978-3-11-064566-8
e-ISBN (PDF) 978-3-11-064568-2
e-ISBN (EPUB) 978-3-11-064607-8

Library of Congress Control Number: 2020935172

Bibliografische Information der Deutschen Nationalbibliothek
Die Deutsche Nationalbibliothek verzeichnet diese Publikation in der Deutschen Nationalbibliografie; detaillierte bibliografische Daten sind im Internet über http://dnb.dnb.de abrufbar.

Druck und Bindung: CPI books GmbH, Leck

www.degruyter.com

Inhalt

Einleitung

„Ja die Philosophie des Rechts! Das ist Eine Wissenschaft, welche wie alle moralische Wissenschaft noch nicht einmal in der Windel liegt!“[1] Dieser provozierende Ausspruch Nietzsches, der im Schrifttum nur vereinzelt aufgegriffen worden ist,[2] müsste Grund genug sein, das Interesse der Rechtsphilosophie nachhaltig zu entfachen. Dessen ungeachtet nimmt Friedrich Nietzsche unter den großen Denkern des Abendlandes, die sich mit der Gerechtigkeit beschäftigt haben, keine hervorstechende Rolle ein. Wer den Übermenschen propagierte und alles dem Willen zur Macht unterordnete,[3] scheint nicht gerade Gewähr für jenes Mindestmaß an Ausgewogenheit und Rechtsempfinden zu bieten, das für die Beschäftigung mit der Gerechtigkeit wenn nicht erforderlich, so doch zumindest förderlich ist. Und doch zeigt gerade das eingangs zitierte Wort, wie vorurteilsbelastet die schlagwortartig geführte Diskussion verläuft.[4] Es spricht sogar einiges dafür, dass Nietzsche über ein geradezu seismographisches – mitunter wohl auch übersteigertes – Gerechtigkeitsgefühl verfügte.[5] Aber auch dort, wo sich ein hypertrophes Rechtsempfinden offenbart und die Vorstellungen über das Recht mitunter radikal anmuten, treffen sie nicht selten Missstände und verbreitete

---

1 *Nietzsche*, Nachgelassene Fragmente, August – September 1885, 42 (8), Kritische Studienausgabe (Hg. G. Colli/M. Montinari), Band 11, S. 697.

2 Siehe aber *E.-J. Mestmäcker*, A Legal Theory without Law. Posner v. Hayek on Economic Analysis of Law, 2007, S. 58 ff.

3 Zu Recht spricht freilich *O. Höffe* in seiner Einführung des von ihm herausgegebenen Sammelbands ‚Zur Genealogie der Moral‘ der Reihe ‚Klassiker Auslegen‘ (KA), Band 29, 2004 (im Folgenden zitiert: *Verfasser*, in: Zur Genealogie der Moral (Hg. O. Höffe), KA 29, 2004), S. 10, vom „vielfach missverstandenen Begriff ‚Wille zur Macht‘, mit dem Nietzsche ein Pendant für die Psychologie zum Kraftbegriff der Physik schaffen will.“ Grundlegend *M. Heidegger*, Nietzsche, 1961, Band 1, S. 11 ff.; *ders.*, Nietzsches Lehre vom Willen zur Macht als Erkenntnis, 1939, in: Gesamtausgabe, Band 47, Frankfurt 1989; *V. Gerhardt*, Vom Willen zur Macht, 1996.

4 Zutreffend *H. Hofmann*, Nietzsche, in: Klassiker des politischen Denkens, (Hg. H. Maier), 1968, Band 2, S. 342 f.: „Was die unter sich verschiedenen Selbstbestätigungen in der Philosophie Nietzsches und die Versuche zu ihrer politischen Auswertung gemeinsam haben, ist die Verkürzung des Werks auf einzelne Motive, Bilder und Formeln.“ Siehe auch *K. Ansell-Pearson*, An Introduction to Nietzsche as a Political Thinker: The Perfect Nihilist, 1994; skeptisch *M. Nussbaum*, Is Nietzsche a Political Thinker?, International Journal of Philosophical Studies 5 (1997) 3; siehe auch *P. Bergmann*, Nietzsche – The Last Antipolitical German, 1987; *M. Warren*, Nietzsche and Political Thought, 1988; *D. W. Conway*, Nietzsche on the Political, 1997; *Ch. J. Emden*, Friedrich Nietzsche and the Politics of History, 2008.

5 Vgl. nur *Nietzsche*, Menschliches, Allzumenschliches, I, 62. Zu Nietzsches Gerechtigkeitssinn auch *D.-J. Yang*, Die Problematik des Begriffs der Gerechtigkeit in der Philosophie von Friedrich Nietzsche, 2005, S. 15 ff.

https://doi.org/10.1515/9783110645682-001

Fehlvorstellungen bei der Wurzel, so dass sie auch an den Stellen für die Rechtsphilosophie wegweisend sind, an denen sie im praktischen Ergebnis über das Ziel hinausschießen.

Bei alledem darf aber nicht übersehen werden, dass sich nicht nur in seinen Aphorismen und nachgelassenen Fragmenten, sondern auch in seinen frühen Werken, der zweiten Abhandlung zur Genealogie der Moral, der zweiten unzeitgemäßen Betrachtung sowie nicht zuletzt im Zarathustra eine Vielzahl von Gedanken über Recht und Gerechtigkeit finden, die zwar vielfach untersucht, aber gerade im Hinblick auf das eingangs zitierte Wort rechtsphilosophisch noch nicht hinlänglich gewürdigt worden sind.[6] Die inhaltliche und formale Schärfe seiner Beobachtungen, die nicht selten jede Ausgewogenheit vermissen zu lassen scheinen und vor allem wegen seiner Ablehnung der Gleichheit für eine ernsthafte Auseinandersetzung in rechtsphilosophischer Hinsicht diskreditierend wirken könnten,[7] darf nicht darüber hinwegtäuschen, dass es sich mitunter zwar um grell vorgetragene Kontrastierungen handelt, denen aber, wenn man den rechtsphilosophischen Kern freilegt, nicht selten allgemeingültige Einschätzungen von einem hohen Gerechtigkeitsgehalt zugrunde liegen.

Ebenso wie bei Montaigne, Pascal und La Rochefoucauld,[8] denen er sich stets nah fühlte,[9] sind es auch bei Nietzsche vor allem die blitzartig aufleuchtenden Gedanken, die ungeachtet aller aphoristischen Zuspitzung mitunter eine unauslotbare Tiefe haben, die den Dingen in einem höheren Sinne gerecht werden. In dieser Hinsicht stellt Nietzsches Werk auch für die Juristen nach wie vor eine Herausforderung dar – eine Einsicht, die etwa in der Theologie nicht neu ist.[10] Das

---

6 Vgl. *O. Höffe*, in: Zur Genealogie der Moral (Hg. Ders.), KA 29, 2004, S. 13: „Wer wissen will, dass Nietzsche auch ein bedeutender Sozial-, Rechts- und Moralphilosoph ist, lese die Zweite Abhandlung“ (sc. der Genealogie der Moral).

7 *D.-J. Yang*, Die Problematik des Begriffs der Gerechtigkeit in der Philosophie von Friedrich Nietzsche, 2005, S. 162: „Es ist ein harter Begriff und scheint den klassischen Boden der Diskussion über Gerechtigkeit verlassen zu haben.“

8 *F. de La Rochefoucauld*, Reflexions ou Sentences et Maximes Morales (dt.: Maximen und Reflexionen), 1664, 5. Auflage 1678. Seine Gedanken sind nach *Nietzsche* (Menschliches, Allzumenschliches, I, 36) die „[eines] scharf zielenden Schützen, welche immer (...) in‘s Schwarze treffen – aber in‘s Schwarze der menschlichen Natur“. Erhellend zu dieser Stelle *K. Stierle*, Die Modernität der französischen Klassik. Negative Anthropologie und funktionaler Stil, in: Französische Klassik (Hg. Ders./F. Nies), 1985, S. 81 ff.

9 Vgl. nur *Nietzsche*, Menschliches, Allzumenschliches, II 2, 408; Unzeitgemäße Betrachtungen, III, 1.

10 *E. Biser*, Gottsucher oder Antichrist? Nietzsches provokative Kritik des Christentums, 1982; *ders.*, ‚Gott ist tot‘. Nietzsches Destruktion des christlichen Bewusstseins, 1962; *ders*, Nietzsche für Christen. Eine Herausforderung, 2000; *ders.*, Die Reise und die Ruhe. Nietzsches Verhältnis zu

gilt um so mehr, wenn man bedenkt, dass Nietzsche selbst in seinen religionsfeindlichen Schriften das Recht mit berücksichtigt, wie folgendes „exorbitante Wort aus der aggressivsten von Nietzsches christentumskritischen Schriften“[11] über den Gekreuzigten belegt: „Er widersteht nicht, *er verteidigt nicht sein Recht*, er tut keinen Schritt, der das Äußerste von ihm abwehrt, mehr noch, er fordert es heraus.“[12] Es ist eine jener Stellen, die zeigen, wie kurzschlüssig es ist, Nietzsche auf einen einseitigen Standpunkt festlegen zu wollen, weil er immer zugleich auch den Blick für die besten Gründe der gegenteiligen Sicht hat[13] und ihr dadurch gerecht wird,[14] eine Gabe, die einen Leitgesichtspunkt seiner Gedanken – und damit auch der vorliegenden Abhandlung – bildet, nämlich die von Nietzsche selbst so genannte „Genialität der Gerechtigkeit“.[15] Natürlich ist dies zunächst nicht mehr als ein schönes Wort, aus dem sich keine weiter gehenden Folgerungen ziehen lassen. Erst recht versteht sich, dass nicht von der Begriffschöpfung auf die Fertigkeit geschlossen werden kann.

Wenn man jedoch Nietzsches ausführliche Präzisierung dieses Wortes, die einen Maßstab für die Gerechtigkeit entwirft, mit allen anderen Stellen, in denen es um die Gerechtigkeit geht, in Verbindung bringt und von daher auszudeuten versucht, so ist es ein Wort mit einem „inneren Mehrwert“,[16] das auch im rechtsphilosophischen Sinne Originalität beanspruchen kann, die nach Nietzsche bedeutet, „etwas (zu) *sehen*, das noch keinen Namen trägt“.[17] Mit der Genialität der Gerechtigkeit hat Nietzsche in der Tat etwas gesehen und beschrieben, das noch keinen Namen trägt und das bisher noch weitgehend unbeobachtet ge-

---

Kleist und Hölderlin, Nietzsche-Studien 7 (1998) 97 ff.; *ders.*, Das Desiderat einer Nietzsche-Hermeneutik. Der Gang der Wirkungsgeschichte, Nietzsche-Studien 9 (1980) 1 ff.

11 *E. Biser*, Das Antlitz. Christologie von innen, 1999, S. 37, 261.

12 *Nietzsche*, Der Antichrist, 35; Hervorhebung nur hier.

13 Dementsprechend hebt *E. Biser* (Hat der Glaube eine Zukunft?, 3. Auflage 1997, S. 21) hervor, dass dieser zuvor zitierte Gedanke „ausgerechnet von Nietzsche entdeckt wurde“.

14 *F. Kaulbach*, Nietzsches Idee einer Experimentalphilosophie, 1980, S. 200: „In diesem Sinne hat Nietzsche auch sogar den Positionen, auf deren Überwindung es ihm vor allem ankommt, ‚Gerechtigkeit‘ widerfahren lassen: dem Platonismus, der Moral, der neuzeitlichen Wissenschaft, dem Idealismus, dem cartesischen Ansatz.“

15 *Nietzsche*, Menschliches, Allzumenschliches, I, 636.

16 So, freilich in anderem Zusammenhang, das treffende Wort von *J. Ratzinger/Benedikt XVI.*, Jesus von Nazareth, 2007, S. 18 („es ist wichtig, gegenwärtig zu halten, dass schon jedes Menschenwort von einigem Gewicht mehr in sich trägt, als dem Autor in seinem Augenblick unmittelbar bewusst geworden sein mag.“).

17 *Nietzsche*, Die fröhliche Wissenschaft, 261; Hervorhebung auch dort; zu dieser Stelle auch *J. Simon*, Friedrich Nietzsche, in: Klassiker der Philosophie (Hg. O. Höffe), Band 2, 2. Auflage 1985, S. 203, 213.

blieben ist.[18] Gerade in jüngster Zeit ist freilich eine wichtige Arbeit zum Thema der Gerechtigkeit bei Nietzsche erschienen, die allerdings weniger rechtsphilosophisch angelegt ist, als vielmehr den Versuch unternimmt, Metaphysik, Moral und Religion bei Nietzsche miteinander zu versöhnen,[19] dabei aber entgegen dem selbst gesetzten Anspruch nur einen Teil derjenigen Stellen untersucht, in denen Nietzsche von der Gerechtigkeit spricht. Es kommt aber gerade darauf an, möglichst viele Stellen zu berücksichtigen, weil auch insoweit „aus dem Vorhandensein der Gegensätze (...) der Bogen mit der großen Spannung entsteht,“[20] wie es Nietzsche selbst einmal über den Menschen formuliert hat.

Um diesen Grundgedanken der Genialität der Gerechtigkeit näher betrachten und auf die einzelnen rechtlichen Disziplinen anwenden zu können, ist zunächst zu behandeln, was Nietzsche selbst mit der „Genialität der Gerechtigkeit“ gemeint hat, bevor die rechtsphilosophischen Gedanken je nach Rechtsgebiet dargestellt und darauf bezogen werden. Auf dieser Grundlage wird sich zwar – durchaus im Sinne Nietzsches – gerade kein rechtsphilosophisches System errichten, wohl aber eine Reihe von nachdenkenswerten Einsichten und vereinzelten Gerechtigkeitspostulaten abbilden lassen, die Nietzsche nicht mehr nur als Apologeten der Macht und schon gar nicht der Gewalt zeigen. Es ist also gerade dieser unbekannte Nietzsche,[21] den es für die Rechtsphilosophie zu entdecken gilt.[22]

Dass die Gerechtigkeit für ihn ein letztlich unbewältigtes Lebensthema war, ergibt sich aus einem bekenntnishaften Entwurf, der ursprünglich als Vorrede von *Menschliches, Allzumenschliches* gedacht war: „Es geschah spät – ich war schon über die zwanziger Jahre hinaus –, daß ich dahinter kam, was mir eigentlich noch ganz und gar fehle: nämlich die Gerechtigkeit. ‚Was ist Gerechtigkeit? Und ist sie möglich? Und wenn sie nicht möglich sein sollte, wie wär da das Leben auszuhalten?‘ – Solchermaaßen fragte ich mich unablässig. Es beängstigte mich tief,

---

18 Als einer der wenigen erwähnt *K. Jaspers*, Nietzsche. Einführung in das Verständnis seines Philosophierens, 1936, S. 179, den betreffenden Aphorismus beiläufig.

19 *D.-J. Yang*, Die Problematik des Begriffs der Gerechtigkeit in der Philosophie von Friedrich Nietzsche, 2005; zur Genialität der Gerechtigkeit kurz auf S. 5.

20 *Nietzsche*, Nachgelassene Fragmente, Mai – Juli 1885, 35 (18), Kritische Studienausgabe (Hg. G. Colli/M. Montinari), Band 11, S. 515.

21 In Anlehnung an die wegweisende Schrift von *E. Wasmuth*, Der unbekannte Pascal. Versuch einer Deutung seines Lebens und seiner Lehre, 1962; dazu etwa *E. Biser*, Der Mensch – das uneingelöste Versprechen, 2. Auflage 1996, S. 46, 325. Siehe vor allem *E. Biser*, Der unbekannte Paulus, 2003. Ähnlich *R. Maurer*, Der andere Nietzsche: Gerechtigkeit kontra moralische Utopie, Aletheia, 5 (1994) 9 ff.

22 Die Philosophie hat ihn schon wahrgenommen: *R. Maurer*, Der andere Nietzsche. Gerechtigkeit kontra moralische Utopie, Aletheia, 5 (1994) 9; *ders.*, Der andere Nietzsche. Zur Kritik der moralischen Utopie, Deutsche Zeitschrift für Philosophie 38 (1990) 1019.

überall, wo ich bei mir selber nachgrub, nur Leidenschaften, nur Winkel-Perspektiven, nur die Unbedenklichkeit dessen zu finden, dem schon die Vorbedingungen zur Gerechtigkeit fehlen: aber wo war die Besonnenheit? – nämlich Besonnenheit aus umfänglicher Einsicht."[23] Hier wird deutlich, dass die Frage nach der Gerechtigkeit für Nietzsche nicht auf die Philosophie des Rechts beschränkt ist, sondern zugleich diejenige nach den Grenzen und Möglichkeiten der Erkenntnis aufwirft[24] und das Erstaunen darüber in die Mitte seiner Philosophie führt: „zugleich erwachte eine plötzliche und heftige Neugierde nach der unbekannten Welt in mir, – kurz, ich beschloss, in eine harte und lange neue Schule zu gehen und möglichst weit weg von meinem Winkel. Vielleicht, dass mir unterwegs wieder die Gerechtigkeit selber begegnen würde."[25]

In den Darstellungen der Rechtsphilosophie wird Nietzsche gleichwohl mit nichts so wenig wie mit der Gerechtigkeit in Verbindung gebracht.[26] Auch wenn der Begriff der Gerechtigkeit im Sinne Nietzsches nicht allein auf das Recht bezogen ist, sondern das ganze Leben erfasst,[27] muss diese mangelnde Beachtung

---

23 *Nietzsche*, Nachgelassene Fragmente, August–September 1885, 40 (65), Kritische Studienausgabe (Hg. G. Colli/M. Montinari), Band 11, S. 663 f. Zu dieser Stelle auch *K. Jaspers*, Nietzsche. Einführung in das Verständnis seines Philosophierens, 1936, S. 179 m.w.N.

24 Ähnlich *D.-J. Yang*, Die Problematik des Begriffs der Gerechtigkeit in der Philosophie von Friedrich Nietzsche, 2005, S. 34: „Und diese Grenzziehung bzw. dieses Abstecken der menschlichen Erkenntnis, was uns auch erlaubt, Nietzsches Wahrheitskritik in die große kritische Tradition einzureihen, ist ihre eigentliche Leistung, und zwar eine notwendige für das Gerecht-Sein gegenüber sich selbst."

25 *Nietzsche*, Nachgelassene Fragmente, August–September 1885, 40 (65), Kritische Studienausgabe (Hg. G. Colli/M. Montinari), Band 11, S. 664.

26 Aus dem frühen Schrifttum immerhin – aber weithin ohne Berücksichtigung der Gerechtigkeit – *A. Düringer*, Nietzsche's Philosophie vom Standpunkt des modernen Rechts, 1906; *F. Mess*, Nietzsche der Gesetzgeber, 1930; aus dem ausländischen Schrifttum *A. Ballarini*, „Essere collettivo dominato" – Nietzsche e il problema della giustizia, 1982; *E. Moroni*, Nietzsche e la giustizia, Rivista internationale di filosofia del diritto 53 (1976) S. 151 ff.; *Th. H. Irwin*, Nietzsche and Jurisprudence – With Particular Reference to the Analysis of Edgar Bodenheimer, ARSP 73 (1987) 216; *ders.*, Nietzsche and Jurisprudence – A Critique of Edgar Bodenheimer's „Power, Law, and Society", Rechtstheorie 20 (1989) 501. Aus neuerer Zeit sind zu erwähnen *S. Straube*, Zum gemeinsamen Ursprung von Recht, Gerechtigkeit und Strafe in der Philosophie Friedrich Nietzsches, 2012 (dazu *H. Treiber*, ZRG GA 131, 2014, 704); *G. Dux*, Von allem Anfang an: Macht, nicht Gerechtigkeit. Studien zur Genese und historischen Entwicklung des Postulats der Gerechtigkeit, 2009, S. 145–179; *P. Goodrich/M. Valverde* (Hg.), Nietzsche and Legal Theory, 2005; *F. J. Mootz/P. Goodrich* (Hg.), Nietzsche and Law, 2008 (zu diesen letzteren sowie zur ersten Auflage des vorliegenden Buchs *C. Piazzesi*, Nietzsche, die Gerechtigkeit und das Recht, Nietzsche-Studien, 39, 2010, 652).

27 *G. Picht*, Nietzsche, 1988, S. XXVIII. *M. Heidegger* (Nietzsche, 1961, Band 1, S. 639) verweist vor allem auf die Nachlassstelle: „Gerechtigkeit als (...) höchster Repräsentant des Lebens selber".

verwundern. Nicht selten wird Nietzsche den geistigen Wegbereitern eines rücksichtslosen Machiavellismus oder mitunter sogar des Nationalsozialismus zugerechnet,[28] woran Nietzsche selbst freilich nicht ganz unschuldig ist.[29] Es geht hier allerdings weniger um eine biographische Nachzeichnung[30] als vielmehr um die Durchdringung der Fülle derjenigen Gedanken, in denen sich Nietzsche zum Recht und zur Gerechtigkeit äußert. Zwar ist durchaus gesehen worden, dass Nietzsche häufig von der Gerechtigkeit spricht, doch hat man sich mit der Feststellung begnügt, dass sie „wie ein Fremdkörper in seinem Werk" erscheine.[31] In der Tat scheinen die mitunter bemerkenswert milden Worte, die er für die Gerechtigkeit findet, schwerlich zu alledem zu passen, wofür er angeblich steht. Gerade deshalb stellen sie jedoch eine besondere Herausforderung für den Interpreten dar. Freilich darf man auch nicht ins andere Extrem verfallen und die unleugbare Härte, die Nietzsches Gerechtigkeitsbegriff innewohnt,[32] mildern und diesen gleichsam weichzeichnen.[33]

Nietzsches Geringschätzung bzw. die Einseitigkeit seiner Wahrnehmung in rechtsphilosophischen Darstellungen mag auch damit zusammenhängen, dass er im Gegensatz zu den großen Rechtsphilosophen Kant, Fichte und Hegel gerade keinen Systementwurf vorlegte, ist für ihn doch bekanntlich „der Wille zum

---

28 Vgl. *W. Fikentscher*, Methoden des Rechts, Band I, 1975, S. 174: „Das braune Recht Hitlers beruht auf dieser Überzeugung." Wichtig ferner *V. Hösle*, Eine kurze Geschichte der deutschen Philosophie, 2013, S. 201; Siehe aber auch *R. Haymann*, Friedrich Nietzsche. Der missbrauchte Philosoph, 1985.

29 Vgl. auch *K. Löwith*, Nietzsche, nach sechzig Jahren, in: Gesammelte Abhandlungen – Zur Kritik der geschichtlichen Existenz, 1960, S. 127, 131: „Der Versuch, Nietzsche von seiner geschichtlich wirksamen Schuld entlasten zu wollen, ist ebenso verfehlt wie der umgekehrte Versuch, ihm jeden untergeordneten Missbrauch seiner Schriften aufzubürden. (...) Es gibt zwar zwischen dem Gedanken, den ein bedeutender Schriftsteller ausspricht, und seinen möglichen geschichtlichen Folgen keine eindeutige Zuordnung, aber jeder öffentlich ausgesprochene Gedanke hat solche Folgen, zumal wenn er schon selbst provozierend ist und zur Tat herausfordert."

30 Insoweit ist es noch immer das zwischen 1895 und 1904 erschienene dreibändige Werk seiner Schwester *Elisabeth Förster-Nietzsche* („Das Leben Friedrich Nietzsche's"), welches auch Einblick in sein Gerechtigkeitsempfinden gewährt, allerdings vielfach zu Ehren des Bruders geschönt ist (vgl. *M. Heidegger*, Nietzsche, 1961, Band 1, S. 8: „immer wichtig ... aber großen Bedenken ausgesetzt"); ausgewogener ist freilich die Biographie von *C. P. Janz*, Friedrich Nietzsche (3 Bände), 1978.

31 *V. Gerhardt*, „Schuld", „schlechtes Gewissen" und Verwandtes, in: Zur Genealogie der Moral (Hg. O. Höffe), KA 29, 2004, S. 81, 82.

32 *D.-J. Yang*, Die Problematik des Begriffs der Gerechtigkeit in der Philosophie von Friedrich Nietzsche, 2005, S. 162.

33 *R. Maurer*, Der andere Nietzsche. Gerechtigkeit kontra moralische Utopie, Aletheia, 5 (1994) 9, 16, spricht von einem „Soft-Nietzsche", den es ebenso wenig gebe.

System (...) ein Mangel an Rechtschaffenheit“[34]. In der Nietzsche-Literatur ist bemerkt worden, dass Nietzsche selbst dem angesichts der Folgerichtigkeit seiner Gedanken, denen Systematik und Methode alles andere als fremd sind, nicht entsprochen habe.[35] In der Tat begnügt sich Nietzsche gerade in den rechtsphilosophisch gefärbten Aphorismen häufig nicht mit schlaglichtartigen Urteilen und Evidenzbehauptungen, sondern verfährt geradezu more geometrico. Zwar sollte man nicht der gegenteiligen Versuchung nachgeben und Nietzsches Gedanken über das Recht in das Prokrustesbett eines gleichwie gearteten Systems zwängen, doch offenbart sich gerade am Beispiel seiner Gedanken zum Recht das von Karl Löwith treffend so genannte „System in Aphorismen“.[36] Ebenso skeptisch wie Nietzsche dem Willen zum System gegenüber steht, verhält er sich hinsichtlich jeglicher Orthodoxie bezüglich bestimmter Lehrmeinungen.[37] Das hat schon Georg Simmel in seiner grundlegenden Arbeit über Nietzsche gesehen: „Nietzsche stellt und löst die entscheidende Frage freilich nicht in abstrakt-logischer Form, die es aus seinen, mehr auf Einzelprobleme gerichteten Äußerungen erst herauszudestillieren gilt.“[38]

Nicht zuletzt dies ist Aufgabe und Anliegen der vorliegenden Arbeit. Denn aus den punktuell gestellten und mitunter stichwortartig skizzierten Antworten zu den Themen des Rechts und der Gerechtigkeit erst ergibt sich ein Bild seines Rechts- und Gerechtigkeitsverständnisses. Wenn hier gleichsam leitmotivartig sein Gedanke der Genialität der Gerechtigkeit aufgegriffen wird, so darf dies weder missverstanden werden als scheinheilige Idealisierung aller seiner – mitunter durchaus auch fragwürdigen und erschreckenden[39] – Aphorismen und Darlegungen im Hinblick auf das Recht noch als Versuch, diese Genialität der Gerechtigkeit um jeden Preis auf Nietzsche selbst zu beziehen.[40] Ihm selbst eig-

---

34 *Nietzsche*, Götzen-Dämmerung oder Wie man mit dem Hammer philosophiert, 1889, Sprüche und Pfeile, 26.

35 *V. Gerhardt*, Friedrich Nietzsche, 1992, S. 26; mit der dort mitschwingenden Vermutung, dass Nietzsche sich habe eingestehen müssen, selbst am Bau eines Systems gescheitert zu sein.

36 *K. Löwith*, Nietzsches Philosophie der ewigen Wiederkehr des Gleichen, 1935, S. 11.

37 *Nietzsche*, Menschliches, Allzumenschliches, I, 608.

38 *G. Simmel*, Schopenhauer und Nietzsche, in: Gesamtausgabe Band 10, 1995, S. 167, 181.

39 *Nietzsche*, Nachgelassene Fragmente, Herbst 1885 – Herbst 1886, 2 (87), Kritische Studienausgabe (Hg. G. Colli/M. Montinari), Band 12, S. 104.

40 Etwas pathetisch freilich *D.-J. Yang*, Die Problematik des Begriffs der Gerechtigkeit in der Philosophie von Friedrich Nietzsche, 2005, S. 5: „Das heißt, Nietzsche ist nicht selten durchaus ungerecht. Dessen ungeachtet bei ihm die Thematik der Gerechtigkeit herauszuarbeiten hat den Sinn, sein Lebenswerk zumindest immanent als ein einheitlich gelungenes zu betrachten und das, was er durch sein Wirken und Leiden redlich und wahrhaftig über die fortdauernde Kluft

nete freilich eine psychologische Genialität, die ihn auch im Hinblick auf das Recht klarer und hellsichtiger erblicken ließ, wie die Leidenschaften des Menschen, vor allem Eitelkeit und Egoismus, seine Vorstellung vom Recht und den moralischen Phänomenen prägten und wie diese wiederum den Sinn für die Gerechtigkeit erzeugen.[41] Es soll also im Folgenden vor allem darum gehen, den inneren Kausal- und Verweisungszusammenhang herzustellen, in dem seine Gedanken über Recht und Gerechtigkeit stehen. Dabei dürfen die einzelnen, nicht selten verstreuten Gedanken nicht isoliert werden und sind zumeist auch auf die Gedanken zum Recht in anderen Werken Nietzsches zu beziehen,[42] so dass es auch um die Aufschlüsselung des „werkimmanenten Zusammenhangs" geht.[43] Zu diesem Zweck wird Nietzsche möglichst selbst zu Wort kommen, zumal man seine Gedanken schwerlich ohne Verlust an Bedeutung und Substanz zusammenfassen kann. Wenn Nietzsche etwa im Hinblick auf die Gerechtigkeit bekennt, dass der Mensch „in jedem Augenblicke an sich selbst sein Menschenthum zu büssen hat und sich an einer unmöglichen Tugend tragisch verzehrt",[44] so lässt sich dies nicht klarer zum Ausdruck bringen.[45]

Es wird sich zeigen, dass es bei Nietzsche gerade jene gleichsam überstehenden und sich allen Einordnungsversuchen immer an einer Stelle widersetzenden Einsichten sind, welche die Rechtsphilosophie auch heute noch bereichern können und vor allem eine bleibende Herausforderung an sie stellen. Auch wenn man seine Urteile über die Rangordnung und Ungleichheit der Menschen vor dem Gesetz missbilligt, seine Ablehnung der Strafe und des Staates für unpraktikabel und zu weitgehend hält, kann man sich mit Fug fragen, ob es in den letzten hundert Jahren überhaupt einen Denker gegeben hat, welcher der Rechtsphilosophie mehr originelle Einsichten und genuin neue Perspektiven eröffnet hat als er, der sie „noch nicht einmal in der Windel" sah. Nietzsches Genialität der Gerechtigkeit besteht nicht zuletzt darin, die Grenzen gerechten Ur-

---

zwischen Vernunft und Leben philosophisch abzusichern versuchte, für unseren freien Blick nutzbar zu machen."

41 Vgl. *Nietzsche*, Menschliches, Allzumenschliches, I, 107.

42 Ein Beispiel findet sich zu Beginn der Vorrede der Genealogie der Moral, in der Nietzsche selbst auf den Teil zur Geschichte der moralischen Empfindungen in *Menschliches, Allzumenschliches* verweist; womöglich noch aufschlussreicher als diese ausdrückliche Herstellung des werkimmanenten Zusammenhangs sind aber die unausgesprochenen Verweise.

43 So zutreffend *E. Biser*, Nietzsche für Christen. Eine Herausforderung, 2000, S. 63, der dies in exemplarischer Weise unternommen hat.

44 *Nietzsche*, Unzeitgemäße Betrachtungen, II, 6.

45 Vgl. aber auch *R. Maurer*, Der andere Nietzsche. Gerechtigkeit kontra moralische Utopie, Aletheia, 5 (1994) 9, 11.

teilens wie kaum einer vor ihm aufgezeigt und die Voraussetzungen zu ihrer Überwindung erkannt zu haben.

Auch wenn der Begriff der Gerechtigkeit für Nietzsche weiter reicht als das Recht, indem er zugleich die Möglichkeit menschlicher Erkenntnis berührt, darf die Rechtsphilosophie, für die der Gerechtigkeitsbegriff ersichtlich der zentrale ist, nicht dahinter zurückfallen, was Nietzsche selbst für die Bestimmung der Gerechtigkeit vorausgesetzt und vom Gerechten verlangt hat. Solange die Rechtsphilosophie Nietzsche nur nach seinen Ausführungen über Recht und Macht bemisst und allein darauf festlegt, aber das in die Mitte seines Denkens führende Verständnis der Gerechtigkeit ausblendet, wird sie ihm nicht gerecht. Natürlich hat Nietzsche nicht überall dort die Rechtsphilosophie gemeint, wo er von der Gerechtigkeit spricht. Vielmehr hat er mit der Gerechtigkeit die Wahrheit selbst gesucht. Aber es kommt nicht von ungefähr, dass er gerade an zentralen Stellen die Justiz metaphorisch einsetzt, indem er etwa – um nur ein Beispiel aus der zweiten unzeitgemäßen Betrachtung zu nennen – die Wahrheit als Welt*gericht* bezeichnet.[46] In der Rechtswelt stellt sich die für sein Denken zentrale Frage nach der Gerechtigkeit eben mehr als nur bild- und beispielhaft.

46 *Nietzsche*, Unzeitgemäße Betrachtungen, II, 6; siehe auch unten 1. Kapitel sub I. 6.

1. Kapitel: Die Genialität der Gerechtigkeit

Inwieweit man Nietzsche als Rechtsphilosoph ansehen kann, scheint davon abzuhängen, ob er überhaupt Philosoph oder nicht vielmehr, wie einige meinen, Schriftsteller und Literat gewesen ist.[1] Nichts ist indes müßiger als die Behandlung dieser Frage.[2] Entscheidend kann nur sein, dass seine Gedanken zur Rechtsphilosophie einen Maßstab gesetzt haben, der für alles künftige rechtsphilosophische Denken unhintergehbar ist. Die Frage ist demnach nicht so sehr, ob Nietzsche auch als Rechtsphilosoph anzuerkennen ist – eine Frage, die ihn selbst im Übrigen gewiss am wenigsten interessiert hätte[3] – als vielmehr, ob er die Suche nach der Gerechtigkeit um einen neuen Grundgedanken oder ein erkenntnisleitendes Prinzip bereichert hat.[4]

I. Gerechtigkeit und Wahrheit

Im neunten Hauptstück des ersten Bandes von *Menschliches, Allzumenschliches*, das er im Untertitel „ein Buch für freie Geister" nennt, steht entsprechend der Überschrift des Hauptstücks „Der Mensch mit sich allein". In diesem Zusammenhang handelt er in einem weiteren Untertitel „Von der Ueberzeugung und der Gerechtigkeit"[5], die im Wesentlichen den ersten Band beschließen. Die ersten

---

1 Vgl. *J. Simon*, Friedrich Nietzsche, in: Klassiker der Philosophie (Hg. O. Höffe), Band 2, 2. Auflage 1985, S. 203, 210; *A. C. Danto*, Nietzsche as Philosopher, 1965.

2 Siehe nur – mutatis mutandis – das Wort von *St. Zweig*, Montaigne, 4. Auflage 2001, S. 57: „So ist er nichts weniger als ein Philosoph, es sei denn im Sinne des Socrates, den er am meisten liebt, weil er nichts hinterlassen hat, kein Dogma, keine Lehre, kein Gesetz, kein System." Zur Faszination, die Socrates auf Nietzsche ausübte *V. Gerhardt*, Sokrates ist mir so nah. Die unbewältigte Gegenwart Nietzsches, ARSP-Beiheft 77 (2001) 181.

3 Aus der eingangs der Einleitung zitierten Stelle *Nietzsches*, Nachgelassene Fragmente, November 1887 – März 1888, 11 (120), Kritische Studienausgabe (Hg. G. Colli/M. Montinari), Band 13, S. 57, ergibt sich immerhin, dass er die Rechtsphilosophie im Wortsinne bejahte. *K. Seelmann*, Vorwort, in: Nietzsche und das Recht, ARSP-Beiheft 77 (2001) 7, geht davon aus, dass Nietzsche über den Stand der zeitgenössischen Rechtsphilosophie durchaus im Bilde war.

4 Vgl. *D. Henrich*, Ethik der Autonomie, in: Selbstverhältnisse. Gedanken und Auslegungen zu den Grundlagen der klassischen deutschen Philosophie, 1982, S. 6: „Neue Grundgedanken geben der Philosophie Möglichkeiten der Entfaltung frei, die ihren Ausgang in Wesentlichem auch verfehlen können. Der Beginn einer Epoche des Philosophierens enthält sogar zumeist Momente, durch die er ihren Fortgang überragt. Das schließt nicht aus, dass in ihm dennoch jener Ausgang entfaltet wurde und dass nur mit Rücksicht auf ihn zu wissen ist, was im Ausgang eigentlich geschah."

5 *Nietzsche*, Menschliches, Allzumenschliches, I, 629 – 638.

https://doi.org/10.1515/9783110645682-002

Abschnitte dieses Teils betreffen die „Ueberzeugungen“ und damit ein Thema,[6] über das in der Religionsphilosophie,[7] wenn auch nicht gerade am Beispiel genau dieser Texte,[8] unendlich viel geschrieben wurde.[9] Bereits dieser von Nietzsche selbst hergestellte Zusammenhang zwischen der Überzeugung und der Gerechtigkeit hätte angesichts der Zentralität des Überzeugungsverständnisses Nietzsches aufhorchen lassen können.[10]

1. Wissenschaftliche Methoden und wissenschaftlicher Geist

Von den Überzeugungen leitet Nietzsche freilich nicht übergangslos zur Gerechtigkeit über, sondern vermittelt durch eine Mahnung, die nicht zuletzt auch den Wissenschaftsanspruch der Jurisprudenz berührt, weil sie die Unentbehrlichkeit wissenschaftlicher Methoden betont und zumindest auch für die juristische Methodenlehre von Interesse ist.[11]

a) Kampf um das „Rechtbehalten“

Nietzsche zeichnet dort die Methoden im Kampf um das „Rechtbehalten“[12] im wissenschaftlichen Diskurs nach, den er übrigens interessanter Weise in juristische Kategorien kleidet: „So aber, bei dem ewigen Kampfe der Ansprüche verschiedener Einzelner auf unbedingte Wahrheit, gieng man Schritt vor Schritt weiter, unumstössliche Prinzipien zu finden, nach denen das *Recht der Ansprüche*

6 Pointiert *Nietzsche*, Menschliches, Allzumenschliches, I, 483: „Ueberzeugungen sind gefährlichere Feinde der Wahrheit, als Lügen.“

7 Dazu *J. Figl*, Dialektik der Gewalt. Nietzsches hermeneutische Religionsphilosophie, 1984.

8 Die Rede ist von dem berühmten „Gott ist tot. Und wir haben ihn getötet“ aus: *Nietzsche*, Die fröhliche Wissenschaft, Aphorismus 125; dazu *E. Biser*, „Gott ist tot“. Nietzsches Destruktion des christlichen Bewusstseins, 1962.

9 Vgl. ferner *E. Biser*, Das Desiderat einer Nietzsche-Hermeneutik. Der Gang der Wirkungsgeschichte, Nietzsche-Studien 9 (1980) 1 ff.; *ders.*, Der „menschenmögliche“ Atheismus Nietzsches, in: Welt ohne Gott? (Hg. V. Schubert) 1999, S. 135 ff.

10 Vgl. nur die Definition *Nietzsches*, Menschliches, Allzumenschliches, I, 630: „Ueberzeugung ist der Glaube, in irgend einem Puncte der Erkenntniss im Besitze der unbedingten Wahrheit zu sein“.

11 Dass Nietzsche auch dort so vergleichsweise wenig gewürdigt wurde, mag ebenfalls an seiner eingangs zitierten Verhöhnung des Willens zum System liegen, stellt doch das Systemdenken einen zentralen Baustein der wissenschaftlichen Jurisprudenz dar; vgl. nur *C.-W. Canaris*, Systemdenken und Systembegriff in der Jurisprudenz, 2. Auflage 1983.

12 *Nietzsche*, Menschliches, Allzumenschliches, I, 634.

geprüft und der Streit geschlichtet werden könne".[13] Hier scheint erstmals das Verhältnis von Wahrheit und Gerechtigkeit auf,[14] von dem noch die Rede sein wird. Auf diese Betonung wissenschaftlicher Methoden bauend, gelangt er im folgenden Gedanken[15] zu einer aufschlussreichen Bemerkung, die bereits überleitet zu seinem Gerechtigkeitsverständnis. Deshalb darf diese Prämisse hier auch nicht übergangen werden. Die wissenschaftlichen Methoden hält er nämlich nicht zuletzt deshalb für ein wichtiges Forschungsergebnis, weil auf der Einsicht in die Methode der wissenschaftliche Geist beruht und die intellektuelle Rechtschaffenheit gründet.[16] Jenen, denen dieser wissenschaftliche Geist fehlt, führt er ein Defizit vor Augen, dessen Feststellung wohl nicht von ungefähr zu seinem Gedanken der „Genialität der Gerechtigkeit" führt und das geradezu paradigmatisch den guten vom schlechten Juristen scheidet. „Sie haben nicht *jenes instinctive Misstrauen gegen die Abwege des Denkens,* welches in der Seele jedes wissenschaftlichen Menschen in Folge langer Uebung seine Wurzeln eingeschlagen hat."[17]

b) Objektivität und Gerechtigkeit

Zur rechten wissenschaftlichen Methode gehört gemeinhin ihre Objektivität. Wenn die wissenschaftliche Methode etwas mit der Gerechtigkeit zu tun haben soll, so scheint dies umso mehr für die Objektivität zu gelten.[18] Dass der Richtende nicht

---

13 *Nietzsche*, Menschliches, Allzumenschliches, I, 634; Hervorhebung nur hier.

14 Zutreffend *F. Kaulbach*, Nietzsches Idee einer Experimentalphilosophie, 1980, S. 186: „Wahrheit im Sinne der Gerechtigkeit erfordert es im besonderen auch, dass sich der Erkennende nicht der Einseitigkeit des cartesischen Konzepts der Wahrheit im Sinne objektiver Gültigkeit überantwortet." Siehe dazu auch *R. H. Grimm*, Nietzsche's Theory of Knowledge, 1977; *J. Stevens*, Nietzsche and Heidegger on Justice and Truth, Nietzsche-Studien 9 (1980) 224; *J. T. Wilcox*, Truth and Value in Nietzsche. A Study of his Metaethics and Epstemology, 1974; *K. Ulmer*, Nietzsches Wahrheit und die Wahrheit der Philosophie, Philosophisches Jahrbuch 70 (1962) 295; *W. Stegmaier*, Nietzsches Neubestimmung der Wahrheit, Nietzsche-Studien 14 (1985) 69.

15 *Nietzsche*, Menschliches, Allzumenschliches, I, 635.

16 *Nietzsche*, Nachgelassene Fragmente, Frühjahr 1888, 14 (109), Kritische Studienausgabe (Hg. G. Colli/M. Montinari), Band 13, S. 287; *ders.*, Nachgelassene Fragmente, Frühjahr 1888, 15 (25), Kritische Studienausgabe (Hg. G. Colli/M. Montinari), Band 13, S. 421.

17 *Nietzsche*, Menschliches, Allzumenschliches, I, 635; Hervorhebung nur hier; mit dem vernichtenden Nachsatz: „Ihnen genügt es, über eine Sache überhaupt irgendeine Hypothese zu finden (...). Eine Meinung haben heisst bei ihnen schon: dafür sich fanatisiren ..." – Auch in der juristischen Theoriebildung ist übrigens eine bloße Ad-hoc-Hypothese unzulässig; vgl. dazu *C.-W. Canaris*, Funktion, Struktur und Falsifikation juristischer Theorien, JZ 1993, 377 ff.

18 Zum Wahrheitsbegriff Nietzsches kann verwiesen werden auf die exemplarischen Ausführungen von *D.-J. Yang*, Die Problematik des Begriffs der Gerechtigkeit in der Philosophie von

in den zu beurteilenden Vorgang einbezogen ist und somit wahrhaft unbefangen urteilen kann, scheint geradezu oberstes Prinzip der Gerechtigkeit zu sein.

aa) Die im Hintergrund stehende Wahrheitsfrage

Dem Verhältnis zwischen Objektivität und Gerechtigkeit widmet Nietzsche sich in seiner zweiten unzeitgemäßen Betrachtung am Beispiel der vermeintlichen historischen Objektivität des modernen Menschen[19]: „Sucht nicht den Schein der Gerechtigkeit, wenn ihr zu dem furchtbaren Berufe des Gerechten geweiht seid (...). Als Richter müsstet ihr höher stehen, als der zu Richtende."[20] Es wird im Folgenden nicht übersehen, dass sich Nietzsche dort vor allem über den Historiker äußert,[21] wie überhaupt der Gerechtigkeitsbegriff Nietzsches nicht allein auf die Rechtswelt bezogen ist.[22] Da die Beispiele aber gerade der Rechtswelt entlehnt sind, passen sie dort um so mehr:[23] „Wenden wir uns vielmehr zu einer vielgerühmten Stärke des modernen Menschen mit der allerdings peinlichen Frage, ob er ein Recht dazu hat, sich seiner bekannten historischen ‚Objectivität' wegen stark, nämlich gerecht und in höherem Grade gerecht zu nennen als der Mensch anderer Zeiten."[24] Bereits die indirekte Frage legt nahe, dass die verneinende Alternative für Nietzsche vorrangig in Betracht kommt. Es ist aufschlussreich, dass Nietzsche Gerechtigkeit und Stärke hier gleichordnet, doch zielt dies nicht auf das eigentliche Anliegen, auf das sich vielmehr die folgende Frage richtet: „Ist es wahr, dass jene Objektivität in einem gesteigerten Bedürfnis und Verlangen nach Gerechtigkeit ihren Ursprung hat?" Diese vorderhand unverfängliche Frage,

---

Friedrich Nietzsche, 2005, S. 26 ff. unter Verweis auf *W. Müller-Lauter*, Nietzsche. Seine Philosophie der Gegensätze und die Gegensätze seiner Philosophie, 1971, S. 100 ff.; *G. Colli*, Nach Nietzsche, 1993, S. 184 ff.

19 Grundlegend *J. A. Geijsen*, Geschichte und Gerechtigkeit. Grundzüge einer Philosophie der Mitte im Frühwerk Nietzsches, 1997.

20 *Nietzsche*, Unzeitgemäße Betrachtungen, II, 6.

21 Interessant ist die Beobachtung von *G. Picht*, Nietzsche, 1988, S. XXVIII: „Das Richtmaß, an dem die Gerechtigkeit das geschichtliche Recht oder Unrecht misst, ist dann der Prozess der Geschichte selbst; sein Name heißt in Nietzsches Philosophie ‚das Leben'. Gerecht ist, was ‚das Leben' fördert, indem es den Willen dazu befreit, neue Horizonte geschichtlichen Daseins zu erschließen. Gerecht ist also die Umwertung der Werte. Ungerecht ist die Verneinung des über sich selbst hinausgehenden Lebens, also das Festhalten an den bisherigen Werten."

22 *D.-J. Yang*, Die Problematik des Begriffs der Gerechtigkeit in der Philosophie von Friedrich Nietzsche, 2005, S. 63. Siehe auch *H. Heimsoeth*, Nietzsches Idee der Geschichte, 1938.

23 Eine in ähnlichem Sinne erweiternde Auslegung nimmt *F. Kaulbach*, Nietzsches Idee einer Experimentalphilosophie, 1980, S. 202 f., vor.

24 Hier und im Folgenden *Nietzsche*, Unzeitgemäße Betrachtungen, II, 6. Zu Nietzsches Vorstellung von der Zeit *W. Stegmaier*, Zeitschrift für philosophische Forschung 41 (1987) 202.

die Nietzsches besondere rhetorische Kunst vorbereitet,[25] ist schon um ihrer Einleitung willen bemerkenswert. Denn indem er sie nicht mit einem scheinbar gleichbedeutenden und lapidaren „stimmt es?“ einleitet, wird deutlich, dass bei der Objektivität immer auch das Verhältnis zwischen Wahrheit[26] und Gerechtigkeit im Hintergrund steht.[27] Es war vor allem Heidegger,[28] der den Zusammenhang zwischen Wahrheit und Gerechtigkeit bei Nietzsche hervorgehoben hat.[29]

bb) Gerechtigkeit als Ursprung der Objektivität?

Für den vorliegenden Zusammenhang ebenso bedeutsam ist indes die Verknüpfung zwischen Objektivität und Gerechtigkeit, und zwar in zweierlei Hinsicht: erstens geht es Nietzsche erklärtermaßen nicht um den Grund, sondern um den Ursprung der Objektivität. Das ist deshalb bemerkenswert, weil noch zu zeigen sein wird, dass die Frage nach dem Ursprung für Nietzsche gerade im Hinblick auf die Gerechtigkeit eine zentrale ist, wie überhaupt das Ursprüngliche für Nietzsches Rechtsbegriff von besonderer Bedeutung ist. Zweitens ist wichtig, dass Nietzsche nicht fragt, ob die Objektivität in „der Gerechtigkeit“ ihren Ursprung hat,[30] sondern „in einem gesteigerten Bedürfnis und Streben nach der Gerech-

---

25 Zu ihr auch *T. N. Klass*, Das Versprechen. Grundzüge einer Rhetorik des Sozialen nach Searle, Hume und Nietzsche, 2002, S. 359 ff.; *J. Goth*, Nietzsche und die Rhetorik, 1970; *Ch. J. Emden*, Metaphor, Perception, and Consciousness: Nietzsche on Rhetoric and Neurophysiology, in: Nietzsche and Sciences (Hg. G. Moore/Th. H. Brobjer), 2004, S. 91.

26 Zu Nietzsches Begriff der Wahrheit *R. Bittner*, Nietzsches Begriff der Wahrheit, Nietzsche-Studien 16 (1987) 70. Wichtig auch *M. Djurić*, Das philosophische Pathos, Nietzsche-Studien 18 (1989), 221, 236, zu Nietzsches „Pathos der Wahrheit“; skeptisch dazu, aber wenig überzeugend *J. Geijsen*, Geschichte und Gerechtigkeit. Grundzüge einer Philosophie der Mitte im Frühwerk Nietzsches, 1997, S. 183 Fußnote 288. Zur Wahrheit bei Nietzsche auch *R. Spaemann*, Der letzte Gottesbeweis, 2007, S. 27.

27 Begrenzt ist freilich die Leistungsfähigkeit des Ansatzes von *D.-J. Yang*, Die Problematik des Begriffs der Gerechtigkeit in der Philosophie von Friedrich Nietzsche, 2005, (vgl. nur S. 32: „Motiv der Gerechtigkeitsmusik“), die Gerechtigkeit als „innere Musik“ zu erklären, weil sie weder ein schöpferisches Prinzip noch ein nachträgliches Erklärungsmuster bietet, auch wenn es Nietzsche bekanntlich um die „Musik hinter den Worten“ ging. Vgl. auch *Ch. J. Emden*, Sprache, Musik und Rhythmus: Nietzsche über die Ursprünge von Literatur, 1869–1879, Zeitschrift für deutsche Philologie 121 (2002) 208.

28 Vgl. *J. Stevens*, Nietzsche and Heidegger on Justice and Truth, Nietzsche-Studien 9 (1980) 224, 228 mit Fußnote 10.

29 *M. Heidegger*, Nietzsche, 1961, Band 1, S. 493 ff., 618 ff., vor allem im Abschnitt „Der Wille zur Macht als Erkenntnis“.

30 Vgl. auch *F. Kaulbach*, Nietzsches Idee einer Experimentalphilosophie, 1980, S. 202: „Die Fragwürdigkeit einer Auffassung, welche Gerechtigkeit und ‚Objektivität‘ identisch setzt, behandelt Nietzsche frühzeitig in der zweiten unzeitgemäßen Betrachtung. Zu deren Themen gehört

tigkeit". Die Gerechtigkeit ist also nicht Ursprung, sondern eher Objekt des Strebens.

cc) Gerechtigkeit und Schein der Objektivität

Mit dieser Formulierung einer vordergründig harmlosen Frage hat aber Nietzsche die Argumentationslast umgekehrt. Denn wenn es nicht um die Gerechtigkeit geht, sondern das (menschliche) Streben und Bedürfnis nach ihr Beweggrund sind, so erhält die vermeintliche Objektivität in Wahrheit eine besondere („gesteigerte") subjektive Prägung. Das wird deutlich, wenn man bedenkt, dass der Wille nach Gerechtigkeit für Nietzsche etwas fundamental anderes ist als die Gerechtigkeit selbst, nämlich letztlich eine Ausprägung des Willens zur Macht.[31] Die nachfolgende Frage Nietzsches ist denn auch ersichtlich rhetorischer Natur: „Oder erweckt sie (sc. die Objektivität) als Wirkung ganz anderer Ursachen eben nur den Anschein, als ob die Gerechtigkeit die eigentliche Ursache dieser Wirkung sei?" Aber die tiefer gehende Frage stößt nochmals in diese Wunde: „Verführt sie vielleicht zu einem schädlichen, weil allzu schmeichlerischen Vorurtheil über die Tugenden des modernen Menschen?"[32] Hier offenbart sich, dass die Tugenden des modernen Menschen die eigentliche Zielrichtung sind, da mit der Objektivität auch seine vorgebliche Gerechtigkeit steht und fällt.

2. Skepsis gegenüber System und vorgeblicher Orthodoxie

Die Wertschätzung der wissenschaftlichen Methoden relativiert Nietzsches Skepsis gegenüber den Systematikern. Ihnen und nicht der wissenschaftlichen Methode misstraut er: „Ich misstraue allen Systematikern und gehe ihnen aus dem Weg."[33] Das systematische Denken ist ihm, wie eingangs erwähnt,[34] gar nicht

---

der Nachweis, dass historische Objektivität, im Sinne des gleichmäßigen wertfreien Geltenlassen aller Positionen verstanden, nicht, wie beabsichtigt, zur Gerechtigkeit führt, sondern Ungerechtigkeit zur Folge hat."

31 Dazu im letzten Kapitel.

32 *Nietzsche*, Unzeitgemäße Betrachtungen, II, 6.

33 *Nietzsche*, Götzen-Dämmerung oder Wie man mit dem Hammer philosophiert, 1889, Sprüche und Pfeile, 26.

34 In der Einleitung; siehe auch den dortigen Verweis auf *V. Gerhardt*, Friedrich Nietzsche, 1992, S. 26. Demgemäß spricht *D.-J. Yang*, Die Problematik des Begriffs der Gerechtigkeit in der Philosophie von Friedrich Nietzsche, 2005 S. 5, von den „ständigen vergeblichen Versuchen, ein systematisches Werk zu schaffen", ohne dies freilich zu belegen.

so fremd,[35] wie seine Apologeten meinten.[36] Es bestätigt die dortige Annahme, dass es nicht der äußerliche Systemanspruch ist,[37] sondern die mit wissenschaftlicher Redlichkeit verfolgte innere Folgerichtigkeit des Denkens.[38] Es geht also um den Gegenbegriff zu dem von ihm angeprangerten Mangel an Rechtschaffenheit, nämlich der von Nietzsche an anderer Stelle so genannten „intellektuellen Rechtschaffenheit".[39]

Allerdings muss die soeben aufgestellte Hypothese sich noch an einer anderen Textstelle Nietzsches messen lassen, die zwar in einem untrennbaren Zusammenhang mit dem zuletzt bedachten Misstrauen gegenüber den Systematikern steht, im Gegensatz zu diesem berühmt gewordenen Wort aber kaum je erwähnt wird, obwohl sie womöglich noch tiefer blicken lässt.

Im Zusammenhang mit der Maßgeblichkeit von Maximen und Lehrmeinungen diagnostiziert Nietzsche eine verbreitete Verwechslung von Ursachen und Wirkung: „Wir suchen unbewusst die Grundsätze und Lehrmeinungen, welche unserem Temperamente angemessen sind, so dass es zuletzt so aussieht, als ob die Grundsätze und Lehrmeinungen unseren Charakter geschaffen, ihm Halt und Sicherheit gegeben hätten: während es gerade umgekehrt zugegangen ist. Unser Denken und Urtheilen soll nachträglich, so scheint es, zur Ursache unseres Wesens gemacht werden: aber thatsächlich ist unser Wesen die Ursache, dass wir so

---

35 Wie erinnerlich spricht *K. Löwith*, Nietzsches Philosophie der ewigen Wiederkehr des Gleichen, 1935, S. 11, von einem „System in Aphorismen".

36 Vgl. nur *C. A. Emge*, Einführung in die Rechtsphilosophie, 1955, S. 378: „Ein System ist stets ein intellektuell zu weit gehendes Unterfangen der ‚Vernunft'." Skeptisch mit gutem Grund *C.-W. Canaris*, Systemdenken und Systembegriff in der Jurisprudenz, 2. Auflage 1983, S. 9. Vgl. auch *H. Coing*, Zur Geschichte des Privatrechtssystems, 1962, S. 28: „Letzten Endes ist das Rechtssystem der Versuch, das Ganze der Gerechtigkeit im Hinblick auf eine bestimmte Form des gesellschaftlichen Lebens in einer Summe rationaler Prinzipien zu erfassen. Dass aber eine vernünftige, dem Denken erfassbare Struktur die geistige und die materielle Welt beherrsche, ist die unaufgebbare Grundhypothese der Wissenschaft." Siehe dazu auch *C. Jäger*, Zurechnung und Rechtfertigung als Kategorialprinzipien im Strafrecht, 2006, S. 41.

37 *V. Gerhardt*, Friedrich Nietzsche, 1992, S. 65: „Man denkt immer schon systematisch, sofern man nur denkt, auch wenn man die abschließenden Systeme mit guten Gründen verwirft." Skeptisch insoweit *J. Geijsen*, Geschichte und Gerechtigkeit. Grundzüge einer Philosophie der Mitte im Frühwerk Nietzsches, 1997, S. 8 f. Siehe zur systematischen Auslegung ferner *B. Bueb*, Nietzsches Kritik der praktischen Vernunft, 1970, S. 171.

38 Vgl. auch den insoweit provokativen Titel von *J. Richardson*, Nietzsche's System, 1996.

39 *Nietzsche*, Nachgelassene Fragmente, Frühjahr 1888, 15 (25), Kritische Studienausgabe (Hg. G. Colli/M. Montinari), Band 13, S. 421. Zum Stellenwert dieses Topos' bei Nietzsche, mit dem er die Kritikfähigkeit des Christentums bezeichnete, *E. Biser*, Hat der Glaube eine Zukunft?, 3. Auflage 1997, S. 65 f. Siehe auch *Nietzsche*, Die fröhliche Wissenschaft, 2, über „das intellectuale Gewissen", ein Abschnitt, den er übrigens beendet mit dem Satz: „Es ist meine Art von Ungerechtigkeit."

und so denken und urtheilen. – Und was bestimmt uns zu dieser fast unbewussten Komödie? Die Trägheit und Bequemlichkeit und nicht am wenigsten der Wunsch der Eitelkeit, durch und durch als consistent, in Wesen und Denken einartig erfunden zu werden: denn diess erwirbt Achtung, giebt Vertrauen und Macht."[40]

Auf den ersten Blick hat das wenig mit der Gerechtigkeit zu tun. Gerade für das Verhältnis von Dogmatik und Rechtsphilosophie zueinander ist es jedoch von besonderem Interesse. Denn ebenso wichtig wie die Beschäftigung des Dogmatikers mit der Rechtsphilosophie ist,[41] bedarf auch die Rechtsphilosophie einer Rückbindung an die Dogmatik, um die Gerechtigkeitspostulate zu verwirklichen und in der Praxis handhabbar zu machen.[42] Darüber hinaus aber ist mit der Redlichkeit als intellektueller Rechtschaffenheit[43] noch etwas für die Gerechtigkeit selbst Wichtiges gewonnen. Sie ist nämlich – neben der Wahrhaftigkeit – eine Voraussetzung der Gerechtigkeit.[44]

3. Ambivalenz der Eitelkeit

Nietzsches zuletzt behandeltes Wort erinnert daran, dass durch die Voreingenommenheit gegenüber bestimmten Lehrmeinungen ein trügerischer Schein der Folgerichtigkeit entstehen kann, der sich dort als verhängnisvoll erweist, wo in vermeintlich wissenschaftlicher Strenge Rechtsfolgen abgeleitet werden, die der Idee der Gerechtigkeit schlimmstenfalls zuwiderlaufen.

---

40 *Nietzsche*, Menschliches, Allzumenschliches, I, 608.

41 Zu diesem Verhältnis instruktiv *C.-W. Canaris*, Die Bedeutung der iustitia distributiva im deutschen Vertragsrecht, 1997.

42 Siehe nur die grundlegende Arbeit von *J. Oechsler*, Gerechtigkeit im modernen Austauschvertrag, 1997.

43 Vgl. *Nietzsche*, Nachgelassene Fragmente, Frühjahr 1888, 15 (25), Kritische Studienausgabe (Hg. G. Colli/M. Montinari), Band 13, S. 420.

44 *K. Jaspers*, Nietzsche. Einführung in das Verständnis seines Philosophierens, 1936, S. 178: „Wahrhaftigkeit und Redlichkeit haben für Nietzsche ihren eigentlichen Sinn erst in der durch sie möglichen Gerechtigkeit. Es entspricht der praktischen, wollenden, erziehenden Grundhaltung Nietzsches, dass ihm Redlichkeit nur eine Sache der Sauberkeit, Gerechtigkeit aber eine Sache des Pathos ist. So bekennt er: ‚Wir, die wir gemischten Wesens sind und bald vom Feuer durchglüht, bald vom Geiste durchkältet sind, wollen vor der Gerechtigkeit knien, als der einzigen Göttin, welche wir über uns anerkennen' ".

a) Macht und Eitelkeit

Das eigentliche Schlüsselwort der zitierten Stelle ist indes die Eitelkeit, die den Wunsch diktiert, als „durch und durch consistent" und folgerichtig im Denken zu erscheinen.[45] Gerade die Eitelkeit, die sich mithin auf die Urteilskraft korrumpierend auswirkt,[46] ist für Nietzsche das eigentliche Übel,[47] dem seines Erachtens auch diejenigen erliegen, die dem übersteigerten Willen zum System das Wort reden.[48] Hier zeigt sich, wenngleich unausgesprochen, so doch in besonderer Weise die prägende Kraft, welche die Maximen La Rochefoucaulds auf Nietzsche ausübten,[49] denn praktisch eine jede von ihnen nimmt die menschliche Eitelkeit aufs Korn.[50] Vor diesem Hintergrund lässt sich jetzt auch der Schluss der Textstelle würdigen, der freilegt, wohin diese Form der intellektuellen Eitelkeit führt, die gleichsam der Gegenbegriff ist zur intellektuellen Rechtschaffenheit, die Nietzsche vorschwebt: „denn dies erwirbt Achtung, Vertrauen und *Macht*."[51] Es ist eben die Ungerechtigkeit und Unehrlichkeit, die mitunter Macht verleiht.[52] Nietzsche entlarvt hier wie in vielen anderen Bemerkungen die auf Machterwerb und -erhaltung zielende Eitelkeit, die zwar für sich betrachtet nicht gut, aber eine

---

45 *Nietzsche*, Menschliches, Allzumenschliches, I, 608.

46 Dieser Gedanke Nietzsches findet sich noch an anderer Stelle (Menschliches, Allzumenschliches, I, 89), wo er über die Eitlen sagt: „sie trauen der Urtheilskraft Anderer mehr, als der eigenen."

47 Sie begegnet noch an vielen anderen Stellen in: Menschliches, Allzumenschliches, I, 79, 162, 583, 593; II 2, 38, 46 („Das menschliche ‚Ding an sich'. – Das verwundbarste Ding und doch das unbesiegteste ist die menschliche Eitelkeit").

48 Zweifelhaft *J. Bung*, Nietzsche über Strafe, ZStW 119 (2007) 120: „Die Konsistenz einer Gedankenfolge über längere Passagen zu pflegen, war ihm jedenfalls keine Herzensangelegenheit."

49 Siehe auch *V. Gerhardt*, Vom Willen zur Macht, 1996, S. 77 Fußnote 32.

50 Vgl. *F. de La Rochefoucauld*, Reflexions ou Sentences et Maximes Morales (dt.: Maximen und Reflexionen), 1664, 5. Auflage 1678, passim; zu erinnern ist an Nietzsches Wort, dass sie „ins Schwarze treffen, nämlich ins Schwarze der menschlichen Natur" (*Nietzsche*, Menschliches, Allzumenschliches, I, 36). *K. Stierle*, Was heißt Moralistik?, in: Moralistik. Explorationen und Perspektiven (Hg. R. Behrens/M. Moog-Grünewald) 2010, S. 10 ff., hat dieses vielschichtige Wort grundlegend gedeutet.

51 Hervorhebung nur hier; siehe auch *V. Gerhardt*, Zum Begriff der Macht bei Friedrich Nietzsche, Philosophische Perspektiven 7 (1981) 73.

52 Vgl. *Nietzsche*, Menschliches, Allzumenschliches, I, 52: „Bei allen grossen Betrügern ist ein Vorgang bemerkenswerth, dem sie ihre Macht verdanken. Im eigentlichen Acte des Betruges (...) überkommt sie der Glaube an sich selbst: dieser ist es, der dann so wundergleich und bezwingend zu den Umgebenden spricht." Ähnlich *Nietzsche*, Nachgelassene Fragmente, Herbst 1885 – Frühjahr 1886, 1 (56), Kritische Studienausgabe (Hg. G. Colli/M. Montinari), Band 12, S. 24, der im Zusammenhang mit dem „Glauben an sein Recht" von „Inspirations-Täuschungen" spricht.

notwendige Grundbedingung menschlichen Handelns ist.[53] Ihre Ambivalenz und Unerkennbarkeit münzt er, Kant gleichsam persiflierend,[54] in die Bezeichnung als „das menschliche ‚Ding an sich'", welches die Eitelkeit für ihn ist.[55]

b) Historie der moralischen Empfindungen

So ist Nietzsches Verständnis der Eitelkeit, die er auch mit der Selbstsucht gleichsetzt, ambivalent, weil sie ihm andererseits auch unentbehrlich erscheint, um – wenn auch als Reflex – gute Handlungen hervorzubringen und vor allem in letzter Konsequenz den Sinn für Wahrheit und Gerechtigkeit zu erzeugen. Denn für Nietzsche „sind Lust, Egoismus, Eitelkeit nothwendig zur Erzeugung der moralischen Phänomene und ihrer höchsten Blüthe, des Sinnes für Wahrheit und Gerechtigkeit der Erkenntniss".[56] Die genannten Leidenschaften sind also nicht an und für sich schlecht, sondern haben ihr Gutes, weil sie die moralischen Vorstellungen prägen und auf diesem Wege den Gerechtigkeitssinn befördern. Doch müssen sie erkannt werden, indem nicht zuletzt die Eitelkeit entlarvt wird. Dazu verhilft Nietzsches an den französischen Moralisten,[57] vor allem La Rochefoucauld, geschulte psychologische Genialität, von der noch ausführlich die Rede sein wird.[58] Yang spricht von den „am Ende gebogenen Wege(n) der Nietzscheanischen Gerechtigkeit", aber man könnte ebenso gut sagen, dass von

---

53 Zum nihilistischen Gedankenexperiment mit dem Handeln *M. Djurić*, Das nihilistische Gedankenexperiment mit dem Handeln, Nietzsche-Studien 9 (1980) 142.

54 Vgl. auch in diesem Zusammenhang *Nietzsche*, Menschliches, Allzumenschliches, II 2, 214: „Sie (gemeint sind Chamfort, La Bruyère, Fontenelle, Montaigne, Vauvenargues und La Rochefoucauld) enthalten mehr wirkliche Gedanken, als alle Bücher deutscher Philosophen zusammengenommen." – Nicht von ungefähr ist die Entlarvung der Eitelkeit eines der bestimmenden Motive der genannten französischen Moralisten. Vgl. auch *J. Petersen*, Recht und Macht in den Fabeln La Fontaines, Liber amicorum O. Seul, 2014, S. 384.

55 *Nietzsche*, Menschliches, Allzumenschliches, II 1, 46: „Das verwundbarste Ding und doch das unbesiegbarste ist die menschliche Eitelkeit: ja durch die Verwundung wächst seine Kraft und kann zuletzt riesengross werden."

56 *Nietzsche*, Menschliches, Allzumenschliches, I, 107.

57 Treffend *K. Stierle*, Die Modernität der französischen Klassik. Negative Anthropologie und funktionaler Stil, in: Französische Klassik (Hg. Ders./F. Nies), 1985, S. 81, 83: „Nietzsche selbst verstand sich zu den ‚Meistern' der französischen Klassik in einer tiefangelegten Affinität. Aus seinen Bemerkungen zur französischen Klassik und ihren großen Autoren tritt eine Klassik hervor, die von keinem Klassik-Stereotyp verdeckt wird und die seither immer aufs neue an Kontur gewonnen hat".

58 Unter II.

der Erkenntnis der Leidenschaften ein schnurgerader Weg zur Gerechtigkeit der Erkenntnis führt.[59]

Dementsprechend heißt es im Zusammenhang mit der Frage, ob ohne den Privatbesitz eine gerechtere Verteilung denkbar wäre,[60] nach der Feststellung, dass lediglich vorübergehender Besitz gleichgültig macht: „Wenn Plato meint, die Selbstsucht werde mit der Aufhebung des Besitzes aufgehoben, so ist ihm zu antworten, dass, nach Abzug der Selbstsucht, vom Menschen jedenfalls nicht die vier Cardinaltugenden übrig bleiben werden, – wie man sagen muss: die ärgste Pest könnte der Menschheit nicht so schaden, als wenn eines Tages die Eitelkeit aus ihr entschwände."[61] Dieser Gedankengang ist im Übrigen bezeichnend für Nietzsches Ansichten über das Recht, die nicht selten in eine anthropologische Einsicht münden[62] und vor diesem Hintergrund das Verhältnis zur Moralität behandeln:[63] „Plato's utopistische Grundmelodie, die jetzt noch von den Socialisten fortgesungen wird, beruht auf einer mangelhaften Kenntniss des Menschen: ihm fehlte die Historie der moralischen Empfindungen, die Einsicht in den Ursprung der guten nützlichen Eigenschaften der menschlichen Seele."[64]

Wie prägend gerade die „Historie der moralischen Empfindungen" für Nietzsches Rechtsverständnis ist, wird noch des Öfteren zu sehen sein. Denn dies hängt aufs engste mit der von ihm beklagten Feststellung zusammen, dass „wir (...) Alle kein herkömmliches Rechtsgefühl mehr (haben)."[65] Das zeigt sich im Übrigen auch an einer versteckten Stelle, an der Nietzsche die Moralität in einem Klammerzusatz näher bezeichnet als „die vererbte, überlieferte, instincthafte Handlungsweise nach moralischen Gefühlen."[66] Dass sowohl das Rechtsempfinden als auch die moralische Empfindung nicht nur ihren Ursprung, sondern

---

59 *D.-J. Yang*, Die Problematik des Begriffs der Gerechtigkeit in der Philosophie von Friedrich Nietzsche, 2005, S. 138.

60 Siehe dazu und der im Folgenden behandelten Textstelle noch im vierten Kapitel.

61 *Nietzsche*, Menschliches, Allzumenschliches, II 2, 285.

62 Hier (*Nietzsche*, Menschliches, Allzumenschliches, II 2, 285) lautet sie: „Denn der Mensch ist gegen Alles, was er nur vorübergehend besitzt, ohne Vorsorge und Aufopferung, er verfährt damit ausbeuterisch, als Räuber oder lüderlicher Verschwender." Diese allgemeine Einsicht freilich verengend *D.-J. Yang*, Die Problematik des Begriffs der Gerechtigkeit in der Philosophie von Friedrich Nietzsche, 2005, S. 116: „Hier wird schon der Grund der Verderbtheit des totalitären Staatsregimes vorhergesehen, das ohne Berücksichtigung der wahren Natur des Menschen, Ungleiches gleichmachend, aus dem Staat ein großes Gefängnis gemacht hat."

63 Monographisch *P. Berkowitz*, Nietzsche: The Ethics of an Immoralist, 1995.

64 *Nietzsche*, Menschliches, Allzumenschliches, II 2, 285.

65 *Nietzsche*, Menschliches, Allzumenschliches, I, 459.

66 *Nietzsche*, Menschliches, Allzumenschliches, II 2, 212; dort bezeichnet er im Übrigen auch die Gerechtigkeit als eine der (Kardinal-)Tugenden neben der Mäßigkeit und Seelenruhe.

auch ihre Fortgeltung im Herkommen haben, wird weiter unten noch näher behandelt.

4. Urteilskraft als Bedingung der Gerechtigkeit

Gerade im folgenden, für den vorliegenden Zusammenhang zentralen Aphorismus zeigt sich, dass ihm die Aufrichtigkeit im Urteil, die durch einen übersteigerten Willen zum System eben korrumpiert werden kann, das Entscheidende ist. Jenen Fällen, „wo der Denker sich" mit Nietzsches Worten, „als Genie benimmt und bezeichnet, also wie ein höheres Wesen drein schaut, welchem Autorität zukommt",[67] stellt er im Folgenden eine Gabe entgegen,[68] die auch im Mittelpunkt unseres Interesses steht: „Es giebt freilich auch eine ganz andere Gattung der Genialität: die der Gerechtigkeit; und ich kann mich durchaus nicht entschliessen, dieselbe niedriger zu schätzen, als irgend eine philosophische, politische oder künstlerische Genialität. Ihre Art ist es, mit herzlichem Unwillen Allem aus dem Wege zu gehen, was das Urtheil über die Dinge blendet und verwirrt; sie ist folglich eine Gegnerin der Ueberzeugungen, denn sie will Jedem, sei es ein Belebtes oder Todtes, Wirkliches oder Gedachtes, das Seine geben – und dazu muss sie es rein erkennen; sie stellt daher jedes Ding in das beste Licht und geht um dasselbe mit sorgsamem Auge herum."[69]

Aus dem soeben Bedachten ergibt sich, dass es sich hierbei weniger um eine materiale Gerechtigkeitstheorie handelt,[70] als vielmehr um eine auf dem Postulat strenger Wissenschaftlichkeit gründende, d.h. dem wissenschaftlichen Geist verpflichtete Gerechtigkeitsvorstellung. Man kann daher auch von einer „Genialität der Urteilskraft" sprechen, die das akkurate Gegenteil der Torheit ist, gegen die sich Nietzsche zuvor gewandt hat. Sie ist also zumindest auch eine Erscheinungsform juristischer Urteilskraft, so wie diese eine Bedingung der Gerechtigkeit darstellt.

---

67 *Nietzsche*, Menschliches, Allzumenschliches, I, 635.

68 Eine vergleichbare Erscheinung ist das von *Nietzsche*, Jenseits von Gut und Böse, 295, so genannte „Genie des Herzens"; zu diesem Aphorismus auch *P. van Tongeren*, Die Moral von Nietzsches Moralkritik, Studie zu ‚Jenseits von Gut und Böse', 1989, S. 243 ff.

69 *Nietzsche*, Menschliches, Allzumenschliches, I, 636.

70 Ebenso *D.-J. Yang*, Die Problematik des Begriffs der Gerechtigkeit in der Philosophie von Friedrich Nietzsche, 2005, S. 16, der die Gerechtigkeit daher als „innere Musik" interpretiert.

a) Genialität der Urteilskraft

Bedeutet diese so verstandene Genialität der Urteilskraft keine auf das Recht selbst bezogene inhaltliche Idee der Gerechtigkeit, so veranschaulicht ihre Hervorhebung gleichwohl die Sinnhaftigkeit der Beschäftigung etwa des Dogmatikers mit der Rechtsphilosophie.[71]

aa) Gerechtigkeitstrieb ohne Urteilskraft als Quelle des Fanatismus

Allerdings erweist sich diese Betrachtungsweise noch nicht als hinreichend, weil Nietzsche selbst Anleitungen gegeben hat, mit denen das so beschriebene Vorgehen gleichsam mit Leben und Inhalt gefüllt werden kann. Hervorhebung verdient schon dort Nietzsches Imperativ, wonach die Genialität der Gerechtigkeit „jedes Ding in das beste Licht stellt", so dass auch Gegenansichten auf ihr berechtigtes Grundanliegen zurück zu verfolgen und zu würdigen sind und nicht die erstbeste missliebige Folgerung dazu verwendet werden kann, sie im Ganzen zu diskreditieren.[72] Was aber noch wichtiger ist, hat Nietzsche selbst in seiner zweiten unzeitgemäßen Betrachtung auf einen Begriff gebracht,[73] so dass es erstaunt, dass dies bislang noch nicht hinreichend berücksichtigt worden ist. Im Zusammenhang mit der Wahrheit als unerlässlicher Voraussetzung der Gerechtigkeit, von der auch dieser Abschnitt handelt, worauf sogleich noch einmal explizit zurückzukommen ist, bestimmt Nietzsche zugleich auch die hinreichenden Bedingungen der Suche nach Gerechtigkeit: „Es genügt durchaus nicht, den Willen dazu allein zu haben: und die schrecklichsten Leiden sind gerade aus dem Gerechtigkeitstriebe ohne Urtheilskraft über die Menschen gekommen;[74] weshalb

---

71 Siehe auch *C.-W. Canaris*, Die Bedeutung der iustitia distributiva im deutschen Vertragsrecht, 1997.

72 Im Rahmen einer kritischen Überprüfung einer ganzen Epoche der Methodenlehre, wie etwa der Interessenjurisprudenz ist es daher geboten, ihre bedeutensten Vertreter, wie *Philipp Heck* und *Rudolf Müller-Erzbach*, mit ihren jeweils wichtigsten Erkenntnissen zu würdigen und zu Wort kommen zu lassen; vgl. *J. Petersen*, Von der Interessenjurisprudenz zur Wertungsjurisprudenz, 2001. Entsprechendes müsste von der oft voreilig verschmähten Begriffsjurisprudenz gelten (vgl. *G. Hassold*, Rechtsfindung durch Konstruktion, AcP 181, 1981, 131), deren Schöpfer womöglich eher – mit den Worten Peter Landaus – von einer *Prinzipienjurisprudenz* ausgingen; vgl. *P. Landau*, Die Rechtsquellenlehre in der deutschen Rechtswissenschaft des 19. Jahrhunderts, Juristische Theoriebildung und Rechtliche Einheit, Rättshistoriska Studier (Hg. C. Peterson), Band XIX, 1993, S. 89.

73 Zu den unzeitgemäßen Betrachtungen *C. Zuckert*, Nature, History, and the Self. Friedrich Nietzsche's Untimely Considerations, Nietzsche-Studien 5 (1976) 55.

74 Wenn *D.-J. Yang*, Die Problematik des Begriffs der Gerechtigkeit in der Philosophie von Friedrich Nietzsche, 2005, S. 19, die Urteilskraft als das „Urteilen-Können" paraphrasiert, so wird das dem affirmativen Charakter des Wortes nicht hinlänglich gerecht.

die allgemeine Wohlfahrt nichts mehr erheischen würde, als den Saamen der Urtheilskraft so breit wie möglich auszustreuen, damit der Fanatiker von dem Richter, die blinde Begierde Richter zu sein von der bewussten Kraft richten zu dürfen, unterschieden bleibe."[75]

Bereits das Wort „Gerechtigkeitstrieb" verdeutlicht, dass es sich um schwerlich mehr als einen animalischen Instinkt, allenfalls einen diffusen Willen zur Gerechtigkeit und noch keinen wahren Gerechtigkeitssinn handelt.[76] Dem Gerechtigkeitstrieb entspricht sonach „die blinde Begierde Richter zu sein" und läuft damit auf blinden Fanatismus hinaus, wobei das Adjektiv („blind") aufschlussreich ist, weil es auch metaphorisch der Gegenbegriff zum sehenden Auge der Gerechtigkeit ist,[77] von dem Nietzsche an vielen Stellen spricht.[78] Der wahre Richter zeichnet sich also nicht zuletzt durch seine Urteilskraft aus. „Aber wo fände sich ein Mittel, Urtheilskraft zu pflanzen! – daher die Menschen, wenn ihnen von Wahrheit und Gerechtigkeit geredet wird, ewig in einem zagenden Schwanken verharren werden, ob zu ihnen der Fanatiker oder der Richter rede."[79]

bb) Nietzsche und Newman

Es ist bisher wohl noch nicht gesehen worden, dass sich eine ganz ähnliche Wendung, wie sie Nietzsche zur Beschreibung der von ihm so genannten Genialität der Gerechtigkeit gebraucht, bei John Henry Newman findet, der über den „wirklichen Gentleman" sagt: „Gerüchten und Verleumdungen schenkt er kein Gehör, er macht keine Unterstellungen, *sondern legt alles zum Besten aus.*"[80] Die frappierende inhaltliche Übereinstimmung des Postulats Nietzsches mit dem zum Katholizismus konvertierten und später zum Kardinal kreierten Newman ist durchaus bemerkenswert. Es ist eben zugleich das Postulat der Vornehmheit der Gesinnung,[81] die auch für Nietzsche einen hohen Stellenwert hat,[82] weil sie Vor-

---

75 *Nietzsche*, Unzeitgemäße Betrachtungen, II, 6.

76 Zum Willen zur Gerechtigkeit, der nach Nietzsche letztlich auf den Willen zur Macht hinausläuft, näher im letzten Kapitel.

77 Eingehend *M. Stolleis*, Das Auge der Gerechtigkeit, Geschichte einer Metapher, 2004.

78 Bereits zu Beginn der hier behandelten Passage der zweiten unzeitgemäßen Betrachtung, wo über den Gerechten gesagt wird, „sein Auge trübt sich nicht". Dazu näher unten im letzten Kapitel.

79 *Nietzsche*, Unzeitgemäße Betrachtungen, II, 6.

80 *J. H. Newman*, Die Idee der Universität, 2004 (The Idea of a University, 1873), S. 179 f.; Hervorhebung nur hier.

81 Siehe auch *K. Löwith*, Der christliche Gentleman. Über die Schizophrenie eines gesellschaftlichen Ideals, in: Sämtliche Schriften, Band III, 1985, S. 163 ff.; instruktiv dazu *M. Scherer*, Der Gentleman, 2. Auflage 2003, S. 52 f., der dies im Einklang mit Newman zu einer materialen Ethik

aussetzung der Gerechtigkeit ist.[83] Ungeachtet aller Abwendung von einer bestimmten materialen Gerechtigkeitstheorie belegt die von Nietzsche redaktionell hervorgehobene Anspielung an das uralte suum cuique, dass die Genialität der Gerechtigkeit mehr ist als eine bloße Technik oder ein bestimmtes Verfahren, so dass man sie also auch nicht ohne weiteres den prozeduralen Gerechtigkeitstheorien zuordnen kann.

b) Prinzip der Ausgewogenheit

Zugleich wird deutlich, dass die Genialität der Gerechtigkeit im Sinne Nietzsches mehr ist als die Verwirklichung des Postulats einer größtmöglichen Ausgewogenheit. Diese ist allenfalls eine notwendige Bedingung jener, die darüber hinaus zumindest auch eine Gabe ist, deren ungleiche Verteilung allen individuellen Fähigkeiten eignet. Das wird im Vergleich zur philosophischen, politischen und künstlerischen Genialität deutlich, die Nietzsche gleichrangig aufzählt. So sagt Nietzsche selbst von den Durchschnittsmenschen, dass bei ihnen „die Tugend der Gerechtigkeit selten vorhanden (ist), noch seltener erkannt und fast immer auf den Tod gehasst (wird)."[84]

Daher lässt sich die Genialität der Gerechtigkeit schwerlich prinzipienmäßig verallgemeinern oder deduzieren. Diese vermeintliche Unzulänglichkeit kann das hier angestrengte Vorhaben freilich nicht diskreditieren, obwohl es so scheint, als könne damit allenfalls der Beweis angetreten werden, dass Nietzsche selbst über die angesprochene Gabe – womöglich in besonderem Maße – verfügt habe.[85] Darüber hinaus ist freilich von Bedeutung und nachweisbar, welchen Maßstäben diese Genialität der Gerechtigkeit zu genügen hat und welche Gerechtigkeitsgesichtspunkte es vornehmlich sind, die ihre Maßgeblichkeit jenseits aller individuellen Fertigkeiten bezeugen. Auf dieser Ebene lassen sich durchaus einige

---

ausbaut, die nichts mit den gängigen Manieren-Leitfäden zu tun hat, sondern – durchaus im Sinne Nietzsches – die Vornehmheit der Gesinnung zum Leitgesichtspunkt erhebt.

82 *Nietzsche*, Nachgelassene Fragmente, Oktober 1888, 23 (4), Kritische Studienausgabe (Hg. G. Colli/M. Montinari), Band 13, S. 604, *ders.* Nachgelassene Fragmente, Mai – Juli 1885, 35 (76), Kritische Studienausgabe (Hg. G. Colli/M. Montinari), Band 11, S. 543.

83 *M. Steinmann*, Die Ethik Friedrich Nietzsches, 2000, S. 178, wonach „die Gerechtigkeit nach Nietzsche nur durch Vornehmheit verwirklicht werden kann".

84 *Nietzsche*, Unzeitgemäße Betrachtungen, II, 6. Diese Stelle kommentiert *K. Jaspers*, Nietzsche. Einführung in das Verständnis seines Philosophierens, 1936, S. 180, mit den Worten: „Was Gerechtigkeit, wenn es sie gibt, in ihrer *Echtheit* sei, das zu sehen, darf sie nicht verwechselt werden."; Hervorhebung auch dort.

85 *J. Bung*, Nietzsche über Strafe, ZStW 119 (2007) 120, warnt davor, „die Exzentrizität des Autors durch besonders einfallsreiche Rezeptionsversuche einzufangen".

Gesichtspunkte mit Prinzipienrang aus den scheinbar verstreuten Aphorismen Nietzsches herausdestillieren, ohne einem falschen Systemzwang zu erliegen.

c) Gefahr rechtsphilosophischer Begriffsjurisprudenz und naturalistischer Fehlschlüsse

Mit dem zuletzt Bedachten ist freilich implizit zugleich auf eine Gefahr aufmerksam gemacht, welche die Zentrierung der Genialität der Gerechtigkeit birgt. Sie ist zunächst nicht mehr als ein manipulierbarer Begriff,[86] aus dem kein materiales Gerechtigkeitsprinzip hergeleitet werden kann, ohne dass man gleichsam einer rechtsphilosophischen Begriffsjurisprudenz das Wort reden würde.[87] Darüber hinaus hat sie in erster Linie – das heißt, wenn man sie von allem anderen isoliert – beschreibenden Charakter. Dass die konkrete Form der Umschreibung Nietzsches eine ausgesprochene Wertschätzung und Vorbildlichkeit erkennen lässt, darf nicht darüber hinweg sehen lassen, dass es sich um eine faktische Erscheinungsweise handelt, aus der für sich betrachtet noch nichts Normatives folgt.[88] Andernfalls könnte man nach herkömmlicher Einteilung einem naturalistischen Fehlschluss erliegen, weil letztlich von einem Sein auf ein Sollen geschlossen würde.[89] Dabei darf freilich nicht übersehen werden, dass diese Einteilung für Nietzsche nicht maßgeblich ist, weil, wie es Volker Gerhardt formuliert, „sein Wirklichkeitsverständnis überhaupt die Trennung zwischen ‚Tatsachen-‘ und ‚Vernunftwahrheiten‘, zwischen Sein und Sollen nicht gelten lässt."[90] Es geht

---

86 Vgl. auch – freilich mit Stoßrichtung gegen die Religion – *Nietzsche*, Zur Genealogie der Moral, Erste Abhandlung, 14: „– ‚Ich verstehe, ich mache nochmals die Ohren auf (ach! ach! ach! und die Nase *zu*). Jetzt höre ich erst, was sie oft schon sagten: ‚Wir Guten – *wir sind die Gerechten*‘ – was sie verlangen, das heissen sie nicht Vergeltung, sondern den ‚Triumph der *Gerechtigkeit*‘; was sie hassen, das ist nicht ihr Feind, nein! sie hassen das ‚*Unrecht*‘, die Gottlosigkeit.‘ “; Hervorhebung auch dort.

87 Siehe auch *J. Petersen*, Von der Interessenjurisprudenz zur Wertungsjurisprudenz, 2001, S. 5 ff.

88 Grundlegend zur Unterscheidung zwischen Sein und Sollen *D. Hume*, Traktat über die menschliche Natur (Treatise on Human Nature), deutsch von T. Lipps, 1906, II. Teil, S. 245. Zu den Gemeinsamkeiten zwischen Humes Skepsis und Nietzsche *C. Beam*, Hume and Nietzsche: Naturalists, Ethicists, Anti-Christians, Hume-Studies 22 (1996) 299 ff.

89 In diese Richtung wohl die Kritik von *H. Ottmann*, Philosophie und Politik bei Nietzsche, 1987, 2. Auflage 1999, S. 224: „Seine (sc. Nietzsches) Machtphilosophie überschreitet die Brücke vom Deskriptiven zum Normativen, und sie behauptet letztlich: Kein Recht ohne Macht, weil machtloses Recht – auch im normativen Sinne – keine Gültigkeit besitzt." Dazu auch *D.-J. Yang*, Die Problematik des Begriffs der Gerechtigkeit in der Philosophie von Friedrich Nietzsche, 2005, S. 58.

90 *V. Gerhardt*, Vom Willen zur Macht, 1996, S. 147. Auch nach *J.-C. Wolf* (Nietzsches Begriff der Macht, ARSP-Beiheft 77 (2001) 203, 215) jedoch „gibt es für Nietzsche keine völlig wertfreie Deutung der Wirklichkeit, so dass Sein und Sollen, Realität und Bewertung auf unentwirrbare

also weniger um die daraus vermeintlich folgende rechtsphilosophische Lehre Nietzsches als vielmehr um die Herausstellung seiner spezifischen Art rechtsphilosophischen Denkens.

d) Der Kreisgang als Darstellungsmodus

Es ist klar, dass die Genialität der Gerechtigkeit mit diesen ersten Annäherungen noch nicht hinlänglich beschrieben ist, sondern dass zunächst nur einzelne sich aufdrängende Elemente als Abgrenzungskriterien genannt werden konnten. Insbesondere die Frage, ob und inwieweit die Moral der Gerechtigkeit im Sinne Nietzsches zugehört,[91] kann hier noch nicht beantwortet werden. Das lässt sich erst auf der Grundlage der einzelnen Textstellen bewerkstelligen, in denen die Gerechtigkeit definiert, umschrieben und voraussetzt wird. Methodisch wird dieses Unterfangen dadurch erschwert, dass Nietzsche gerade nicht systematisch vorgeht und die von ihm verwendeten Begriffe deduziert. Daher bietet sich ein Kreisgang durch seine Aphorismen und Fragmente sowie die anderen Werke an, auf dem die rechtlich relevanten Stellen – mitunter wiederholt – durchmessen werden.[92] Der Kreisgang „unterscheidet sich vom überlieferten Begriff des philosophischen Systems, das fraglose Grunderkenntnisse sucht, um von diesen alle weiteren Erkenntnisse herzuleiten."[93] Seine Legitimation findet dieses Vorgehen also in dem Misstrauen Nietzsches gegenüber der Errichtung philosophischer Systeme und nicht zuletzt darin, dass Nietzsches Definitionen selten erschöpfend und trennscharf sind, sondern stets das Merkmal hervorstechen lassen, das ihn bei dem jeweiligen Gedankengang am meisten interessiert, so dass andere Gesichtspunkte, die demselben Gegenstand zugehören, mitunter an anderer Stelle, aber in demselben Zusammenhang dargestellt werden.

Weise fusioniert sind. Aus einer solchen Fusion von Sein und Sollen lassen sich logisch völlig fehlerfreie Wertungen ableiten."

91 Zum Ganzen auch *J. A. Bernstein*, Nietzsche's Moral Philosophy, 1987; *P. van Tongeren*, Die Moral von Nietzsches Moralkritik, Studie zu ‚Jenseits von Gut und Böse', 1989.

92 Dieses Vorgehen wurde entwickelt von *C. F. v. Weizsäcker*, Zeit und Wissen, 1992, S. 30 f.; *ders.*, Der Mensch in seiner Geschichte, 1991, S. 86 ff.; *ders.*, Aufbau der Physik, S. 640; *ders.*, Der Garten des Menschlichen, 4. Auflage 1978, S. 194, 294. Den Kreis als Veranschaulichung des Verstehensprozesses („hermeneutischer Zirkel") hat bereits *H.-G. Gadamer* (Wahrheit und Methode, 1960, 5. Auflage 1986, S. 270 ff., 296 ff.) fruchtbar gemacht. Rechtsdogmatisch zur Kreisbewegung des Verstehens *K. Larenz/C.-W. Canaris*, Methodenlehre der Rechtswissenschaft, 3. Auflage 1995, S. 28.

93 *C. F. v. Weizsäcker*, Zeit und Wissen, 1992, S. 543.

5. Die Personifizierung der Gerechtigkeit

Diese erste Würdigung der Genialität der Gerechtigkeit wäre unvollständig, wenn sie nicht im Interesse der bereits in der Einleitung hervorgehobenen Erschließung des werkimmanenten Zusammenhangs eine korrespondierende Stelle in die Betrachtung einbeziehen würde, die zugleich belegt, dass es sich nicht um eine einmalige Äußerung, sondern ein zentrales Anliegen Nietzsches handelt.

a) Entsprechung zur Genialität der Gerechtigkeit

In der zweiten unzeitgemäßen Betrachtung findet sich ein wahres Loblied auf den Gerechten: „Wahrlich, niemand hat in höherem Grade einen Anspruch auf unsere Verehrung als der, welcher den Trieb und die Kraft zur Gerechtigkeit besitzt. Denn in ihr vereinigen und verbergen sich die höchsten und seltensten Tugenden wie in einem unergründlichen Meere, das von allen Seiten Ströme empfängt und in sich verschlingt.“[94] Diese Hochschätzung korrespondiert derjenigen der Genialität der Gerechtigkeit: „ich kann mich durchaus nicht entschliessen, dieselbe niedriger zu schätzen, als irgend eine philosophische, politische oder künstlerische Genialität.“[95] Dem entspricht, dass sich in der Gerechtigkeit „die höchsten und seltensten Tugenden vereinigen“, doch sollte man auch das andere Verb bedenken: In der Gerechtigkeit „verbergen“ sich eben auch die höchsten und seltensten Tugenden. Aus dem Sinnzusammenhang folgt, dass zu diesen Tugenden, von denen im Einzelnen noch am Ende der Abhandlung näher die Rede sein wird,[96] nicht zuletzt die Menschlichkeit gehört: „Wäre er (sc. der Gerechte) ein kalter Dämon der Erkenntniss, so würde er um sich die eisige Atmosphäre einer übermenschlich schrecklichen Autorität ausbreiten, die wir zu fürchten, nicht zu verehren hätten: aber dass er ein Mensch ist (...), – dies Alles stellt ihn in eine einsame Höhe hin, als das ehrwürdigste Exemplar der Gattung Mensch.“[97] Diese beiden zentralen Textstellen stehen somit in einem inneren Kausal- und Verweisungszusammenhang zueinander.

---

94 *Nietzsche*, Unzeitgemäße Betrachtungen, II, 6.
95 *Nietzsche*, Menschliches, Allzumenschliches, I, 636.
96 Im siebenten Kapitel unter III. und IV.
97 *Nietzsche*, Unzeitgemäße Betrachtungen, II, 6.

b) Der Gerechte als Übermensch?

Was Nietzsche hier im Unterschied zu der soeben behandelten Stelle über die Genialität der Gerechtigkeit unternimmt,[98] ist letztlich nichts anderes als die Personifizierung der Gerechtigkeit, indem der Gerechte buchstäblich als ein Mensch aus Fleisch und Blut gezeichnet wird: „Die Hand des Gerechten, der Gericht zu halten befugt ist, erzittert nicht mehr, wenn sie die Wage hält; unerbittlich gegen sich selbst legt er Gewicht auf Gewicht, sein Auge trübt sich nicht,[99] wenn die Wagschalen steigen und sinken, und seine Stimme klingt weder hart noch gebrochen, wenn er das Urtheil verkündet."[100] Da der so gezeichnete Gerechte ersichtlich in einem denkbar starken Kontrast zu dem von Nietzsche an anderer Stelle so genannten „gegenwärtigen Menschen" steht,[101] stellt sich die Frage, ob Nietzsche hier nicht mit anderen Worten vom „Übermenschen" spricht. Immerhin ist man angesichts der geradezu übermenschlichen Fähigkeiten, die er ihm zuschreibt, und Anforderungen, die er an ihn stellt, geneigt, in Anlehnung an Ronald Dworkin[102] von einem „juristischen Herkules" zu sprechen.[103] Hierfür lässt sich eine späte Notiz Nietzsches ins Feld führen, wonach „das Wort ‚Übermensch' zur Bezeichnung eines Typus höchster Wohlgerathenheit, im Gegensatz zum ‚modernen' Menschen" dient.[104] Denn gerade vom „modernen" Menschen spricht Nietzsche wie erinnerlich im Ausgangspunkt der zitierten Stelle seiner zweiten unzeitgemäßen Betrachtung.[105]

---

98 *Nietzsche*, Menschliches, Allzumenschliches, I, 636.

99 Zum Auge als Sinnbild der Gerechtigkeit unten im siebenten Kapitel; siehe auch *M. Stolleis*, Das Auge der Gerechtigkeit, Geschichte einer Metapher, 2004.

100 *Nietzsche*, Unzeitgemäße Betrachtungen, II, 6.

101 *Nietzsche*, Nachgelassene Fragmente, November 1887 – März 1888, 11 (120), Kritische Studienausgabe (Hg. G. Colli/M. Montinari), Band 13, S. 11; dazu ganz am Ende der Abhandlung.

102 *R. Dworkin*, The Law's Empire, 1986.

103 Dazu *C.-W. Canaris*, Richtigkeit und Eigenwertung in der richterlichen Rechtsfindung, Grazer Universitätsreden, 1993, S. 23 ff.

104 *Nietzsche*, Ecce homo, Warum ich so gute Bücher schreibe, Kritische Studienausgabe (Hg. G. Colli/M. Montinari), Band 6, 1; siehe auch *A. Pieper*, „Ein Seil geknüpft zwischen Tier und Übermensch". Philosophische Erläuterungen zu Nietzsches erstem *Zarathustra*, 1990.

105 *Nietzsche*, Unzeitgemäße Betrachtung, II, 6: „Wenden wir uns vielmehr zu einer vielgerühmten Stärke des *modernen Menschen* mit der allerdings peinlichen Frage, ob er ein Recht dazu hat, sich seiner bekannten historischen ‚Objectivität' wegen stark, nämlich gerecht und in höherem Grade gerecht zu nennen als der Mensch anderer Zeiten."; Hervorhebung nur hier.

c) Hypothese

Damit ist freilich das, was Gerechtigkeit ist, noch nicht gesagt; es kann auch an dieser Stelle noch nicht mehr darüber gesagt werden als in Gestalt der folgenden Hypothese: Wenn Gerechtigkeit aufs engste mit der Menschlichkeit verbunden ist und sich die höchsten menschlichen Tugenden in ihr verbergen, so liegt nahe, dass Großmut und Güte, Liebe[106] und Nachsicht mit ihr in Zusammenhang stehen, wie der Wunsch Nietzsches bezeugt, „aus der seltenen Tugend der Großmut zur seltensten der Gerechtigkeit emporzusteigen".[107] Die Verifizierung dieser Hypothese kann freilich erst auf der Grundlage einer eingehenden Textanalyse aller anderen Stellen erfolgen, in denen Nietzsche von der Gerechtigkeit und vom Recht handelt.[108] Dabei wird sich zeigen, dass man sich vor einer kurzschlüssigen Gleichsetzung hüten muss, weil es eine ebenso große Vielzahl von Stellen gibt, in denen sich Nietzsche mit drastischer Härte über Macht und Recht äußert,[109] die in schroffem Gegensatz stehen zu den zuletzt behandelten, beinahe idealisierenden Stellen.

6. Gerechtigkeit um der Wahrheit willen

Bevor dies jedoch im Einzelnen unternommen wird, ist der vordringliche Wille dieses zuletzt behandelten „Gerechten" zu betrachten, weil sich daraus eine im Wortsinne wesentliche Aussage über die Gerechtigkeit im Sinne Nietzsches ergibt.

a) „Wahrheit als Weltgericht"

Über den Gerechten sagt er: „denn Wahrheit will er, doch nicht nur als kalte folgenlose Erkenntniss, sondern als die ordnende und strafende Richterin, Wahrheit nicht als egoistischen Besitz des Einzelnen, sondern als die heilige Berechtigung, alle Grenzsteine egoistischer Besitzthümer zu verrücken, Wahrheit mit einem Wort als Weltgericht und durchaus nicht etwa als erhaschte Beute und

---

106 *F. Kaulbach*, Nietzsches Idee einer Experimentalphilosophie, 1980, S. 210.

107 Vgl. nur *Nietzsche*, Unzeitgemäße Betrachtungen, II, 6 sowie ebenda: „Wie niedrig steht, an ihr (sc. der Gerechtigkeit) gemessen, schon die Grossmuth auf der Stufenleiter der Tugenden, die Grossmuth, welche die Eigenschaft einiger und seltener Historiker ist!".

108 Ebenso bereits *K. Jaspers*, Nietzsche. Einführung in das Verständnis seines Philosophierens, 1936, S. 179: „Was aber Gerechtigkeit wirklich sei, offenbart sich erst in der Bewegung ihres Sinnes durch die anscheinend unvereinbaren Aussagen Nietzsches."

109 Im Einzelnen *V. Gerhardt*, Macht und Metaphysik. Nietzsches Machtbegriff im Wandel der Interpretation, Nietzsche-Studien 10/11 (1981/1982) 193.

Lust des einzelnen Jägers."[110] Besonders die imposante Formel von der „Wahrheit als Weltgericht" vermittelt einen Begriff von der umfassenden Gerechtigkeit, die Nietzsche vorschwebt.[111] Entscheidend ist, dass nicht irgendwelche anderen Triebe, insbesondere die bereits behandelte Eitelkeit, den Ausschlag geben, da diese der Wahrheitssuche entgegenstehen. Wahrhafte Gerechtigkeit steht sonach der Eitelkeit entgegen. Dies zu erkennen und zu unterscheiden, fällt freilich „dem stumpfen Auge" schwer,[112] weil der Schein gerade im Hinblick auf die Wahrheitssuche trügt und die Betrügenden diesen Schein zu wahren wissen, indem sie vorgeben, „der Wahrheit (zu) dienen": „Der Wahrheit dienen Wenige in Wahrheit, weil nur Wenige den reinen Willen haben gerecht zu sein und selbst von diesen wieder die Wenigsten die Kraft, gerecht sein zu können."[113] Die Schwierigkeit bezüglich der Verwirklichung dieser beiden Anforderungen – Wille und Kraft[114] – ergibt sich zum einen daraus, dass der Wille durch äußere Triebe, wie eben insbesondere die Eitelkeit getrübt sein kann, und zum anderen dadurch, dass die Kraft zur Verwirklichung der Gerechtigkeit fehlen kann, weil sie, wie Nietzsche eingangs sagt, auch vor dem Richtenden nicht Halt macht: „unerbittlich gegen sich selbst legt er Gewicht auf Gewicht." Die Gerechtigkeit kann sich mithin als Bürde erweisen, indem sie sich gegen den Richtenden selbst richtet und ihm schon von daher die beschriebene Übermenschlichkeit abverlangt.

b) Gerechtigkeit als Wurzel des Strebens nach Wahrheit

Allerdings ist im Hinblick auf das hiermit angesprochene Verhältnis zwischen Wahrheit und Gerechtigkeit auf eine wichtige Einschränkung hinzuweisen, die mit dem Erkenntnisinteresse der vorliegenden Abhandlung in besonderer Weise

---

110 *Nietzsche*, Unzeitgemäße Betrachtungen, II, 6; zu dieser Stelle auch *J. Geijsen*, Geschichte und Gerechtigkeit. Grundzüge einer Philosophie der Mitte im Frühwerk Nietzsches, 1997, S. 39 ff.

111 Etwas zu poetisch dagegen die die Vorrede von Hegels Grundlinien der Philosophie des Rechts kontrastierende Überlegung von *D.-J. Yang*, Die Problematik des Begriffs der Gerechtigkeit in der Philosophie von Friedrich Nietzsche, 2005, S. 40 f.: „Während die Eule der Minerva erst in der Nacht der Geschichte ihre Flügel ausstreckt und nach festem Land zu suchen beginnt, steigt der Adler von Nietzsche erst hier richtig mit dem kräftigen Elan zum Wahrheitshimmel empor. Er bleibt aber niemals an irgendeiner Absolutheit endgültiger Einsicht über die Wahrheit hängen, sondern der Zweifelswirbel, umhüllt von der Leidenschaft der Wahrheit, zieht ihn jedes Mal in den noch höheren Himmel."

112 Man beachte wiederum die Metapher des Auges im Zusammenhang mit der Gerechtigkeit.

113 *Nietzsche*, Unzeitgemäße Betrachtungen, II, 6.

114 Vgl. *Nietzsche*, Unzeitgemäße Betrachtungen, II, 6. „Aber nur die überlegene Kraft kann richten, die Schwäche muss tolerieren, wenn sie nicht Stärke heucheln und die Gerechtigkeit auf dem Richterstuhle zur Schauspielerin machen will."

zusammenhängt. Es ergibt sich aus dem Schluss des Aphorismus', das der Genialität der Gerechtigkeit gewidmet ist: „Zuletzt wird sie (sc. die Gerechtigkeit) selbst ihrer Gegnerin, der blinden oder kurzsichtigen ‚Ueberzeugung' (wie Männer sie nennen: – bei Weibern heisst sie ‚Glaube') geben, was der Ueberzeugung ist – *um der Wahrheit willen.*"[115] Das bedeutet, dass die Gerechtigkeit sogar der Überzeugung das Ihre zu geben hat, also auch ihrer Gegnerin gerecht werden muss. Die Wahrheit verklammert somit alles Vorangegangene gleichsam.[116] Die Wahrheit steht damit scheinbar noch über der Gerechtigkeit, die ihr zu dienen hat, ist aber letzten Endes nichts anderes.[117] Gerechtigkeit verhilft der Wahrheit zur Durchsetzung, so wie sie umgekehrt erst durch Wahrheit bedingt und ermöglicht wird:[118] „Nur insofern der Wahrhafte den unbedingten Willen hat, gerecht zu sein, ist an dem überall zu gedankenlos glorificirten Streben nach Wahrheit etwas Grosses."[119] Das erklärt zugleich, warum Nietzsche die Gerechtigkeit als Wurzel des Strebens nach Wahrheit ansieht.[120] Freilich gibt es durchaus dürftige Zeiten für die wahre Gerechtigkeit: „immerhin bleibt es leider möglich, dass eine solche Zeit an strenger und grosser Gerechtigkeit, kurz an dem edelsten Kern des so genannten Wahrheitstriebes Mangel leidet."[121]

7. Gerechtigkeit gegen die Dinge

Die Gerechtigkeit von der Nietzsche im Zusammenhang mit der Beschreibung der Genialität der Gerechtigkeit spricht, richtet sich nicht nur gegen die Menschen: „sie will Jedem, sei es ein Belebtes oder Todtes, Wirkliches oder Gedachtes, das Seine geben (...); sie stellt daher jedes Ding in das beste Licht und geht um das-

115 *Nietzsche*, Menschliches, Allzumenschliches, I, 636; Hervorhebung nur hier.

116 Zu dem Stilmittel des vorangestellten Gedankenstrichs siehe *H. Schlaffer*, Das entfesselte Wort, Nietzsches Stil und seine Folgen, 2007.

117 *F. Kaulbach*, Nietzsches Idee einer Experimentalphilosophie, 1980, S. 186: „Wahrheit in diesem Sinne ist gleichbedeutend mit ‚Gerechtigkeit'."

118 *K. Jaspers*, Nietzsche. Einführung in das Verständnis seines Philosophierens, 1936, S. 178 f. („weil Wahrheit Bedingung und Wesen der Gerechtigkeit ist").

119 *Nietzsche*, Unzeitgemäße Betrachtungen, II, 6.

120 *Nietzsche*, Unzeitgemäße Betrachtungen, II, 6.

121 *Nietzsche*, Unzeitgemäße Betrachtungen, II, 6. Wenig überzeugend daher *J. Geijsen*, Geschichte und Gerechtigkeit. Grundzüge einer Philosophie der Mitte im Frühwerk Nietzsches, 1997, S. 5: „Bei der Beantwortung dieser Frage (sc.: ‚Was heißt Gerechtigkeit?') vertritt Nietzsche von vornherein den Standpunkt, dass die Gerechtigkeit nicht der Wahrheit, sondern vielmehr dem Leben gerecht werden soll."

selbe mit sorgsamem Auge herum."[122] Die Gerechtigkeit im Sinne Nietzsches ist daher viel umfassender als das, was die Rechtsphilosophie im engeren Sinne darunter versteht. Es geht Nietzsche im Wortsinne darum, allem gerecht zu werden.[123] Um so mehr verwundert es freilich, wie vergleichsweise wenig die Problematik der Gerechtigkeit bislang untersucht worden ist,[124] sollte es sich doch angesichts dieses denkbar weiten Anwendungsbereichs von selbst verstehen, dass der Begriff der Gerechtigkeit schlechterdings zentral ist für Nietzsches Denken.

a) „Redlichkeit gegen mich, Gerechtigkeit gegen die Dinge"

Wie sehr die Gerechtigkeit für Nietzsche zur Selbstverpflichtung geworden ist, veranschaulicht folgendes nachgelassene Fragment, das darüber hinaus auch für den vorliegenden Zusammenhang von Interesse ist, weil es die Verknüpfung der Redlichkeit mit der Gerechtigkeit veranschaulicht. Seine „Aufgabe" beschreibt er darin folgendermaßen: „alle Triebe so zu sublimiren, daß die Wahrnehmung für das Fremde sehr weit geht und doch noch mit Genuss verknüpft ist: der Trieb der Redlichkeit gegen mich, der Gerechtigkeit gegen die Dinge so stark, dass seine Freude den Werth der anderen Lustarten überwiegt, und jede ihm nöthigenfalls, ganz oder theilweise, geopfert werden. Zwar giebt es kein interesseloses Anschauen, es wäre die volle Langeweile. Aber es genügt die zarteste Emotion!"[125]. Ein interesseloses Anschauen in weitgehender Passivität wäre für Nietzsche gleichbedeutend mit der Kälte und Gleichgültigkeit, die nicht zur Gerechtigkeit führen können.[126] Interessant ist freilich auch, dass Nietzsche eine Untergrenze für die Anteilnahme bestimmt, die in der „zartesten Emotion" besteht – ein Begriff, den man gemeinhin wohl am wenigsten mit Nietzsche in Verbindung gebracht hätte. Reinhart Maurer folgert aus dieser Stelle, die seines Erachtens einen „anderen Nietzsche" erkennen lässt: „Diesen Nietzsche der zartesten Emotion,

---

122 *Nietzsche*, Menschliches, Allzumenschliches, I, 636.

123 Nach *R. Maurer*, Der andere Nietzsche. Gerechtigkeit kontra moralische Utopie, Aletheia, 5 (1994) 9, 10, geht es Nietzsche nicht um eine „anthropozentrisch bornierte Menschenliebe".

124 Siehe aber *F. Kaulbach*, Die Tugend der Gerechtigkeit und das philosophische Erkennen, in: Nietzsche kontrovers I (Hg. R. Berlinger/W. Schrader), 1981, S. 59 ff.; *ders.*, Nietzsches Idee einer Experimentalphilosophie, 1970, S. 170 ff.; dazu *R. Maurer*, Nietzsche harmonisch, Nietzsche-Studien 12 (1983) 497.

125 *Nietzsche*, Nachgelassene Fragmente, Herbst 1880, 6 (67), Kritische Studienausgabe (Hg. G. Colli/M. Montinari), Band 9, S. 211. Im Hinblick auf die ‚Wahrnehmung für das Fremde' aufschlussreich *Ch. J. Emden*, Metaphor, Perception, and Consciousness: Nietzsche on Rhetoric and Neurophysiology, in: Nietzsche and Sciences (Hg. G. Moore/Th. H. Brobjer), 2004, S. 91.

126 *Nietzsche*, Zur Genealogie der Moral, Zweite Abhandlung, 11.

der Einklammerung der eigenen Winkelperspektive und der so möglich werdenden Gerechtigkeit gegenüber der Vielfalt der Realität darf man nicht übersehen über dem zunächst ins Auge fallenden Nietzsche der starken Worte und Programme, darunter Programme politischer Gewalt und scheinbar bloß noch chaotischer Enthemmung. Auch der Komplexität Nietzsches gilt es in diesem Sinne von Gerechtigkeit gerecht zu werden."[127]

b) Intellektuelle Rechtschaffenheit als Voraussetzung der Gerechtigkeit

Zugleich wird deutlich, dass Gerechtigkeit gegen die Dinge nur möglich ist unter der Voraussetzung der Redlichkeit gegen sich selbst. Damit wird zugleich klar, dass es wiederum nur die Wahrheit ist, welche die Redlichkeit und Gerechtigkeit miteinander verklammern kann. So gewinnt die intellektuelle Rechtschaffenheit, die gerade keine undifferenzierte Hinwendung zum Guten, Wahren und Schönen ist,[128] noch eine weiter gehende,[129] nämlich auch die Suche nach der Gerechtigkeit berührende, Bedeutung, indem sie zu ihrer Voraussetzung wird. Gerechtigkeit kann nicht ohne intellektuelle Rechtschaffenheit geübt werden. Diese auf unbedingte Wahrheitssuche gerichtete Neigung zur Gerechtigkeit ist freilich nicht möglich ohne leidenschaftlichen Antrieb. Der Sinn für die Gerechtigkeit gegen die Dinge ist für Nietzsche regelrecht triebhaft, er ist ihm zur Lust geworden („der anderen Lustarten"). Die Stelle veranschaulicht, warum im Folgenden die von Nietzsche so genannten Leidenschaften und ihre Funktion im Hinblick auf die Gerechtigkeit näher betrachtet werden müssen.

II. Nietzsches „psychologische Genialität"

Im bisherigen Verlauf der Untersuchung wurde festgestellt, dass die menschlichen Leidenschaften, wie die Lust oder der Egoismus, nicht von Grund auf schlecht sind, weil sie die moralischen Phänomene erzeugen und damit in letzter Konsequenz den Sinn für Wahrheit und Gerechtigkeit der Erkenntnis.[130] Daher ist es wichtig, das Wirken der von Nietzsche so genannten Leidenschaften im menschlichen Handeln zu erkennen und zu entlarven. Wenn die Genialität der

---

127 *R. Maurer*, Der andere Nietzsche. Gerechtigkeit kontra moralische Utopie, Aletheia, 5 (1994) 9, 18.

128 *Nietzsche*, Jenseits von Gut und Böse, 39.

129 *Nietzsche*, Nachgelassene Fragmente, Frühjahr 1888, 15 (25), Kritische Studienausgabe (Hg. G. Colli/M. Montinari), Band 13, S. 421, ebenso 14 (109), S. 287.

130 *Nietzsche*, Menschliches, Allzumenschliches, I, 107.

Gerechtigkeit eine Fähigkeit sein soll, so stellt sich die Frage nach den individuellen Vorbedingungen. Bei der Beantwortung stößt man auf eine Eigenheit, die womöglich mitverantwortlich dafür ist, dass Nietzsche im rechtsphilosophischen Schrifttum so wenig Aufmerksamkeit und nachhaltiges Interesse entgegen gebracht wurde. Es handelt sich nämlich um eine ganz individuelle Gabe,[131] deren Gebrauch in der Tat kein noch so ausgefeiltes System verallgemeinern kann.[132] Umgekehrt gibt es für Nietzsche auch „den vollkommenen Mangel an *psychologischer Rechtschaffenheit.*"[133] Georg Simmel hat es so umschrieben: „Er hat die psychologische Genialität, in der eigenen Seele das Leben der heterogensten Menschentypen widerhallen zu lassen und die ethische Leidenschaft für den Wert des Typus Mensch überhaupt."[134] In diesem Wort ist vieles von dem ausgesprochen, was mutatis mutandis auch für Nietzsches Genialität der Gerechtigkeit gilt.

1. Bedeutung der französischen Moralisten

Nietzsche selbst weist zu Beginn der für unseren Zusammenhang so wichtigen Abhandlung „Zur Geschichte der moralischen Empfindungen", ohne dass dies hinlänglich zur Kenntnis genommen worden wäre, darauf hin, woher er seinerseits seine Gabe der psychologischen Beobachtung empfangen hat: es sind, wie nach dem in der Einleitung Gesagten nahe liegt, einmal mehr die französischen Moralisten:[135] „Warum liest man nicht einmal die grossen Meister der psychologischen Sentenz mehr? – denn, ohne jede Uebertreibung gesprochen: der Gebildete in Europa, der La Rochefoucauld und seine Geistes- und Kunstverwandten gelesen hat, ist selten zu finden; und noch viel seltener Der, welcher sie kennt und sie nicht schmäht."[136] Nietzsche selbst hat bei La Rochefoucauld und Pascal eine

131 Vgl. auch *Nietzsche*, Ecce homo, Kritische Studienausgabe (Hg. G. Colli/M. Montinari), Band 6, 353, der selbst die drei Abhandlungen zur Genealogie der Moral als „entscheidende Vorarbeiten eines Psychologen für eine Umwerthung aller Werthe" erachtete. Zur Umwertung aller Werte bei Nietzsche *J. Salaquarda*, Archiv für Begriffsgeschichte 22 (1978) 154.

132 Siehe auch *C. Niemeyer*, Nietzsches andere Vernunft. Psychologische Aspekte in Biographie und Werk, 1998; *W. Nigg*, Friedrich Nietzsche, 1994, S. 51 ff.; *W. A. Kaufmann*, Nietzsche. Philosoph – Psychologe – Antichrist, 1982, passim.

133 *Nietzsche*, Nachgelassene Fragmente, November 1887 – März 1888, 11 (137), Kritische Studienausgabe (Hg. G. Colli/M. Montinari), Band 13, S. 63.

134 *G. Simmel*, Schopenhauer und Nietzsche, in: Gesamtausgabe Band 10, 1995, S. 167, 188 f.

135 Wichtig zum Folgenden *K. Stierle*, Friedrich Nietzsche und die klassische Moralistik in Frankreich, Festschrift M. Schmeling, 2008, S. 85 (= Montaigne und die Moralisten. Klassische Moralistik – Moralistische Klassik, 2016, S. 169).

136 *Nietzsche*, Menschliches, Allzumenschliches, I, 35.

für unseren Zusammenhang besonders hervorzuhebende „psychologische Verschärfung des Blicks" ausgemacht.[137] Zu den „Geistes- und Kunstverwandten" dürften neben Montaigne und Pascal vor allem La Bruyère, Fontenelle, Vauvenargues[138] und besonders Chamfort gehören.[139]

2. Individualität und Typisierung

Es ist gerade die Verbindung zwischen radikaler Individualität[140] und der immer zugleich auch bestehenden Gabe der Typisierung,[141] die Nietzsche auch und gerade für Juristen interessant macht: „Sobald wir die Gerechtigkeit zu weit treiben und den Felsen unserer Individualität zerbröckeln, unsern festen ungerechten Ausgangspunkt ganz aufheben, so geben wir die Möglichkeit der Erkenntnis auf: es fehlt dann das Ding, wozu alles Relation hat (auch gerechte Relation). Es sei denn, dass wir alles nach einem anderen Individuum messen, und die Ungerechtigkeit auf diese Weise erneuern."[142] Zudem ist es der Gleichklang mit seinem

---

137 *Nietzsche*, Nachgelassene Fragmente, Herbst 1887, 10 (57), Kritische Studienausgabe (Hg. G. Colli/M. Montinari), Band 12, S. 488.

138 Siehe nur *V. Gerhardt*, Vom Willen zur Macht, 1996, S. 77, Fußnote 32.

139 John Stuart Mill, den Nietzsche vielfach implizit und mitunter auch explizit (*Nietzsche*, Nachgelassene Fragmente, November 1887 – März 1888, 11 (127), Kritische Studienausgabe (Hg. G. Colli/M. Montinari), Band 13, S. 60) kritisiert (vgl. *Nietzsche*, Zur Genealogie der Moral, Zweite Abhandlung, 2; Morgenröte, 51; besonders grob *Nietzsche*, Nachgelassene Fragmente, November 1887 – März 1888, 11 (148), Kritische Studienausgabe (Hg. G. Colli/M. Montinari), Band 13, S. 69), hat wohl seine Zustimmung, wenn er Chamfort in einer Beziehung über La Rochefoucauld stellt: „The Error of La Rochefoucault has been avoided by Chamfort, *the more high-minded* and more philosophic La Rochefoucault of the eighteenth century." (*J. St. Mill*, Aphorism. Thoughts in the Cloister and the Crowd, in: London and Westminster Review IV & XXVI, Jan. 1837); Hervorhebung nur hier; Namensschreibung wie im Original. Auf diese Stelle replizierend *Nietzsche*, Nachgelassene Fragmente, Herbst 1887, 9 (67), Kritische Studienausgabe (Hg. G. Colli/M. Montinari), Band 12, S. 370. Siehe dazu auch *J.-C. Wolf*, Exposition von These und Gegenthese: Die bisherige ‚englische' und Nietzsches Genealogie der Moral (I, 1–5), in: Zur Genealogie der Moral (Hg. O. Höffe), KA 29, 2004, S. 31, 37 f. Zu Chamfort gibt es im Übrigen einen aufschlussreichen und nachdenklichen Abschnitt von *Nietzsche*, Die fröhliche Wissenschaft, 95 („dieser witzigste aller Moralisten").

140 Zu ihr *W. Hamacher*, „Disgregation des Willens". Nietzsche über Individuum und Individualität, Nietzsche-Studien 15 (1986) 306; *V. Gerhardt*, Selbstbegründung. Nietzsches Moral der Individualität, Nietzsche-Studien 21 (1992) 28.

141 Zu diesem für die juristische Methodenlehre wichtigen Instrument grundlegend *D. Leenen*, Typus und Rechtsfindung, 1971.

142 Diese Stelle interpretiert *F. Kaulbach*, Nietzsches Idee einer Experimentalphilosophie, 1980, S. 218, wie folgt: „Ist der Fall eingetreten, dass ich meinen individuellen Stand des Denkens und

moralischen Empfinden, der in seinem Rechtsdenken immer mitschwingt. Die schon zu Beginn einmal zitierte Stelle Simmels,[143] die das soeben erwähnte Zitat einleitet, verdeutlicht das: „Ihn bewegt nicht der metaphysische Trieb,[144] sondern der moralistische, er sieht nicht nach dem Wesen des Seins hin, sondern nach dem Sein der menschlichen Seele und ihrem Sollen."[145] Karl Jaspers gibt demgegenüber zu bedenken, dass für Nietzsche gleichwohl „Gerechtigkeit als metaphysische Wirklichkeit" bestand.[146] Dafür sprechen einige Zarathustra-Worte, von denen gegen Ende der Abhandlung noch die Rede sein wird. Sein eigenes Rechtsempfinden scheint auf diese Weise mitunter in einem solchen Grade übersteigert, dass es ihn paradoxerweise zu völlig verallgemeinerbaren Einsichten über die Gerechtigkeit befähigt. Dazu prädestinierte ihn die Gabe der von Simmel so genannten psychologischen Genialität, der sich Nietzsche selbst im Übrigen durchaus bewusst war: „Dass aus meinen Schriften ein Psychologe redet, der nicht seines Gleichen hat, das ist vielleicht die erste Einsicht, zu der ein guter Leser gelangt."[147]

3. Gerechtigkeit und Affekt

Wie zentral die Rolle der Gerechtigkeit in Nietzsches Denken ist, kann man daraus ersehen, in wie vielfältiger Art und aus wie vielen Blickwinkeln er sie betrachtet. Mitunter stellt er sie als etwas gleichsam Objektives subjektiven Affekten gegenüber. Sein Vorgehen gleicht hier einem gedanklichen Experiment, in dem bald diese und bald jene innere Regung der Gerechtigkeit an die Seite gestellt und zu ihr ins Verhältnis gesetzt wird. Aber noch in anderer Hinsicht ist eine Abgrenzung erforderlich: Wie hoch Nietzsche die Gerechtigkeit schätzt, ergibt sich daraus, wie er sie der Liebe gegenüberstellt, eine überraschende Gewichtung, die im Anschluss behandelt wird.

Urteilens aufgegeben habe, um die Welt von dem eines anderen Individuums aus zu interpretieren, dann ist für die Gerechtigkeit wenig gewonnen: es sei denn, dass man die Überwindung der eigenen Enge und ihrer Ungerechtigkeit als Gewinn ansehen würde."

143 In der Einleitung.

144 Siehe dazu aber die grundlegende Arbeit von *M. Djurić*, Nietzsche und die Metaphysik, 1985.

145 *G. Simmel*, Schopenhauer und Nietzsche, in: Gesamtausgabe Band 10, 1995, S. 167, 188.

146 *K. Jaspers*, Nietzsche. Einführung in das Verständnis seines Philosophierens, 1936, S. 183; zu dieser These im letzten Kapitel.

147 *Nietzsche*, Ecce homo, Warum ich so gute Bücher schreibe, Kritische Studienausgabe (Hg. G. Colli/M. Montinari), Band 6, 5.

a) Leidenschaft und Recht

Nietzsches „Genialität der Gerechtigkeit" ist ihrem Wesen nach leidenschaftslos. Nicht umsonst heißt es in demselben 9. Hauptstück an anderer Stelle[148] unter der Überschrift „Leidenschaft und Recht":[149] „Niemand spricht leidenschaftlicher von seinem Recht als der, welcher im Grunde seiner Seele einen Zweifel an seinem Rechte hat. Indem er die Leidenschaft auf seine Seite zieht, will er den Verstand und dessen Zweifel betäuben: so gewinnt er das gute Gewissen und mit ihm den Erfolg bei den Mitmenschen".[150] Die Leidenschaft erscheint so als Gegenbegriff zur Genialität der Gerechtigkeit, die „mit herzlichem Unwillen Allem aus dem Wege (...) gehen" soll, „was das Urtheil über die Dinge blendet und verwirrt".[151]

b) Die Ambivalenz der Leidenschaft im Hinblick auf das Recht

Allerdings darf man auch die Ambivalenz dieses Wortes über Leidenschaft und Recht nicht außer Acht lassen.[152] Dadurch dass der vermeintliche Inhaber des Rechts leidenschaftlich darüber spricht und auf diese Weise seinen Verstand betäubt, gewinnt er – immerhin – „den Erfolg bei den Mitmenschen". Was vorderhand wie eine bloße Äußerlichkeit anmutet, die auf den Effekt ausgerichtet ist und die man dementsprechend zu übergehen geneigt ist, hat für Nietzsche durchaus seine Bedeutung, die auch zu seinem Rechtsverständnis gehört.[153] Indem man zunächst sich selbst und durch die Selbstgewissheit in der Folge auch die anderen von seinem Recht überzeugt, erscheint das Recht als etwas Beliebiges, das letztlich von den Machtverhältnissen abhängt – und sei es von der Macht der eigenen Überzeugungskraft.[154]

---

148 *Nietzsche*, Menschliches, Allzumenschliches, I, 597.

149 Zum Begriff der Leidenschaften bei Nietzsche *M. Heidegger*, Nietzsche, 1961, Band 1, S. 59.

150 Zu Nietzsches Deutung des Gewissens *J. Mohr*, Nietzsche-Studien 6 (1977) 1 ff.

151 Hier und im Folgenden *Nietzsche*, Menschliches, Allzumenschliches, I, 636.

152 Vgl. auch *F. Kaulbach*, Nietzsches Idee einer Experimentalphilosophie, 1980, S. 213, wonach „Leidenschaftslosigkeit auch nicht zum gerechten Urteil führt. Kritik der Leidenschaft hat zum Ergebnis die Forderung nach einer Einholung des leidenschaftlichen Denkens in die gedankliche Bewegung der Ausweitung, des Überblickens und der gerechten Herrschaft über die Vielheit der Perspektiven."

153 Zur Psychologisierung der Macht im 19. Jahrhundert *V. Gerhardt*, Vom Willen zur Macht, 1996, S. 76 f.

154 Eine strukturelle Ähnlichkeit findet sich bei *Nietzsche*, Menschliches, Allzumenschliches, I, 52 („Der Punkt der Ehrlichkeit beim Betruge"): „Bei allen großen Betrügern ist ein Vorgang bemerkenswert, dem sie ihre Macht verdanken. Im eigentlichen Akte des Betruges unter all den Vorbereitungen, dem Schauerlichen in Stimme, Ausdruck, Gebärde, inmitten der wirkungsvollen Szenerie, überkommt sie der Glaube an sich selbst: dieser ist es, der dann so wundergleich und bezwingend zu den Umgebenden spricht."

Nietzsches Rechtsverständnis ist also einerseits nur *sine ira et studio* denkbar.[155] Nur so kann die Genialität der Gerechtigkeit jedem das Seine geben. Denn andernfalls kann sie das, was das jeweils Seine ist, das sie jedem zu geben hat, nicht „rein erkennen“, sondern eben nur durch die Leidenschaft getrübt. Nur ohne Zorn und Parteinahme kann sie „jedes Ding in das beste Licht“ stellen „und um dasselbe mit sorgsamem Auge“ herumgehen. Andererseits ist sich Nietzsche über die Wirkungsweise des durch die Leidenschaft getrübten Rechtsempfindens wie kaum ein anderer vor ihm im Klaren: Durch den Glauben an das eigene Recht, der den Verstand betäubt – nicht das Gewissen, das er nicht als das eigentliche Organ des moralischen Empfindens ansieht – kommt es zu einem rein äußerlichen Gewinn, der erstens in einem guten Gewissen und zweitens in der Anerkennung dieses Rechts durch andere besteht. Die Leidenschaft, die den Verstand ausschaltet, wird somit unversehens und nicht nur äußerlich zu einem Gewinn bei den Mitmenschen und darüber hinaus bezüglich des eigenen moralischen Empfindens.

c) Folgerung

Aber der genannte Aphorismus über Leidenschaft und Recht[156] ist noch in anderer Hinsicht bemerkenswert. Es ist dies einer der Gedanken Nietzsches zum Recht, der in seiner aphoristischen Zuspitzung und in seiner zugleich die Eitelkeit enttarnenden Treffsicherheit, wie bereits eingangs dargestellt, eher in der Nachfolge der französischen Moralisten steht, als dass er den Systementwürfen des deutschen Idealismus nacheifert[157] und vielleicht auch deshalb nicht als eigenständiger Beitrag zur Rechtsphilosophie wahr- und ernstgenommen worden ist. Dass die Leidenschaften, insbesondere die Eitelkeit, auch auf die Wahrnehmung des Rechts wirken, weil sie geeignet sind, die Machtverhältnisse zu verschieben, ist eine Einsicht, die Nietzsches Gedanken zum Recht an vielen Stellen zugrunde liegt. Es ist nicht zuletzt der Grundgedanke des von Nietzsche besonders ge-

---

155 Vgl. *Tacitus*, Annales, I. 1. Siehe auch *F. Kaulbach*, Nietzsches Idee einer Experimentalphilosophie, 1980, S. 190: „Die Tugend der Gerechtigkeit fordert Absage an einseitige und parteiliche Beurteilung.“

156 *Nietzsche*, Menschliches, Allzumenschliches, I, 597.

157 Nachweislich stand Nietzsche den französischen Moralisten näher als dem deutschen Idealismus, wie folgende Sätze (aus: Menschliches, Allzumenschliches, II, 2, 214) belegen: „Man ist beim Lesen von Montaigne, La Rochefoucauld, Labruyère, Fontenelle (...) Vauvenargues, Champfort dem Alterthum näher, als bei irgend welcher Gruppe von sechs Autoren anderer Völker. (...) Sie enthalten mehr wirkliche Gedanken, als alle Bücher deutscher Philosophen zusammengenommen.“

schätzten Montaignes,[158] wonach die menschlichen Leidenschaften, wie namentlich die Eitelkeit, paradoxerweise gesamtgesellschaftlichen Nutzen stiften können.[159] Doch darf man daraus nicht kurzschlüssig folgern, dass Nietzsche die Macht einseitig verherrliche,[160] auch wenn der gegenteilige Eindruck von ihm zumindest zurechenbar veranlasst wurde, weil er mit dem Willen zur Macht ein allgemeingültiges Kriterium gefunden zu haben glaubte, das er mitunter obsessiv zum Maßstab für alle menschlichen Verhältnisse machte.[161]

4. Liebe und Gerechtigkeit

Es ist im Ausgangspunkt klar, dass die Frage des Verhältnisses zwischen Gerechtigkeit und Liebe bei Nietzsche nicht theologisch, also von Gott her, beantwortet wird,[162] wie dies interessanterweise Niels Bohr getan hat,[163] der den für sein Denken zentralen Begriff der Komplementarität[164] einmal am Beispiel der Gerechtigkeit und Barmherzigkeit Gottes veranschaulicht hat.[165] Liebe versteht Nietzsche demgegenüber nicht im herkömmlichen Sinne als Hingebung und Al-

---

158 *Nietzsche*, Unzeitgemäße Betrachtungen, III, 1; *J. Petersen*, Montaignes Erschließung der Grundlagen des Rechts, 2. Auflage 2019, S. 1 ff. Lesenswert *St. Zweig*, Montaigne, 4. Auflage 2001.

159 Grundlegend *H. Friedrich*, Montaigne, 3. Auflage 1993, S. 178 ff. und öfter.

160 Siehe zur Macht im Recht auch *V. Gerhardt*, Die Macht im Recht. Wirksamkeit und Geltung bei Hans Kelsen, in: Rechtssystem und gesellschaftliche Basis bei Hans Kelsen (Hg. W. Krawietz/ H. Schelsky), Rechtstheorie, Beiheft 5, 1984, S. 485.

161 *V. Hösle*, Moral und Politik. Grundlagen einer Politischen Ethik für das 21. Jahrhundert, 1997, S. 508, spricht aus gutem Grund und mit Recht von dem „vom theoretischen Problem der Macht besssenen Nietzsche".

162 Vgl. aber auch *M. Foucault*, Nietzsche, die Genealogie, die Historie (Hg. P. Mazumdar), 1998, S. 334: „Der Ursprung liegt immer vor dem Fall, vor dem Körper, vor der Welt und vor der Zeit. Er liegt bei den Göttern, und seine Erzählung ist immer eine Theogonie." Sowie *ders.*, ebenda, S. 331: „Die Genealogie (...) hat die Einmaligkeit der Ereignisse unter Verzicht auf eine monotone Finalität ausfindig zu machen; sie muss den Ereignissen dort auflauern, wo sie keine Geschichte zu haben scheinen – in den Gefühlen, der Liebe, dem Gewissen, den Instinkten." Siehe dazu auch *K. Ansell-Pearson*, The Significance of Michel Foucault's Reading of Nietzsche: Power, the Subject, and Political Theory, Nietzsche-Studien 20 (1991) 267; *A. Pieper*, Vorrede, in: Zur Genealogie der Moral (Hg. O. Höffe), KA 29, 2004, S. 17.

163 *N. Bohr*, Atomtheorie und Naturbeschreibung, 1931; *ders.*, Atomphysik und menschliche Erkenntnis, 1958.

164 Dazu *C. F. v. Weizsäcker*, Komplementarität, in: Die Religion in Geschichte und Gegenwart (RGG), Handwörterbuch für Theologie und Religionswissenschaft (Hg. K. Gailling), 3. Auflage 1959, Band III, Sp. 1744 f. m.w.N.

165 *J. Ratzinger*, Einführung in das Christentum, 1968, S. 135.

truismus, sondern als „Abgeben infolge eines Überreichthums an Persönlichkeit.“[166]

a) Das Verhältnis zwischen Liebe und Gerechtigkeit

Dementsprechend beobachtet Nietzsche die Wertschätzung beider Güter, die sie durch die Mitmenschen erfahren und fragt sich: „Warum überschätzt man die Liebe zu Ungunsten der Gerechtigkeit und sagt die schönsten Dinge von ihr, als ob sie ein viel höheres Wesen als jene sei?“[167] Auch wenn er Liebe und Gerechtigkeit in diesem Gedanken nur beschreibend gegenüber zu stellen scheint, verrät die doppeldeutige Formulierung („überschätzt“), die man zwar auch deskriptiv auslegen kann, dass er in Wahrheit Partei ergreift für die Gerechtigkeit, die er unterschätzt sieht. Es stellt ein Glanzstück seiner Rhetorik dar, wie er auf diese Weise sich selbst gleichsam aus der Betrachtung herausnimmt und der Liebe eine scheinbare Gleichgültigkeit zuweist: „Sie ist unparteiisch wie der Regen, welcher, nach der Bibel und der Erfahrung, nicht nur den Ungerechten, sondern unter Umständen auch den Gerechten bis auf die Haut nass macht.“[168] Der Gedanke des Unparteiischen bzw. Unparteilichen wird uns an späterer Stelle noch einmal begegnen, dort freilich als Attribut des Rechts, zu dem die Unparteilichkeit allem Anschein nach auch eher gehört als zur Liebe.

b) Gerechtigkeit als „Liebe mit sehenden Augen“

Ein rätselhaftes Wort zum Verhältnis von Liebe und Gerechtigkeit begegnet darüber hinaus im Zarathustra: „Mit deiner Liebe gehe in deine Vereinsamung (...);

---

166 *Nietzsche*, Nachgelassene Fragmente, Herbst 1887, 9 (156), Kritische Studienausgabe (Hg. G. Colli/M. Montinari), Band 12, S. 427 sub 5.

167 *Nietzsche*, Menschliches, Allzumenschliches, I, 69.

168 *Nietzsche*, Menschliches, Allzumenschliches, I, 69. Bei aller Bewunderung der Rhetorik kann man hier aber zugleich auch die Überlegenheit der Lehre von den drei Ordnungen (zu ihr etwa *J. Ratzinger*, Vom Sinn des Christseins, 1965, S. 33 f.; *R. Guardini*, Christliches Bewusstsein. Versuche über Pascal, 1950, S. 40 ff.) des von Nietzsche hochgeschätzten *B. Pascal*, Pensées et Opuscules, 1669 posthume, Édition Léon Brunschvicq, 1897, Fragment 793, studieren. Wie das Zitat in der Einleitung belegt, gehört Pascal immerhin zu denen, über die Nietzsche bekennt, dass er sich „von ihnen Recht und Unrecht geben lassen will, ihnen will ich zuhören, wenn sie sich dabei selber untereinander recht und unrecht geben.“ Pascal sieht die Liebe in der Tat „als ein viel höheres Wesen“ oder – genauer gesagt – er geht davon aus, dass sie einer anderen – höheren – Ordnung zugehört als der Ordnung der Materie und der Ordnung des Geistes. Während in den ersten beiden Ordnungen die cartesische Trennung von res cogitans und res extensa zugrunde gelegt wird, übersteigt die Ordnung der Liebe diese beiden.

und erst spät wird die Gerechtigkeit dir nachhinken."[169] Im Schrifttum wird dazu festgestellt, dass die Liebe hier als „Schrittmacher der Gerechtigkeit" erscheint und die Frage aufgeworfen, ob hier ein „Fundierungsverhältnis" zwischen Liebe und Gerechtigkeit statuiert wird,[170] ohne dass freilich klar würde, was dies begründen könnte. Wenn man dieses enigmatische Bild beschreiben wollte, könnte man eher von einem verzögerten Akzessorietätsverhältnis sprechen, doch wäre auch damit noch nichts für die Auslegung gewonnen. Jedenfalls stehen Gerechtigkeit und Liebe für Nietzsche in einem Verhältnis zueinander, das dem eingangs zitierten Gedanken Bohrs diametral entgegensteht. Zwar muss man sich vor einem forcierenden Hang zur Übereinstimmung zwischen den Aphorismen Nietzsches und den Reden Zarathustras hüten, denn diese sind nicht unbedingt gleichzusetzen mit jenen, weil hier eine literarische Übersteigerung mitschwingt, während dort Nietzsches ureigenste Gedanken ausgesprochen sind.[171] Aber gleichwohl verdient ein Schlüsselwort des Zarathustra in diesem Zusammenhang besonderes Augenmerk, zumal es im bisherigen Schrifttum weitgehend unberücksichtigt geblieben ist: „Sagt, wo findet sich die Gerechtigkeit, welche Liebe mit sehenden Augen ist?"[172] Reinhart Maurer, der als einer der ersten auf diese Seite Nietzsches aufmerksam gemacht hat, sagt mit Recht: „Der andere, der zunächst verborgene Nietzsche ist also derjenige, für den das Thema Liebe und Gerechtigkeit in einem Menschen und Dinge umfassenden Sinne zentral ist."

c) Genialität der Gerechtigkeit und Liebe

Das zuletzt zitierte Wort Nietzsches kann in seiner Bedeutung gar nicht überschätzt werden.[173] Um es nicht in unzulässiger Weise aus dem Zusammenhang zu

---

169 *Nietzsche*, Also sprach Zarathustra, Erster Teil, Vom Wege des Schaffenden, Kritische Studienausgabe (herausgegeben von G. Colli und M. Montinari) Band 4, S. 82.

170 *B. C. Han*, Liebe und Gerechtigkeit bei F. Nietzsche, ARSP-Beiheft 77 (2001) 77, 80. Er übersieht zwar die hier im Ausgangspunkt zitierte Stelle Nietzsches, die für sein Thema von zentraler Bedeutung gewesen wäre, macht dafür aber interessanterweise aufmerksam auf das Verhältnis von Liebe und Gerechtigkeit bei *P. Ricœur*, Liebe und Gerechtigkeit, Amour et justice (mit einer dt. Parallelübersetzung von Matthias Raden), 1990, und vor allem *E. Lévinas*, Jenseits des Seins oder anders als Sein geschieht, 1994, S. 343 ff. Für seinen ökonomischen Ansatz hätte er im Übrigen noch Fragment 48 über die Ökonomie der Güte ins Feld geführt werden können.

171 *R. Maurer*, Der andere Nietzsche. Gerechtigkeit kontra moralische Utopie, Aletheia, 5 (1994) 9, 17.

172 *Nietzsche*, Also sprach Zarathustra, Erster Teil, Vom Biss der Natter, Kritische Studienausgabe (herausgegeben von G. Colli und M. Montinari) Band 4, S. 82.

173 *K. Jaspers*, Nietzsche. Einführung in das Verständnis seines Philosophierens, 1936, S. 181 f., spricht von der „*substanziellen* Liebe", die Zarathustra erblickt; Hervorhebung auch dort: „Wenn

reißen, ist im Ausgangspunkt darauf zu verweisen, dass es sich im Anschluss an ein Wort zur tief greifenden Skepsis gegenüber der Strafe findet,[174] von dem noch die Rede sein wird, wenn es um Nietzsches Verständnis von Strafe und Recht geht. Davon abgesehen hat aber auch dieses Wort von der Gerechtigkeit als Liebe mit sehenden Augen einen inneren Mehrwert,[175] der über den konkreten Zusammenhang hinauswirkt und Bedeutung entfaltet. Die Form der Frage („wo findet sich die Gerechtigkeit, welche Liebe mit sehenden Augen ist?") legt nahe, dass es sich bei dieser Gerechtigkeit um ein „Ideal"[176] oder,[177] besser gesagt – da es nämlich eine absolute Gerechtigkeit für ihn nicht gibt[178] – eine „Wünschbarkeit" handelt,[179] wobei die Besonderheit darin besteht, dass die Gerechtigkeit nicht inkommensurabel ist, sondern der Maßstab („Liebe mit sehenden Augen") die eigentliche Herausforderung darstellt.[180] Es hat den Anschein, dass diese Stelle nicht zuletzt deshalb so wenig beachtet wurde, weil sie nicht in das gängige Nietzsche-Bild zu passen scheint,[181] sondern eher von Pascal stammen könnte,[182]

Gerechtigkeit sich auf sich selbst stellen will, dann verliert sie die Substanz, die ihr nur aus der hellsichtigen Liebe kommt. (...) Die hellsichtige Liebe, die aus sich zugleich gerecht ist, ist für Nietzsche wie eine Idee, die die Gerechtigkeit als solche nicht erreicht. Deswegen stellt Nietzsche aus dem Wissen um die Liebe die Gerechtigkeit in Frage".

174 *Nietzsche*, Also sprach Zarathustra, Erster Teil, Vom Biss der Natter, Kritische Studienausgabe (Hg. G. Colli/M. Montinari), Band 4, S. 88: „Ich mag eure kalte Gerechtigkeit nicht; und aus dem Auge eurer Richter blickt mir immer der Henker und sein kaltes Eisen."

175 Dazu bereits in der Einleitung unter Verweis auf *J. Ratzinger/Benedikt XVI.*, Jesus von Nazareth, 2007, S. 18.

176 *Nietzsche*, Nachgelassene Fragmente, November 1887 – März 1888, 11 (135), Kritische Studienausgabe (Hg. G. Colli/M. Montinari), Band 13, S. 62: „Ich bin voller Argwohn und Bosheit gegen das, was man ‚Ideal' nennt."

177 Vorsichtig insoweit auch *K. Jaspers*, Nietzsche. Einführung in das Verständnis seines Philosophierens, 1936, S. 181: „Es könnte so scheinen, als sei Gerechtigkeit ein eindeutiges Ideal".

178 *M. Steinmann*, Die Ethik Friedrich Nietzsches, 2000, S. 178.

179 Vgl. *Nietzsche*, Nachgelassene Fragmente, Sommer 1886 – Herbst 1887, 5 (100), Kritische Studienausgabe (Hg. G. Colli/M. Montinari), Band 12, S. 227: „Zur Kritik der Ideale: diese so beginnen, daß man das Wort ‚Ideal' abschafft: Kritik der Wünschbarkeiten".

180 Man beachte aber mutatis mutandis auch *Nietzsche*, Jenseits von Gut und Böse, 39: „Niemand wird so leicht eine Lehre, bloss weil sie glücklich macht, oder tugendhaft macht, deshalb für wahr halten: die lieblichen ‚Idealisten' etwa ausgenommen, welche für das Gute, Wahre, Schöne schwärmen und in ihrem Teiche alle Arten von bunten plumpen und gutmüthigen Wünschbarkeiten durcheinander schwimmen lassen." Zu dieser mahnenden Textstelle nochmals am Ende der Abhandlung.

181 Eher schon der nach *K. Jaspers*, Nietzsche. Einführung in das Verständnis seines Philosophierens, 1936, S. 182 m.w.N., „lieblos" klingende Satz: „Ich bin peinlich gerecht, weil es die Distanz aufrecht erhält."

den Nietzsche bekanntlich nicht nur außerordentlich schätzte,[183] sondern auch „als das lehrreichste Opfer des Christenthums" betrachtete.[184] Freilich ist zu berücksichtigen, dass die Liebe (charité) im Sinne Pascals im Gegensatz zu Nietzsche auch und gerade eine duldende sein kann,[185] und dass das Wahrnehmungsorgan bei Pascal nicht die Augen sind, sondern das Herz (cœur).[186] Aber gerade die „sehenden Augen" sind es, die den Zusammenhang zur Genialität der Gerechtigkeit herstellen und erschließen: Denn diese „stellt daher jedes Ding in das beste Licht und geht um dasselbe mit *sorgsamem Auge* herum."[187]

Die Liebe im Sinne Nietzsches hat also wenig mit der auf Barmherzigkeit und Mitleid gerichteten christlichen caritas oder der griechischen agape gemein. Das bedeutet freilich nicht, dass er sie rundweg ablehnt und nicht ihre Errungenschaften im Laufe der Geschichte zu würdigen bereit wäre. Im bisherigen Schrifttum zum Begriff der Gerechtigkeit wurde herausgestellt, dass Nietzsche sich gerade im Verhältnis zur christlichen Liebe und Barmherzigkeit, die er als „die ästhetische Seite der Gerechtigkeit und Vernunft" im Sinne eines „Nebentrieb(s)" verstand,[188] anerkennend über „die geschichtlichen Verdienste der großen Weltreligion" äußert und „sie auch bei deren Kritik liebevoll zu behandeln versucht."[189] Belegt wird dies mit folgender Nachlassstelle Nietzsches: „Nachdem wir Vernunft und Gerechtigkeit haben, müssen wir die Leitern zerbrechen, die uns dazu führten; es ist die traurige Pflicht, daß diese höchsten Ergebnisse uns dazu zwingen, gleichsam die Eltern und Voreltern vor Gericht zu laden. Gegen die Vergangenheit gerecht zu sein, sie wissen wollen, in aller Liebe! Hier wird unsere

182 Vgl. das zuletzt zitierte Fragment 793 von *B. Pascal*, Pensées et Opuscules, 1669 posthume, Édition Léon Brunschvicq, 1897.

183 *Nietzsche*, Nachgelassene Fragmente, April – Juni 1885, 34 (176), Kritische Studienausgabe (Hg. G. Colli/M. Montinari), Band 11, S. 478, nennt Pascal nicht von ungefähr den „bewundерungswürdigen Logiker des Christentums." Siehe aber auch *Nietzsche*, Nachgelassene Fragmente, November 1887 – März 1888, 11 (55), Kritische Studienausgabe (Hg. G. Colli/M. Montinari), Band 13, S. 27: „Man soll es dem Christenthum nie vergeben, daß es solche Menschen wie Pascal zugrunde gerichtet hat."

184 *Nietzsche*, Ecce homo, Warum ich so klug bin, Kritische Studienausgabe (Hg. G. Colli/M. Montinari), Band 6, 3.

185 *R. Guardini*, Christliches Bewusstsein. Versuche über Pascal, 1950, vor allem das Schlusskapitel.

186 *E. Zwierlein*, Blaise Pascal zur Einführung, 1996, S. 60 ff., 105 f.

187 *Nietzsche*, Menschliches, Allzumenschliches, I, 636; Hervorhebung nur hier. Zu der wichtigen Augenmethapher noch näher am Ende der Abhandlung.

188 *Nietzsche*, Nachgelassene Fragmente, Herbst 1881, 12 (75), Kritische Studienausgabe (Hg. G. Colli/M. Montinari), Band 9, S. 589.

189 *D.-J. Yang*, Die Problematik des Begriffs der Gerechtigkeit in der Philosophie von Friedrich Nietzsche, 2005, S. 134.

Vornehmheit auf die höchste Probe gestellt! Ich merke es, wer mit rachsüchtigem Herzen vom Christenthum redet – das ist gemein!"[190]

Diese Stelle veranschaulicht paradigmatisch, was Nietzsche mit der (Genialität der) Gerechtigkeit meint, die „zuletzt (...) selbst ihrer Gegnerin, der blinden oder kurzsichtigen ‚Ueberzeugung' (wie Männer sie nennen: – bei Weibern heisst sie ‚Glaube') geben (wird,) was der Ueberzeugung ist – um der Wahrheit willen."[191] Nietzsche versucht also, auch dem von ihm bekämpften Christentum sine ira et studio zu begegnen und auf diese Weise gerecht zu werden. Im Übrigen enthält das zitierte Fragment noch zwei bemerkenswerte Auffälligkeiten, die für das Gerechtigkeitsverständnis Nietzsches bedeutsam sind: Zum ersten ist es die Eigenschaft der Vornehmheit,[192] die uns noch häufiger im Zusammenhang mit der Gerechtigkeit begegnen wird und die für Nietzsches ganze Geisteshaltung bezeichnend ist; dementsprechend eingehend wird sie in zahlreichen Fragmenten präzisiert.[193] Gerechtigkeit ohne eine vornehme Gesinnung üben zu wollen, ist für Nietzsche schlechterdings ausgeschlossen. Zum anderen ist es die Art, inwieweit die Liebe nach Nietzsche die gerechte Betrachtung prägen soll. Das kommt in dem nachgestellten „in aller Liebe!" zum Ausdruck. Die Liebe verklammert so gleichsam alles Vorangestellte, das die Gerechtigkeit ausmacht.

5. Anfänge der Gerechtigkeit

Bevor wir uns auf dieser Grundlage dem Ursprung der Gerechtigkeit zuwenden, soll noch ein Wort aus der *Morgenröte* behandelt werden, in dem sich Nietzsche – scheinbar gleichbedeutend – mit den Anfängen der Gerechtigkeit auseinandersetzt: „Die Anfänge der Gerechtigkeit, wie die der Klugheit, Mässigung, Tapferkeit, – kurz Alles, was wir mit dem Namen der sokratischen Tugenden bezeichnen, ist thierhaft: eine Folge jener Triebe, welche lehren, nach Nahrung zu suchen und

---

190 *Nietzsche*, Nachgelassene Fragmente, Herbst 1881, 12 (75), Kritische Studienausgabe (Hg. G. Colli/M. Montinari), Band 9, S. 589.

191 *Nietzsche*, Menschliches, Allzumenschliches, I, 636.

192 Dazu *P. Heller*, Nietzsche über die Vornehmen und die Vornehmheit, in: Legitimationskrisen des deutschen Adels (Hg. P. Hohendahl/P. M. Lützeler), 1979, S. 309; *G.-G. Grau*, Nietzsche: „Was ist vornehm", Allgemeine Zeitschrift für Philosophie 21 (1996) 129.

193 *Nietzsche*, Nachgelassene Fragmente, Herbst 1885 – Herbst 1886, 2 (89), Kritische Studienausgabe (Hg. G. Colli/M. Montinari), Band 12, S. 105; *ders*, Nachgelassene Fragmente, Oktober 1888, 23 (4), Kritische Studienausgabe (Hg. G. Colli/M. Montinari), Band 13, S. 604 ff.; *ders.*, Nachgelassene Fragmente, Herbst 1885, 41 (3), Kritische Studienausgabe (Hg. G. Colli/M. Montinari), Band 11, S. 702 ff.

den Feinden zu entgehen."[194] An dieser Aussage ist zweierlei interessant: Zum einen enthält es eine implizite Klarstellung im Hinblick auf das Verständnis der Gerechtigkeit als einer sokratischen Tugend,[195] die sogar „auf der Stufenleiter der Tugenden" ganz oben steht.[196] Das wird auch in der zweiten unzeitgemäßen Betrachtung deutlich, in der er darlegt, wie die wahnhafte Einbildung der Tugend den Menschen im Ergebnis ungerechter macht, als er schon ist[197] – eine Einsicht, die sich im Zarathustra fortsetzt, wo er die sich gerecht Dünkenden als die wahrhaft Ungerechten entlarvt.[198] Die Genialität der Gerechtigkeit ist die besondere Befähigung im Hinblick auf diese Tugend, die freilich nicht das sein darf, wessen nach Nietzsche die Moralisten bedürfen, nämlich „die Attitüde der Tugend"[199] Denn das wäre nichts anderes als „die Schar der scheinbaren Tugenden", welche „zu jeder Zeit geehrt und prunkend einherzog",[200] mithin die unwahrhafte Äußerlichkeit, die nur den äußeren Schein der Gerechtigkeit zu wahren weiß.

Zum anderen ist die inhaltliche Rückführung der Gerechtigkeit auf die animalischen Instinkte von Interesse.[201] Der Vergleich mit dem Tier ist, wie noch zu

---

194 *Nietzsche*, Morgenröte, 26.

195 Zum Verhältnis Nietzsches zu Sokrates siehe *V. Gerhardt*, Sokrates ist mir so nah. Die unbewältigte Gegenwart Nietzsches, ARSP-Beiheft 77 (2001) 181; *E. R. Sandvoss*, Sokrates und Nietzsche, 1966. Siehe im Hinblick auf das Begriffsverständnis der platonischen Gerechtigkeit auch *D.-J. Yang*, Die Problematik des Begriffs der Gerechtigkeit in der Philosophie von Friedrich Nietzsche, 2005, S. 163: „Nur für den theoretischen Betrachter des Ganzen scheint das Gleichgewicht zwischen Mächtigen und Un-Mächtigen zu fehlen, welches für die platonische Gerechtigkeit notwendig ist. Solange der Betrachter aber immer noch die platonische Gerechtigkeit im Sinn hat, greift Nietzsches Argument nicht von vorneherein. Denn die eigentlich Beteiligten an dem Gerechtigkeitsverhältnis bei Nietzsche sind nicht Mächtige und Un-Mächtige, geschweige denn Herren und Sklaven, sondern jeder Erkennende, also Wahrheitssuchende und sein Leben."

196 *Nietzsche*, Unzeitgemäße Betrachtungen, II, 6: „Wie niedrig steht, an ihr (sc. der Gerechtigkeit) gemessen, schon die Grossmuth auf der Stufenleiter der Tugenden (...)!".

197 *Nietzsche*, Unzeitgemäße Betrachtungen, II, 6: „Sokrates hielt es für ein Leiden, das dem Wahnsinn nahe komme, sich den Besitz einer Tugend einzubilden und sie nicht zu besitzen: und gewiss ist eine solche Einbildung gefährlicher, als der entgegengesetzte Wahn, an einem Fehler, an einem Laster zu leiden. Denn durch diesen Wahn ist es vielleicht noch möglich, besser zu werden; jene Einbildung aber macht den Menschen oder eine Zeit schlechter, also – in diesem Falle, ungerechter."

198 *Nietzsche*, Also sprach Zarathustra, 1883–1885, Kritische Studienausgabe (Hg. G. Colli/M. Montinari), Band 4, passim; dazu im Einzelnen im 7. Kapitel.

199 *Nietzsche*, Nachgelassene Fragmente, November 1887 – März 1888, 11 (26), Kritische Studienausgabe (Hg. G. Colli/M. Montinari), Band 13, S. 26.

200 *Nietzsche*, Unzeitgemäße Betrachtungen, II, 6.

201 *K. Jaspers*, Nietzsche. Einführung in das Verständnis seines Philosophierens, 1936, S. 182, betont unter Verweis auf ein Wort von Nietzsche (Unzeitgemäße Betrachtungen, II, 6) darauf, dass „auch das reichste Leben noch der Ungerechtigkeit bedarf. Würde es sich grenzenlos in historisch

zeigen sein wird, von besonderer Bedeutung für Nietzsche,[202] der sich an anderer Stelle fragt: „Wie macht man dem Menschen-Thiere ein Gedächtnis?“[203] Darüber hinaus ist von Bedeutung, dass Nietzsche auch die Gerechtigkeit auf den tierhaften Trieb der Selbsterhaltung zurückführt,[204] wovon ebenfalls noch die Rede sein wird. Er geht der Gerechtigkeit also auf den Grund, indem er nach ihrem Ursprung fragt und damit ihr Herkommen in den Blick nimmt. Dieser Ursprung der Gerechtigkeit soll uns daher im Folgenden beschäftigen.

---

gerechtem Sinn sehen, so würde es sich selbst vernichten. ‚Die historische Gerechtigkeit (...) ist eine schreckliche Tugend (...) ihr Richten ist immer ein Vernichten (...) wenn die Gerechtigkeit allein waltet, *dann wird der schaffende Instinkt entkräftet und entmutigt.*‘ “; Hervorhebung nur hier.

202 Siehe auch *Nietzsche*, Also sprach Zarathustra, Dritter Teil, Von alten und neuen Tafeln, 1883–1885, Kritische Studienausgabe (Hg. G. Colli/M. Montinari), Band 4, 22: „Allen Thieren hat der Mensch schon ihre Tugenden abgeraubt: das macht, von allen Thieren hat es der Mensch am schwersten gehabt.“

203 *Nietzsche*, Zur Genealogie der Moral, Zweite Abhandlung, 3.

204 Zu ihm *G. Abel*, Nietzsche contra ‚Selbsterhaltung‘. Steigerung der Macht und Ewige Wiederkehr, Nietzsche-Studien 10/11 (1981/82) 367.

2. Kapitel: Ursprung der Gerechtigkeit

Nietzsches Gerechtigkeitsverständnis lässt sich nur erahnen, wenn man es auf den Ursprung zurückführt, den für ihn die Gerechtigkeit nimmt. Der Gedankengang über den Ursprung der Gerechtigkeit ist für Nietzsches Rechtsdenken beispielhaft,[1] weil er nicht nur die eigentümliche Architektonik des Gedankengebäudes freilegt, von dessen wissenschaftlicher Methode und seinem wissenschaftlichen Geist bereits die Rede war, sondern weil sich darin zugleich das für Nietzsche typische Überraschungsmoment veranschaulichen lässt, mit dem auf der Grundlage der Analyse des Bestehenden eine neue Einsicht entwickelt wird, die ganz und gar originell ist.

I. Hypothetische Machtprobe

Unter Berufung auf Thukydides sieht er den Ursprung der Gerechtigkeit im Gleichgewicht der Macht.[2] Ergibt die Einschätzung der Machtverhältnisse, dass auf keiner Seite ein deutliches Übergewicht besteht „und ein Kampf zum erfolglosen, gegenseitigen Schädigen würde", so „entsteht der Gedanke sich zu verständigen und über die beiderseitigen Ansprüche zu verhandeln."[3] An anderer Stelle drückt er es noch sinnfälliger aus, indem er feststellt: „wenn man sich verträgt, – wenn man einen Vertrag macht."[4] Dieser Zusammenhang ist unmittelbar für die Rechtsentstehung bedeutsam:[5] „So entstehen Rechte: anerkannte und gewährleistete Machtgrade."[6]

---

1 *Nietzsche*, Menschliches, Allzumenschliches, I, 92.

2 Nietzsche bezieht sich auf das „fruchtbare Gespräch" zwischen den athenischen und melischen Gesandten bei *Thukydides*, Der Peleponnesische Krieg, Buch V, Kapitel 88; siehe dazu auch *V. Gerhardt*, Vom Willen zur Macht, 1996, S. 144 ff.; *A. G. Woodhead*, Thucydides and the Nature of Power, 1970; *H. Ottmann*, Philosophie und Politik bei Nietzsche, 1987, 2. Auflage 1999, S. 220 ff.; *O. Henning*, Philosophie und Politik bei Nietzsche, 2. Auflage 1999.

3 *Nietzsche*, Menschliches, Allzumenschliches, I, 92.

4 *Nietzsche*, Nachgelassene Fragmente, Frühjahr 1888, 14 (197), Kritische Studienausgabe (Hg. G. Colli/M. Montinari), Band 13, S. 382.

5 Prägnant *V. Gerhardt*, Vom Willen zur Macht, 1996, S. 78: „Das Faktische gewinnt normative Gestalt."

6 *Nietzsche*, Morgenröte, 112: „Wo Recht *herrscht*, da wird ein Zustand und Grad von Macht aufrecht erhalten, eine Verminderung und Vermehrung abgewehrt."; Hervorhebung auch dort.

https://doi.org/10.1515/9783110645682-003

1. Diagnose und Prognose von Machtverhältnissen

Diese hypothetische Machtprobe bestätigt das, was man mit Nietzsches Rechtsphilosophie gemeinhin verbindet, indem der Wille zur Macht das beherrschende Element und der Ausgangspunkt des Rechts ist. In der Tat ist das an den gegenwärtigen und zukünftigen Machtverhältnissen ausgerichtete Verhältnis der Diagnose und Prognose von Machtansprüchen der gedankliche Ausgangspunkt und die Prämisse der Gerechtigkeitsvorstellung Nietzsches, wie bereits in einer frühen Schrift Nietzsches zu lesen ist, wonach „es (...) kein Recht (gibt), das nicht in seinem Fundamente Anmaßung Usurpation Gewaltthat ist."[7] Allerdings wird die Grundaussage dieser frühen Äußerung durch die hier angestellte hypothetische Machtprobe, in der Nietzsche den Ursprung der Gerechtigkeit erblickt, erheblich relativiert, so dass Volker Gerhardt mit Recht anmerkt: „Es ist also nicht einfach die Gewalttat, die bloße physische Stärke, welche das Recht hervorbringt, sondern seine Geburtsstunde ist die Erkenntnis des Machtgleichgewichts verständiger Partner."[8]

2. Zusammenführung mit den anderen Merkmalen der Gerechtigkeit

Hätte es damit sein Bewenden, so würde der Gerechtigkeitsvorstellung Nietzsches über das Eklektische bzw. Epigonale hinaus wenig Originelles eignen. Abgesehen von Thukydides selbst findet sich auch bei Pascal, den Nietzsche besonders schätzte,[9] ein ähnlicher Gedanke: „Das Recht kann bestritten werden, die Macht ist deutlich kenntlich und unbestritten. (...) Und da man nicht erreichen konnte, dass das, was recht ist, mächtig sei, machte man das, was mächtig ist, Rech-

7 *Nietzsche*, Der griechische Staat, 1872, Kritische Studienausgabe (Hg. G. Colli/M. Montinari), Band 1, S. 770. An anderer Stelle (Nachgelassene Fragmente, Herbst 1887, 10 (53), Kritische Studienausgabe (Hg. G. Colli/M. Montinari), Band 12, S. 483) heißt es: „Wir glauben nicht an ein Recht, das nicht auf Macht ruht, sich durchzusetzen: wir empfinden alle Rechte als Eroberungen." Dazu auch *A. Orsucci*, Strafe und Ressentiment: Nietzsches Rechtsverständnis und einige seiner Quellen, ARSP-Beiheft 77 (2001) 195; *Ch. J. Emden*, Nietzsche' Will to Power: Biology, Naturalism, and Normativity, Journal of Nietzsche Studies 47 (2016) 30.

8 *V. Gerhardt*, Vom Willen zur Macht, 1996, S. 145; eingehend *ders.*, Das „Princip des Gleichgewichts". Zum Verhältnis von Recht und Macht bei Nietzsche, in: Pathos und Distanz. Studien zur Philosophie Friedrich Nietzsches, 1988, S. 98 ff. (= Nietzsche-Studien 12 (1983) 111 ff.).

9 *Nietzsche*, Menschliches, Allzumenschliches, II 1, 407.

tens."[10] Entsprechendes findet sich bei Rudolf von Jhering:[11] „Die Tatkraft, die Gewalt also ist die Mutter des Rechts, das ist das Resultat der bisherigen Ausführungen."[12] In dieselbe Richtung weist eine Stelle aus Jherings Werk über den „Zweck im Recht," das Nietzsche ausweislich eines Briefes an Overbeck aus dem Jahre 1879 kannte:[13] „Die Despoten und Unmenschen, welche die Völker mit eisernen Ruten und Skorpionen gezüchtigt haben, haben für die Erziehung der Menschheit zum Recht ebensoviel geleistet wie die weisen Gesetzgeber."[14]

Aber es ist eben noch etwas anderes, das Nietzsche hiermit erfasst, wie Karl Jaspers am Beispiel der zitierten Stelle gesehen hat: „Aber damit ist für Nietzsche selbst dieser Gerechtigkeit doch zu wenig gegeben. Sie ist abstrakt, ohne Liebe und schaffende Wirkung, ein unter gewissen Machtkonstellationen befestigter und erstarrender Zustand. Aber Gerechtigkeit ist auch in der soziologischen Daseinswirklichkeit mehr als Austausch, wenn sie aus einer übergreifenden *Aktivität* erwächst."[15] Damit sind zwei wichtige Punkte angesprochen, von denen im weiteren Verlauf der Untersuchung noch die Rede sein wird. Zum einen das Merkmal der Aktivität, das Nietzsche in der Genealogie der Moral noch näher ausgearbeitet hat,[16] und das für Nietzsche ein wesentliches Merkmal der Gerechtigkeit werden sollte. Zum anderen hebt Jaspers mit Recht hervor, dass diese Gerechtigkeit „abstrakt, ohne Liebe und schaffende Wirkung" ist.[17] Damit fehlt ihr freilich das,

---

10 *B. Pascal*, Pensées et Opuscules, 1669 posthume, Édition Léon Brunschvicq, 1897, Fragment 298: „Es ist gerecht, dass befolgt wird, was gerecht ist; notwendig ist, dass man dem, was mächtiger ist, folgt."

11 Siehe eingehend zur Jhering-Lektüre Nietzsches *H. Kerger*, Autorität und Recht im Denken Nietzsches, 1988, S. 45 ff. Doch sollte der Einfluss auf ihn nicht überschätzt werden (*M. Brusotti*, Die ‚Selbstverkleinerung des Menschen in der Moderne. Studien zu Nietzsches ‚Zur Genealogie der Moral', Nietzsche-Studien 21 (1992) 81).

12 *R. v. Jhering*, Geist des römischen Rechts auf den verschiedenen Stufen seiner Entwicklung, Teil 1, 9. Auflage 1955, S. 114.

13 Abgedruckt in: Briefwechsel. Kritische Gesamtausgabe (Hg. G. Colli/N. Miller), Abt. 2, Band 5, Briefe Januar 1875 – Dezember 1879, S. 432, 434.

14 Vgl. dazu auch *R. v. Jhering*, Der Zweck im Recht, Band I, 1877, S. 196. Dazu auch *J. Petersen*, Privatrechtsdogmatik und methodischer Individualismus am Beispiel Rudolf von Jherings, Festschrift C.-W. Canaris, 2017, S. 87.

15 *K. Jaspers*, Nietzsche. Einführung in das Verständnis seines Philosophierens, 1936, S. 182.

16 *Nietzsche*, Zur Genealogie der Moral, Zweite Abhandlung, 11; dazu im sechsten Kapitel unter II. am Ende.

17 Näher zum Schaffenden *J. Mohr*, Der Mensch als der Schaffende. Nietzsches Grundlegung eines neuen Selbstverständnisses des Menschen, 1977.

was weiter oben am Beispiel der Zarathustra-Stelle[18] als weiteres Wesensmerkmal der Gerechtigkeit herausgestellt wurde.

II. Tauschcharakter der Gerechtigkeit

Das angedeutete Überraschungsmoment in der bereits nachgezeichneten Argumentation besteht nun darin, dass Nietzsche alles Bisherige hinter einem Doppelpunkt nur zusammenzufassen scheint,[19] in Wahrheit aber zu einer ganz neuen Einsicht verdichtet, die einen dementsprechend neuen Gesichtspunkt formuliert, der nicht nur für das Folgende prägend ist, sondern die Erkenntnis auf eine ganz neue Stufe stellt: „der Charakter des Tausches ist der anfängliche Charakter der Gerechtigkeit".[20] Der scheinbare Bruch des Gedankengangs, dem zumindest ein Zwischenschritt zu fehlen scheint, führt zu einem neuen Kriterium. Wie die wörtliche Wiederholung veranschaulicht, werden Tausch und Gerechtigkeit gleichgesetzt – freilich nur auf der Grundlage einer gleichartigen Einschätzung der Machtverhältnisse.[21]

1. Synallagma

Der synallagmatische Charakter des Rechtsverhältnisses bestätigt sich auch mit Blick auf die Gegenrechte des anderen Teils. Rechte und Pflichten bedingen einander: „Unsere Pflichten – das sind die Rechte Anderer auf uns."[22] Damit hat Nietzsche den für sein Rechtsdenken wesentlichen Begriff des Tauschs eingeführt: „Jeder stellt den Andern zufrieden, indem Jeder bekommt, was er mehr schätzt als der Andere. Man giebt Jedem, was er haben will als das nunmehr Seinige, und empfängt dagegen das Gewünschte."[23] Das gilt im Übrigen mutatis mutandis auch für die Abtretung und die Schenkung: „In diesem Falle haben die

---

18 *Nietzsche*, Also sprach Zarathustra, Erster Teil, Vom Biss der Natter, Kritische Studienausgabe (Hg. G. Colli/M. Montinari), Band 4.

19 *Nietzsche*, Menschliches, Allzumenschliches, I, 92.

20 *Nietzsche*, Menschliches, Allzumenschliches, I, 92.

21 *V. Gerhardt*, Vom Willen zur Macht, 1996, S. 146, spricht insoweit vom Recht als „Ausdruck abgewogener Gegenseitigkeit".

22 *Nietzsche*, Morgenröte, 112: „Wir erfüllen unsre Pflicht – das heisst: wir rechtfertigen jene Vorstellung von unserer Macht, auf welche hin uns Alles erwiesen wurde, wir geben zurück, in welchem Maasse, als man uns gab."

23 *Nietzsche*, Menschliches, Allzumenschliches, I, 92.

Anderen Macht genug und übergenug, um davon abgeben zu können und das abgegebene Stück Dem, welchem sie es schenkten, zu verbürgen: wobei ein geringeres Machtgefühl bei Dem, der sich beschenken lässt, vorausgesetzt wird."[24] Allerdings birgt die Abgabe von Macht und Recht für Nietzsche die Gefahr: „je mehr ich Recht abgebe und mich gleich stelle, um so mehr gerathe ich unter die Herrschaft der Durchschnittlichsten."[25]

Hier sind bereits zwei für Nietzsches Rechtsdenken bestimmende Motive angesprochen: die obligationenrechtliche Betrachtungsweise, von der im vorletzten Kapitel noch ausführlich die Rede sein soll, sowie Nietzsches verstörende Ablehnung der Gleichheit, die im letzten Kapitel näher dargestellt wird. Einstweilen ist aufschlussreich, dass Nietzsche beim Tausch dieselbe Wendung gebraucht, die er im Rahmen seiner Darstellung der Genialität der Gerechtigkeit gebrauchte („denn sie will Jedem (...) *das Seine* geben").[26] Der alte rechtsphilosophische Grundsatz des suum cuique[27] erscheint hier also einmal als abstraktgenerelle Maxime, ein anderes Mal als Verwirklichung der Vertragsgerechtigkeit („das nunmehr Seine"). Es kommt also darauf an, nach welchem Maßstab jedem das Seine gegeben wird. Hierfür ist wiederum die Machtprobe von Bedeutung.

2. Gefühl von Macht und Recht

Jedoch findet sich an vergleichsweise entlegener Stelle im Rahmen der Behandlung der von ihm so genannten Naturgeschichte[28] von Recht und Pflicht ein wichtiger Hinweis.[29] Zunächst begründet Nietzsche die gegenseitigen Rechte und Pflichten in der oben behandelten Weise. Dann präzisiert er dies dahingehend, dass der andere Vertragsteil seine Ansprüche daraus ableitet, was seines Erachtens in unserer Macht steht. Das damit einhergehende subjektive Element, das also auch Raum für Irrtümer und vermeintliche Verbindlichkeiten lässt, ist nicht zu unterschätzen. Es ist also nicht nur die Macht selbst, sondern vor allem auch das Gefühl für die Macht des Anderen, welches bestimmend ist für unser Recht: „Nimmt unsere Macht wesentlich ab, so verändert sich das Gefühl derer, welche

24 *Nietzsche*, Morgenröte, 112.
25 *Nietzsche*, Nachgelassene Fragmente, November 1887 – März 1888, 11 (140), Kritische Studienausgabe (Hg. G. Colli/M. Montinari), Band 13, S. 65.
26 *Nietzsche*, Menschliches, Allzumenschliches, I, 636; Hervorhebung nur hier.
27 *Plato*, Politeia, 332; *Aristoteles*, Rhetorik, 1366b; *Cicero*, De legibus 1, 6, 19; *ders.*, De officiis, 1, 5, 15; *Seneca*, Epistulae morales, 81, 7; *Ulpian*, D. 1, 1, 10.
28 Zu Nietzsches Interpretation der Natur *F. Kaulbach*, Nietzsche-Studien 10/11 (1982) 442.
29 *Nietzsche*, Morgenröte, 112.

bisher unser Recht gewährleisteten; sie ermessen, ob sie uns wieder in den alten Vollbesitz bringen können – fühlen sie sich hierzu außerstande, so leugnen sie von da an unsere ‚Rechte'." Dasselbe ergibt sich, wenn „sich unsere Macht tief erschüttert oder gebrochen zeigt", wenn also der Anschein von Machtlosigkeit entsteht, der mithin genauso schlimm ist wie die Machtlosigkeit selbst. Die Anerkennung fremder Rechte ist somit das Zugeständnis des Gefühls von Macht.

3. Der ‚billige Mensch'

Hätte es jedoch damit sein Bewenden, so wäre es um die Tugend der Gerechtigkeit schlecht bestellt, ja es würden sich teilweise die Vorurteile bestätigen, die man gegen Nietzsches Rechtsverständnis hat, das somit von einer Genialität der Gerechtigkeit weit entfernt wäre. Jedoch münden diese Erkenntnisse im Folgenden noch in eine Einsicht, die Nietzsche, wie so oft, durch einen Gedankenstrich vom Vorigen abtrennt,[30] wodurch schon äußerlich klargestellt wird, dass das Vorangegangene jetzt nicht einfach zusammengefasst, sondern durch eine Einsicht ergänzt wird, die das Bisherige zugleich um eine Dimension bereichert. Diese neue Dimension besteht scheinbar nur in einer Begriffserweiterung, in Wirklichkeit jedoch darin, dass die bisher nur in der Sprache von Macht und Recht mitgeteilte Problematik auf eine übergeordnete Ebene gehoben wird: „Der ‚billige Mensch' bedarf fortwährend des feinen Tactes einer Wage: für die Macht- und Rechtsgrade, welche, bei der vergänglichen Art der menschlichen Dinge, immer nur eine kurze Zeit im Gleichgewichte schweben werden, zumeist aber sinken oder steigen: – billig sein ist folglich schwer und erfordert viel Übung, ⟨viel⟩ guten Willen und sehr viel sehr guten Geist."[31] Den Takt bringt er an anderer Stelle – dort freilich im übertragenden Sinne – mit der Achtung fremden Rechts in Verbindung: „Es ist heute in der Gesellschaft eine große Menge von Rücksicht, von Takt und Schonung, von gutwilligem Stehenbleiben vor fremden Rechten, selbst vor fremden Ansprüchen verbreitet."[32] Bezüglich des Bildes vom Takt sei erinnert an den berühmten Aphorismus des von Nietzsche besonders hochgeschätzten Nicolas Chamfort,[33] wonach Takt der auf das Benehmen angewandte gute Geschmack ist.

---

30 Zum Stil und dem Stilmittel des Gedankenstrichs eingehend *H. Schlaffer*, Das entfesselte Wort, Nietzsches Stil und seine Folgen, 2007, S. 29.

31 *Nietzsche*, Morgenröte, 112.

32 *Nietzsche*, Nachgelassene Fragmente, Herbst 1887, 10 (176), Kritische Studienausgabe (Hg. G. Colli/M. Montinari), Band 12, S. 560.

33 Über ihn *Nietzsche*, Die fröhliche Wissenschaft, 95.

a) Einbeziehung des Problems der Moral

Hätte Nietzsche mit dem oben zitierten Wort vom „billigen Menschen“ nur sagen wollen,[34] dass es eines gut austarierten Machtgespürs bedarf, das jederzeit lauernd sogleich die Erfolge des Macht- und Rechtsgewinns auf seiner Seite zu verbuchen weiß, so wäre der zuletzt zitierte Nachsatz im Wesentlichen überflüssig, da sich das schon als unmittelbare Anwendungskonsequenz des zuvor Dargestellten ergibt, wo Nietzsche bereits die subjektive Komponente hinlänglich mit ihren Auswirkungen auf die Macht- und Rechtsstellung der jeweils anderen Seite analysiert hatte. Gerade dieser Umstand spricht entscheidend dafür, dass Nietzsche hier zu einer vollkommen neuen Einsicht gelangt, die auf einer ganz anderen Ebene angesiedelt ist. Es ist nämlich mitzubedenken, dass der gesamte Gedanke unter der Überschrift der „Naturgeschichte von Pflicht und Recht“ steht. Wie im nächsten Kapitel noch eingehend gezeigt wird, ist der damit angesprochene genealogische Prozess für Nietzsche nicht zuletzt dadurch gekennzeichnet, dass Recht und Moral miteinander Schritt halten, wenngleich mit einer zeitversetzten Verzögerung. Dabei wird nicht übersehen, wie skeptisch Nietzsche selbst gegenüber einer „Wissenschaft der Moral“ eingestellt war, bei welcher der Begriff der Moral als feststehend zugrunde gelegt ist: „In aller bisherigen ‚Wissenschaft der Moral‘ fehlte, so wunderlich es klingen mag, noch das Problem der Moral selbst: es fehlte der Argwohn dafür, dass es hier etwas Problematisches gebe.“[35]

b) Billigkeit als Fortbildung der Gerechtigkeit

Das muss man in Betracht ziehen, wenn man sich fragt, warum Nietzsche hier den bisher unberücksichtigten Gesichtspunkt der Billigkeit in die Betrachtung einstellt.[36] Es korrespondiert mit einem anderen Wort Nietzsches,[37] das weiter unten noch behandelt wird, wonach die Billigkeit eine Fortbildung der Gerechtigkeit ist. „Eine Fortbildung der Gerechtigkeit ist die Billigkeit, entstehend unter Solchen, welche nicht gegen die Gemeinde-Gleichheit verstossen: es wird auf Fälle, wo das Gesetz Nichts vorschreibt, jene feinere Rücksicht des Gleichgewichts übertragen, welche vor- und rückwärts blickt, und deren Maxime ist ‚wie du mir, so ich dir.‘“[38] Diese beiden Stellen entsprechen einander ersichtlich im Wesentlichen und ste-

34 *Nietzsche*, Morgenröte, 112.
35 *Nietzsche*, Jenseits von Gut und Böse, 186. Siehe auch *R. Abbey*, Nietzsche's Middle Period, 2000.
36 *Nietzsche*, Morgenröte, 112.
37 *Nietzsche*, Menschliches, Allzumenschliches, II 2, 32.
38 *Nietzsche*, Menschliches, Allzumenschliches, II 2, 32.

hen dort, wo sie sich nicht decken, zumindest in einem Komplementaritätsverhältnis zueinander.

Von zentraler Bedeutung ist der Nachsatz, den Nietzsche wiederum, was nach dem zuletzt Bedachten nicht überraschen kann, durch einen Gedankenstrich absetzt: „billig sein ist folglich schwer und erfordert viel Übung, ⟨viel⟩ guten Willen und sehr viel sehr guten Geist.“[39] Bereits die mannigfachen sprachlichen Bekräftigungen („viel“, „sehr“) legen nahe, dass Nietzsche den von ihm so genannten „billige(n) Mensch(en)“ vor einer besonderen Herausforderung sieht, die nicht einfach dadurch bewältigt wird, dass der Betreffende ein besonders fein entwickeltes Gespür für die gegenwärtigen Machtverhältnisse hat und einen erspähten Machtverlust der Gegenseite blitzschnell auszunutzen weiß. Vielmehr wird hiermit deutlich, dass diese Herausforderung auf einer höheren Ebene anzusiedeln ist, auf der sie demzufolge auch nur eingelöst werden kann. Sie ist inhaltlich gleichbedeutend mit der Genialität der Gerechtigkeit, von der er sagt, dass es „Ihre Art ist (...), mit herzlichem Unwillen Allem aus dem Wege zu gehen, was das Urtheil über die Dinge blendet und verwirrt“.[40] Um jedem das Seine zu geben, „muss sie es (als) rein erkennen“.[41]

Diese ungetrübte Erkenntnis entspricht dem Erfordernis des „billigen Menschen“, der „fortwährend des feinen Tactes einer Wage bedarf.“[42] Es ist kein Zufall, dass Nietzsche hier dieses Sinnbild der Gerechtigkeit verwendet. Schließlich spricht für die Korrespondenz mit der Genialität der Gerechtigkeit das Erfordernis des guten Willens: es ist eben jene Voraussetzung, mit der „jedes Ding in das beste Licht“ gestellt wird,[43] so wie der von Nietzsche reichhaltig eingeforderte gute Geist dem Merkmal entspricht, dass die Gerechtigkeit „um dasselbe mit sorgsamem Auge herum(geht)“.[44] Dementsprechend sagt Nietzsche an der erwähnten anderen Stelle über die Billigkeit, dass sie „will, dass wir Manches uns nachsehen, was wir nicht müssten.“[45] In diesem Sinne zeichnet sich auch der „billige Mensch“ nicht allein durch die intellektuelle Fähigkeit aus, die den Macht- und Rechtsverlust des Anderen begründenden Schwächen zu erkennen und auszunutzen, sondern vor allem auch die Größe, darüber hinwegsehen zu können. Auf dieser höheren Ebene kann und will der „billige Mensch“ im Sinne Nietzsches „jedem das Seine geben“.

39 *Nietzsche*, Morgenröte, 112.
40 *Nietzsche*, Menschliches, Allzumenschliches, I, 636.
41 *Nietzsche*, Menschliches, Allzumenschliches, I, 636.
42 *Nietzsche*, Morgenröte, 112.
43 *Nietzsche*, Menschliches, Allzumenschliches, I, 636.
44 *Nietzsche*, Menschliches, Allzumenschliches, I, 636.
45 *Nietzsche*, Menschliches, Allzumenschliches, II 2, 32.

III. Die Unbeständigkeit des Rechts

Im zweiten Teil von *Menschliches, Allzumenschliches* findet sich der parallele Gedanke zu dem weiter oben Behandelten:[46] „Recht, auf Verträgen zwischen Gleichen beruhend, besteht, solange die Macht Derer, die sich vertragen haben, eben gleich oder ähnlich ist; die Klugheit hat das Recht geschaffen, um der Fehde und der nutzlosen Vergeudung zwischen ähnlichen Gewalten ein Ende zu machen."[47]

1. „Rechtszustände als Mittel"

Indem scheinbar dasselbe noch einmal zusammengefasst wird, führt Nietzsche in Wahrheit einen neuen Gesichtspunkt ein, der sich durch den hier beschrittenen Kreisgang verdeutlichen lässt.[48] Es ist das Instrument des Vertrages, den zu schließen die Klugheit gebietet. Die Gegenprobe nimmt den Moment zum Anlass, in dem sich die Kräfteverhältnisse zwischen den Vertragsparteien ändern:[49] „dann tritt Unterwerfung ein und das Recht hört auf, aber der Erfolg ist der selbe wie der, welcher bisher durch das Recht erreicht wurde. Denn jetzt ist es die Klugheit des Ueberwiegenden, welche die Kraft des Unterworfenen zu schonen und nicht nutzlos zu vergeuden anräth."[50] Auch hier wird vorderhand nur die Reflexion der Thukydides-Stelle aufgegriffen,[51] jedoch um eine entscheidende Aussage erweitert, die etwas durchaus Zynisches enthält, nämlich die prosaische Wendung „und das Recht hört auf".[52] Das Recht erscheint so nurmehr als temporäre Erscheinung, wodurch das in Wahrheit allein entscheidende Machtgefüge für eine Zeitspanne rechtlich verbrämt wird, wenn sich mehr oder weniger zufällig ein Gleichgewicht der Kräfte einstellt. Es nimmt daher nicht wunder, dass Nietzsche den Gedanken in der für ihn typischen Form einer Parenthese ab-

---

46 Unter II.

47 *Nietzsche*, Menschliches, Allzumenschliches, II 2, 26.

48 Zu diesem Darstellungsmodus oben unter Berufung auf *C. F. v. Weizsäcker*, Der Mensch in seiner Geschichte, 1991, S. 86 f.

49 Den kompetitiven Aspekt des Machtvergleichs, durch den sich die Macht konstituiert, betont *J. Richardson*, Nietzsche's System, 1996.

50 *Nietzsche*, Menschliches, Allzumenschliches, II 2, 26.

51 *V. Gerhardt*, Vom Willen zur Macht, 1996, S. 64, spricht einprägsam von „Machtfluktuationen".

52 *Nietzsche*, Menschliches, Allzumenschliches, II 2, 26, ebenso *Nietzsche*, Morgenröte, 112: „Wenn sich unsere Macht tief erschüttert oder gebrochen zeigt, so hören unsere Rechte auf."

schließt: „Rechtszustände sind also zeitweilige Mittel, welche die Klugheit anrät, keine Ziele."

2. Vergleich mit Pascal

Vor diesem Hintergrund zeigt sich, dass Nietzsche eine Einsicht ungeschminkt ausspricht, die bereits bei Pascal vorhanden war.[53] Ein allein am Machtanspruch ausgerichtetes Recht, das der Stärkere diktiert, gerät in die Nähe reiner Willkür. Das entspricht im Übrigen auch einer Einsicht Pascals, den Nietzsche zu seinen Leitsternen erhob:[54] „Das Recht ohne Macht ist machtlos; die Macht ohne Recht tyrannisch. (...) Also muss man das Recht und die Macht verbinden, und dafür sorgen, dass das, was Recht ist mächtig, und das, was mächtig ist, gerecht sei."[55] Diesem Postulat Pascals stellt Nietzsche anscheinend einen Primat der Macht entgegen deren Ausübung allein durch die Klugheit bestimmt wird. Wenn Macht hier nicht mehr dem Zweck des Rechts unterworfen wird oder diesem zur Durchsetzung verhelfen soll bzw. sich mit ihm entsprechend der Vorstellung Pascals mit ihm verbünden soll, so erscheint sie in der Tat – mit den Worten Carl Friedrich von Weizsäckers[56] – als „Bereitstellung von Mitteln für freigehaltene Zwecke".[57] Aber das ist letztlich nicht das, was Nietzsche meint. Auch wenn er Rechtszustände nicht als Ziele, sondern nur als zeitweilige Mittel ansieht, redet er nicht der Willkür das Wort, sondern beschreibt gleichsam einen Mechanismus der Machtpolitik durch Instrumentalisierung des Rechts: „‚Man muß die Mittel wollen, wenn man das Ziel will', – über diese Politiker-Einsicht waren alle Gesetz-

53 *Nietzsche*, Menschliches, Allzumenschliches, II 1, 408: „Vier Paare waren es, welche sich mir, dem Opfernden nicht versagten: Epikur und Montaigne, Goethe und Spinoza, Plato und Rousseau, Pascal und Schopenhauer. Mit diesen muss ich mich auseinandersetzen, wenn ich lange allein gewandert bin, von ihnen will ich mir Recht und Unrecht geben lassen, ihnen will ich zuhören, wenn sie sich dabei selber untereinander Recht und Unrecht geben." Zu dieser Stelle aus theologischer Sicht auch *E. Biser*, Der inwendige Lehrer, 1994, S. 44.

54 *Nietzsche*, Menschliches, Allzumenschliches, II 1, 407.

55 *B. Pascal*, Pensées et Opuscules, 1669 posthume, Édition Léon Brunschvicq, 1897, Fragment 298; dazu etwa *M. Auer*, Normativer Positivismus – Positivistisches Naturrecht – Zur Bedeutung von Rechtspositivismus und Naturrecht jenseits von Rechtsbegriff und Rechtsethik, Festschrift C.-W. Canaris, 2007, Band II, S. 931, 954, 959.

56 *C. F. v. Weizsäcker*, Zeit und Wissen, 1992, S. 1054.

57 Eingehend *C. F. v. Weizsäcker*, Theorie der Macht, 1978.

geber bei sich klar."[58] Diese Sicht erinnert an Machiavelli, von dessen Einfluss auf Nietzsche noch die Rede sein wird.

3. Das Dilemma des Rechts

Sieht es damit so aus, als bestehe zwischen Pascal und Nietzsche in dieser zentralen Frage ein unversöhnlicher Gegensatz, so scheint sich zugleich der im Ausgangspunkt als undifferenziert erachtete Befund derer zu bestätigen, die Nietzsches Rechtsphilosophie allein auf den alles bestimmenden Willen zur Macht beschränken.[59] Auch insofern ist freilich Pascal, ungeachtet des zuletzt Zitierten, Nietzsche näher, als es zunächst den Anschein hat. Denn vor dem zuvor erwähnten Verbindungsgedanken zwischen Recht und Macht steht die Einsicht: „Es ist gerecht, dass befolgt wird, was gerecht ist; notwendig ist, dass man dem, was mächtiger ist, folgt."[60] Diese Einsicht in die Notwendigkeit entbehrt zwar des zynischen Eindrucks, den Nietzsche in der betreffenden Stelle erweckt,[61] läuft aber auf dasselbe hinaus,[62] zumal auch Pascal einem mehr oder weniger blinden Gehorsamsglauben im Hinblick auf die geltenden Gesetze das Wort redete: „Gefährlich ist es, das Volk zu lehren, dass die Gesetze nicht gerecht seien, denn es achtet sie nur, weil es sie für gerecht hält. Deshalb muss man ihnen zugleich sagen, man müsse sie achten, weil sie Gesetze sind, ähnlich wie man den Vorgesetzten gehorchen müsse, nicht weil sie gerecht sind, sondern weil sie Vorgesetzte sind. Dadurch ist, wenn man erreichen kann, dass man das versteht, jedem Aufruhr vorgebeugt, und das ist die eigentliche Definition der Rechtsprechung."[63]

Das Dilemma des Rechts ist also seine Unbeständigkeit. Aber nichts anderes ist es, was Pascal in allen seinen Gedanken über das Recht zum Ausdruck bringt.

---

58 *Nietzsche*, Nachgelassene Fragmente, Frühjahr 1888, 15 (45), Kritische Studienausgabe (Hg. G. Colli/M. Montinari), Band 13, S. 440.

59 Wie in der Einleitung schlagwortartig paraphrasiert und in der Tat wohl auch in seinem unvollendeten Werk konzipiert.

60 *B. Pascal*, Pensées et Opuscules, 1669 posthume, Édition Léon Brunschvicq, 1897, Fragment 298.

61 *Nietzsche*, Menschliches, Allzumenschliches, II 2, 26.

62 Vgl. *B. Pascal*, Pensées et Opuscules, 1669 posthume, Édition Léon Brunschvicq, 1897, Fragment 298: „Das Recht kann bestritten werden, die Macht ist deutlich kenntlich und unbestritten."

63 *B. Pascal*, Pensées et Opuscules, 1669 posthume, Édition Léon Brunschvicq, 1897, Fragment 326. Ähnlich in Fragment 294 unter Berufung auf *Augustinus* (De civitate Dei, IV, 27): „Deshalb sagte der weiseste Gesetzgeber, dass man die Menschen zu ihrem Wohl oft betrügen müsse."

Er betont zunächst die territoriale Unbeständigkeit,[64] sieht aber – ebenso wie Nietzsche – auch die temporale: „Wie die Mode bestimmt, was uns gefällt, bestimmt sie auch das Recht.“[65] Es ist hier also noch nicht die Macht, wohl aber die Beliebigkeit des Rechts. Noch deutlicher wird die Affinität zwischen Nietzsche und Pascal aber in dessen resignativ anmutendem Nachsatz: „Weil man das Recht nicht finden konnte, hat man die Macht gefunden.“[66] Diese Sentenz könnte beinahe von Nietzsche stammen, nur dass für ihn die Macht immer schon da war und man aus seiner Sicht lediglich einen Zustand als Recht beschreibt, in dem die Machtverhältnisse in etwa ausgewogen sind.[67]

4. Naturrecht bei Nietzsche

Deutlicher und in gewissem Sinne auch konsequenter als Pascal, der immerhin einräumt, fraglos gebe es Gesetze des Naturrechts, „aber diese prächtige, verderbte Vernunft hat alles verdorben“,[68] leugnet Nietzsche die Existenz jeglichen Naturrechts: „Es giebt weder ein Naturrecht, noch ein Naturunrecht.“[69] Einiges spricht dafür, dass Pascal hier an ein ursprünglich gleichsam gottgegebenes Recht dachte;[70] hierin liegt ersichtlich ein buchstäblich fundamentaler Unterschied zu Nietzsche, der hier und im Folgenden immer mit bedacht werden muss, wenn man Ähnlichkeiten im Einzelnen feststellt. Davon abgesehen aber steht Nietzsche

---

64 *B. Pascal*, Pensées et Opuscules, 1669 posthume, Édition Léon Brunschvicq, 1897, Fragment 294.

65 *B. Pascal*, Pensées et Opuscules, 1669 posthume, Édition Léon Brunschvicq, 1897, Fragment 309.

66 *B. Pascal*, Pensées et Opuscules, 1669 posthume, Édition Léon Brunschvicq, 1897, Fragment 297.

67 Auch *K. Ansell-Pearson* (Nietzsche contra Rousseau. A Study of Nietzsche's moral and political thought, 1991) und *B. Hindess* (Discourses of Power. From Hobbes to Foucault, 1996) sowie *J.-C. Wolf* (Nietzsches Begriff der Macht, ARSP-Beiheft 77 (2001) 203, 212) betonen die von Nietzsche durchschaute Verbrämung der Rechtsstellung des Stärkeren, durch die dieser seine Macht letztlich stabilisiert und autorisiert.

68 *B. Pascal*, Pensées et Opuscules, 1669 posthume, Édition Léon Brunschvicq, 1897, Fragment 294. Eine rätselhafte Zusammenführung findet sich im Übrigen in *Nietzsches* Nachgelassenen Fragmenten vom Herbst 1881, 12 (76), Kritische Studienausgabe (Hg. G. Colli/M. Montinari), Band 9, S. 590: „Vernunft und Gerechtigkeit sind am schwersten zu würdigen, weil jung und schwach und oft schädigend!“ Zu ihr auch *D.-J. Yang*, Die Problematik des Begriffs der Gerechtigkeit in der Philosophie von Friedrich Nietzsche, 2005, S. 125 f., mit Einbettung in Nietzsches Historimuskritik der zweiten unzeitgemäßen Betrachtung.

69 *Nietzsche*, Menschliches, Allzumenschliches, II 2, 31 a. E.

70 *E. Wasmuth*, Der unbekannte Pascal, 1962, S. 229.

Pascal näher, als es zunächst den Anschein hat. In einem gewissen inhaltlichen Spannungsverhältnis zu dem zuletzt Zitierten, das sich freilich weniger gegen das Naturrecht als vielmehr gegen die Vernunft richtet, heißt es bei Pascal: „Man behauptet, dass das Recht nicht in diesen Gebräuchen liege, sondern in den Gesetzen des Naturrechts wohne, das allen Ländern gemeinsam sei. Sicher würde man hartnäckig auf dieser Ansicht bestehen, wenn die Willkür des Zufalls, die die menschlichen Gesetze unter die Menschen säte, wenigstens eines getroffen hätte, das allgemein gültig ist; der Scherz aber ist, dass sich die Menschen aus Laune so gründlich unterschieden haben, dass es keines gibt."[71] Pascal äußert sich zwar weniger entschieden, aber in der Diktion ähnlich wie Nietzsche, der den Naturzustand als „unbekümmerte rücksichtslose Ungleichheit" bezeichnet,[72] die ihm Beleg dafür ist, dass es eben kein Naturrecht gibt. Die Entsprechung zwischen beiden erfolgt auch auf der Unrechtsebene. Ähnlich wie Nietzsche sagt, dass es weder ein Naturrecht noch ein Naturunrecht gebe, heißt es bei Pascal: „Man würde das Recht in allen Staaten und zu allen Zeiten gehegt finden, während man so kein Recht und kein Unrecht findet, das nicht mit dem Klima das Wesen ändert."[73]

Während aber bei Pascal die auf eine göttliche Gerechtigkeit ausgerichtete eschatologische Perspektive mehr als nur ein funktionales Äquivalent für seine Skepsis gegenüber einem allumfassenden Naturrecht ist,[74] fehlt es an einer solchen religionsphilosophischen Orientierung bei Nietzsche vollständig. Seine versuchsweise Destruierung eines Naturrechts steht vielmehr in verhängnisvollem Zusammenhang mit seiner Ablehnung der Gleichheit der Menschen. In der Zusammenschau dieser Prämissen, die in der juristischen Geistesgeschichte der Neuzeit einen Rückschritt sondergleichen bedeuten, offenbart sich der Sündenfall seines rechtsphilosophischen Denkens.[75] Dieses schwerwiegenden Mangels muss man sich bewusst sein, wenn man Nietzsches Genialität der Gerechtigkeit würdigt. Dem hohen Maßstab, den Nietzsche im diesbezüglichen Fragment auf-

---

71 *B. Pascal*, Pensées et Opuscules, 1669 posthume, Édition Léon Brunschvicq, 1897, Fragment 294.

72 *Nietzsche*, Menschliches, Allzumenschliches, II 2, 31; zu dieser Stelle noch in den Kapiteln über Schuld und Strafe sowie über den Staat.

73 *B. Pascal*, Pensées et Opuscules, 1669 posthume, Édition Léon Brunschvicq, 1897, Fragment 294.

74 Eingehend *J. Petersen*, Pascals Gedanken über Gerechtigkeit und Ordnung, 2016.

75 In diese Richtung auch *V. Hösle*, Eine kurze Geschichte der deutschen Philosophie, 2013, S. 185 ff.; 201; dazu *J. Petersen*, Besprechung zu V. Hösle, Eine kurze Geschichte der deutschen Philosophie, ARSP 99 (2013) 434. In geistesgeschichtlicher Hinsicht weiterführend *Ch. J. Emden*, Friedrich Nietzsche and the Politics of History, 2008.

stellt,[76] ist er selbst mit seiner Ablehnung der Gleichheit und der Annahme einer Rangordnung nicht gerecht geworden.

5. Abgrenzung gegenüber Machiavelli

Dieses archaische Rechtsverständnis Nietzsches hat etwas auf den ersten Blick Machiavellistisches,[77] das den Betrachter abstößt.[78] Allerdings ist damit nicht gesagt, dass das, was Nietzsche in einer sezierenden Weise auseinanderlegt, seines Erachtens auch so sein soll, wie es für ihn ist. Diese pointierte Form der Darstellung und die mit schneidendem Intellekt vorgetragene Rückführung auf die Machtgeometrie hat den Eindruck geschürt, Nietzsches Rechtsphilosophie sei allein am Willen zur Macht und an der Ausnutzung der Schwäche des Anderen ausgerichtet.[79] Damit weist sie in der Tat eine auffällige Nähe zur Anleitung Machiavellis auf.[80] Diesen hat er durchaus bewundert: „Nun wird kein Philosoph darüber in Zweifel sein, was der Typus der Vollkommenheit in der Politik ist; nämlich der Macchiavellismus. Aber der Macchiavellismus (...) ist übermenschlich, göttlich, transscendent, er wird von Menschen nie erreicht, höchstens gestreift ...“[81] Daran ist interessant, dass dieser „Typus der Vollkommenheit“ mit allen seinen Merkmalen durchaus auch dem des Gerechten im Sinne Nietzsches zweiter unzeitgemäßer Betrachtung ähnelt.[82]

In diese Richtung zielt auch eine autobiographische Bemerkung Nietzsches: „Thukydides und, vielleicht, der principe Macchiavell‘s sind mir selber am meisten verwandt durch den unbedingten Willen, sich Nichts vorzumachen und die Vernunft in der Realität zu sehn, – nicht in der ‚Vernunft‘, noch weniger in der

76 *Nietzsche*, Menschliches, Allzumenschliches, I, 636.

77 Vgl. auch *D. Dombowsky*, Nietzsche's Machiavellian Politics, 2004; *J.-C. Wolf*, Nietzsches Begriff der Macht, ARSP-Beiheft 77 (2001) 203, 213.

78 Siehe aber zum entscheidenden Unterschied zu Machiavelli noch unten 6.

79 Dazu noch sogleich unter 6.

80 *N. Machiavelli*, Il Principe, 1513 (dt.: Der Fürst, 1804); näher *N. Prostka*, Nietzsches Machtbegriff in Beziehung zu dem Machiavellis, 1989. Zum Verhältnis beider grundlegend *K. Reinhardt*, Thukydides und Machiavelli, 1960. Ferner *J. Petersen*, Fichtes Versuch, Machiavelli Gerechtigkeit widerfahren zu lassen, Festschrift M. Kloepfer, 2013, S. 927.

81 *Nietzsche*, Nachgelassene Fragmente, November 1887 – März 1888, 11 (54), Kritische Studienausgabe (Hg. G. Colli/M. Montinari), Band 13, S. 25 f.

82 *Nietzsche*, Unzeitgemäße Betrachtungen, II, 6. Siehe dazu auch *G. Haeuptner*, Die Geschichtsansicht des jungen Nietzsche. Versuch einer immanenten Kritik der zweiten unzeitgemäßen Betrachtung: „Vom Nutzen und Nachteil der Historie für das Leben“, 1936. Grundlegend *Ch. J. Emden*, Friedrich Nietzsche and the Politics of History, 2008, S. 172 und öfter.

Moral."[83] Dieses Bekenntnis passt zunächst zu dem, was anlässlich der hypothetischen Machtprobe, die sich an Thukydides orientierte, veranschaulicht werden konnte. Dabei ist im Übrigen zur Vermeidung von Missverständnissen hervorzuheben, dass Nietzsche in erster Linie von Thukydides und womöglich erst in zweiter („vielleicht"[84]) von Machiavelli beeinflusst ist. Thukydides dürfte ihm auch in der Weise, wie er die Vergangenheit darstellt, als der Gerechtere im Sinne der zweiten unzeitgemäßen Betrachtung erscheinen.[85] Auch wenn das Wort nicht auf sein Rechts- und noch weniger auf sein Gerechtigkeitsverständnis gemünzt ist, erweist es sich doch als aufschlussreich.

Denn auch Nietzsches von den Machtverhältnissen ausgehende Begründung des Rechts entspringt dem „unbedingten Willen, sich nichts vorzumachen". Insofern ist es auch folgerichtig, dass er das Recht nicht aus gleichwie gearteten moralischen Postulaten herleitet.[86] Allerdings ergibt sich dies aus einer Wechselbeziehung zwischen dem Machtanspruch des Rechts und der von Nietzsche so genannten Sittlichkeit der Sitte,[87] von der im nächsten Kapitel ausführlich die Rede sein wird.[88] Jedenfalls reicht Nietzsches Verständnis der Gerechtigkeit, die eben mehr ist als eine Mechanik der Macht, weiter als seine Begründung des Rechts und geht so auch inhaltlich über Machiavelli hinaus.[89] Man kann wo-

---

83 *Nietzsche*, Götzendämmerung. – Was ich den Alten verdanke, 2.

84 Über die Bedeutung dieses so häufig von Nietzsche verwendeten Wortes „vielleicht" könnte noch nachgedacht werden; siehe außer dieser Stelle von den allein in dieser Abhandlung zitierten Texten nur *Nietzsche*, Ecce homo, Warum ich so gute Bücher schreibe, Kritische Studienausgabe (Hg. G. Colli/M. Montinari), Band 6, 1; Wie man wird, was man ist, 5; Unzeitgemäße Betrachtungen II, 6; Zur Genealogie der Moral, Ende der ersten Abhandlung sowie in der zweiten passim; Nachgelassene Fragmente, August-September 1885, 40 (65), Kritische Studienausgabe (Hg. G. Colli/M. Montinari), Band 11, S. 663 f.; Menschliches, Allzumenschliches, I, 92; Die fröhliche Wissenschaft, 321. Die Frage ist aber ersichtlich keine spezifisch rechtsphilosophische, so dass sie hier nicht weiterverfolgt werden muss. Eine Rolle spielen dürfte, dass kaum ein anderes Wort der deutschen Sprache so sehr dazu angetan ist, Möglichkeiten freizulegen und Perspektiven zu eröffnen.

85 *Nietzsche*, Unzeitgemäße Betrachtungen, II, 6.

86 Vgl. auch *J.-C. Wolf*, Nietzsches Begriff der Macht, ARSP-Beiheft 77 (2001) 203, 213: „Es ist nicht erstaunlich, dass Nietzsches außermoralische Bewertung von Macht und seine Faszination für den Willen zur Macht nicht zu einer normativ-ethischen Sicht der Legitimation von Herrschaft führen kann."

87 Dazu auch *H. Kerger*, Autorität und Recht im Denken Nietzsches, 1988, S. 50 ff.

88 Siehe auch *S. Lublinski*, Machiavelli und Nietzsche, Die Zukunft 34 (1901) 73.

89 Auch wenn sich darin das unmenschliche „Gorgonenhaupt" der Macht zeigt (*G. Ritter*, Die Dämonie der Macht, 1947, S. 213), ist freilich zu berücksichtigen, dass auch Machiavelli durchaus Raum für rechtliche Regelungen lässt, wie *V. Gerhardt*, Vom Willen zur Macht, 1996, S. 70 f., gezeigt hat.

möglich sogar sagen, dass es eben die Gerechtigkeit ist, die Nietzsche von Machiavelli unterscheidet, und die dieser – von seinem Ansatz her durchaus folgerichtig – im Unterschied zu Nietzsche nicht kennt. Nicht zuletzt die Hochschätzung der Genialität der Gerechtigkeit hebt ihn von Machiavelli ab, so sehr er sich ihm auch verwandt fühlt.

6. Gerechtigkeit und der „Machiavellismus der Macht"

Die damit verbundene Zwiespältigkeit hat Nietzsche jedoch selbst nicht abschließend ausgeführt; die diesbezügliche Nachlassnotiz ist überschrieben mit: „Zum Macchiavellismus der Macht". Die Gerechtigkeit wird dort als eine dieser Ausprägungen erörtert: „bei einer stärkeren und zur Macht heranwachsenden Art als Wille zur Übermacht; wenn zunächst erfolglos, dann sich einschränkend auf den Willen zur ‚Gerechtigkeit' d.h. zu dem gleichen Maß von Rechten, wie die andere herrschende Art sie hat."[90] Das Verhältnis vom Willen zur Gerechtigkeit zum Willen zur Macht wird weiter unten noch behandelt.[91] Allerdings heißt es im Anschluss an die abgehandelten Erscheinungsformen vielsagend, aber letztlich unaufklärbar in einer neuen Zeile notiert: „‚Freiheit', ‚Gerechtigkeit' und ‚Liebe'!!!".[92] Wenn man dies nicht für einen überflüssigen Zusatz halten möchte, was unwahrscheinlich ist angesichts der drei Ausrufezeichen und des Umstandes, dass er alle diese Begriffe zuvor abgehandelt hat, so gibt es zu der Überlegung Anlass, dass Nietzsche die Beschäftigung mit diesen drei Phänomenen damit noch nicht als abgeschlossen ansah. Dann hätte die Darstellung auch formal einen Sinn, da sich die Unterschrift der „Gerechtigkeit" und „Liebe" in einer grellen Kontrastierung zur Überschrift („Zum ‚Macchiavellismus' der Macht") verhalten. Das führt freilich zu der am Ende der Abhandlung noch zu erörternden Frage,[93] ob die Gerechtigkeit ein integraler Bestandteil oder nicht vielmehr Fremdkörper in Nietzsches Werk ist.[94]

---

90 *Nietzsche*, Nachgelassene Fragmente, Herbst 1887, 9 (145), Kritische Studienausgabe (Hg. G. Colli/M. Montinari), Band 12, S. 419.

91 Im letzten Kapitel unter IV.

92 *Nietzsche*, Nachgelassene Fragmente, Herbst 1887, 9 (145), Kritische Studienausgabe (Hg. G. Colli/M. Montinari), Band 12, S. 419.

93 Im letzten Kapitel unter IV.

94 In diese Richtung *V. Gerhardt*, ‚Schuld', ‚schlechtes Gewissen' und Verwandtes, in: Zur Genealogie der Moral (Hg. O. Höffe), KA 29, 2004, S. 81, 82.

IV. Begriffs- und Inhaltsbestimmung der Gerechtigkeit

Für den vorliegenden Zusammenhang ist festzuhalten, dass der Tauschcharakter der Gerechtigkeit auf der Grundlage einer Analyse der Machtverhältnisse zutage gefördert worden ist. „Der Charakter des Tausches ist der anfängliche Charakter der Gerechtigkeit.“[95] Das unscheinbare Wort „anfänglich“ markiert den historischen Ausgangspunkt; es steht so in einem systematischen Näheverhältnis zu dem sogleich darzustellenden Herkommen des Rechts. Es ist bezeichnend für das Vorgehen Nietzsches, dass vermittels des soeben dargestellten scheinbaren Gedankensprungs der Weg für eine Definition der Gerechtigkeit gebahnt wird, wobei freilich an anderer Stelle betont wird, dass es „keine ewige Gerechtigkeit“ gibt.[96] Die hier gleichwohl von Nietzsche unternommene Begriffsbestimmung vereint beide Elemente, den Tauschcharakter und die gegenseitigen Machtverhältnisse: „Gerechtigkeit ist also Vergeltung und Austausch unter der Voraussetzung einer ungefähr gleichen Machtstellung.“[97] Während der Tauschcharakter also im Ausgangspunkt gleichbedeutend mit der Gerechtigkeit selbst ist,[98] stellen die in etwa gleichen Machtverhältnisse eine Bedingung des gerechten Güteraustauschs dar, unter der jedem das Seine zugewiesen wird.

Hier wird deutlich, wie wichtig das soeben hervorgehobene Vertragselement ist, das Nietzsche zwischenzeitlich eingeführt hat. Denn der Vertrag normativiert den Tausch und macht ihn so zu einem „Rechtszustand“, dessen Aufrechterhaltung zu einer regelrechten „Lust am Gerechtsein“ führen kann: „Damit einer aufrichtig sich der Gerechtigkeit im Großen, gegen Menschen und Dinge, hingibt, muss in ihm ein prototypischer Vorgang da sein: er muss zwei Gewalten oder mehrere im Kampfe fühlen, den Untergang keiner, ebenso wenig den Fortgang des Kampfes wünschen. So erfährt er in sich die Nötigung zu einem Vertrag, mit Rechten der verschiedenen Gewalten gegeneinander: und auch eine durch Gewöhnung an die Achtung dieser Rechte begründete Lust an dem Gerechtsein.“[99] Von dieser kontraktualistischen Grundhaltung Nietzsches wird an späterer Stelle noch ausführlich die Rede sein.

---

95 *Nietzsche*, Menschliches, Allzumenschliches, I, 92.

96 *Nietzsche*, Menschliches, Allzumenschliches, I 1, 53.

97 *Nietzsche*, Menschliches, Allzumenschliches, I, 92; *D.-J. Yang*, Die Problematik des Begriffs der Gerechtigkeit in der Philosophie von Friedrich Nietzsche, 2005, S. 52, entnimmt dem Wort „ungefähr“ einen „gewissen Verhandlungsspielraum“.

98 Vgl. *Nietzsche*, Menschliches, Allzumenschliches, I, 92.

99 Zu dieser Stelle auch *F. Kaulbach*, Nietzsches Idee einer Experimentalphilosophie, 1980, S. 219, der sie als Beispiel für „die Gerechtigkeit als mittleres Maß“ anführt.

1. Einsichtige Selbsterhaltung

Allerdings fällt auf, dass Nietzsche in die oben behandelte Definition der Gerechtigkeit das Element der Vergeltung einbezieht, die bisher noch keine Rolle gespielt hat. Auch das ist typisch für Nietzsches Argumentation in rechtsphilosophischen Zusammenhängen, dass ein neues Kriterium in die Bestimmung eines Begriffs eingeführt wird, das den Gedankengang im Folgenden bestimmt und dem Aphorismus nicht selten eine neue Richtung gibt. Daraus erklärt sich die folgende Erweiterung des Gerechtigkeitsbegriffs: „so gehört ursprünglich die Rache in den Bereich der Gerechtigkeit, sie ist ein Austausch. Ebenso die Dankbarkeit."[100] Die Gerechtigkeit ist also eine „Entwicklung des Rachetriebes."[101] Man beachte die präsentische Formulierung („gehört"), wodurch dem Ursprung der Gerechtigkeit eine gewisse Zeitlosigkeit zukommt; die Rache gehörte also nicht gleichsam archaisch zur Gerechtigkeit, sondern sie ist – ebenso wie die Dankbarkeit – von ihrem Ursprung her der Gerechtigkeit zugeordnet. Es ist sozusagen die Gegenleistung im Negativen wie im Positiven.[102] Aus dieser wiederholten Exemplifizierung folgt zugleich eine Erweiterung des Tauschbegriffs,[103] durch die dessen zentrale Bedeutung zusätzlich aufgewertet wird. Der Tausch ist somit für Nietzsche das originäre Merkmal der Gerechtigkeit. Allerdings gehört die Rache eben nur „in den Bereich der Gerechtigkeit", so dass sie mitnichten gleichbedeutend ist mit der Herstellung der Gerechtigkeit[104] – eine Vorstellung gegen die Nietzsche sich sowohl im Zarathustra[105] als auch besonders in der Genealogie der Moral nachhaltig wehrt.[106]

---

100 *Nietzsche*, Menschliches, Allzumenschliches, I, 92.

101 *Nietzsche*, Nachgelassene Fragmente, Winter 1883–1884, 24 (31), Kritische Studienausgabe (Hg. G. Colli/M. Montinari), Band 10, S. 662.

102 Vgl. *B. C. Han*, Liebe und Gerechtigkeit bei F. Nietzsche, ARSP-Beiheft 77 (2001) 77, 78, der zwischen Dank und Rache eine „strukturelle Isomorphie" verwirklicht sieht.

103 Vgl. aber auch *Nietzsche*, Also sprach Zarathustra, Zweiter Teil, Von den Tugendhaften, 1883–1885, Kritische Studienausgabe (Hg. G. Colli/M. Montinari), Band 4, S. 122: „Und wenn sie sagen: ‚ich bin gerecht', so klingt es immer gleich wie: ‚ich bin gerächt!'."

104 Zutreffend *H. Kerger*, Autorität und Recht im Denken Nietzsches, 1988, S. 39 f.

105 So verlangt er im Zarathustra, „dass der Mensch erlöst werde von der Rache"; *Nietzsche*, Also sprach Zarathustra, Zweiter Teil, Von den Taranteln, 1883–1885, Kritische Studienausgabe (Hg. G. Colli/M. Montinari), Band 4, S 128.

106 *Nietzsche*, Zur Genealogie der Moral, Zweite Abhandlung, passim; dazu eingehend im letzten Kapitel; dort auch zur Auseinandersetzung Nietzsches mit Eugen Dühring; siehe zu ihm ferner *Nietzsche*, Nachgelassene Fragmente, Juni – Juli 1885, 36 (3), Kritische Studienausgabe (Hg. G. Colli/M. Montinari), Band 11, S. 550.

Im Anschluss an die soeben erläuterte Bestimmung der Gerechtigkeit nennt Nietzsche den anthropologischen Daseinsgrund der Gerechtigkeit in einer gleichfalls für ihn typischen stilistischen Form,[107] nämlich durch Gedankenstriche abgesetzt in Gestalt einer längeren Parenthese:[108] „Gerechtigkeit geht natürlich auf den Gesichtspunct einer einsichtigen Selbsterhaltung zurück, also auf den Egoismus jener Ueberlegung:[109] ‚wozu sollte ich mich nutzlos schädigen und mein Ziel vielleicht doch nicht erreichen?' – Soviel vom Ursprung der Gerechtigkeit."[110] Das Wort „natürlich" ist wohl nicht affirmativ, sondern auf die Natur bezogen gemeint, wie aus der systematischen Stellung im Zusammenhang mit dem Ursprung der Gerechtigkeit hervorgeht. Es sind also wiederum die gedanklich antizipierten Machtverhältnisse, welche die Einsicht bestimmen, so dass Gerechtigkeit im Sinne Nietzsches als Resultat eines machttaktischen Kalküls erscheint. Zugleich ist damit der für Nietzsche zentrale Begriff der Selbsterhaltung angesprochen.[111]

2. Selbsterhaltung bei Hobbes

Der Gesichtspunkt der Selbsterhaltung als anthropologischer Konstante erinnert an Thomas Hobbes.[112] Danach gehört die Selbsterhaltung zum Wesen des Menschen; Hobbes Anthropologie ist somit im Wortsinne polemisch konzipiert.[113] Diese Konzeption begegnet in der zitierten Stelle bei Nietzsche gleichsam in Reinkultur,[114] wenn man sich in Erinnerung ruft, dass Nietzsche den Dialog der athenischen und melischen Gesandten bei Thukydides an den Anfang seines Gedankens stellt.[115] Das von Nietzsche an anderer Stelle[116] so genannte „Gleich-

107 Dazu neuestens *H. Schlaffer*, Das entfesselte Wort, Nietzsches Stil und seine Folgen, 2007.
108 Siehe zu diesem Stilmittel *J. Kaiser*, Grillparzers dramatischer Stil, 1961, S. 11 f., 63 ff.
109 *J. Richardson*, Nietzsche's System, 1996, S. 153, spricht von „Macht-Egoismus".
110 *Nietzsche*, Menschliches, Allzumenschliches, I, 92.
111 Zu ihm *G. Abel*, Nietzsche contra „Selbsterhaltung". Steigerung der Macht und ewige Wiederkehr, Nietzsche-Studien 10/11 (1981/82) 367; *V. Gerhardt*, Vom Willen zur Macht, 1996, S. 146.
112 Vgl. *Th. Hobbes*, Leviathan or the Matter, Form and Authority of Government, 1651 (dazu *C. Schmitt*, Der Leviathan in der Staatslehre des Thomas Hobbes, 1938; *R. Hönigswald*, Hobbes und die Staatsphilosophie, 1922; ferner *O. Höffe* (Hg.), Thomas Hobbes, Anthropologie und Staatsphilosophie, 1981); siehe auch *Th. Hobbes*, De homine, 1658.
113 *D. Henrich*, Die Grundstruktur der modernen Philosophie, in: Selbstverhältnisse. Gedanken und Auslegungen zu den Grundlagen der klassischen deutschen Philosophie, 1982, S. 83.
114 Vgl. auch *J.-C. Wolf*, Nietzsches Begriff der Macht, ARSP-Beiheft 77 (2001) 203, 213.
115 Vgl. auch *E. Müller*, Die Griechen im Denken Nietzsches, 2005.
116 *Nietzsche*, Nachgelassene Fragmente, Sommer 1872 – Anfang 1873, 19 (93), Kritische Studienausgabe (Hg. G. Colli/M. Montinari), Band 7, S. 450; siehe dazu auch *B. C. Han*, Liebe und Gerechtigkeit bei F. Nietzsche, ARSP-Beiheft 77 (2001) 77, 78.

gewicht der Egoismen" bringt die einsichtige Selbsterhaltung auf den Punkt, von der Nietzsche spricht. Auch die Rache, die wie wir soeben gesehen haben,[117] ursprünglich der Gerechtigkeit zugehört, geht nach Nietzsche auf das Element der Selbsterhaltung zurück.[118] Allerdings muss man sich bei allen phänotypischen Gleichartigkeiten mit Hobbes darauf besinnen, dass es zunächst und vor allem Thukydides ist, dem Nietzsche traut, wohingegen er Hobbes im Grunde zutiefst misstraute: „Hobbes, Hume und Locke eine Erniedrigung und Werth-Minderung des Begriffs ‚Philosoph' für mehr als ein Jahrhundert."[119]

3. Die moralische Bewertung vermeintlich selbstloser Handlungen

Diese Prämisse ist für die moralische Bewertung von vermeintlich selbstlosen Handlungen von Bedeutung, an deren Dasein Nietzsche nicht glaubt: „Dadurch, dass die Menschen, ihrer intellectuellen Gewohnheit gemäss, den ursprünglichen Zweck sogenannter gerechter, billiger Handlungen vergessen haben und namentlich weil durch Jahrtausende hindurch die Kinder angelernt worden sind, solche Handlungen zu bewundern und nachzuahmen, ist allmählich der Anschein entstanden, als sei eine gerechte Handlung eine unegoistische: (...) – Wie wenig moralisch sähe die Welt ohne die Vergesslichkeit aus!"[120] Zur Begriffsklärung ist aus einem anderen Aphorismus hinzuzufügen, dass Nietzsche über das Unegoistische in einer Parenthese sagt: „dieses Wort ist nie streng zu verstehen, sondern eine Erleichterung des Ausdrucks."[121]

Die moralische Bewertung der Handlungen beruht also nicht zuletzt auf Vergesslichkeit ihrer wirklichen Absichten: „Nicht nur die Zuschauer einer That bemessen häufig das Moralische oder Unmoralische an derselben nach dem Erfolg: nein, der Thäter selbst thut diess."[122] Dies ist eine Einsicht, die dem Denken der von Nietzsche bewunderten französischen Moralisten durchaus entspricht, wenn man an das Wort von La Rochefoucauld denkt: „Der Eigennutz spricht jede Sprache und spielt jede Rolle, selbst die der Uneigennützigkeit."[123] Seine Entlarvung der menschlichen Eitelkeit gehört, wie bereits angedeutet, gleichfalls zu

117 Unter 1.
118 *Nietzsche*, Menschliches, Allzumenschliches, II 2, 33.
119 Vgl. *Nietzsche*, Jenseits von Gut und Böse, 252.
120 *Nietzsche*, Menschliches, Allzumenschliches, I, 92.
121 *Nietzsche*, Menschliches, Allzumenschliches, I, 46.
122 Ähnlich *Nietzsche*, Menschliches, Allzumenschliches, I, 68.
123 Vgl. nur *F. de La Rochefoucauld*, Réflexions ou Sentences et Maximes Morales (Maximen und Reflexionen), 1664, 5. Auflage 1678, Nr. 39.

den Grundmotiven von Nietzsches Aphoristik, die sich auch im Bereich der Gerechtigkeit spiegeln: „Wie Gerechtigkeit so häufig der Deckmantel der Schwäche ist, so greifen billig denkende, aber schwache Menschen mitunter aus Ehrgeiz zur Verstellung und benehmen sich ersichtlich ungerecht und hart – um den Eindruck der Stärke zu hinterlassen."[124]

4. Recht des Schwächeren

Entsteht sonach die Austauschgerechtigkeit auf der Grundlage der Machtverhältnisse, so fragt sich, wie es um die Rechte des Schwächeren bzw. dessen, der die gedankliche Machtprobe nicht oder nur ungenügend bestanden hat, bestellt ist.[125] Dieser scheint ja keine nennenswerte Gegenleistung erbringen zu können, so dass es folgerichtig erscheint, dass sich der Stärkere ihn kraft seiner Überlegenheit einfach einverleibt oder ihm zumindest einseitig die Bedingungen diktiert. Es ist interessant zu sehen, wie Nietzsche am Beispiel einer belagerten Stadt hier gerade die Rechtsposition des Unterlegenen analysiert, indem er den Handlungsspielraum auslotet. Den Bedingungen, die der Mächtige stellt, hält er nämlich die „Gegenbedingung" des Schwächeren entgegen, der die Stadt oder gar sich selbst vernichten kann, wodurch er den Mächtigen schädigen würde:[126] „Desshalb entsteht hier eine Art Gleichstellung, auf Grund welcher Rechte festgesetzt werden können."[127] Durch die Fiktion einer Machtstellung wird so der Tauschcharakter der Gerechtigkeit aufrechterhalten.[128]

Die damit einhergehende Taxierung der Rechte entsprechend der jeweiligen Machtverhältnisse hat freilich etwas Abweisendes, weil die Rechte dem Schwächeren nicht von Grund auf kraft seiner Menschenwürde zuerkannt werden,

---

124 *Nietzsche*, Menschliches, Allzumenschliches, II 1, 64 („Aus Eitelkeit hartherzig").

125 *J.-C. Wolf* (Nietzsches Begriff der Macht, ARSP-Beiheft 77 (2001) 203, 211) macht unter Verweis auf die von *M. Foucault* (Botschaften der Macht, 1999) entwickelte „Mikrophysik der Macht" darauf aufmerksam, dass Schwäche in aller Regel nicht mehr sei als eine „relative Untermacht". Wichtig auch *Ch. J. Emden*, Nietzsches Katharis. Tragödientheorie und Anthropologie der Macht, Nietzsche-Studien 47 (2018) 1.

126 Es ist also in dieser Allgemeinheit unrichtig, wenn *B. C. Han* (Liebe und Gerechtigkeit bei F. Nietzsche, ARSP-Beiheft 77 (2001) 77, 78) sagt: „Wo das Gleichgewicht der Macht nicht vorhanden ist, findet eine einseitige Aneignung und Einverleibung des Anderen statt."

127 *Nietzsche*, Menschliches, Allzumenschliches, I, 93; dazu auch *D.-J. Yang*, Die Problematik des Begriffs der Gerechtigkeit in der Philosophie von Friedrich Nietzsche, 2005, S. 49.

128 Demgegenüber sieht *B. Himmelmann*, Gleichheit und Differenz: Nietzsches Gerechtigkeitsbegriff im Licht einer aktuellen Debatte, ARSP-Beiheft 77 (2001) 85, 89, darin eine „Genealogie der Gerechtigkeit" verwirklicht.

sondern letztlich auf der Grundlage einer kalten Machtökonomie.[129] In Anlehnung an Spinoza[130] kommt er zu dem Ergebnis,[131] dass „auch der Schwächere noch Rechte (hat), aber geringere."[132] Allerdings ist auch hier einschränkend zu betonen, dass dies die ursprüngliche, also auf den Ursprung der Gerechtigkeit bezogene Sichtweise ist: „Das Recht geht ursprünglich so weit, als Einer dem Andern werthvoll, wesentlich, unverlierbar, unbesiegbar und dergleichen erscheint."[133] Es ist also nur der Anschein der ökonomischen Wertigkeit,[134] der nichts über den wahren Wert des Anderen und seines Rechts aussagt.[135]

5. Gleichgewicht als Basis der Gerechtigkeit

Im Laufe der bisherigen Betrachtungen war verschiedentlich vom Ursprung der Gerechtigkeit die Rede, einem Gesichtpunkt, der im folgenden Kapitel noch vertieft werden soll. Damit nicht zu verwechseln ist freilich die Basis der Gerechtigkeit, von der Nietzsche an anderer Stelle handelt,[136] und die er im Begriff des

129 Diesen Gesichtspunkt der Machtökonomie stellt *B. C. Han*, Liebe und Gerechtigkeit bei F. Nietzsche, ARSP-Beiheft 77 (2001) 77, 78, in den Vordergrund seiner Betrachtung, wobei er darauf hinweist, dass sich im Zarathustra auch eine „Umkehrung der Ökonomie" zeigt.

130 Zum Verhältnis beider *W. Wurzer*, Nietzsche und Spinoza, 1975.

131 Vgl. *B. Spinoza*, Tractatus politicus, 1677, cap. II, § 8: „Uniusquisque tantum iuris habet, quantum potentia valet", das Nietzsche dahingehend präzisiert, dass er formuliert „quantum potentia valere creditur", also als man glaubt, dass seine Macht reicht. Die Bedeutung dieses *creditur* hat *V. Gerhardt*, Vom Willen zur Macht, 1996, S. 147, herausgearbeitet: „durch das ‚creditur' (...) trennt sich die Rechtssphäre (...) auch vom Arkanum reiner Willkür" – eine bemerkenswerte Einsicht, die dem hier vertretenen Ansatz entspricht, wonach Willkür das Gegenteil von Recht und daher auch nicht von Nietzsche gewollt ist. Auf die betreffende Stelle bei Spinoza bezieht sich übrigens auch der von Nietzsche hochgeschätzte *A. Schopenhauer*, Paerga und Paralipomena, 1851, Zweiter Band, Kapitel IX, § 124, der sie wiederum auf *Th. Hobbes*, De cive, 1642, c. 1, § 14, zurückführt.

132 *Nietzsche*, Menschliches, Allzumenschliches, I, 93.

133 *Nietzsche*, Menschliches, Allzumenschliches, I, 93.

134 Das hebt auch *D.-J. Yang*, Die Problematik des Begriffs der Gerechtigkeit in der Philosophie von Friedrich Nietzsche, 2005, S. 50 hervor, mit der wichtigen Folgerung, dass „nicht die pure Gewalt (...) das Recht fundiert".

135 Treffend *V. Hösle*, Moral und Politik. Grundlagen einer Politischen Ethik für das 21. Jahrhundert, 1997, S. 537: „Nietzsches Empörung über die Larmoyanz der Schwächeren, die er richtig als Machtfaktor diagnostiziert, träfe einen richtigen Punkt, wenn sie verbunden wäre mit einer konsistenten Theorie der Gerechtigkeit, die erlaubte festzustellen, bis zu welchem Punkt Forderungen des Schwächeren legitim, ab welchem sie zurückzuweisen sind".

136 *Nietzsche*, Menschliches, Allzumenschliches, II 2, 22.

Gleichgewichts erblickt:[137] „Gleichgewicht ist also ein sehr wichtiger Begriff für die älteste Rechts- und Morallehre."[138] In der Vorrede zur Genealogie der Moral versteht er das Gleichgewicht „als Voraussetzung aller Verträge, folglich allen Rechts."[139] Diese Präzisierung ist deshalb besonders wertvoll, weil sich aus ihr die Gleichsetzung von Vertrag und Recht ergibt. Davon wird später noch eingehend die Rede sein, wenn es um die Deutung von Nietzsches gleichsinnigem Wort geht: „Ohne Vertrag kein Recht."[140]

Auch die Berufung auf die „Rechts- und Morallehre" legt die Annahme nahe, dass Nietzsche Recht und Moral einander gleichrangig zuordnet, weil er die Sanktionen gegen vorsätzliche Störungen des Gleichgewichts auf beiden Ebenen ansiedelt: „Innerhalb einer Gemeinde, in der Alle sich als gleichgewichtig betrachten, ist gegen Vergehungen, das heisst gegen Durchbrechungen des Princips des Gleichgewichtes, Schande und Strafe da."[141] Es geht also um eine Wiederherstellung gestörter Machtverhältnisse, die in geordneten Bahnen verlaufen soll. Nietzsche bezieht sich dort ausdrücklich auf das ius talionis, das er auch an anderen Stellen hervorhebt:[142] „Im alten Strafrecht war ein religiöser Begriff mächtig: der der sühnenden Kraft der Strafe. (...) Das jus talionis kann diktirt sein durch den Geist der Vergeltung (d.h. durch eine Art Mäßigung des Rache-Instinkts); aber bei Manu z.B. ist es das Bedürfniß, ein Äquivalent zu haben, um zu sühnen, um religiös wieder ‚frei' zu sein."[143]

Der Gedanke des Gleichgewichts der Macht ist mithin wiederum die zentrale Konstante: „Wenn diese in roheren Zeiten sagt ‚Auge um Auge, Zahn um Zahn', so setzt sie das erreichte Gleichgewicht voraus und will es vermöge dieser Vergeltung

---

137 Zu ihm *V. Gerhardt*, Das „Princip des Gleichgewichts". Zum Verhältnis von Recht und Macht bei Nietzsche, in: Pathos und Distanz. Studien zur Philosophie Friedrich Nietzsches, 1988, S. 98 (= Nietzsche-Studien 12 (1983) S. 111); siehe ferner *dens.*, Selbstbegründung. Nietzsches Moral der Individualität, Nietzsche-Studien 21 (1992) S. 28 ff.

138 *Nietzsche*, Menschliches, Allzumenschliches, II 2, 22; dort übrigens wiederum durch einen Gedankenstrich vom vorigen getrennt, das er damit im Wortsinne auf einen Begriff bringt.

139 *Nietzsche*, Zur Genealogie der Moral, Vorrede, 4.

140 *Nietzsche*, Menschliches, Allzumenschliches, I, 446.

141 *Nietzsche*, Menschliches, Allzumenschliches, II 2, 22.

142 *Nietzsche*, Nachgelassene Fragmente, Frühjahr 1888, 14 (193), Kritische Studienausgabe (Hg. G. Colli/M. Montinari), Band 13, S. 379.

143 Zur Kritik des Manu-Gesetzbuchs *Nietzsche*, Nachgelassene Fragmente, Frühjahr 1888, 15 (45), Kritische Studienausgabe (Hg. G. Colli/M. Montinari), Band 13, S. 439. *V. Gerhardt*, Vom Willen zur Macht, 1996, S. 149, weist darüber hinaus hin auf entsprechende Stellen bei dem von Nietzsche geachteten *R. W. Emerson*, Versuche (Essays), 1858, 82; zum Verhältnis beider *S. Hubbard*, Nietzsche und Emerson, 1958. Siehe auch *St. Cavell*, Conditions Handsome and Unhandsome: The Constitution of Emersonian Perfectionism, 1990.

erhalten."[144] Es ist bemerkenswert, dass er dieses unmenschlich anmutende Prinzip auf die Prämisse des erreichten Gleichgewichts zurückführt,[145] von der her es überhaupt als Gerechtigkeitsprinzip gedacht werden kann, das gerade keine „Rache der blinden Erbitterung"[146] mehr ist:[147] „denn ein Auge, ein Arm mehr ist in solchen Urzuständen ein Stück Macht, ein Gewicht mehr."[148] Es ist auffällig, dass Nietzsche seine Gerechtigkeitskonzeption auch an dieser Stelle auf archaische Grundmuster zurückführt.[149] Er spricht zwar vom Gleichgewicht als zentralem Begriff für die „älteste" Rechts- und Morallehre; zugleich folgert er, dass Gleichgewicht die Basis der Gerechtigkeit „ist". Diese präsentische Formulierung bezieht sich also wiederum nicht nur auf den historischen Ursprung, sondern schließt die mögliche Fortwirkung auf das gegenwärtige Rechtsverständnis ein. Dieser Gedanke ist für Nietzsches Rechtsphilosophie so prägend, dass nicht nur der Ursprung der Gerechtigkeit, sondern gerade auch das Herkommen, das die Linie zwischen Ursprung und gegenwärtigem Gerechtigkeitsverständnis zieht, wesentlich ist und daher im folgenden Kapitel noch näher beleuchtet zu werden verdient.

---

144 *Nietzsche*, Menschliches, Allzumenschliches, II 2, 22.

145 *H. Thüring*, Das Gedächtnis als Grund und Abgrund des Rechts bei Friedrich Nietzsche, ARSP-Beiheft 77 (2001) 57, 58, macht freilich darauf aufmerksam, dass Nietzsche sich später an einigen Stellen „vom früheren Prinzip des Gleichgewichts absetzt, ohne dieses durchzustreichen."

146 *Nietzsche*, Menschliches, Allzumenschliches, II 2, 22.

147 Vgl. auch *Nietzsche*, Also sprach Zarathustra, Zweiter Teil, Von den Tugendhaften, 1883–1885, Kritische Studienausgabe (Hg. G. Colli/M. Montinari), Band 4: „Müde würdet der Worte ‚Lohn', ‚Vergeltung', ‚Strafe', ‚Rache in der Gerechtigkeit'".

148 Vgl. *Nietzsche*, Menschliches, Allzumenschliches, II 2, 22: „so dass, wenn jetzt der Eine sich gegen den Anderen vergeht, der Andere keine Rache der blinden Erbitterung mehr nimmt."

149 Siehe in diesem Zusammenhang auch *U. Wesel*, Frühformen des Rechts in vorstaatlichen Gesellschaften. Umrisse einer Frühgeschichte des Rechts bei Sammlern und Jägern und akephalen Ackerbauern und Hirten, 1985.

V. Billigkeit und Gerechtigkeit

Aus den bisher zitierten Stellen lassen sich noch einige Folgerungen ziehen, die zum einen das Verhältnis der Gerechtigkeit zur Billigkeit betreffen,[150] zum anderen die Gerechtigkeit präzisieren, indem sie sie von der Billigkeit unterscheiden.

1. Billigkeit als Fortbildung der Gerechtigkeit

Bisher war von der Billigkeit verschiedentlich und regelmäßig gleichbedeutend im Sinne der Gerechtigkeit die Rede. Das wird schon sprachlich dadurch deutlich, dass Nietzsche Recht und Billigkeit weithin gleichsetzt, wie die Klammerzusätze bezeugen.[151] Es ist jedoch typisch für Nietzsches eingangs skizzierte Darstellungsweise, dass er ungeachtet dessen an anderer Stelle den Gesichtspunkt der Billigkeit ausdifferenziert und von der Gerechtigkeit abhebt: „Eine Fortbildung der Gerechtigkeit ist die Billigkeit, entstehend unter Solchen, welche nicht gegen die Gemeinde-Gleichheit verstossen: es wird auf Fälle, wo das Gesetz Nichts vorschreibt, jene feinere Rücksicht des Gleichgewichts übertragen, welche vor- und rückwärts blickt, und deren Maxime ist ‚wie du mir, so ich dir.'"[152] Die Billigkeit betrifft mithin auch Verstöße gegen ungeschriebene Gesetze, doch ist sie damit noch nicht hinreichend beschrieben. Die „feinere Rücksicht des Gleichgewichts, welche vor- und rückwärts blickt", entspricht geradezu maßstabgetreu der Genialität der Gerechtigkeit. Das erklärt zugleich, dass der Bestimmung der Gerechtigkeit im Sinne Nietzsches das Problem der Moral zugehört, welche er zwar an einer Stelle als „Nothlüge" geißelt, die aber entwicklungsgeschichtlich ihr Gutes hat: „Ohne die Irrthümer, welche in den Annahmen der Moral liegen, wäre der Mensch Thier geblieben. So aber hat er sich als etwas Höheres genommen und sich strengere Gesetze auferlegt."[153]

---

150 *M. Steinmann*, Die Ethik Friedrich Nietzsches, 2000, S. 179: „Die Gerechtigkeit, die Freundschaft oder etwa auch das Mitleid könnten durchaus selbst zu Schlüsselbegriffen einer Untersuchung von Nietzsches Ethik werden." Siehe auch *P. van Tongeren*, Die Moral von Nietzsches Moralkritik, Studie zu ‚Jenseits von Gut und Böse', 1989.

151 *Nietzsche*, Menschliches, Allzumenschliches, I, 92.

152 *Nietzsche*, Menschliches, Allzumenschliches, II 2, 32.

153 *Nietzsche*, Menschliches, Allzumenschliches, I, 40.

2. Tausch und Billigkeit

Wie bereits weiter oben dargestellt, betont Nietzsche den Tauschcharakter der Gerechtigkeit. Nachdem die Billigkeit als Fortbildung der Gerechtigkeit erörtert wurde, stellt sich die Frage, wie sich Tausch und Billigkeit zueinander verhalten. Auch hierzu äußert sich Nietzsche in einer für ihn eigentümlichen Weise: „Bei einem Tausche würde es nur dann ehrlich und rechtlich zugehen, wenn Jeder der beiden Tauschenden so viel verlangte, als ihm seine Sache werth scheint, die Mühe des Erlangens, die Seltenheit, die aufgewendete Zeit u.s.w. in Anschlag gebracht, nebst dem Affectionswerthe. Sobald er den Preis in Hinsicht auf das Bedürfnis des Anderen macht, ist er ein feinerer Räuber und Erpresser."[154]

In diesen unscheinbaren beiden Sätzen ist viel von dem enthalten, was Nietzsche an anderer Stelle als Genialität der Gerechtigkeit bezeichnet hat. Gerade die Aufzählung der für Nietzsche maßgeblichen Umstände entspricht dem, was er dort als die entscheidenden Faktoren erachtet hat, nach denen jedem das Seine zugebilligt wird.[155] Damit wird zugleich deutlich, dass es schwerlich weiterführt, wenn man Nietzsches Gedanken zum Recht in ökonomische Kategorien zu kleiden sucht.[156] Nicht von ungefähr wendet sich Nietzsche an einer Stelle polemisch gegen die von ihm so genannte „Kaufmanns-Moral".[157] Freilich ist er sich, wie der jeweilige Modus – Indikativ hier, Konjunktiv dort – verrät, darüber im Klaren, dass die Realität anders aussieht, in der allein die Nachfrage und damit auch das Bedürfnis des anderen entscheidet. Daher verwendet Nietzsche hier wiederum das Stilmittel des Gedankenstrichs, nachdem er das zuletzt Erörterte noch auf die „grosse Geldwelt" angewendet hat:[158] „so wäre es billig: in Wahrheit steht es bekanntlich umgekehrt."

---

154 *Nietzsche*, Menschliches, Allzumenschliches, II 2, 25.

155 *Nietzsche*, Menschliches, Allzumenschliches, I, 636.

156 In diese Richtung etwa *B. C. Han*, Liebe und Gerechtigkeit bei F. Nietzsche, ARSP-Beiheft 77(2001) 77.

157 *Nietzsche*, Menschliches, Allzumenschliches, II 2, 22: „Es ist das nämliche Verhältniss wie zwischen Handelsmann und Seeräuber, welche lange Zeit ein und die selbe Person sind: wo ihr die eine Function nicht räthlich scheint, da übt sie die andere aus. Eigentlich ist ja selbst jetzt noch alle Kaufmanns-Moral nur die Verklügerung der Seeräuber-Moral: so wohlfeil wie möglich kaufen – womöglich für Nichts, als die Unternehmungskosten –, so theuer wie möglich verkaufen."

158 *Nietzsche*, Menschliches, Allzumenschliches, II 2, 25: „In der grossen Geldwelt ist der Thaler des faulsten Reichen gewinnbringender, als der des Armen und Arbeitsamen."

3. Billigkeit als Bestandteil der Gerechtigkeit

Die Billigkeit in diesem und im oben dargestellten Sinne[159] ist also die Zusammenfassung dessen, was „ehrlich und rechtlich"[160] ist. Zugleich wird damit deutlich, dass die moralische Gesinnung nicht gleichgültig für das sein kann, was „ehrlich und rechtlich" ist. Sieht man also in diesen Aussagen einen Maßstab für die Beurteilung dessen verwirklicht, was recht und billig ist, so legt dies zugleich die Annahme nahe, dass zur Gerechtigkeit auch der die Handlung bestimmende Beweggrund gehört. „Ehrlich und rechtlich" ist dann nicht einfach ein Pleonasmus, sondern beide Elemente ergeben erst zusammen ein Bild von der Gerechtigkeit.

a) Recht und Moral

Die von Nietzsche selbst gegebene Definition der Gerechtigkeit,[161] die weiter oben analysiert wurde, klärt allerdings nur ansatzweise den Gerechtigkeitsbegriff, von dem Nietzsche ausgeht. Wie die zuletzt behandelten Textstellen zeigen, trennt Nietzsche nämlich Recht und Moral nicht in der Weise, wie wir es etwa von Kant kennen. Freilich sind sie funktional unterschiedlich, zumal das Recht den Begriff des Bösen nicht kennt. So folgert Steinmann, dass das Recht „die Funktion der Moral auf nicht-moralische Weise erfüllt: Da Moral ihrer Wirkung nach nichts anderes ist, als die Forderung nach sozialkonformem Handeln, kann ihre Funktion auch von der Institution des Rechts unternommen werden. Dabei ist vorauszusetzen, dass sich das Recht seinerseits von der Moral disjungieren lässt: Dem Recht, das die Zwangsbefugnis des Staates oder der Gemeinschaft enthält, gelingt es, die Zufügung von Schaden einzudämmen, ohne dabei die für die Moral typische Kategorie des Bösen einzusetzen."[162]

Zur Gerechtigkeit im Sinne Nietzsches gehört nach einer im Schrifttum vertretenen Ansicht auch die Moral.[163] Dafür lässt sich immerhin anführen, dass das Recht für Nietzsche aus dem Herkommen und den Sitten eines Volkes begründet ist; das abhanden gekommene herkömmliche Rechtsgefühl repräsentiert ursprünglich auch die Moralvorstellungen der dem Recht Unterworfenen. Das hat

---

159 *Nietzsche*, Menschliches, Allzumenschliches, II 2, 32.

160 *Nietzsche*, Menschliches, Allzumenschliches, II 2, 25.

161 Unter IV.

162 *M. Steinmann*, Die Ethik Friedrich Nietzsches, 2000, S. 192.

163 *G.-G. Grau*, Macht, Recht und Moral bei Nietzsche, ARSP-Beiheft 77 (2001) 11, 13, der zusätzlich die Religion nennt. Auf die überaus komplexe Problematik des Verhältnisses der Religion zur Gerechtigkeit kann hier nicht eingegangen werden.

Folgen für das Verständnis der Genialität der Gerechtigkeit. Sie findet sich hier verwirklicht, wenn man sich vergegenwärtigt, was nach Nietzsche ihre Eigentümlichkeit darstellt: „Sie stellt daher jedes Ding in das beste Licht und geht um dasselbe mit sorgsamem Auge herum."[164] Unter dem Blickwinkel der Moral handelt es sich dabei allerdings nicht um einen kategorischen Imperativ,[165] wobei freilich immer in Betracht gezogen werden muss, dass bei Nietzsche der geläufige Sinn von Moral mitunter gerade dann verschoben ist, wenn von ihm Empfehlungen ausgesprochen werden.[166]

b) Moralität und Rechtlichkeit

Das bloße Unterlassen von geringfügigen Übertretungen ist für Nietzsche zwar durchaus Ausdruck moralischer Gesinnung, aber noch nicht ohne weiteres Ausweis hoher Moralität: „Es ist noch wenig, wenn man in Bezug auf Rechte und Eigenthum ein Muster-Mensch ist."[167] Diese Form der „Musterhaftigkeit", wie er sie selbst nennt,[168] ist jedoch noch nicht genug, wie die einleitende Anapher des abschließenden Satzes unterstreicht: „Es ist noch wenig: man ist dann immer erst eine ‚juristische Person', mit jenem Grad von Moralität, deren sogar eine ‚Gesellschaft', ein Menschen-Klumpen fähig ist."[169] Die pejorative Bezeichnung verdeutlicht, dass er in der Gesellschaft den kleinsten gemeinsamen moralischen Nenner verwirklicht sieht. Andererseits finden sich bei ihm auch anerkennende Worte über die Gesellschaft: „Es ist heute in der Gesellschaft eine große Menge von Rücksicht, von Takt und Schonung, von gutwilligem Stehenbleiben vor fremden Rechten, selbst vor fremden Ansprüchen verbreitet."[170] Bemerkenswert

164 *Nietzsche*, Menschliches, Allzumenschliches, I, 636.

165 *Nietzsche*, Menschliches, Allzumenschliches, I, 96: „ohne Rücksicht auf gut und böse oder irgend einen immanenten kategorischen Imperativ." Siehe auch *Nietzsche*, Zur Genealogie der Moral, Zweite Abhandlung, 6: „(selbst beim alten Kant nicht: der kategorische Imperativ riecht nach Grausamkeit ...)".

166 Vgl. *W. Stegmaier*, Nietzsches ‚Genealogie der Moral', 1994, S. 17; zu dem enigmatischen „Werde, der du bist" (*Nietzsche*, Nachgelassene Fragmente, Frühjahr 1888, 14 (113), Kritische Studienausgabe (Hg. G. Colli/M. Montinari), Band 13, S. 290) auch *A. Nehemas*, Nietzsche: Life as Literature, 1985, 6; dazu *R. Schacht*, On Self-Becoming: Nietzsche and Nehama's Nietzsche, Nietzsche-Studien 21 (1992) 266.

167 *Nietzsche*, Menschliches, Allzumenschliches, II 2, 303.

168 *Nietzsche*, Menschliches, Allzumenschliches, II 2, 303. Als Beispiele nennt er etwa das Unterlassen des Obstdiebstahls durch Kinder.

169 *Nietzsche*, Menschliches, Allzumenschliches, II 2, 303.

170 *Nietzsche*, Nachgelassene Fragmente, Herbst 1887, 10 (176), Kritische Studienausgabe (Hg. G. Colli/M. Montinari), Band 12, S. 561.

an dieser Stelle ist die Verbindung des bereits besprochenen Takts und der für die Bestimmung der Gerechtigkeit wichtigen Schonung und Gutwilligkeit mit der juristischen Ausdrucksweise („fremden Rechten, selbst vor fremden Ansprüchen").

Nicht minder interessant ist für den vorliegenden Zusammenhang, dass der Mensch durch die reine Konformität mit dem Recht für Nietzsche nur zur „juristischen Person" wird; diesen Zustand bezeichnet er ausweislich der Überschrift des Fragments als die „Rechtlichkeit". Recht und Moral halten hier zwar Schritt, doch ist damit noch nicht viel gewonnen und nur ein geringer Anspruch begründet. Es ist eben noch nicht die vollendete Moralität also – mit Nietzsches an anderer Stelle gewählten Worten – „die vererbte, überlieferte, instincthafte Handlungsweise nach moralischen Gefühlen."[171]

4. Zeitversetzter Gleichklang

Mit dieser Standortbestimmung ist freilich noch nicht geklärt, was zuerst kommt, das Recht oder die Moralität. Diese Frage hat Nietzsche in einem gänzlich anderen Zusammenhang, von dem später noch die Rede sein wird, scheinbar beiläufig beantwortet. Wenn es sich auch nur um wenige Zeilen handelt, so erhalten sie doch besonderes Gewicht dadurch, dass sie den betreffenden Gedanken abschließen. Der Schluss des Gedankens verdichtet jedoch bei Nietzsche nicht selten eine Einsicht, welche weit über den betreffenden Zusammenhang hinaus Geltung beansprucht. So verhält es sich auch hier: Nachdem Nietzsche das Recht des Mächtigen daraus begründet hat, dass dieser sich vermöge seiner Macht Zwangsbefugnisse erstritten hat, fasst er die Auswirkungen auf die Moralität zusammen: „Es kann erst dann der Boden für alle Moralität zurecht gemacht werden, wenn ein grösseres Individuum oder ein Collectiv-Individuum, zum Beispiel die Gesellschaft, der Staat, die Einzelnen unterwirft, also aus ihrer Vereinzelung herauszieht und in einen Verband einordnet. Der Moralität geht der Zwang voraus, ja sie selber ist noch eine Zeit lang Zwang, dem man sich, zur Vermeidung der Unlust, fügt."[172] Hier sieht Nietzsche also ein zeitliches Vorrangverhältnis verwirklicht: Das Recht besteht nicht von Natur aus, sondern wird erst durch den

171 *Nietzsche*, Menschliches, Allzumenschliches, II 2, 212.
172 *Nietzsche*, Menschliches, Allzumenschliches, I, 99.

Machtanspruch begründet. So ist es „der Boden“, auf dem die Moralität gedeiht. Zeitlich versetzt kommt es damit zu einem Gleichklang von Moralität und Recht.[173]

5. Genealogie der Tugend

Die soeben betrachtete Stelle ist freilich darüber hinaus von weitreichendem Interesse für das Gerechtigkeitsverständnis Nietzsches,[174] weil das zuletzt bezeichnete Vorrangverhältnis allenfalls das Zwischenergebnis seines Gedankens enthält. Indem zunächst die Unlust als gleichsam negativer Beweggrund die Befolgung des Rechts- und Moralgesetzes diktierte, wendet sich dies im Laufe der Zeit ins Positive und führt dementsprechend zum gegenteiligen Motiv der Lust: „Später wird sie (sc. die Moralität) Sitte, noch später freier Gehorsam, endlich beinahe Instinct: dann ist sie wie alles lang Gewöhnte und Natürliche mit Lust verknüpft.“[175]

Die eigentliche Pointe behält Nietzsche dem Schluss vor – wie so häufig durch einen Gedankenstrich abgesetzt vom Bisherigen, weil sich hier die Einsicht nochmals verdichtet und der Gedanke auf eine neue Stufe gehoben wird, von der aus sich eine völlig neue Perspektive auftut. So besteht der Schlussakkord in der lapidaren Gleichung: „– und heisst nun Tugend.“[176] Diese ungeahnte Wendung ist für Nietzsches Genialität der Gerechtigkeit in einem doppelten Sinne bedeutsam. Unter der Überschrift: „Wie man selten gerecht wird“ behandelt Nietzsche, freilich auch das Gegenteil: „Mancher kann sich nicht für etwas Gutes und Grosses erwärmen, ohne schweres Unrecht nach irgend einer Seite hin zu thun: diess ist seine Art Moralität.“[177]

Zunächst besteht die Gerechtigkeit in der Genealogie der Tugend, das heißt in dem Weg über die Sitte und Moralität zum Recht, immer begleitet durch die „psychologische Genialität“ der Rückführung auf die Motive des Menschen, oft die Eitelkeit, hier Unlust und Lust. Wenn man Nietzsches Rechtsverständnis mit

---

173 Im Ergebnis ähnlich *M. Steinmann*, Die Ethik Friedrich Nietzsches, 2000, S. 193: „So wird unweigerlich erkennbar, dass die Trennung von Moral und Recht in der oben angedeuteten Weise nicht durchweg gelingen kann und dass das Recht unweigerlich notwendigerweise Elemente aufzunehmen hat, die der Moral im Nietzscheschen Sinne entsprechen.“

174 Siehe auch *D.-J. Yang*, Die Problematik des Begriffs der Gerechtigkeit in der Philosophie von Friedrich Nietzsche, 2005, S. 63, nach dem „Nietzsches Idee der Gerechtigkeit weit über die Grenze des nur Juristischen hinausgeht und eher philosophisch gemeint ist.“

175 *Nietzsche*, Menschliches, Allzumenschliches, I, 99.

176 *Nietzsche*, Menschliches, Allzumenschliches, I, 99.

177 *Nietzsche*, Morgenröte, 404.

Macht und Zwang gleichsetzt, so ist dies also nur die halbe Wahrheit und damit eine Verkürzung. Zum einen idealisiert er das aus dem Zwang gewordene Recht an keiner Stelle, zum anderen ist ihm die Einsicht wichtiger, wie *allmählich* aus dem Schlechten etwas Gutes, aus dem ursprünglich Unsittlichen etwas Sittliches und damit Rechtes hervorgeht. Die vordergründige Trivialität dieser Einsicht wird freilich durch die zeitliche Streckung relativiert.[178] Gerechtigkeit ist so nicht einfach das Zusammenwirken von Recht und Sitte; noch weniger ist es nur das Ineinandergreifen von Recht und Moral. Vielmehr ist die Gerechtigkeit selbst eine Tugend, die ein bestimmtes Verhalten und Verfahren zusammenfasst, das auf der Grundlage des Gewachsenen immer von neuem dadurch gerechtfertigt werden muss, dass jedem das Seine gegeben wird „– und dazu muss sie es rein erkennen" und in das beste Licht stellen.[179]

VI. Die Rechtsphilosophie als moralische Wissenschaft

Vor diesem Hintergrund ist am Ende dieses Kapitels die Bemerkung Nietzsches zu untersuchen, die zu Beginn der Abhandlung zitiert wurde. Über die Rechtsphilosophie sagte er: „Das ist Eine Wissenschaft, welche wie alle moralische Wissenschaft noch nicht einmal in der Windel liegt!"[180]

1. „Stubenmoralistik" und „grundfalsche Abstraktionen"

Nietzsche setzt also stillschweigend voraus, dass die Rechtsphilosophie eine moralische Wissenschaft darstellt. Dabei muss freilich – gleichsam zur Ehrenrettung der Rechtsphilosophie – vorangestellt werden, dass Nietzsche, wie erinnerlich, die bisherige Wissenschaft der Moral für unzureichend hielt, weil sie das Eigentliche zu begründen schuldig blieb und vielmehr unkritisch vorausgesetzt habe, nämlich die Moral selbst.[181] Bezüglich dessen, was Nietzsche die moralische Wissenschaft nennt, gilt – nicht zuletzt im Hinblick auf den schillernden Begriff der Gerechtigkeit – der Befund Heideggers, wonach sich das Niveau einer Wissenschaft daraus bestimmt, inwieweit sie einer Krisis ihrer Grundbegriffe *fähig*

---

178 Davon wird im nächsten und übernächsten Kapitel noch ausführlich die Rede sein.

179 *Nietzsche*, Menschliches, Allzumenschliches, I, 636.

180 *Nietzsche*, Nachgelassene Fragmente, August – September 1885, 42 (8), Kritische Studienausgabe (Hg. G. Colli/M. Montinari), Band 11, S. 697.

181 *Nietzsche*, Jenseits von Gut und Böse, 186.

ist.[182] Um das zu vermeiden, was Nietzsche „Stuben-Moralistik“ nennt,[183] muss man „die Völker studiren und zusehn, was jedes Mal das Kriterium (sc. der unmoralischen Handlung) ist und was sich darin ausdrückt. Ein Glaube ‚ein solches Verhalten gehört zu unseren ersten Existenz-Bedingungen‘. Unmoralisch heißt ‚untergang-bringend‘.“[184]

Die Rechtswissenschaft hat seines Erachtens sogar im Ganzen versagt und eine falsche Richtung eingeschlagen, wie die Fortsetzung des zitierten Wortes erkennen lässt: „Man verkennt z. B. immer noch, auch unter frei sich dünkenden Juristen, die älteste und werthvollste *Bedeutung* der Strafe (...): und so lange die Rechtswissenschaft sich nicht auf einen neuen Boden stellt, nämlich auf die Historien- und Völker-Vergleichung, wird es bei dem unnützen Kampfe von grundfalschen Abstraktionen verbleiben, welche heute sich als ‚Philosophie des Rechts‘ vorstellen und die sämmtlich vom gegenwärtigen M⟨enschen⟩ abgezogen sind. Dieser gegenwärtige M⟨ensch⟩ ist aber ein so verwickeltes Geflecht, auch in Bezug auf seine rechtlichen Werthschätzungen, daß er die verschiedensten *Ausdeutungen* erlaubt.“[185] Das entspricht im Übrigen durchaus der Ansicht Jherings, dessen Arbeiten Nietzsches Verständnis vom Recht höchstwahrscheinlich nachhaltig beeinflusst haben. Jhering diagnostiziert den Ansehensverlust der Rechtsphilosophie ganz ähnlich:[186] „Die Rechtsphilosophie würde ihren Credit nicht in dem Maße eingebüßt haben, wie sie es leider heutzutage hat, wenn sie sich das Element des Historischen und des Concreten nicht zu sehr hätte abhanden kommen lassen. Ihre Zukunft liegt m. E. in einer energischen Wiederaufnahme desselben.“[187]

---

182 *M. Heidegger*, Sein und Zeit, 16. Auflage 1986, § 3, S. 9.

183 *Nietzsche*, Nachgelassene Fragmente, Ende 1886 – Frühjahr 1887, 7 (4), Kritische Studienausgabe (Hg. G. Colli/M. Montinari), Band 12, S. 260; zu Nietzsches Moralistik *H. Fink-Eitel*, Deutsche Zeitschrift für Philosophie 41 (1993) 865. Speziell zum Neologismus der Stubenmoralistik wegweisend *K. Stierle*, Die Modernität der französischen Klassik. Negative Anthropologie und funktionaler Stil, in: Französische Klassik (Hg. Ders./F. Nies), 1985, S. 81 ff.

184 *Nietzsche*, Nachgelassene Fragmente, Ende 1886 – Frühjahr 1887, 7 (4), Kritische Studienausgabe (Hg. G. Colli/M. Montinari), Band 12, S. 260.

185 *Nietzsche*, Nachgelassene Fragmente, August – September 1885, 42 (8), Kritische Studienausgabe (Hg. G. Colli/M. Montinari), Band 11, S. 697; Hervorhebungen auch dort.

186 *R. v. Jhering*, Geist des römischen Rechts auf den verschiedenen Stufen seiner Entwicklung, Vorrede zu Teil 2, Abt. 2, 9. Auflage 1968.

187 Dazu auch *R. Dreier*, Jherings Rechtstheorie – eine Theorie evolutionärer Rechtsvernunft, in: Privatrecht heute und Jherings evolutionäres Rechtsdenken (Hg. O. Behrends), 1993, S. 111, 114 f. Soweit in Nietzsches ‚Genealogie der Moral' darwinistisches Denken mitzuschwingen scheint, gilt die bündige Feststellung von *Bernhard Schlink*, „Das Moralische versteht sich von selbst“, Merkur 63 (2009) 557 ff. sub 3, wonach „Nietzsche Darwin weder geschätzt noch verstanden hat“. Siehe auch *J. Richardson*, Nietzsche's New Darwinism, 2004.

2. Herausforderung an die Rechtsphilosophie und Rechtsanthropologie

Diese harte Rede Nietzsches über die Rechtslehre ist im bisherigen rechtsphilosophischen Schrifttum praktisch noch gar nicht zur Kenntnis genommen worden,[188] obwohl sich kein anderes Wort so ausdrücklich an die Adresse der Rechtsphilosophen richtet. Auch die modernere Disziplin der Rechtsanthropologie darf sich angesprochen fühlen,[189] zumal Nietzsche gerade die Völker-Vergleichung in den Vordergrund rückt und den Bezug zum „gegenwärtigen Menschen" und seine „rechtlichen Werthschätzungen" für vordringlich hält. Will man indes Nietzsches Gedanken zum Recht nachvollziehen, so erweisen sich die zuletzt zitierten Sätze nachgerade als programmatische Herausforderung:[190] „Es thut gut, ‚Recht', ‚Unrecht' usw. in einem bestimmten engen bürgerlichen Sinn zu nehmen, wie ‚thue Recht und scheue Niemanden': d. h. einem bestimmten groben Schema gemäß, innerhalb dessen ein Gemeinwesen besteht, seine Schuldigkeit thun."[191] Dementsprechend soll im Folgenden zunächst untersucht werden, welchen Stellenwert die Historie bzw. das Herkommen des Rechts für Nietzsche hat. Bevor wir uns auf dieser Grundlage der Bedeutung der Strafe zuwenden, muss die besondere Herausforderung begriffen werden, die Nietzsche an die Rechts- und Moralphilosophie stellt.

---

188 Soweit ersichtlich, wird das eingangs zitierte Wort in dem gesamten Band „Nietzsche und das Recht" (Hg. K. Seelmann), ARSP-Beiheft 77 (2001), an dem über ein dutzend renommierter Nietzsche-Forscher mitgewirkt haben, nicht erwähnt.

189 Zu ihr *W. Fikentscher*, Modes of Thought, 2. Auflage 1984; *ders.*, Law and Anthropology, 2009; *N. Rouland*, Legal Anthropology, 1992. Siehe auch *J. Petersen*, Montaignes Erschließung der Grundlagen des Rechts, 2. Auflage 2019, § 6: Rechtsanthropologie als Naturrechtsersatz. Wegweisend *Ch. J. Emden*, Friedrich Nietzsche and the Politics of History, 2008, Chapter 4: ‚Political Lessons from cultural anthropology' (S. 174) mit der als Brückenschlag begriffenen bemerkenswerten Folgerung: „It is, however, only through gnealogy as a strategy of historical critique that Nietzsche is able to reach this position and because he grounds genealogy in a philosophical naturalism that seeks to bridge the gap between nature and normativity".

190 Das gilt freilich auch für andere Wissenschaften; vgl. nur die bemerkenswerte Zusammenschau von *R. Schacht*, Moral und Mensch, in: Zur Genealogie der Moral (Hg. O. Höffe), KA 29, 2004, S. 115, 116: „Was laut Nietzsche nötig ist, ist eine für Entwicklung und Geschichte sensible, biologisch begründete und konsequent naturalistische Neuinterpretation unserer etwas umgedeuteten menschlichen Realität, die ihre Natur ihrer irdischen und kontingenten Geschichte verdankt." Grundlegend dazu *Ch. J. Emden*, Nietzsche's Naturalism. Philosophy and the Life Sciences in the Nineteenth Century, 2014; *G. Moore*, Nietzsche, Biology, and Metaphor, 2002.

191 *Nietzsche*, Nachgelassene Fragmente, Herbst 1885 – Herbst 1886, 2 (178), Kritische Studienausgabe (Hg. G. Colli/M. Montinari), Band 12, S. 154.

a) Selbstgefühl des Einzelnen als „Quelle des Rechts"?

Nietzsche gibt freilich an anderer Stelle unausgesprochen eine Kostprobe dessen,[192] was er unter der Historien- und Völkervergleichung versteht. Der werkimmanente Zusammenhang mit der soeben behandelten Stelle ergibt sich daraus,[193] dass auch dort die Rechtslehrer einer fundamentalen Fehlvorstellung erlegen seien. Er erhebt nämlich wiederum einen Vorwurf gegen die Rechtslehrer, welche die historischen Gegebenheiten des Rechts verkennen, indem sie annehmen, die Individualität sei schon immer das höchste Gut gewesen, das dem Menschen gemäß ist: „Heute fühlt man sich nur verantwortlich für Das, was man will und thut, und hat in sich selber seinen Stolz: alle unsere Rechtslehrer gehen von diesem Selbst- und Lustgefühle des Einzelnen aus, wie als ob hier von jeher die Quelle des Rechts entsprungen sei."[194] Demgegenüber betont Nietzsche, wie fürchterlich in der Frühzeit das Alleinsein des Menschen war, in der er schutzlos sich selbst überlassen war und dies als Strafe empfand, wenn es nicht sogar als solche verhängt wurde: „man wurde verurtheilt ‚zum Individuum'.[195]

b) Wandel im Freiheitsverständnis

An diesem Gedanken ist erstens interessant, wie Nietzsche das Recht – wie vordem die Gerechtigkeit[196] – auf seinen Ursprung zurückverfolgt, hier freilich gleichsam negativ, indem herausgestellt wird, worin er jedenfalls historisch nicht besteht. Zweitens begegnet in dieser ungeschminkten Rückbeziehung auf den Ursprung der bereits behandelte „unbedingte Wille, sich Nichts vorzumachen und die Vernunft in der Realität zu suchen."[197] Denn daraus ergibt sich ein tiefgreifender Wandel des Freiheitsverständnis: „Gedankenfreiheit galt als das Unbehagen selber. Während wir Gesetz und Einordnung als Zwang und Einbusse empfinden, empfand man ehedem den Egoismus als eine peinliche Sache, als eine eigentliche Noth. Selbst sein, sich selber nach eigenem Maß und Gewicht schätzen – das gieng damals wider den Geschmack."[198]

---

192 *Nietzsche*, Die fröhliche Wissenschaft, 117.

193 *Nietzsche*, Nachgelassene Fragmente, August – September 1885, 42 (8), Kritische Studienausgabe (Hg. G. Colli/M. Montinari), Band 11, S. 697.

194 *Nietzsche*, Die fröhliche Wissenschaft, 117.

195 *Nietzsche*, Die fröhliche Wissenschaft, 117.

196 *Nietzsche*, Menschliches, Allzumenschliches, I, 92.

197 *Nietzsche*, Götzendämmerung. – Was ich den Alten verdanke, 2.

198 *Nietzsche*, Die fröhliche Wissenschaft, 117.

c) Moralität als „Herden-Instinkt im Einzelnen"

Nietzsches psychologische Genialität erweist sich hier gleichsam im Blick über die Zeiten, wie er es nicht von ungefähr auch von der Gerechtigkeit des Historikers erwartet.[199] Individualität wird hiermit relativiert; sie ist – ebenso wenig wie die Gerechtigkeit – ein unverrückbares und schon gar nicht absolutes Gut, erst recht kein Wert, sondern perspektivisch bestimmt. Daraus erklärt sich auch die im vorangestellten Gedanken unternommene, pointiert anmutende Begriffsbestimmung, wonach Moralität „Heerden-Instinct im Einzelnen ist."[200] So war auch die Willensfreiheit, die im nächsten Kapitel von Bedeutung ist und die Nietzsche überhaupt ablehnt, ursprünglich etwas buchstäblich Fürchterliches: „Damals hatte der ‚freie Wille' das böse Gewissen in seiner nächsten Nachbarschaft: und je unfreier man handelte, je mehr der Heerden-Instinct und nicht der persönliche Sinn aus der Handlung sprach, um so moralischer schätzte man sich."[201] Hier scheint zugleich der Bezug zur Genealogie der Moral auf, von der noch näher die Rede sein wird.[202]

3. Rechtsphilosophie als moralische Wissenschaft?

Einen Fingerzeig in die seines Erachtens richtige Richtung hat Nietzsche selbst, freilich im Zusammenhang mit der Moral und damit an ganz anderer Stelle,[203] gegeben, der aber verdient herausgestellt zu werden, weil die Wissenschaft der Moral und deren richtiges Verständnis grundlegend sein kann für die Rechtsphilosophie als moralische Wissenschaft.

a) Typenlehre der Moral

In der im fünften Hauptstück von *Jenseits von Gut und Böse* behandelten Naturgeschichte der Moral, die nach dem bisher Bedachten ersichtlich für unseren Zusammenhang von Interesse ist, fordert Nietzsche: „Man sollte, in aller Strenge, sich eingestehen, was hier auf lange hinaus noch noth thut, was vorläufig allein Recht hat: nämlich Sammlung des Materials, begriffliche Fassung und Zusam-

---

199 *Nietzsche*, Unzeitgemäße Betrachtungen, II, 6.

200 *Nietzsche*, Die fröhliche Wissenschaft, 116.

201 *Nietzsche*, Die fröhliche Wissenschaft, 117.

202 *Nietzsche*, Zur Genealogie der Moral, Zweite Abhandlung, 10 ff.

203 *Nietzsche*, Jenseits von Gut und Böse, 186; dazu *A. Venturelli*, Nietzsche auslegen und kommentieren: Neuere Interpretationen von Jenseits von Gut und Böse, Nietzsche-Studien 47 (2018) 465.

menordnung eines ungeheuren Reichs zarter Werthgefühle und Werthunterschiede, welche leben, wachsen, zeugen und zu Grunde gehn, – und, vielleicht, Versuche, die wiederkehrenden und häufigeren Gestaltungen dieser lebenden Krystallisation anschaulich zu machen, – als Vorbereitung zu einer Typenlehre der Moral." Eine diesem Programm verpflichtete Typenlehre der Moral müsste nach Nietzsche also Hand in Hand gehen mit einer Historien- und Völkervergleichung, welche die „rechtlichen Werthschätzungen" einbezieht.[204]

Da die bisherige Rechtsphilosophie diesen wichtigen und für Nietzsches Verständnis der Rechtsphilosophie schlechterdings zentralen Gedanken noch nicht berücksichtigt hat,[205] fehlt zugleich ein wesentliches Zwischenglied, das die Rechts- und Moralphilosophie miteinander verbindet. Wenn nämlich die Rechtsphilosophie die rechtlichen Wertschätzungen auf der Grundlage der Historien- und Völkervergleichung zusammenstellen, das heißt zunächst vorurteilsfrei ermitteln und erst dann würdigen soll, so fordert Nietzsche damit strukturell nichts anderes als das, was er von der Wissenschaft der Moral verlangt, nämlich „das ungeheure Reich, zarter Werthgefühle und Werthunterschiede" sichtbar zu machen.[206]

b) Parallele Herausforderungen an die Rechts- und Moralphilosophie

Allerdings ist zweifelhaft, ob darin allein schon die Gerechtigkeit besteht.[207] Denn zunächst und vor allem richtet sich Nietzsche hier nur an die Wissenschaft der Moral. Wenn dieser nach seinem Verständnis auch die Rechtsphilosophie zugehört,[208] so bedarf dies gleichwohl der Präzisierung, dass es auf dieser Ebene gerade die rechtlichen Wertschätzungen sind, deren Sichtung nur auf der Grundlage der Historien- und Völkervergleichung – das heißt vor allem: nicht „freihändig" – möglich ist. Die rechtlichen Wertunterschiede auf dem Boden der Historien- und

---

204 *Nietzsche*, Nachgelassene Fragmente, August – September 1885, 42 (8), Kritische Studienausgabe (Hg. G. Colli/M. Montinari), Band 11, S. 697.

205 *E.-J. Mestmäcker*, A Legal Theory without Law. Posner v. Hayek on Economic Analysis of Law, 2007, S. 58 ff., ist, wie eingangs gesagt, der einzige, der dieses wichtige Fragment, das Josef Kohler seiner Rechtsphilosophie (*J. Kohler*, Lehrbuch der Rechtsphilosophie, 2. Auflage 1917) immerhin unkommentiert vorangestellt hatte, unter rechtsökonomischen Gesichtspunkten behandelt; zu ihnen auch *J. Petersen*, Freiheit unter dem Gesetz. Friedrich August von Hayeks Rechtsdenken, 2014; dort auch unter ständigem Rekurs auf Nietzsche.

206 *Nietzsche*, Jenseits von Gut und Böse, 186.

207 So *R. Maurer*, Der andere Nietzsche. Gerechtigkeit kontra moralische Utopie, Aletheia, 5 (1994) 9, 11.

208 *Nietzsche*, Nachgelassene Fragmente, August – September 1885, 42 (8), Kritische Studienausgabe (Hg. G. Colli/M. Montinari), Band 11, S. 697.

Völkervergleichung herauszukristallisieren, ist dann nur auf rechtlicher Ebene das, was parallel die Aufgabe der moralischen Wissenschaft selbst darstellt. In der wechselseitigen Abhängigkeit dieser beiden Elemente, die dem oben dargestellten zeitversetzten Gleichklang entsprechen und diesen gleichsam hörbar machen,[209] erst kann man von Gerechtigkeit im Sinne Nietzsches sprechen. Das ist deshalb eine wesentliche Weitung gegenüber einem Verständnis von Gerechtigkeit, das gleichbedeutend mit der „begrifflichen Fassung und Zusammenordnung eines ungeheuren Reiches zarter Werthgefühle und Werthunterschiede" ist, weil gerade in den rechtlichen Wertschätzungen das Dilemma der Gerechtigkeit zum Ausdruck kommt, das Nietzsche in allgemeinerer, also nicht nur auf das Recht bezogener Form, zu der Erkenntnis kommen lässt, das wir alle „unlogische und daher ungerechte Wesen sind, und diess erkennen können", worin für ihn eine der „unauflösbarsten Disharmonien des Daseins" liegt.[210] Davon wird im Schlusskapitel noch ausführlich die Rede sein; es ist jedoch – durchaus im Sinne des hier eingeschlagenen Kreisgangs – wichtig, diese innere Tragik bereits bei der Bestimmung der Herausforderungen, die Nietzsche an die Rechtsphilosophie stellt, zu berücksichtigen, weil sich erst unter ihrer hinreichenden Berücksichtigung ergibt, warum die Philosophie des Rechts „noch nicht einmal in der Windel liegt",[211] welcher Maßstab zugrunde zu legen,[212] welche Anstrengungen zu unternehmen und Hindernisse zu beseitigen sind.

209 Oben unter V. 4.

210 *Nietzsche*, Menschliches, Allzumenschliches, I, 32.

211 *Nietzsche*, Nachgelassene Fragmente, August – September 1885, 42 (8), Kritische Studienausgabe (Hg. G. Colli/M. Montinari), Band 11, S. 697.

212 *Nietzsche*, Jenseits von Gut und Böse, 186.

3. Kapitel: Recht und Herkommen

Der Ursprung des Rechts ist für Nietzsche nach dem bisher Bedachten mehr als nur ein historisches Faktum, sondern wirkt für das Verständnis des Rechts fort. Das Herkommen ist daher nicht nur erklärend, sondern auch konstitutiv für das Recht.

I. Herkunft der moralischen Urteile

Nietzsche beklagt, dass die „Grundeinsichten in die Entstehung der Moral" paradoxerweise deshalb schwer fallen, weil zwar das „Gefühl der Sittlichkeit" bis zur Verflüchtigung verfeinert ist, die „Macht der Sitte" jedoch „erstaunlich abgeschwächt ist."[1] Dementsprechend bewusst verwendet er das Wort „ursprünglich", das er folgerichtig nicht durchweg mit dem Präteritum in Verbindung bringt. Nietzsches Ausgangspunkt besteht darin, dass das Recht auf eine jeweils historische Interessenlage bezogen ist und seine ordnende Funktion unter Berücksichtigung der jeweiligen Machtansprüche und Machtverhältnisse ausübt. Das zeigt sich noch an anderer Stelle, wo Nietzsche den Grund dafür nennt, warum der Mensch Gerechtigkeit übt: „jetzt aus Gewohnheit, Vererbung und Anerziehung, ursprünglich, weil das Wahre – wie auch das Billige und Gerechte – nützlicher und ehrebringender ist als das Unwahre."[2] Mit der Betonung des Ursprünglichen geht daher eine Berücksichtigung des Herkömmlichen einher.

1. Die Bedeutung moralhistorischer Studien

Gerade die Frage nach der Moralität muss für Nietzsche im Zusammenhang mit dem Historischen, das heißt dem Althergebrachten und Ursprünglichen gestellt werden.[3] Im bisherigen Verlauf der Untersuchung ist das Problem der Moralität und der moralischen Empfindung immer wieder mitbehandelt worden. Den bisherigen Erklärungsversuchen liegt mitunter die unausgesprochene Trennung von

1 *Nietzsche*, Morgenröte, 9.

2 *Nietzsche*, Menschliches, Allzumenschliches, II 1, 26.

3 Siehe nur *Nietzsche*, die Anmerkung am Ende der ersten Abhandlung der Genealogie der Moral, in der Nietzsche den Wunsch äußert, dass „irgend eine philosophische Fakultät sich durch eine Reihe akademischer Preisausschreiben um die Förderung moralhistorischer Studien verdient machen möge: – vielleicht dient dies Buch dazu, einen kräftigen Anstoss gerade in solcher Richtung zu geben."

https://doi.org/10.1515/9783110645682-004

Recht und Moral zugrunde,[4] wobei beides von der Gerechtigkeit berührt wird, weil die Merkmale der von ihm beschriebenen Genialität der Gerechtigkeit von einem Anspruch zeugen, der an denjenigen gestellt wird, der ihr im Wortsinne gerecht werden möchte. Das bedeutet indes, dass die Herkunft der moralischen Urteile beleuchtet wird, bevor der Blick auf das Verhältnis von Verbrechen und Strafe gelenkt wird.[5] Denn wenn die Herkunft ein konstitutives Attribut des Rechts ist, ist auch die Herkunft der moralischen Urteile zu beleuchten.

Dass dies in der bisherigen Diskussion vernachlässigt wurde,[6] erstaunt umso mehr, als Nietzsche selbst den wichtigsten Fingerzeig in diese Richtung gibt. In seiner Streitschrift zur Genealogie der Moral[7] greift er die Gedanken auf,[8] die „ihren ersten, sparsamen und vorläufigen Ausdruck in jener Aphorismen-Sammlung enthalten, die den Titel trägt ‚Menschliches, Allzumenschliches'"[9] – also jener Schrift, die im bisherigen Verlauf dieser Untersuchung prägend war für die Erörterung des herkömmlichen Rechtsgefühls. In dieser Streitschrift also beschäftigt er sich mit der „*Herkunft* unserer moralischen Vorurtheile."[10] Zwar ist diese Schrift selbstredend auch von der bisherigen rechtsphilosophischen Diskussion eingehend behandelt worden, zumal immer wieder betont wurde, dass in ihrer zweiten Abhandlung wesentliche Grundgedanken über Nietzsches Begrün-

---

4 *M. Steinmann*, Die Ethik Friedrich Nietzsches, 2000, S. 194 f., der freilich konzediert, „dass die Trennung von Recht und Moral in der oben angedeuteten Weise nicht durchweg gelingen kann und dass das Recht notwendigerweise Elemente aufzunehmen hat, die der Moral im Nietzschen Sinne entsprechen. (...) Gerade in Bezug auf diese Seite kommt dem Begriff des Rechts dann auch eine moralische oder wenigstens der Moral analoge Seite zu."

5 Im nachfolgenden Kapitel.

6 Siehe aber *H. Kerger*, Autorität und Recht im Denken Nietzsches, 1988, S. 45 ff.

7 Einen wichtigen Anstoß gab *P. Rée*, Der Ursprung der moralischen Empfindungen, 1877; dazu *Nietzsche*, Genealogie der Moral, Vorrede, 4; siehe auch *H. Treiber*, Ausgewählte Aspekte zu Paul Rées Straftheorie, ARSP-Beiheft 77 (2001) 151.

8 Zur Genealogie der Moral vgl. etwa *W. Stegmaier*, Nietzsches ‚Genealogie der Moral', 1994; *R. Schacht* (Hg.), Nietzsche, Genealogy, Morality. Essays on Nietzsche's *Genealogy of Morals*, 1994; siehe auch *ders.*, Nietzsche on Philosophy, Interpretation and Truth, Noûs 18 (1984) 75 (dazu *R. Solomon*, Abstract of Comments: Nietzsche's Ethics, Noûs 18, 1984, 88); *ders.*, Making sense of Nietzsche, 1995; sowie der von *O. Höffe* eingeleitete und herausgegebene Sammelband der Reihe ‚Klassiker Auslegen' (KA), Band 29, 2004.

9 *Nietzsche*, Zur Genealogie der Moral, Vorrede, 2; ferner *M. Clark/A. J. Swensen* (Hg.), Friedrich Nietzsche. On the Genealogy of Morality. A Polemic. Translated, with Notes, by M. Clark and A. J. Swensen. Introduction by M. Clark, 1998; *B. Leiter*, Nietzsche on Morality, 2002; *ders.*, Morality in the Pejorative Sense. On the Logic of Nietzsche's Critique of Morality, The British Journal for the History of Philosophy 3 (1995) 113 ff.; *A. Orsucci*, Genealogia della Morale. Introduzione alla Lettura, 2001.

10 *Nietzsche*, Zur Genealogie der Moral, Vorrede, 2; Hervorhebung auch dort.

dung der Strafe enthalten sind.[11] Aber damit fällt der Rest – und damit die Basis – im Wesentlichen aus der Betrachtung heraus. Denn auch Nietzsches Gedanken über die Strafe sind nur verständlich, wenn man die Bedeutung der Herkunft für sein Rechts- *und* Moralverständnis angemessen berücksichtigt.[12]

2. Sittlichkeit als Gehorsam gegen Herkommen und altbegründetes Gesetz

Bevor aber die einzelnen Aussagen der Genealogie der Moral in den Blick genommen werden können,[13] sind zunächst die von Nietzsche selbst in Bezug genommenen Abschnitte über das Herkommen der Sitte in *Menschliches, Allzumenschliches* zu betrachten. Danach heißt „moralisch, sittlich, ethisch sein (...) Gehorsam gegen ein altbegründetes Gesetz oder Herkommen haben."[14] Das notwendige Merkmal des Gehorsams erklärt zugleich, warum Nietzsche an anderer Stelle sagt, dass sich „sittlich" und „autonom" ausschließen.[15] Böse ist nach Nietzsche dagegen dasselbe wie unsittlich und bedeutet, „dem Herkommen widerstreben, wie vernünftig oder dumm dasselbe auch sei."[16] Es kommt also, entgegen der Moralphilosophie Kants etwa, weder auf den guten Willen an noch auf die Vernünftigkeit der Handlung oder des Sittengesetzes.[17] Dementsprechend wendet sich Nietzsche gegen jeglichen „immanenten kategorischen Imperativ." Auch hieran zeigt sich der Zusammenhang zwischen Moral und Recht.[18] Wie sich aus der Gleichsetzung mit dem für ihn zentralen Herkommen ergibt, liegt die Betonung hier jedoch weniger auf dem Gesetz als vielmehr auf dem Attribut

---

11 Vgl. nur *J. Bung*, Nietzsche über Strafe, ZStW 119 (2007) 120, 121: „Schlüsseltext ist die zweite Abhandlung aus der *Genealogie der Moral*; zur Erweiterung des Blickwinkels sollte man wenigstens noch die Ausführungen ‚Zur Geschichte der moralischen Empfindungen' lesen (*Menschliches, Allzumenschliches*, Zweites Hauptstück)"; Hervorhebungen auch dort.

12 Vgl. *M. Steinmann*, Die Ethik Friedrich Nietzsches, 2000, S. 194 ff.: „Moral ist aber noch in anderer Hinsicht mit dem Recht verbunden, und zwar als ein konstitutives Element von Gemeinschaftlichkeit. (...) Auch wenn sich Rechtssysteme genealogisch auf Machtverhältnisse zurückführen lassen, muss somit ein der Moral gleichzusetzendes Verhalten in ihnen entstehen."

13 Dazu eingehend im nächsten Kapitel.

14 Hier und im Folgenden *Nietzsche*, Menschliches, Allzumenschliches, I, 96.

15 *Nietzsche*, Zur Genealogie der Moral, Zweite Abhandlung, 2.

16 *Nietzsche*, Menschliches, Allzumenschliches, I, 96.

17 Vgl. *A. Pieper*, Vorrede, in: Zur Genealogie der Moral (Hg. O. Höffe), KA 29, 2004, S. 15: „Die *Genealogie* ist Nietzsches ‚Kritik der praktischen Vernunft'." Siehe auch *B. Bueb*, Nietzsches Kritik der praktischen Vernunft, 1970.

18 Siehe dazu auch *M. Steinmann*, Die Ethik Friedrich Nietzsches, 2000, S. 193 ff., der von einer strukturellen Unterscheidung spricht, aber im Wesentlichen zu gleichen Ergebnissen gelangt.

„altbegründet". Es ist also nicht zuletzt die Anciennität, die das Gesetz ausmacht. Falls dieses etwa im althergebrachten Grundsatz des *neminem laedere* bestehen sollte,[19] so wäre es wiederum das Attribut, welches das Sittengesetz bestimmt: „Wie das Herkommen entstanden ist, ist dabei gleichgültig, jedenfalls ohne Rücksicht auf gut und böse (...), sondern vor allem zum Zweck der Erhaltung einer Gemeinde, eines Volkes." Es ist also wiederum der Gesichtspunkt der mehr oder weniger einsichtigen Selbsterhaltung; mehr oder weniger einsichtig deshalb, weil auch „jeder abergläubische Brauch, der auf Grund eines falsch gedeuteten Zufalls entstanden ist, ein Herkommen erzwingt, welchem zu folgen sittlich ist."

Die Dignität des Herkommens ist wesentlich dadurch geprägt, wie weit sein Ursprung zurückreicht. Liegt dieser gleichsam im Dunkeln, weil er sich nicht mehr auf einen bestimmten Anlass zurückverfolgen lässt, so heiligt dies die Sitte, statt sie aufzuheben. Von daher versteht sich, dass nach Nietzsche etwa auch der alte Grundsatz „cessante ratione legis cessat lex ipsa" keine Geltung beanspruchen könnte (der ja auch nach dem heutigen Stand der Methodenlehre keine Gefolgschaft verdient). Daraus erklärt sich auch, für wie verhängnisvoll es Nietzsche erachtet, dass „wir alle kein herkömmliches Rechtsgefühl mehr haben." Das Herkommen verklammert Recht und Sitte; ohne das Herkommen verliert das Recht seinen Orientierungspunkt und wird für ihn letztlich beliebiger, als es bei einem noch so dunklen Ursprung der Fall wäre.[20]

II. Das herkömmliche Rechtsgefühl

Man kann daher einstweilen als Arbeitshypothese festhalten, dass für Nietzsche die Ursprünglichkeit – und damit auch das Herkommen – ein Attribut des Rechts ist. Dieser Gedanke wird uns im Folgenden noch näher beschäftigen. Zur Aufklärung dieser Hypothese empfiehlt es sich, den einschlägigen Gedanken Nietzsches ungekürzt wiederzugeben, weil sich das Herausgreifen einzelner Sätze seiner ohnedies zugespitzten Aphorismen als besonders verhängnisvoll erweist, wenn ihr Inhalt so heikel wie der folgende ist: „Die Juristen streiten, ob das am vollständigsten durchdachte Recht oder das am leichtesten zu verstehende in einem Volk zum Siege kommen solle. Das erste, dessen höchstes Muster das rö-

---

19 In Wahrheit steht er dem neminem-laedere-Grundsatz (und auch Schopenhauer, der ihn verteidigt) mit beißendem Spott gegenüber; vgl. *Nietzsche*, Jenseits von Gut und Böse, 186.

20 Zur Vielschichtigkeit dieses Begriffs *J. Pizer*, The Use and Abuse of „Ursprung": On Foucaults Reading of Nietzsche, Nietzsche-Studien 19 (1990) 462.

mische ist,[21] erscheint dem Laien als unverständlich und deshalb nicht als Ausdruck seiner Rechtsempfindung. Die Volksrechte, wie zum Beispiel die germanischen, waren grob, abergläubisch, unlogisch, zum Theil albern, aber sie entsprachen ganz bestimmten, vererbten heimischen Sitten und Empfindungen. – Wo aber Recht nicht mehr, wie bei uns, Herkommen ist, da kann es nur befohlen, *Zwang* sein; wir haben alle kein herkömmliches Rechtsgefühl mehr, desshalb müssen wir uns Willkürsrechte gefallen lassen, die der Ausdruck der Nothwendigkeit sind, dass es ein Recht geben müsse. Das logischste ist dann jedenfalls das annehmbarste, weil es das unparteilichste ist: zugegeben selbst, dass in jedem Falle die kleinste Maasseinheit im Verhältnis von Vergehen und Strafe willkürlich angesetzt ist."[22] Es ist nicht ganz einfach, diesen Text aufzuschlüsseln, der dem äußeren Anschein nach nur beschreibender Natur ist und keine eigenständige Wertung enthält.

1. Formelles Juristenrecht und materielles Volksrecht

Zugleich aber ist es unerlässlich, die darin enthaltenen Prämissen jedenfalls soweit zu bestätigen, als sie die germanischen Rechte betreffen,[23] denen nach Nietzsche eine besondere Volkstümlichkeit eignet.[24] Da Nietzsche selbst vom

21 *H. Kerger* (Autorität und Recht im Denken Nietzsches, 1988, S. 11 ff.) hat dargelegt, dass Nietzsches Kenntnisse über das römische Recht zurückgehen könnten auf die Lektüre des Werkes von *R. v. Jhering*, Geist des römischen Rechts auf den verschiedenen Stufen seiner Entwicklung, 1878, das erklärtermaßen „halb historischer, halb rechtsphilosophischer Art" konzipiert ist (*Jhering*, Geist des römischen Rechts auf den verschiedenen Stufen seiner Entwicklung, Teil 1, 9. Auflage 1955, Vorrede, S. IV), was angesichts des obigen Zitats (*Nietzsche*, Nachgelassene Fragmente, August – September 1885, 42 (8), Kritische Studienausgabe (Hg. G. Colli/M. Montinari), Band 11, S. 697) in der Tat durchaus Nietzsches Interesse hervorgerufen haben könnte.

22 *Nietzsche*, Menschliches, Allzumenschliches, I, 459; Hervorhebung nur hier. Im Übrigen ist auch *Ch. de Montesquieu*, De l'esprit des lois, 1748 („Vom Geist der Gesetze", im Folgenden zitiert nach der von E. Forsthoff herausgegebenen Ausgabe, 1968, S. 62), I 3, der Ansicht, dass Gesetze, um wirksam bleiben zu können, in Kultur, Sitte und Verhaltensgewohnheiten eines Volkes gründen sollten; zu dieser Stelle auch *E. Klein*, Staat und Zeit, 2006, S. 91 Anmerkung 137.

23 Nach *A. Orsucci* (Strafe und Ressentiment: Nietzsches Rechtsverständnis und einige seiner Quellen, ARSP-Beiheft 77 (2001) 195, 197) entnahm Nietzsche seine Kenntnis über das germanische Recht vor allem von *P. de Lagarde*, Über die gegenwärtige Lage des deutschen Reichs, 1876, S. 38 ff. Siehe auch *A. U. Sommer*, Zwischen Agitation, Religionsstiftung und ‚hoher Politik': Friedrich Nietzsche und Paul de Lagarde, Nietzscheforschung 4 (1998) 169 ff.

24 Zum Begriff *H. Brunner/Cl. Frhr. v. Schwerin*, Deutsche Rechtsgeschichte, Band 1, 2. Auflage 1906, S. 416: „Volksrechte, leges, nennen wir die Aufzeichnungen der Stammesrechte. Im Ge-

Begriffspaar des Logischen und Unlogischen ausgeht, welches sich paradigmatisch im römischen und germanischen Recht gegenübersteht, und diese Unterscheidung am Beispiel von Vergehen und Strafe durchführt, soll auch dies hier beispielhaft verdeutlicht werden.[25]

a) Recht und Sitte in der Germania des Tacitus

Wenn man bedenkt, das Nietzsche schon in ganz jungen Jahren Professor der Altphilologie war, ist es wohl keine zu weit gehende Unterstellung anzunehmen, dass ihm auch und gerade die Germania des Tacitus vor Augen stand. In der Tat waren Vergehen und Strafe im altgermanischen Recht auf eigentümliche Weise geregelt, wie Tacitus berichtet: „Die Strafen sind unterschiedlich, je nach Delikt. Verräter und Überläufer hängen sie an den Bäumen auf. Feiglinge, Drückeberger und Sexualtäter werden im Moor versenkt, mit darüber geworfenem Flechtwerk aus Zweigen. Der Unterschied der Hinrichtung erklärt sich daraus, dass Bösartigkeit und Niedertracht öffentlich angeprangert werden sollen, man aber Schimpf und Schande verbergen will."[26] Die Maßeinheit zwischen Verbrechen und Strafe ist hier also noch Ausdruck einer sehr gegenständlichen Verhaftung und allenfalls vordergründigen Logik ohne besondere Abstraktionshöhe. Ungeachtet des drakonischen Charakters mochten die verhängten Strafen durchaus einleuchten, weil in ihrer Vollstreckung ein klares Werturteil zum Vorschein kam.

b) Juristen- und Volksrecht bei Max Weber

Nietzsches Einschätzung des irrationalen Moments der germanischen Volksrechte wird im Übrigen auch von Max Weber geteilt, der dies am Beispiel des Zivilrechts verdeutlicht: „Allein es haben dabei, wie schon angedeutet, gerade im Urkundenwesen auch *die irrationalen Denkformen des germanischen Rechts* die Entwicklung begünstigt. Die Urkunde erschien der volkstümlichen Auffassung als eine Art von Fetisch, dessen rechtsförmliche Übergabe zunächst vor Zeugen

---

gensatz zu den für die Römer bestimmten Leges Romanae werden sie wohl auch Leges Barbarorum genannt."

25 Nietzsche selbst gibt einige Beispiele der grausamsten Strafen; vgl. *Nietzsche*, Genealogie der Moral, Zweite Abhandlung, 3.

26 *Tacitus*, Germania 12.1: distinctio poenarum ex delicto: proditores et transfugas arboribus suspendunt, ignavos et inbelles et corpore infamos caeno ac palude, iniecta insuper crate, mergunt. Diversitas supplicii illuc respicit, tamquam scelera ostendi opporteat, dum puniuntur, flagitia abscondi. Übersetzung nach *U. Wesel*, Geschichte des Rechts, 3. Auflage 2006, S. 273. Zu dieser Stelle auch *J. Petersen*, Recht bei Tacitus, 2019, S. 44, 46.

spezifische Rechtswirkungen hervorbrachte wie andere ursprünglich halbmagische Symbole: der Gerwurf und die festuka des germanischen (...) Rechts. Nicht etwa mit der beschriebenen Urkunde, sondern mit dem unbeschriebenen Pergament wurde ursprünglich von den Beteiligten die symbolische Traditionshandlung vorgenommen und erst dann das Protokoll darauf geschrieben."[27] Allerdings findet sich bei Weber auch eine wichtige Präzisierung, welche die Unterscheidung Nietzsches relativiert: „Das gesamte Recht ist auch dann formell ‚Juristenrecht', denn ohne spezifische Sachkunde nimmt es die Form der rationalen Regel nicht an. Aber es ist zugleich materiell ‚Volksrecht'."[28]

2. Einordnung

Selbst wenn man Nietzsches Folgerung für überspitzt und die Unterscheidung Webers, im Rahmen derer Juristenrecht und Volksrecht einander nicht pauschal ausschließen, für leistungsfähiger hält,[29] ist doch eines überaus bemerkenswert: Im Gegensatz zum habilitierten Juristen Weber war Nietzsche selbst einer der Laien, von denen er spricht;[30] gleichwohl gelangt er, abgesehen von den Fachkenntnissen als solchen, zu einer durchaus hellsichtigen Diagnose, nämlich dass uns das „herkömmliche Rechtsempfinden" abhanden gekommen ist. Herkömmlich begreift er im Wortsinne von seinem Herkommen, das für ihn ursprünglich eine Eigenschaft des Rechts ist. Das Rechtsgefühl verbindet Recht und Herkommen miteinander und ist durch die Tradition zugleich das Ergebnis dieser Verbindung. Das Aufkommen eines logisch geordneten Juristenrechts römischer Provenienz, das dem Volksrecht das Irrationale nimmt, durchbricht jedoch im gleichen Zuge diese Verbindung und die darauf gegründete Tradition, womit

27 *Max Weber*, Wirtschaft und Gesellschaft, 5. Auflage 1972, S. 408 f.; Hervorhebung nur hier.
28 *Max Weber*, Wirtschaft und Gesellschaft, 5. Auflage 1972, S. 455; dazu *J. Petersen*, Max Webers Rechtssoziologie und die juristische Methodenlehre, 3. Auflage 2020. Zum Einfluss Nietzsches auf Max Weber wichtig *F. W. Graf*, Fachmenschenfreundschaft. Studien zu Troeltsch und Weber, 2014, S. 126 f., 303. Siehe auch *Ch. J. Emden*, Friedrich Nietzsche and the Politics of History, 2008, S. 321.
29 Er verdeutlicht an dieser Stelle auch seine Theorie der charismatischen Herrschaft: „denn die Rechtsfindung ist nicht Sache des Beliebens oder der Gefühlsemotionen derjenigen, für die das Recht gelten soll, denen es ‚dienen' will, die es zu beherrschen prätendiert, sondern ist Produkt der Offenbarung der Rechtsweisen. Andererseits steht deren Weisheit, wie jedes echte Charisma, unter dem Zwang, sich durch Überzeugungskraft ‚bewähren' zu müssen, und kann indirekt, durch diese Notwendigkeit, das ‚Billigkeits'-Gefühl und die Alltagserfahrung der Rechtsgenossen zur Geltung bringen."
30 Siehe auch *H. Baier*, Friedrich Nietzsche und Max Weber in Amerika, Nietzsche-Studien 16 (1987) 430.

gleichzeitig das Rechtsgefühl selbst abhanden kommt und die Anerkennung des Rechts durch die ihm Unterworfenen schwinden kann.[31]

In diesem Zusammenhang verdient auch ein auf den ersten Blick ebenfalls rätselhaftes Wort aus dem Zarathustra Erwähnung, das Recht und Sitte als Spiegel eines Volkes auf einer gleichsam semantischen Ebene veranschaulicht: „Jedes Volk spricht seine Zunge des Guten und Bösen: die versteht der Nachbar nicht. Seine Sprache erfand es sich in Sitten und Rechten."[32] Es ist eine jener Stellen, die das in der Einleitung angesprochene seismographische Gerechtigkeitsgefühl Nietzsches in gleichsam rational nachvollziehbarer Weise veranschaulichen. Denn um die Entfremdung des jeweiligen Rechtsgefühls zu diagnostizieren, bedarf es neben aller intellektueller Voraussetzungen auch eines angeborenen Rechtsgefühls von besonderem Ausmaß.[33]

Es ist daher auch bezeichnend, dass Nietzsche zur Verdeutlichung das Moment des Muttersprachlichen wählt, wie überhaupt zwischen Recht und Sprache für ihn ein Zusammenhang besteht, von dem weiter unter noch die Rede sein wird. Man mag die Stelle zugleich als einen Beleg für die gleichfalls in der Einleitung vermutete Übersteigerung dieses Rechtsempfindens auffassen; jedenfalls zeigt sich darin ungeachtet des ersichtlichen Ausdrucks des Bedauerns mehr als ein bloßes Nachtrauern im Hinblick auf unwiderrufbar Vergangenes. Jedoch ist die Beobachtung Nietzsches selbst mit allen ihren möglichen Hypertrophien Ausweis einer Hellsichtigkeit, die eine in dieser Weise wohl noch nicht gesehene Form der Orientierungslosigkeit zur Geltung bringt, die ein vollständig rationales Recht mit sich bringen kann.

---

31 Vgl. *Nietzsche*, Zur Genealogie der Moral, Zweite Abhandlung, 5: „Ich nehme es bereits als Fortschritt, als Beweis freierer, größer rechnender, *römischerer* Rechtsauffassung, wenn die Zwölftafel-Gesetzgebung Rom's dekretierte, es sei gleichgültig, wie viel oder wie wenig die Gläubiger in einem solchen Fall herunterschnitten (...). Machen wir uns die Logik dieser ganzen Ausgleichungsform klar: sie ist fremdartig genug."; Hervorhebung auch dort.

32 *Nietzsche*, Also sprach Zarathustra, Erster Teil, Von neuen Götzen, 1883–1885, Kritische Studienausgabe (Hg. G. Colli/M. Montinari), Band 4.

33 Das Rechtsempfinden und Gerechtigkeitsgefühl wird im Übrigen auch heute noch zur Begründung der schuldentsprechenden Strafe angeführt; siehe nur *C. Roxin*, Allgemeiner Teil, Band I, 4. Auflage 2006: „Außerdem entspricht die Beschränkung des Höchstmaßes der Strafe auf eine schuldentsprechende Dauer dem allgemeinen Rechtsempfinden und ist insofern auch präventiv sinnvoll. Das Gerechtigkeitsgefühl, dem für die Stabilisierung des allgemeinen Rechtsbewusstseins große Bedeutung zukommt, verlangt, dass niemand härter bestraft wird, als er es verdient." – Den richtigen und wichtigen Gesichtspunkt, dass das allgemeine Rechtsempfinden das allgemeine Rechtsbewusstsein stabilisiert, hat, wie gesehen auch Nietzsche schon erkannt, was zugleich Ausweis seines eigenen besonders ausgeprägten Gerechtigkeitsgefühls ist.

3. Anklänge an die historische Rechtsschule oder Hegel?

Die Akzentuierung des Herkömmlichen im Zusammenhang mit dem Rechtsgefühl wirft die Frage auf, inwieweit es sich um eine originelle Einsicht Nietzsches handelt. Die Betonung des Herkommens kann nicht ohne weiteres als Annäherung an die Historische Rechtsschule Savignys gedeutet werden: „Die geschichtliche Schule nimmt an, der Stoff des Rechts sei durch die gesamte Vergangenheit der Nation gegeben, doch nicht durch Willkür, so dass er zufällig dieser oder ein anderer sein könnte, sondern aus dem innersten Wesen der Nation selbst und ihrer Geschichte hervorgegangen."[34] Denn wie noch zu zeigen sein wird,[35] haftet der Berufung Nietzsches auf das Herkömmliche im Recht etwas ganz Eigenes an, das er in der bisherigen Rechtsphilosophie gerade noch nicht hinreichend beachtet und gewürdigt sieht.[36] Man kann dies nur annäherungsweise beschreiben, indem man sagt, dass „die Rechtsphilosophie sich nur auf der Kenntnis der Menschheitsgeschichte aufbauen kann."[37]

Erst recht liegt darin nicht mehr als eine nur vorderhand zu vermutende Übereinstimmung zum Standpunkt Hegels,[38] der in der ersten ausführlichen Fußnote der Vorrede seiner Grundlinien über die Gesetze voranstellt: „Die

34 *F. C. v. Savigny*, Über den Zweck dieser Zeitschrift, Zeitschrift für geschichtliche Rechtswissenschaft 1 (1815) 1, 6.

35 Dazu sogleich noch zu *Nietzsche*, Menschliches, Allzumenschliches, II 2, 39.

36 *Nietzsche*, Nachgelassene Fragmente, August – September 1885, 42 (8), Kritische Studienausgabe (Hg. G. Colli/M. Montinari), Band 11, S. 697.

37 So *J. Kohler*, Nietzsche und die Rechtsphilosophie, ARSP Band I (1907/1908) 355 ff.; erneut abgedruckt in: ARSP-Beiheft 77 (2001) 263. Siehe auch die Monographie von *J. Geijsen*, Geschichte und Gerechtigkeit. Grundzüge einer Philosophie der Mitte im Frühwerk Nietzsches, 1997. *Ch. J. Emden*, Friedrich Nietzsche and the Politics of History, 2008, S. 322, betont mit Recht: „If there is anything such as Nietzsche's political legacy, then it lies in his genealogy, the historical dimension of the modern intellectual world it opens up, and in his attempt to ‚naturalize our humanity'. As such, it consists in introducing uncomfortable questions that remind us of the profound difficulty of properly grounding our own democratic and liberal values. Genealogy shows that moral and political communities are fragile constructions".

38 Siehe zur Gegenüberstellung auch *P. J. Kain*, Nietzschean Genealogy and Hegelian History in The Genealogy of Morals, Canadian Journal of Philosophy 26 (1996) 1, 123 ff.; *H. Kerger*, Personalität versus Moralität als Basis der Gerechtigkeit in der Philosophie von Hannah Arendt und Friedrich Nietzsche, Rechtstheorie 49 (2018) 407, 411 ff.; *ders.*, Nietzsches normativ-institutionalistisches Postulat personaler Gerechtigkeit auf der Basis der Vollpositivität allen Rechts, Rechtstheorie 47 (2016) 443, 446 sowie den von *M. Djurić* herausgegebenen Band Nietzsche und Hegel (1992).

Rechtsgesetze sind *Gesetztes*, von Menschen *Herkommendes*."[39] Denn damit unterstreicht Hegel nur die Positivität des Gesetzesrechts im Unterschied zum Naturgesetz, ohne das historische Herkommen zu würdigen.[40] Der vermeintlich gleichlautende Aspekt belegt somit eher den größtmöglichen Gegensatz, der zwischen Hegel und Nietzsche[41] – hier wie in anderen Fragen der Rechtsphilosophie[42] – namentlich bezüglich des Staatsverständnisses besteht.[43]

4. Nähe zu Pascal

Damit bleibt die Frage, woher Nietzsche die Betonung des Herkömmlichen im Recht nimmt. Auch wenn sich dies schwerlich abschließend klären lässt, empfiehlt sich doch ein Blick auf sein in der Einleitung zitiertes Wort, dass es „vier Paare waren (...), die sich mir, dem Opfernden nicht versagten: Epikur und Montaigne, Goethe[44] und Spinoza, Plato und Rousseau,[45] Pascal und Schopenhauer."[46]

a) Beschränktheit der Geltung des Rechts

Unter diesen ist für den vorliegenden Zusammenhang vor allem Pascal von Interesse. In seinen Pensées entfaltet er einen weit angelegten Gedanken über das Recht, der von einer geradezu höhnischen Ablehnung und beißendem Sarkasmus gekennzeichnet ist: „Drei Breitengrade näher zum Pol stellen die ganze Rechtswissenschaft auf den Kopf, ein Längengrad entscheidet über Wahrheit; nach

---

39 *G. W. F. Hegel*, Grundlinien der Philosophie des Rechts, 1821, Vorrede, Fußnote 1; Hervorhebungen auch dort.

40 Dementsprechend fremd ist Hegel auch die Historische Schule F. C. v. Savignys und F. J. Stahls; vgl. *B. Lakebrink*, Einleitung zu den Grundlinien der Philosophie des Rechts, 1970, S. 15.

41 *J. Petersen*, Die Eule der Minerva in Hegels Rechtsphilosophie, 2. Auflage 2015, § 4, wonach Nietzsches *Morgenröte* die kontrastierende Entgegegensetzung zu Hegels Philosophie der Abenddämmerung auf den Begriff bringt.

42 *J. Stevens*, Nietzsche and Heidegger on Justice and Truth, Nietzsche-Studien 9 (1980) 224, 230.

43 Dazu im Kapitel über den Staat.

44 Siehe näher *E. Heftrich*, Nietzsches Goethe. Eine Annäherung, Nietzsche-Studien 16 (1987) 1; *J. Petersen*, „Einen für Europa mitzählenden Geist", Festschrift J. Strangas, 2017, S. 169.

45 Speziell hierzu *K. Ansell-Pearson*, Nietzsche contra Rousseau. A study of Nietzsche's moral and political thought, 1991.

46 *Nietzsche*, Menschliches, Allzumenschliches, II 1, 407. Insbesondere zum Verhältnis Nietzsches zu Schopenhauer *G. Goedert*, Nietzsche-Studien 7 (1978) 1; *K. Schlechta*, Der junge Nietzsche und Schopenhauer, Jahrbuch der Schopenhauer-Gesellschaft 26 (1939) 289.

wenigen Jahren der Gültigkeit ändern sich grundlegende Gesetze. (...) Spaßhafte Gerechtigkeit, die ein Fluss begrenzt! Diesseits der Pyrenäen Wahrheit, jenseits Irrtum."[47] Ganz ähnlich äußert sich übrigens Nietzsche: „Vieles, das diesem Volke gut hiess, hiess einem andern Hohn und Schmach: also fand ich's. Vieles fand ich hier böse genannt und dort mit purpurnen Ehren geputzt."[48] Das Problem des Rechts ist also die Beschränktheit seiner Geltung.

b) Kenntnis des Rechts

Über die zuletzt zitierte Stelle Pascals, die im Übrigen auf den von Nietzsche gleichfalls hoch geschätzten Montaigne zurückgeht,[49] sollte freilich das nicht vergessen werden, was Pascal zuvor zu bedenken gibt und unsere Fragestellung zu beleuchten hilft. Danach kann der Mensch sich auf das Recht nicht verlassen, weil er es nicht kennt: „Kennte er es, so würde er niemals diesen Grundsatz aufgestellt haben, der von allen Grundsätzen, die die Menschen kennen, der gewöhnlichste ist: *dass jeder den Sitten seines Landes folgen solle*; der Glanz der wahren Gerechtigkeit würde alle Völker bezwungen haben, und die Gesetzgeber hätten nicht an Stelle dieses unveränderlichen Rechtes die Hirngespinste und Launen von Persern und Deutschen zum Vorbild gewählt. Man würde das Recht in allen Staaten und zu allen Zeiten gehegt finden, während man so kein Recht und kein Unrecht findet, das nicht mit dem Klima das Wesen ändere."[50] Diese Folgsamkeit gegenüber den Sitten seines Landes entspricht cum grano salis dem von Nietzsche Postulierten, wobei Nietzsche freilich die Vorstellung eines unveränderlichen Rechts nicht für annehmbar gehalten hätte.

---

47 *B. Pascal*, Pensées et Opuscules, 1669 posthume, Édition Léon Brunschvicq, 1897, Fragment 294: „Trois degrés d'élévation du pole renversent toute la jurisprudence."

48 *Nietzsche*, Also sprach Zarathustra, Erster Teil, Von tausend und einem Ziele, 1883–1885, Kritische Studienausgabe (Hg. G. Colli/M. Montinari), Band 4.

49 Vgl. *M. de Montaigne*, Essais (zitiert nach der Übersetzung von Hans Stilett; herausgegeben von Hans Magnus Enzensberger, 1998), Zweites Buch, Kapitel 12 (Apologie für Raymond Sebond), S. 289: „Welchen Wert kann eine Tugend haben, die ich gestern hochgeachtet sah und die man morgen verachten wird, ja die schon jenseits des Flusses als Verbrechen gilt? Was ist das für eine Wahrheit, die an diesem Bergzug endet und für die Welt dahinter Lüge heißt?" Dazu eingehend *J. Petersen*, Montaignes Erschließung der Grundlagen des Rechts, 2. Auflage 2019.

50 *B. Pascal*, Pensées et Opuscules, 1669 posthume, Édition Léon Brunschvicq, 1897, Fragment 294; Hervorhebung nur hier.

c) Gewohnheit als „mystisches Fundament der Autorität" des Rechts

Dementsprechend wendet sich Pascal gegen jene, die behaupten, „dass das Recht nicht in den Gebräuchen liege, sondern in den Gesetzen des Naturrechts wohne."[51] Dabei richtet er sich – anders als übrigens Nietzsche, nach dem es „weder ein Naturrecht, noch ein Naturunrecht gibt"[52] – gar nicht gegen das Naturrecht als solches: „Fraglos gibt es Gesetze des Naturrechts, aber diese prächtige, verderbte Vernunft hat alles verdorben."[53] Besonders deutlich in Richtung des von Nietzsche beschworenen herkömmlichen Rechtsgefühls weisen sodann die folgenden Aussagen: „Die Gewohnheit allein macht das ganze Recht; dass es überliefert ist, ist sein einziger Grund; sie ist das mystische Fundament seiner Autorität."[54] Bis auf das – für Pascal freilich unabdingbare[55] – Attribut des Mystischen entspricht dies durchaus Nietzsches Prämissen.

d) Ungerechte und überkommene Bräuche

Problematisch wird die gedankliche Übereinstimmung mit den Prämissen Nietzsches freilich, wenn man sich Pascals weitere Gegenrede vergegenwärtigt, die im Übrigen zugleich ein grandioser Ausweis seiner Rhetorik ist,[56] die im deutschen Sprachkreis womöglich nur Nietzsche erreicht hat: „Die Kunst, gegen den Staat zu wühlen, ihn umzustürzen, besteht darin, die überkommenen Bräuche dadurch zu erschüttern, dass man bis an ihren Ursprung (!) hinabsteigt, um dadurch ihren Mangel an Berechtigung und Recht aufzudecken. Man sagt dann,

---

51 *B. Pascal*, Pensées et Opuscules, 1669 posthume, Édition Léon Brunschvicq, 1897, Fragment 294.

52 *Nietzsche*, Menschliches, Allzumenschliches, II 2, 31 a. E. Auf diese Stelle wird noch zurückzukommen sein.

53 *B. Pascal*, Pensées et Opuscules, 1669 posthume, Édition Léon Brunschvicq, 1897, Fragment 294, unter Berufung auf *Cicero*, De finibus, V. 21; *Seneca*, Epistulae morales, XCV, und *Tacitus*, Annales, III. 25.

54 *B. Pascal*, Pensées et Opuscules, 1669 posthume, Édition Léon Brunschvicq, 1897, Fragment 294.

55 Diese Stelle ist es nämlich vor allem, die *J. Derrida*, Gesetzeskraft. Der „mystische Grund" der Autorität, 1996, S. 45 f., zum Ausgangspunkt seiner rechtsphilosophischen Lehre macht. Diesen Zusammenhang mit Nietzsches Rechtsphilosophie beschreibt *B. Himmelmann*, Gleichheit und Differenz: Nietzsches Gerechtigkeitsbegriff im Licht einer aktuellen Debatte, ARSP-Beiheft 77 (2001) 85, ohne freilich die näher liegende Gemeinsamkeit des Pascal'schen Gedankens, auf den Derrida sich bezieht, zur Rechtsphilosophie Nietzsches zu sehen. Auf diese Weise wirkt ihre Gegenüberstellung von Derrida und Nietzsche unverbunden und letztlich beliebig.

56 Hierzu *J. Villwock*, Die Reflexion der Rhetorik in der Philosophie Friedrich Nietzsches, in: Philosophisches Jahrbuch 89 (1982) 39.

man müsse auf die ursprünglichen und grundlegenden Gesetze des Staates, die ein ungerechter Brauch verdorben habe, zurückgehen. Das ist das sicherste Mittel, um alles zu verlieren."[57] Das findet zwar einerseits in bestimmten Teilen seiner Sozialismus-Kritik, von der noch zu handeln sein wird, eine Entsprechung. Jedoch erfasst es Nietzsches grundsätzliche Skepsis gegenüber dem Staat nicht. Gleichwohl bestätigt diese kurze Zusammenschau die im Ausgangspunkt hervorgehobene Berufung Nietzsches auf Pascal.

III. Willkürrechte als Ausdruck der Notwendigkeit

Nachdem weiter oben die germanischen Volksrechte dem römischen Juristenrecht gegenüber gestellt wurden und zuletzt im Rückgriff auf Pascal untersucht wurde, wo Nietzsche ein vergleichbares, wenn auch nicht gleiches Verständnis des Rechts finden konnte, ist nun auf seinen Gedanken zurückzukommen, ob und unter welchen Voraussetzungen „ein willkürliches Recht notwendig" ist, wie Nietzsche den betreffenden Aphorismus überschreibt.[58]

1. Maß und Mitte des Rechtsgefühls

Wenn dem Rechtsgefühl die Orientierung durch das Herkömmliche genommen ist, verliert es für Nietzsche jegliches Maß und seine innere Mitte. Es wird nur von außen gesetzt, wobei der Außenbereich in diesem Sinne aus Sicht der Rechtsunterworfenen auch das durch Logik und innere Folgerichtigkeit gekennzeichnete Juristenrecht römischer Prägung sein kann. Freilich ist es durch diese Eigenschaften und die Einsicht in die Notwendigkeit gleichsam als notwendiges Übel auch hinnehmbar, was aber nicht darüber hinwegtäuschen kann, dass es Nietzsche aufgrund seiner Fremdheit willkürlich vorkommt. Nietzsche bedenkt das ihn daran Abstoßende bewusst mit den harten Worten des Zwangs und der Willkür. Während der Zwang aber noch als annehmbare, gleichsam notwendige Wirkung des Rechts verstanden wird, enthält der Begriff der Willkür – zumal für unsere Ohren – eine scharfe Dissonanz im Verhältnis zum Recht, das der akkurate Gegenbegriff zur Willkür ist.[59] Diesen grellen Kontrast, der seine Zwiespältigkeit[60]

---

57 *B. Pascal*, Pensées et Opuscules, 1669 posthume, Édition Léon Brunschvicq, 1897, Fragment 294. Eingehend *J. Petersen*, Pascals Gedanken über Gerechtigkeit und Ordnung, 2016.

58 *Nietzsche*, Menschliches, Allzumenschliches, I, 459.

59 Vgl. *C.-W. Canaris*, Systemdenken und Systembegriff in der Jurisprudenz, 2. Auflage 1983, S. 124.

gegenüber der Preisgabe des Volksrechts und der Einsicht in die Notwendigkeit eines Vernunftrechts zum Ausdruck bringt,[61] stellt er in literarisch und stilistisch unnachahmlicher Weise durch eine antithetische Formulierung dar („müssen wir uns Willkürrechte gefallen lassen"), wobei vor allem der Begriff des Willkürrechts nach dem soeben Bedachten die Widersprüchlichkeit ausdrückt.

2. Missverständlichkeit des Begriffs der Willkür

Diesem sprachlichen Duktus entsprechend schont Nietzsche den Leser auch hinsichtlich der Folgen nicht, die er in wirkungsvoller Weise am Beispiel der staatlichen Strafe verdeutlicht:[62] Sie nimmt in willkürlicher Weise Maß. Ungeachtet der abstrakt-generellen Festlegung des Strafmaßes – den einzigen für ihn vorzugswürdigen Grund, den er im Merkmal der Unparteilichkeit konzediert – wohnt der Bestrafung für Nietzsche immer ein Moment der Willkür inne, wie sich aus der generalisierenden Formulierung („in jedem Falle") ergibt. Davon wird im Einzelnen noch die Rede sein,[63] wenn es um das Verhältnis von Schuld[64] und Strafe geht.[65] In dieser Feststellung der Willkür liegt für ihn freilich noch kein Verdikt der Widerrechtlichkeit. Wenn die Unparteilichkeit gewährleistet ist, kann auch auf der Grundlage des nicht herkömmlichen, also selbst gesetzten Strafmaßes „Jedem das Seine" gegeben werden.[66]

Nietzsche ist also die Feststellung wichtig, dass es kein gleichsam von Natur gegebenes Maß gibt, so dass wir als einzige Orientierungshilfe über den Faden des Herkömmlichen verfügen; wo aber auch dieser gerissen ist, verliert das Rechts-

60 Siehe zu diesem Aspekt seines Werks auch *W. Müller-Lauter*, Nietzsche. Seine Philosophie der Gegensätze und die Gegensätze seiner Philosophie, 1971.

61 Der Begriff des Vernunftsrechts soll hier die Rationalität als Eigenschaft des Rechts betonen und nicht als Gegenbegriff zum Naturrecht verstanden werden; siehe dazu *J. Petersen*, Wilhelm von Humboldts Rechtsphilosophie, 3. Auflage 2016, S. 21 ff.

62 Zum Einfluss von Paul Rée auf das Strafrechtsdenken Nietzsches siehe *H. Treiber*, Ausgewählte Aspekte zu Paul Rées Straftheorie, ARSP-Beiheft 77 (2001) 151.

63 Im Rahmen des 4. Kapitels.

64 Im Zusammenhang mit dem Herkommen ist dieser Begriff für Nietzsche bislang unzureichend analysiert: „Haben sich die bisherigen Genealogen der Moral auch nur von ferne etwas davon träumen lassen, dass zum Beispiel jener moralische Hauptbegriff ‚Schuld' seine Herkunft aus dem sehr materiellen Begriff ‚Schulden' genommen hat?"; *Nietzsche*, Zur Genealogie der Moral, Zweite Abhandlung, 4.

65 Siehe dazu *Nietzsche*, Menschliches, Allzumenschliches, II 2, 28 („Das Willkürliche im Zumessen der Strafe"); auch dazu näher im nächsten Kapitel.

66 Vgl. *Nietzsche*, Menschliches, Allzumenschliches, I, 636.

gefühl die Orientierung, so dass die Bemessung letztlich willkürlich ist. Er redet also nicht, wie man meinen könnte, einer Willkür das Wort, die den Rechtsunterworfenen im Unklaren über die Rechtsfolgen etwaiger Verfehlungen lässt, sondern betont vielmehr, dass es sich dabei um ein von Neuem gesetztes Recht handelt, das nicht auf dem herkömmlichen Rechtsempfinden beruht; die Feststellung dieses Willkürmoments ist also eine Ausprägung des Postulats, jedes Ding „um der Wahrheit willen (rein zu erkennen)".[67] So abschreckend seine Überschriften mitunter sind, so scharf die Herleitungen erscheinen, in denen der vor allem an Thukydides geschulte „unbedingte Wille, sich Nichts vorzumachen und die Vernunft in der Realität zu sehn"[68] hervortritt, erscheint Nietzsche hier mitnichten als Apologet der Willkür, sondern erweist sich als hellsichtiger Beobachter der rechtlichen Gegebenheiten, zu denen für ihn eben auch und gerade das Herkommen gehört.

IV. Herkommen als Ursprung des Rechts

Man kann jedoch die soeben näher betrachtete Textstelle[69] letztlich nur dann einordnen, wenn man noch eine weitere hinzunimmt, deren Auslegung zugleich die Probe aufs Exempel der Interpretation der ersten macht. Zur Auslegung seines Werks sagt Nietzsche an anderer Stelle selbst: „Ein Aphorismus, rechtschaffen geprägt und ausgegossen, ist damit, dass er abgelesen ist, noch nicht ‚entziffert'; vielmehr hat nun erst dessen ‚Auslegung' zu beginnen, zu der es einer Kunst der Auslegung bedarf."[70]

---

67 *Nietzsche*, Menschliches, Allzumenschliches, I, 636. Zu Nietzsches Verständnis der Wahrheit *K. Gemes*, Nietzsche's Critique of Truth, Philosophy and Phenomenological Research 52 (1992) 47; *A. Tanesini*, Nietzsche's Theory of Truth, Australian Journal of Philosophy 73 (1995) 548 ff.; *K.-M. Hingst*, Perspektivismus und Pragmatismus. Ein Vergleich auf der Grundlage der Wahrheitsbegriffe und der Religionsphilosophien von Nietzsche und James, 1998; vgl. auch *S. D. Hales/ R. Welshon*, Nietzsche's Perspectivism, 2000; *M. Clark*, Nietzsche on Truth and Philosophy, 1990.
68 *Nietzsche*, Götzendämmerung – Was ich den Alten verdanke, 2.
69 Vgl. *Nietzsche*, Menschliches, Allzumenschliches, I, 459.
70 *Nietzsche*, Zur Genealogie der Moral, Vorrede, 8. Eingehend dazu *J. Figl*, Interpretation als philosophisches Prinzip. Friedrich Nietzsches universale Theorie der Auslegung im späten Nachlass, 1982; *J. N. Hofmann*, Wahrheit. Perspektive. Interpretation. Nietzsche und die philosophische Hermeneutik, 1994; *Ch. J. Emden*, Learning How to Read: Nietzsche in Leipzig, Oxford German Studies 35 (2006) 97; zur Werk-, Rezeptions- und Editionsgeschichte *M. Montinari*, Nietzsche lesen, 1982.

1. Herkommen und Abkommen

Nietzsche setzt sich nämlich im zweiten Band von *Menschliches, Allzumenschliches* nochmals mit dem Herkommen auseinander, das er dort zum Ursprung des Rechts überhaupt erklärt.[71] Das Zusammenspiel dieser beiden Texte zu erläutern, ist die selbstgesetzte Aufgabe der Aufschlüsselung des inneren Kausal- und Verweisungszusammenhangs.[72] Besonders aufschlussreich ist die von Nietzsche an dieser Stelle hergestellte semantische Verbindung zwischen Herkommen und Abkommen: „Die Rechte gehen zunächst auf *Herkommen* zurück, das Herkommen auf einmaliges *Abkommen*."[73] Mit dieser sprachlichen und inhaltlichen Verweisung auf den Ursprung des Rechts ist zugleich der vertragstheoretische Anfangsgrund des Rechtsverständnisses berührt: „Man war irgendwann einmal beiderseitig mit den Folgen des getroffenen Abkommens zufrieden und wiederum zu träge, um es förmlich zu erneuern; so lebte man fort, wie wenn es immer erneuert worden wäre, und allmählich, als die Vergessenheit ihre Nebel über den Ursprung breitete, glaubte man einen heiligen, unverrückbaren Zustand zu haben, auf dem jedes Geschlecht weiterbauen müsse."[74] Die Rechtsbegründung mutet durchaus lapidar an; rechtstheoretisch betrachtet, geht das kontraktualistische und damit normative Moment in ein faktisches, nämlich durch bloßen Zeitablauf ohne erneute normative Intervention über – einfacher gesagt: das ursprüngliche Abkommen perpetuiert sich durch reine Bequemlichkeit.

2. Zwangscharakter des Rechts und Verewigung des Abkommens

Interessanter noch sind jedoch die Folgerungen, die Nietzsche aus dieser Beschreibung ableitet: „das Herkommen war jetzt *Zwang*, auch wenn es den Nutzen nicht mehr brachte, dessentwegen man ursprünglich das Abkommen gemacht hatte."[75] Der Zwangscharakter des Rechts erscheint auf diese Weise gleichsam als eine Sanktion der Bequemlichkeit. Jetzt wird auch das Dilemma deutlich, in dem man sich befindet, wenn „wir (...) Alle kein herkömmliches Rechtsgefühl mehr (haben)",[76] denn da „die Vergessenheit ihre Nebel über den Ursprung breitete",[77]

71 *Nietzsche*, Menschliches, Allzumenschliches, II 2, 39.
72 Zu diesem Unterfangen oben näher am Ende der Einleitung.
73 *Nietzsche*, Menschliches, Allzumenschliches, II 2, 39; Hervorhebungen auch dort.
74 *Nietzsche*, Menschliches, Allzumenschliches, II 2, 39.
75 *Nietzsche*, Menschliches, Allzumenschliches, II 2, 39; Hervorhebung auch dort.
76 *Nietzsche*, Menschliches, Allzumenschliches, I 8, 459.
77 *Nietzsche*, Menschliches, Allzumenschliches, II 2, 39.

mithin das ursprüngliche Abkommen verschattet wurde, bleibt nurmehr der Zwang, der mit dem Wegfall des als Gegenleistung eingerechneten Nutzens willkürlich erscheint. Die zweite Folgerung wird ebenfalls durch einen Gedankenstrich eingeläutet, womit sich zugleich ankündigt, dass jetzt etwas für Nietzsche Eigentümliches folgt. Es nimmt daher nicht wunder, dass in diesem Teil der Erklärung die aus dem Abkommen hervorgehende oder im Laufe der Zeit sich zeigende Machtstruktur in den Blick genommen wird: „Die Schwachen haben hier ihre feste Burg zu allen Zeiten gefunden: sie neigen dahin, das einmalige Abkommen, die Gnadenerweisung, zu verewigen."[78]

Die zunächst als ausgleichende Gerechtigkeit begriffene Rückführung auf das Abkommen erscheint mit einem Mal als Akt der austeilenden Gerechtigkeit, mehr noch als Verewigung des Gnadenerweises, also Fügung in einen Zustand, der nach der Vorstellung des Unterworfenen nicht einmal eine Rechtsposition ist. Hätten wir noch ein herkömmliches Rechtsgefühl, würde uns dieses Ungleichgewicht, diese Fortschreibung der ursprünglichen Ungerechtigkeit auffallen. Diese Ungerechtigkeit hat Friedrich Kaulbach im Verhältnis zur Gerechtigkeit treffend bestimmt: „Wenn Gerechtigkeit nicht Ergebnis einer neutralen und rein ‚sachlichen' Betrachtung ist, sondern das kraftvolle Geltendmachen einer dominierenden mit Engagement vertretenen Perspektive, dann steht ihr Ungerechtigkeit nicht als das andere gegenüber, sondern ist als Moment in ihr enthalten."[79]

3. Selbstaufhebung der Gerechtigkeit

Bei dem zuletzt erörterten verewigten Gnadenerweis ist die Gnade selbst zu behandeln, die Nietzsche, ihrem systematischen Standort entsprechend, im Zusammenhang mit der Bestrafung erörtert.

a) Gnade als „Jenseits des Rechts"

Seine tief greifende Ablehnung staatlicher Strafe, von der im nächsten Kapitel noch ausführlich die Rede sein wird, findet naturgemäß in der Gnade eine Bestätigung in beide Richtungen: einerseits deshalb, weil von einer an sich begründeten Bestrafung abgesehen wird, andererseits dadurch, dass es das Vorrecht gerade des Mächtigsten ist, Gnade zu erweisen. Es ist indes bezeichnend, dass

---

78 *Nietzsche*, Menschliches, Allzumenschliches, II 2, 39; zur Gnade bei Nietzsche *M. Nussbaum*, Mitleid und Gnade. Nietzsches Stoizismus, Deutsche Zeitschrift für Philosophie 41 (1993) 831; *J. Petersen*, Recht vor Gnade in Ovids Tristia, Gedächtnisschrift für H. Unberath, 2015, S. 351.
79 *F. Kaulbach*, Nietzsches Idee einer Experimentalphilosophie, 1980, S. 209.

sich Nietzsche an dieser Stelle, die an sich geeignet ist, seine dogmatische Herleitung des Rechts aus der Machtüberlegenheit zu beweisen, damit nicht in wohlfeiler Weise begnügt, sondern tiefer dringt, als es bei dem Gemeinplatz „Gnade vor Recht" etwa der Fall ist, und stattdessen buchstäblich eine ganz neue Dimension ans Licht bringt. Gnade ist danach nur unzureichend beschrieben als das Vorrecht des Mächtigsten, sondern: „besser noch, sein Jenseits des Rechts."[80]

b) Verwirklichung der Gerechtigkeit

Ebenso interessant ist es zu sehen, was im Falle des Gnadenerweises aus der Gerechtigkeit selbst wird: „Die Gerechtigkeit, welche damit anhob ‚Alles ist abzahlbar, Alles muss abgezahlt werden', endet damit, durch die Finger zu sehn und den Zahlungsunfähigen laufen zu lassen, – sie endet wie jedes gute Ding auf Erden, *sich selbst aufhebend.*"[81] Die Gnade ist also Selbstaufhebung der Gerechtigkeit. Als solche ist sie freilich kein Eingeständnis der Machtlosigkeit oder des Unvermögens, sondern im Gegenteil Ausdruck des „*Machtbewusstseins* der Gesellschaft", die sich „den vornehmsten Luxus gönnen dürfte, den es für sie giebt – ihren Schädiger *straflos* zu lassen."[82] Im Gnadenerweis verwirklicht sich also die Gerechtigkeit durch ihre Selbstaufhebung gleichsam. Hier zeigt sich zugleich die „Stärke des Rechts", das eben nicht nur das „Recht des Stärkeren" sein darf,[83] wie es bei Nietzsche so oft zu gelten scheint.

V. Herkunft der Verantwortlichkeit

Bevor im folgenden Kapitel der Frage nachgegangen werden kann, wie es mit dem Strafrecht Nietzsches bestellt ist, ist im Zusammenhang mit dem zuletzt behandelten Herkommen des Rechts auch die Frage nach der Herkunft der Verantwortlichkeit zu stellen, die auf diese Weise gleichsam einen notwendigen Über-

---

80 *Nietzsche*, Zur Genealogie der Moral, Zweite Abhandlung, 10.

81 *Nietzsche*, Zur Genealogie der Moral, Zweite Abhandlung, 10. Dazu auch *H. Kerger*, Personalität versus Moralität als Basis der Gerechtigkeit in der Philosophie von Hannah Arendt und Friedrich Nietzsche, Rechtstheorie 49 (2018) 407, 421; *ders.*, Nietzsches normativ-institutionalistisches Postulat personaler Gerechtigkeit auf der Basis der Vollpositivität allen Rechts, Rechtstheorie 47 (2016) 443, 458.

82 *Nietzsche*, Zur Genealogie der Moral, Zweite Abhandlung, 10; Hervorhebung auch dort.

83 *J. Ratzinger*, Werte in den Zeiten des Umbruchs, 2005, S. 29, mit der – für Nietzsche freilich unannehmbaren – Folgerung und Forderung, dass als Korrektiv zum positiven Recht die Suche nach einem übergeordneten, aufgeklärten Vernunftrecht wieder aufgenommen werden müsse.

gang darstellt. Nietzsche selbst nennt es „die lange Geschichte von der Herkunft der *Verantwortlichkeit.*“[84] „Jene Aufgabe, ein Thier heranzuzüchten, das versprechen darf, schließt (...) als Bedingung und Vorbereitung die nähere Aufgabe in sich, den Menschen zuerst bis zu einem gewissen Grade nothwendig, einförmig, unter Gleichen, regelmäßig und folglich berechenbar zu *machen.*“ Er bezeichnet diesen gewaltigen Prozess als „Sittlichkeit der Sitte“,[85] die somit zu einem werkimmanenten Schlüsselbegriff seines Rechts- und Moralverständnisses geworden ist, auf den er sich auch an anderen Stellen seines Werks bezieht,[86] die zu behandeln sein werden. Daher muss zunächst erörtert werden, was Nietzsche mit der „Sittlichkeit der Sitte“ meint.

1. Sittlichkeit der Sitte

Eine Definition der Sittlichkeit der Sitte sucht man freilich bei Nietzsche vergebens,[87] wenngleich ihr in der *Morgenröte* ein ganzer Abschnitt unter dieser Überschrift gewidmet ist.[88]

a) Unbedingter Gehorsam gegenüber dem Herkömmlichen

Allerdings kann man aus zwei Grundbestimmungen, die Nietzsche selbst zum *Hauptsatz* macht,[89] folgern, was es mit der Sittlichkeit der Sitte auf sich hat: Sittlichkeit versteht er als den bloßen Gehorsam gegen die Sitten ohne Rücksicht auf ihren jeweiligen Gehalt.[90] „Sitten aber sind die *herkömmliche* Art zu handeln und abzuschätzen.“[91] Fasst man diese beiden Begriffsbestimmungen zusammen,

---

84 *Nietzsche*, Zur Genealogie der Moral, Zweite Abhandlung, 2; Hervorhebung auch dort. Zu dem philosophiegeschichtlich einzigartigen Bild vom „Thier (...), das versprechen darf“ grundlegend *O. Höffe*, in: Zur Genealogie der Moral (Hg. O. Höffe), KA 29, 2004, S. 65 ff., mit dem wichtigen Hinweis (ebenda, S. 70), dass das Versprechen in diesem Sinne auch und gerade der Abschluss von Verträgen ist, die für Nietzsches Verständnis vom Recht so wichtig sind; dazu später noch am Beispiel der Textstelle „Ohne Vertrag kein Recht“, auf die sich auch O. Höffe bezieht.

85 *Nietzsche*, Morgenröte, 112.

86 *Nietzsche*, Die fröhliche Wissenschaft, 43; *ders.*, Nachgelassene Fragmente, Herbst 1885 – Herbst 1886, 2 (170), Kritische Studienausgabe (Hg. G. Colli/M. Montinari), Band 12, S. 153.

87 Ebenso wie in der Sekundärliteratur; vgl. nur *M. Brusotti*, Die Leidenschaft der Erkenntnis. Philosophie und ästhetische Lebensgestaltung bei Nietzsche von *Morgenröthe* bis *Also sprach Zarathustra*, 1997.

88 *Nietzsche*, Morgenröte, 9; hier und im Folgenden.

89 Hervorhebung auch dort.

90 *H. Kerger*, Autorität und Macht im Denken Nietzsches, 1988, S. 50 ff., versteht sie als „soziale Autorität“.

91 *Nietzsche*, Morgenröte 9; Hervorhebung auch dort.

so ergibt sich cum grano salis, dass Sittlichkeit der Sitte nichts anderes ist als der unbedingte – nämlich ohne Rücksicht auf den Inhalt, geschweige denn die Nützlichkeit,[92] der jeweiligen Sitte erfolgende – Gehorsam gegenüber dem Herkömmlichen. Demzufolge steht und fällt der Umfang der Sittlichkeit mit der Bestimmung des Lebens durch das Herkommen. Dieses ist nichts anderes als „eine höhere Autorität, welcher man gehorcht, nicht weil sie das uns *Nützliche* befiehlt, sondern weil sie *befiehlt*."[93] Wesentlich ist, dass es nicht entscheidend ist, dass die Motivation des Handelns mit dem ursprünglichen Anlass des Herkommens übereinstimmt: „wird eine Handlung gethan, *nicht* weil das Herkommen sie befiehlt, sondern aus anderen Motiven (zum Beispiel des individuellen Nutzens wegen), ja selbst aus eben den Motiven, welche das Herkommen ehemals begründet haben, so heisst sie unsittlich und wird so selbst von ihrem Thäter empfunden: denn sie ist nicht aus Gehorsam gegen das Herkommen gethan worden."[94]

b) Prozess der Überwindungen

Nicht zuletzt deshalb ist die Sittlichkeit der Sitte, wie Nietzsche an anderer Stelle zugesteht,[95] durch einen „ungeheuren Prozess", eine „ungeheure Arbeit" gekennzeichnet, die nicht frei von „Härte, Tyrannei, Stumpfsinn und Idiotismus" ist: „Es fehlt das Wissen und Bewußtsein davon, welche Umdrehungen bereits das moralische Urtheil denn durchgemacht hat, und wie wirklich mehrere Male schon im gründlichsten Sinne ‚Böse' auf ‚Gut' umgetauft worden ist. Auf eine dieser Verschiebungen habe ich mit dem Gegensatze ‚Sittlichkeit der Sitte' hingewiesen."[96] Die Sittlichkeit der Sitte fordert dem Einzelnen also Opfer und Selbstüberwindung ab:[97] „der Sittlichste ist (...) Der, welcher das Gesetz am häufigsten erfüllt (... sc. und) am meisten der

---

92 Seinen Kampf gegen den englischen Utilitarismus hat er in diesem Zusammenhang ebenfalls ausgefochten; vgl. *Nietzsche*, Zur Genealogie der Moral, Erste Abhandlung, 2. Siehe vor allem *Nietzsche*, Zur Genealogie der Moral, Zweite Abhandlung, 12: „Wenn man die Nützlichkeit von (...) einer Rechts-Institution, einer gesellschaftlichen Sitte, eines politischen Brauchs (...) noch so gut begriffen hat, so hat man damit noch nichts in betreff seiner Entstehung begriffen."

93 *Nietzsche*, Morgenröte, 9; Hervorhebungen auch dort.

94 *Nietzsche*, Morgenröte, 9; Hervorhebung auch dort. Zum Ganzen auch *H. Kerger*, Autorität und Macht im Denken Nietzsches, 1988, S. 57 ff.

95 *Nietzsche*, Zur Genealogie der Moral, Zweite Abhandlung, 2.

96 *Nietzsche*, Nachgelassene Fragmente, Herbst 1885 – Herbst 1886, 2 (170), Kritische Studienausgabe (Hg. G. Colli/M. Montinari), Band 12, S. 153.

97 Siehe auch *M. Steinmann*, Die Ethik Friedrich Nietzsches, 2000, S. 178.

Sitte opfert."[98] Das Gegenteil von Sittlichkeit ist also die auf das Individuum zugerichtete Selbstgesetzgebung: „Denn ‚autonom' und ‚sittlich' schliesst sich aus."[99]

2. Übergang zum souveränen Individuum

Welche Bedeutung die Sittlichkeit der Sitte für Nietzsche hat, zeigt sich daran, welche Funktion er ihr zuschreibt: „der Mensch wurde mit Hülfe der Sittlichkeit der Sitte und der socialen Zwangsjacke wirklich berechenbar *gemacht.*"[100] Er steht, so sagt er an anderer Stelle „im Banne der Sittlichkeit der Sitte."[101] Da aber die Sittlichkeit der Sitte nur Mittel ist, bezweckt sie letztlich gleichwohl das „*souveraine Individuum*", das nur sich selbst gleiche, von der Sittlichkeit der Sitte wieder losgekommene, das autonome übersittliche Individuum, kurz den Menschen des eigenen unabhängigen langen Willens, der *versprechen darf.*[102] Es geht also um die Herstellung von Autonomie[103] und zugleich die Verwirklichung positiver Freiheit:[104] „frei wozu", wie es im Zarathustra heißt, und weiter: „Kannst du dir selber dein Böses und dein Gutes geben und deinen Willen über dich aufhängen wie ein Gesetz? Kannst du dir selber Richter sein und Rächer deines Gesetzes? Furchtbar ist das Alleinsein mit dem Richter und Rächer des eigenen Gesetzes."[105]

---

98 *Nietzsche*, Morgenröte, 9.

99 *Nietzsche*, Zur Genealogie der Moral, Zweite Abhandlung, 2.

100 *Nietzsche*, Zur Genealogie der Moral, Zweite Abhandlung, 2; Hervorhebung auch dort.

101 *Nietzsche*, Morgenröte, 33.

102 *Nietzsche*, Zur Genealogie der Moral, Zweite Abhandlung, 2; Hervorhebung auch dort; zu den hervorgehobenen Schlussworten noch näher im vierten Kapitel.

103 Wichtig in diesem Zusammenhang die Unterscheidung von *O. Höffe*, „Ein Thier heranzüchten, das versprechen darf", in: Zur Genealogie der Moral (Hg. Ders.), KA 29, 2004, S. 65, 76 f.: „Nietzsche dürfte es gegenwärtig gehabt haben, dass schon Kant für die höchste Stufe der Moral, die Moralität bzw. Sittlichkeit, einen Rechtsbegriff verwendet, überdies einen Begriff des Staatsrechts: die Autonomie im Gegensatz zur Heteronomie. Gegenüber Nietzsches Begriff der Souveränität bestehen aber bezeichnende Unterschiede. (...) Für Kant wie Nietzsche hat die Moral einen gewissen Rechtscharakter. (...) Im Begriff der Autonomie kommt es dagegen auf Gesetze und Gesetzgebung an, womit sich Kant gegen jeden Anflug von Willkür absetzt." – Gerade dieser letztgenannte Unterschied ist für den vorliegenden Zusammenhang von Bedeutung, weil, wie bereits in der Einleitung angedeutet sowie im ersten Kapitel ausgeführt und im Folgenden noch näher behandelt, das Verhältnis zur Willkür bei Nietzsche klärungsbedürftig ist.

104 Monographisch *H. P. Balmer*, Freiheit statt Teleologie. Ein Grundgedanke von Nietzsche, 1977. Zur positiven Freiheit *I. Berlin*, Four Essays on Liberty, 1969.

105 *Nietzsche*, Also sprach Zarathustra, Erster Teil, Vom Wege des Schaffenden, 1883–1885, Kritische Studienausgabe (Hg. G. Colli/M. Montinari), Band 4.

Dieses Ziel auf dem langen und für die der Sittlichkeit Unterworfenen beschwerlichen Weg darf freilich für den vorliegenden Zusammenhang nicht aus den Augen verloren werden. Denn indem – mit Nietzsches Worten – „ein Tier herangezüchtet wird,[106] das versprechen darf", ist nicht nur die Möglichkeit der Selbstgesetzgebung, sondern eben auch die Fähigkeit zur Selbstbindung durch Verträge eröffnet. Zugleich erklärt sich die Herkunft der Verantwortlichkeit, von der – ebenfalls wie von der Sittlichkeit der Sitte[107] – im folgenden Kapitel noch die Rede sein wird. Denn man hat auch im Hinblick auf die Befolgung von Normen „sein Versprechen gegeben, um unter den Vortheilen der Societät zu leben",[108] so dass man bei Zuwiderhandlungen „als Vertrags- und Wortbrüchiger *gegen das Ganze*" erscheint und durch Strafe „daran erinnert (wird), *was es mit diesen Gütern auf sich hat.*"[109] Damit ist das Herkommen nicht nur für die Begründung der Strafe von entscheidender Bedeutung, sondern auch für die Begründung des Gemeinwesens überhaupt, von der im fünften Kapitel die Rede sein wird. So erweist sich das Herkommen für Nietzsches Rechtsphilosophie als ein konstitutives Element, das gar nicht hoch genug geschätzt werden kann.

---

106 *O. Höffe*, „Ein Thier heranzüchten, das versprechen darf", in: Zur Genealogie der Moral (Hg. Ders.), KA 29, 2004, S. 65, 74, präzisiert dies dahingehend, dass „das Heranzüchten keinen individuell benennbaren Urheber hat; der Mensch ist nicht Herr dieses Prozesses; und gewiss ist keine gezielte Eugenik gemeint."

107 Dort unter III.

108 *Nietzsche*, Zur Genealogie der Moral, Zweite Abhandlung, 3. Siehe auch *Nietzsche*, Zur Genealogie der Moral, Zweite Abhandlung, 9: „oh was für Vortheile! wir unterschätzen es heute mitunter."

109 *Nietzsche*, Zur Genealogie der Moral, Zweite Abhandlung, 9; Hervorhebungen auch dort.

4. Kapitel: Verbrechen und Strafe

Im Titel dieses Kapitels liegt ersichtlich eine Anspielung an Dostojewskis Roman *Verbrechen und Strafe*.[1] Über das Verhältnis von Nietzsche zu Dostojewski ist viel geschrieben worden, so dass darauf verwiesen werden kann.[2] Im Hinblick auf die schon mehrfach angesprochene psychologische Genialität kann man Dostojewski wohl mit Fug und Recht als kongenial bezeichnen – nicht zuletzt mit Rücksicht auf „Verbrechen und Strafe". Nietzsche selbst bezog sich in diesem Zusammenhang auf Dostojewski:[3] „Nicht mit Unrecht hat Dostoiewsky von den Insassen jener sibirischen Zuchthäuser gesagt, sie bildeten den stärksten und werthvollsten Bestandtheil des russischen Volkes."[4] Allerdings gibt Nietzsche dem Gedanken wie immer eine durchaus eigene Richtung: „Wenn bei uns der Verbrecher eine schlecht ernährte und verkümmerte Pflanze ist, so gereicht dies unseren gesellschaftlichen Verhältnissen zur Unehre; in der Zeit der Renaissance gedieh der Verbrecher und erwarb sich seine eigne Art von Tugend, – Tugend im Renaissancestile freilich (...), moralinfreie Tugend."[5] Dieses Urteil ist paradigmatisch für die Zwiespältigkeit, von der Nietzsches Gedanken über Verbrechen und Verbrecher geprägt sind. Während der erste Teil der Aussage fortschrittlich anmutet, ist der zweite, der nicht nur unausgesprochen auf Machiavelli gemünzt ist, sondern auch den Verbrecher Cesare Borgia unverhohlen verklärt, schlechterdings befremdlich. Im Folgenden muss daher bedacht werden, dass der Begriff des Verbrechers bei Nietzsche zweischneidig und schillernd ist und immer zugleich eine gewisse Faszination auf ihn ausübt.

---

1 *F. Dostojewski*, Verbrechen und Strafe, 1866. Als etwas ungenauere, aber gebräuchlichere Übersetzung gilt „Schuld und Sühne" oder – nach der Hauptfigur – Rodion Raskolnikov.

2 Siehe nur *W. Schubart*, Dostojewskij und Nietzsche, 1939; *C. A. Miller*, Nietzsche's Discovery of Dostoevsky, Nietzsche-Studien 2 (1973) 202; *ders.*, Nietzsches „Soteriopsychologie" im Spiegel von Dostojewskijs Auseinandersetzung mit dem europäischen Nihilismus, Nietzsche-Studien 7 (1978) 130; *L. Chestov*, La philosophie de la tragédie. Dostoiewsky et Nietzsche, 1926; *H. E. Strakosch*, Nietzsche and Dostojewskij, ARSP 49 (1963) 551; *A. Orsucci*, Strafe und Ressentiment: Nietzsches Rechtsverständnis und einige seiner Quellen, ARSP-Beiheft 77 (2001) 195, 198 ff.

3 *Nietzsche*, Nachgelassene Fragmente, Herbst 1887, 10 (50), Kritische Studienausgabe (Hg. G. Colli/M. Montinari), Band 12, S. 479 f.

4 Siehe auch *Nietzsche*, Nachgelassene Fragmente, Herbst 1887, 10 (50), Kritische Studienausgabe (Hg. G. Colli/M. Montinari), Band 12, S. 480.

5 *Nietzsche*, Nachgelassene Fragmente, Herbst 1887, 10 (50), Kritische Studienausgabe (Hg. G. Colli/M. Montinari), Band 12, S. 480.

https://doi.org/10.1515/9783110645682-005

I. Strafe als Rache und Erinnerung an den Naturzustand

In einer Vielzahl von Gedanken beschäftigt sich Nietzsche mit dem Thema Verbrechen und Strafe. Innerhalb der Strafrechtswissenschaft war und ist die Beschäftigung mit Nietzsche seit jeher verbreiteter,[6] doch leidet die dogmatische und rechtsphilosophische Durchdringung nicht selten daran, dass allein die strafrechtsrelevanten Gedanken herausdestilliert werden. Jedoch rächt es sich hier besonders, wenn man unter Berufung darauf, dass Nietzsche eben kein Systematiker gewesen sei, Nietzsches Gedanken über Schuld und Strafe gleichsam isoliert, ohne den inneren Kausal- und Verweisungszusammenhang zu beachten, in dem sie stehen. Dann kommt man nämlich schwerlich über die Einsicht hinaus, dass Nietzsche grundsätzliche Fragen, wie die Bestrafung des Täters, deren Wichtigkeit nicht in Abrede gestellt werden soll, grundlegend anders beantwortet, als es dem geltenden Recht und der herrschenden Meinung entspricht. Erst wenn man nicht nur die Begründungswege Nietzsches nachzeichnet, sondern die wegen seiner mitunter kategorischen Entschiedenheit auf den ersten Blick nicht immer sichtbaren Querverweise einbezieht, die sich aus seinen Gedanken über den Ursprung und das Herkommen des Rechts ergeben, kann man auch dort, wo man die Schlussfolgerungen nicht teilt, seine Originalität ermessen. Aus diesem Grund ist es von besonderer Bedeutung, die bisherigen Überlegungen in den Zusammenhang einzubeziehen, weil sich erst von daher ein weiterführendes Verständnis von Schuld und Strafe ergeben kann.[7]

1. Rückverweisung auf den Naturzustand

Am Ende des ersten Kapitels haben wir gesehen, dass das Prinzip des Gleichgewichts für Nietzsche die Basis der Gerechtigkeit darstellt.[8] Auf die Strafe bezogen

6 Zuletzt *J. Bung*, Nietzsche über Strafe, ZStW 119 (2007) 120; siehe vor allem *L. Gschwend*, Nietzsche und die Kriminalwissenschaften. Eine rechtshistorische Untersuchung der strafrechtsphilosophischen und kriminologischen Aspekte in Nietzsches Werk unter Berücksichtigung der Nietzsche-Rezeption in der deutschen Rechtswissenschaft, 1999; *ders.*, Nietzsche und die Strafrechtswissenschaft des 19. Jahrhunderts, ARSP-Beiheft 77 (2001) 127; ferner *W. Schild*, Zwischen triebhafter Rache und autonomer Selbstbestrafung – Die Dimensionen des Strafrechtsdenkens Friedrich Nietzsches, ARSP-Beiheft 77 (2001) 107, 126.

7 Dazu auch *K. Engelhardt*, Die Transformation des Willens zur Macht. Bemerkungen zum Verhältnis von Moral, Strafe und Verbrechen in Nietzsches Philosophie, ARSP 71 (1985) 499.

8 Dort unter III. 4. Eingehend *V. Gerhardt*, Das „Princip des Gleichgewichts". Zum Verhältnis von Recht und Macht bei Nietzsche, in: Pathos und Distanz. Studien zur Philosophie Friedrich Nietzsches, 1988, S. 98 ff. (= Nietzsche-Studien 12 (1983) 111 ff.), zum zeitgenössischen Verständnis

bedeutet dies, dass dem Übergewicht des Verbrechers ein Gegengewicht entgegengesetzt wird, vermöge dessen er als außerhalb der Gemeinschaft Stehender, das heißt als Ungleicher angesehen wird, worin für Nietzsche freilich durchaus eine eigenartige Faszination liegt.[9] Nietzsche überträgt seinen Grundgedanken der gestörten Machtgeometrie auf das Strafrecht und führt auch dieses – im Einklang mit dem soeben Erarbeiteten[10] – auf seinen Ursprung und sein Herkommen zurück. Es ist also zunächst wichtig festzustellen, dass sich auch und gerade das Strafrechtsverständnis Nietzsches vom Ursprung der Gerechtigkeit und vom Herkommen des Rechts begreifen lässt. Zugleich erklärt sich daraus der archaische Zug, der auch für die Gedanken Nietzsches über Verbrechen und Strafe bezeichnend ist: „Desshalb ist Strafe nicht nur Wiedervergeltung, sondern hat ein Mehr, ein Etwas von der Härte des Naturzustandes; an diesen will sie eben erinnern."[11] An diesem Satz ist zunächst wichtig, dass Strafe nicht nur an den Naturzustand erinnert, sondern – womöglich in erster Linie – „Wiedervergeltung" ist.

Bevor jedoch davon die Rede sein wird,[12] ist der ungefähren Andeutung („ein Mehr, ein Etwas") Beachtung zu schenken, die auf den Naturzustand verweist. Den Naturzustand versteht Nietzsche, wie bereits gesehen,[13] als „die unbekümmerte, rücksichtslose Ungleichheit".[14] Es ist der Zustand, in dem „das Gemeinwesen ganz zusammen (stürzt und) Alles in Anarchie (gerät)".[15] Diesen Zustand des bellum omnium contra onmes sieht er in der Strafe zugleich verwirklicht. In der staatlichen Strafe liegt für ihn also immer auch ein Rückfall in die vorstaatliche und unzivilisierte Barbarei. Für unseren Zusammenhang ebenso bedeutsam ist auch die Folgerung, die Nietzsche daraus zieht: Es gibt für ihn weder ein Naturrecht – davon war bereits die Rede[16] – noch ein Naturunrecht.[17] Nichts ist also

---

des Begriffs des Gleichgewichts in anderen Disziplinen, ebenda, S. 105 ff. (= Nietzsche-Studien 12 (1983) 111, 117 ff.).

9 *Nietzsche*, Nachgelassene Fragmente, Herbst 1887, 9 (120), Kritische Studienausgabe (Hg. G. Colli/M. Montinari), Band 12, S. 405 f: „... wir widerstreben der Vorstellung, daß alle großen Menschen Verbrecher waren (...), daß das Verbrechen zur Größe gehört (...). Die ‚Vogelfreiheit' von dem Herkommen, dem Gewissen, der Pflicht – jeder große Mensch kennt diese seine Gefahr. Aber er will sie auch: er will das große Ziel und darum auch dessen Mittel."

10 Im zweiten und dritten Kapitel.

11 *Nietzsche*, Menschliches, Allzumenschliches, II 2, 22.

12 Unter 2.

13 Oben im ersten Kapitel unter II. 3. d.

14 *Nietzsche*, Menschliches, Allzumenschliches, II 2, 31; dort wiederum unter Verweis auf Thukydides.

15 *Nietzsche*, Menschliches, Allzumenschliches, II 2, 31; näher dazu im Kapitel über den Staat.

16 Im ersten und zweiten Kapitel.

naturgemäß für sich und unter allen Umständen Unrecht. Aus diesen beiden Gesichtspunkten ergibt sich, dass die Bestrafung des Verbrechers durch den Staat etwas in besonderer Weise erklärungsbedürftiges, womöglich Unerklärliches darstellt.

2. Recht als Rationalisierung des Archaischen

Nietzsche geht – freilich an anderer Stelle – jedoch noch einen Schritt weiter und formuliert in vernichtender Kürze, wie so oft in parenthetischer Form, wenn ihm etwas besonders wichtig ist und auf den Punkt gebracht scheint: „Strafe ist Rache."[18] Der Gedanke setzt, durchaus martialisch, beim Gegenschlag an, führt diesen jedoch entscheidend auf die Vernünftigkeit der Selbsterhaltung zurück, die auch für die Gesellschaft gilt, die „der Notwehr halber einen Gegenschlag führt."[19] Zugleich ist die Rache „Wiederherstellung", wenn die Schädigung ehrverletzender Natur gewesen ist.[20] Diesen Gedanken verallgemeinert Nietzsche im Folgenden auf das Verhältnis des Opfers als Teil der Gesellschaft zum Täter: „Auch wenn er sich an die Gerichte wendet, so will er die Rache als private Person: nebenbei aber noch, als weiterdenkender vorsorglicher Mensch der Gesellschaft, die Rache der Gesellschaft an Einem, der sie nicht ehrt. So wird durch die gerichtliche Strafe sowohl die Privatehre als auch die Gesellschaftsehre wiederhergestellt."[21] Dieser Gedanke führt Nietzsche zu der eingangs berichteten Formel, dass Strafe neben der Erinnerung an den Naturzustand nichts anderes sei als Rache. Nietzsche zeichnet auf diese Weise irrationale Erscheinungsweisen rational nach. Die plakativ anmutende definitorische Zuspitzung hat mithin keine polemisch-agitatorische Zielrichtung, sondern dient eher einer Rationalisierung des Archaischen, die zugleich Nietzsches Rechtsverständnis beschreibt.

---

17 *Nietzsche*, Menschliches, Allzumenschliches, II 2, 31.

18 *Nietzsche*, Menschliches, Allzumenschliches, II 2, 33.

19 Zur Affinität der Selbsterhaltung zur Notwehr *V. Gerhardt*, Vom Willen zur Macht, 1996, S. 185.

20 Dieser Gedanke spielt, freilich ohne das Moment der Rache, im modernen Äußerungsrecht eine gewisse Bedeutung; siehe dazu *J. Petersen*, Medienrecht, 5. Auflage 2010, §§ 5, 7.

21 *Nietzsche*, Menschliches, Allzumenschliches, II 2, 33. Zu der mit der Verwendung des Begriffs „Gesellschaft" soziologischen Komponente siehe *H. Baier*, Die Gesellschaft – ein langer Schatten des toten Gottes. Friedrich Nietzsche und die Entstehung der Soziologie aus dem Geist der Décadence, Nietzsche-Studien 10/11 (1981/82) 6 ff.; *V. Gerhardt*, Vom Willen zur Macht, 1996, S. 131 ff.; *ders.*, Nietzsches Alter-Ego, in: Jahrbuch der Nietzsche-Forschung 8 (2001) 315 ff.; *ders.*, „Schuld", „schlechtes Gewissen" und Verwandtes, in: Zur Genealogie der Moral (Hg. O. Höffe), KA 29, 2004, S. 81, 82.

II. Faktoren der Strafzumessung

In einem bereits bedachten Wort Nietzsches[22] zieht er die Konsequenz aus seinem Verständnis des Rechts als Ausdruck der Notwendigkeit und überträgt die Folgerung nicht von ungefähr auf das Verhältnis von Vergehen und Strafe: Schon die kleinste Maßeinheit im Verhältnis von Vergehen und Strafe ist demnach willkürlich angesetzt. Die durch das Entfallen eines herkömmlichen Rechtsempfindens verursachte Orientierungslosigkeit gebietet es, einen selbstgesetzten Maßstab zu entwickeln, von dem zweifelhaft ist, ob er dem Straftäter gerecht wird.[23] Den zuletzt angesprochenen Gedanken der willkürlichen Strafzumessung verfolgt Nietzsche, wie es für seine aphoristische und essayistische Darstellung typisch ist,[24] an anderer Stelle.[25]

Unter der Überschrift des „Willkürlichen im Zumessen der Strafe" gelangt Nietzsche zunächst zu dem Ergebnis, dass es willkürlich sei, „beim Verbrecher stehen zu bleiben, wenn man die Vergangenheit straft: man sollte, wenn man die absolute Entschuldbarkeit jeder Schuld nicht zugeben will, bei jedem einzelnen Fall stehen bleiben und nicht weiter zurückblicken: also die Schuld isoliren und sie gar nicht mit der Vergangenheit in Verknüpfung bringen, – sonst wird man zum Sünder gegen die Logik."[26] In diesen wenigen Worten sind schon die meisten Vorwürfe implizit und explizit enthalten, die Nietzsche gegen die Bestrafungspraxis und die Täterschuld erhebt. Bevor im Einzelnen auf die damit aufgeworfene Frage der „absoluten Entschuldbarkeit jeder Schuld" eingegangen wird,[27] ist dem Vorwurf der Willkür der Strafzumessung nachzugehen.

1. Kontrastierende Entgegensetzung

Auch aus heutiger Sicht ist es interessant zu sehen, welche Gesichtspunkte Nietzsche für strafmildernd und welche er für strafschärfend erachtet. Die von

22 *Nietzsche*, Menschliches, Allzumenschliches, I, 459 am Ende.
23 Monographisch aus dem früheren Schrifttum *K. Heinze*, Verbrechen und Strafe bei Friedrich Nietzsche – Versuch einer Deutung und Zusammenschau seiner Gedanken zum Strafrecht, 1939.
24 Nicht zuletzt deshalb erfolgt die Darstellung hier im Wege eines Kreisgangs.
25 *Nietzsche*, Menschliches, Allzumenschliches, II 2, 28.
26 *Nietzsche*, Menschliches, Allzumenschliches, II 2, 28; siehe in diesem Zusammenhang auch ebenda, I, 32: „Wir sind alle von vornherein unlogische und daher ungerechte Wesen, und können diess erkennen: diess ist eine der grössten und unauflöslichsten Disharmonien des Daseins." – Wer sich also an der Logik versündigt, urteilt nach Nietzsche ungerecht.
27 Dazu unten IV.

ihm für die jeweilige Sicht ins Feld geführten Erwägungen sind nämlich zumindest kontraintuitiver Art und muten – jedenfalls auf den ersten Blick – geradezu paradox an. So hält er eine strengere Bestrafung des Gewohnheitsverbrechers, dem er den schwer zu widerstehenden Hang, Verbrechen zu begehen, zugute hält, für ebenso widersinnig wie er umgekehrt die Schuld des bis zur erstmaligen Tat unbescholtenen Bürgers gravierender empfindet, weil seine „vorherige musterhafte Lebensweise, gegen welche das Verbrechen um so fürchterlicher absticht."[28] Hier leuchtet ein Motiv seines Strafrechtsdenkens auf, das uns noch an anderer Stelle begegnen wird: es ist die grelle Kontrastierung, mit der Nietzsche Unstimmigkeiten und Wertungswidersprüche herausarbeitet, indem er unversehens die Perspektive ändert und auf diese Weise zu vorderhand kontraintuitiven Einsichten gelangt.

Im vorliegenden Fall besteht der Perspektivenwechsel darin, dass er einen spezialpräventiven Standpunkt einnimmt und sich gegen eine als zu weitgehend empfundene Generalprävention richtet:[29] „So wird Alles nicht nach dem Verbrecher bemessen, sondern nach der Gesellschaft und deren Schaden und Gefahr."[30] Die Parteinahme für den Täter, die uns gleichsam leitmotivisch wieder und wieder begegnen wird, ist auch dort, wo sie nicht frei von Überspitzungen ist, paradoxerweise wiederum Ausweis seines seismographischen Gerechtigkeitsempfindens. Indem er auf den Täter sieht und dessen Verhalten auf seine innere Folgerichtigkeit hin untersucht, stellt er zugleich die Frage, wie es dahin kommen konnte. Ein in dieser Hinsicht interessantes strafrechtsdogmatisches Kriterium hat Claus Roxin im Zusammenhang mit der sehr umstrittenen Bestimmung der Freiwilligkeit des strafbefreienden Rücktritts nach § 24 Strafgesetzbuch zur Diskussion gestellt, indem er für entscheidend hält, ob der Täter entgegen der „Verbrechervernunft" handelt. Unfreiwillig ist danach der Rücktritt, wenn er aus Sicht „eines hartgesottenen, Risiko und Chance des konkreten Tatplanes kalt abwägenden Delinquenten" vernünftig ist.[31]

Dieses neben seiner normativen Prägung einem unverkennbar psychologischen Ansatz verpflichtete Kriterium liegt durchaus auf der Linie dessen, was Nietzsche für eine dem Täter gemäße Handlungsweise erachtet. Der gängigen

---

28 *Nietzsche*, Menschliches, Allzumenschliches, II 2, 28.

29 Zum Verhältnis von Generalprävention und Spezialprävention siehe vor allem *C. Roxin*, Kriminalpolitik und Strafrechtssystem, 2. Auflage 1973; *ders.*, Strafrecht, Allgemeiner Teil, Band I, 4. Auflage 2006, § 3 Rz. 11 ff., 21 ff.

30 *Nietzsche*, Menschliches, Allzumenschliches, II 2, 28.

31 *C. Roxin*, Über den Rücktritt vom unbeendeten Versuch, Festschrift E. Heinitz, 1972, S. 251; *ders.*, Literaturbericht. Allgemeiner Teil, ZStW 77 (1965) 60, 97 ff. Siehe dazu auch *C. Jäger*, Der Rücktritt als zurechenbare Gefährdungsumkehr, 1996.

Bestrafungspraxis hält er entgegen, dass sie den Gedankengang an der ersten missliebigen Stelle abbricht und die Bewertungsfaktoren somit einseitig zu Lasten des Täters verengt und isoliert. Im Hintergrund steht dabei die Frage der Willensfreiheit,[32] von der weiter unten ausführlich die Rede sein wird. Einstweilen bleibt festzuhalten, dass Nietzsches Eigenart gerade darin besteht, bereits im Ausgangspunkt der rechtlichen Bewertung gleichsam gegen den Strich zu bürsten, indem er auf Brüche in der inneren Folgerichtigkeit des Täterhandelns einerseits und der Logik der Bestrafung durch die Allgemeinheit andererseits sieht; sein Mittel ist die kontrastierende Entgegensetzung.

2. Erstaunen als Maßstab der Strafzumessung

In dieselbe Richtung weist ein anderer Gedanke, der das zuletzt Bedachte aufgreift und ebenfalls dem Prinzip der kontrastierenden Entgegensetzung folgt: „Der Verbrecher, der den ganzen Fluss der Umstände kennt, findet seine That nicht so ausser der Ordnung und Begreiflichkeit, wie seine Richter und Tadler; seine Strafe aber wird ihm gerade nach dem Grade von Erstaunen zugemessen, welches jene beim Anblick der That als einer Unbegreiflichkeit befällt."[33] Es ist also das rechtsethische Befremden, das die Höhe der Strafe ausmacht und das Nietzsche ungerecht erscheint. Daher fasst er den Kern seiner Erkenntnis wiederum in eine finale Parenthese:[34] „Den Grad der Strafe abmessen nach dem Grad der Kenntniss, welchen man von der Historie eines Verbrechens hat oder überhaupt gewinnen kann, – streitet diess nicht wider alle Billigkeit?"[35] Die rhetorische Frage zielt also auf die Billigkeit, welche er, wie im ersten Kapitel gesehen, als Fortbildung der Gerechtigkeit versteht.[36]

Wenn es dem Strafverteidiger gelingt, „jenes verurteilende und Strafe zumessende Erstaunen zu mildern", den Richtern die Tat begreifbar zu machen und womöglich eine innere Notwendigkeit aufzuzeigen, die den Täter veranlasste, so

---

32 *Nietzsche*, Menschliches, Allzumenschliches, II 2, 28 – Seinen Gegnern hält er die aus seiner Sicht unausweichliche Konsequenz vor: „Zieht vielmehr, ihr Willens-Freien, den nothwendigen Schluss aus eurer Lehre von der ‚Freiheit des Willens' und decretirt kühnlich: ‚keine That hat eine Vergangenheit.' "

33 *Nietzsche*, Menschliches, Allzumenschliches, II 2, 24.

34 Von diesem Stilmittel, durch unterschiedliche Verwendung und Akzentuierung der Gedankenstriche den Gedanken abschließend neu zu ordnen, war bereits im ersten Kapitel verschiedentlich die Rede.

35 *Nietzsche*, Menschliches, Allzumenschliches, II 2, 24.

36 *Nietzsche*, Menschliches, Allzumenschliches, II 2, 32.

zu handeln, so könnte er die Strafe schließlich ganz aufheben bzw. „die ganze Schuld hinwegmildern", sofern der Verteidiger alle Umstände der Tat kennt und dem Gericht begreiflich macht.[37] Mit diesem Rollentausch stellt Nietzsche einmal mehr seine ihm von Georg Simmel attestierte „psychologische Genialität" unter Beweis.[38]

III. Nietzsches Verständnis der Rechtsgüter

Das zuletzt Bedachte begegnet noch an einer anderen Stelle, die eine der interessantesten Einsichten Nietzsches über das Strafrecht im Allgemeinen und den Rechtsgüterschutz im Besonderen enthält. Sie wurde im bisherigen Schrifttum freilich nur am Rande erörtert.[39] Das mag daran liegen, dass die *Fröhliche Wissenschaft*, welcher der Abschnitt entspringt, vergleichsweise wenige rechtlich relevante Gedanken enthält.

1. Strafgesetz und Sittlichkeit

Es handelt sich einmal mehr um eine jener Stellen, die eine kontraintuitive Einsicht preisgeben, deren gedankliche Tiefe erst bei näherem Hinsehen deutlich wird. Unter der Überschrift „Was die Gesetze verraten" gibt er zu bedenken: „Man vergreift sich sehr, wenn man die Strafgesetze eines Volkes studirt, als ob sie ein Ausdruck seines Charakters wären; die Gesetze verrathen nicht Das, was ein Volk ist, sondern Das, was ihnen fremd, seltsam, ungeheuerlich, ausländisch erscheint. Die Gesetze beziehen sich auf die Ausnahmen der Sittlichkeit der Sitte."[40] Diese Stelle ist nicht nur in rechtsanthropologischer Hinsicht von Interesse,[41] sondern gleich mehrfach für unseren Zusammenhang bedeutsam.

---

37 *Nietzsche*, Menschliches, Allzumenschliches, II 2, 24.

38 Siehe dazu oben im ersten Kapitel unter II.; sowie *G. Simmel*, Schopenhauer und Nietzsche, in: Gesamtausgabe Band 10, 1995, S. 167, 188 f.

39 *H. Kerger*, Autorität und Recht im Denken Nietzsches, 1988, S. 46 f.; zum Verhältnis zwischen Nietzsches und Jherings Vorstellung der „sittlichen Ordnung" und der „psychologischen Zwangsgewalt der Gesellschaft"; vgl. *R. v. Jhering*, Der Zweck im Recht, Band II, 1883, S. 179.

40 *Nietzsche*, Die fröhliche Wissenschaft, 43.

41 Siehe dazu nur *W. Fikentscher*, Rechtsanthropologie, Jura 1998, 182; *J. Petersen*, Montaignes Erschließung der Grundlagen des Rechts, 2. Auflage 2019, § 6. Zu ganz ähnlichen Ergebnissen vom Ausgangspunkt einer „negativen Anthropologie" gelangt *K. Stierle*, Die Modernität der französischen Klassik. Negative Anthropologie und funktionaler Stil, in: Französische Klassik (Hg. Ders./F. Nies), 1985, S. 81, der Nietzsche umfassend mit einbezieht.

a) Kontrast und Erstaunen als Wirksamkeitselemente

Zum einen bestätigt sie das, was wir soeben auf anderer Ebene gesehen haben. Auch hier wirkt nämlich das Prinzip der kontrastierenden Entgegensetzung: Es ist gerade die Abwehr des Abstoßenden, die den Rechtsgüterschutz beansprucht. Man beachte auch in stilistischer Hinsicht die anaphorische Häufung, die aus Nietzsches Sicht sogar auf eine Steigerung hinausläuft („fremd, seltsam, ungeheuerlich, ausländisch"), die dementsprechend im Nachsatz gleichsam in Gestalt eines Parallelismus' erneut aufgegriffen wird: „und die härtesten Strafen treffen Das, was der Sitte des Nachbarvolkes gemäss ist".[42] Diese Einsicht findet sich in zugespitzter und auf die Selbsterhaltung konzentrierter Form auch im Zarathustra: „Viele Länder sah Zarathustra und viele Völker: so entdeckte er vieler Völker Gutes und Böses. (...) Leben könnte kein Volk, das nicht erst schätzte; will es sich aber erhalten, so darf es nicht schätzen, wie der Nachbar schätzt. (...) Nie verstand ein Nachbar den andern: stets verwunderte sich seine Seele ob des Nachbarn Wahn und Bosheit."[43]

Dementsprechend heißt es an anderer Stelle der *Fröhlichen Wissenschaft* unter der Überschrift „Unser Erstaunen": „Ja, wir sind so sehr von all der Unsicherheit und Phantasterei unserer Urtheile und von dem ewigen Wandel aller menschlichen Gesetze und Begriffe überzeugt, dass es uns eigentlich ein Erstaunen macht, wie sehr die Ergebnisse der Wissenschaft Stand halten!"[44] Ebenso wie das Erstaunen die Strafzumessung beeinflusst und erhöht, betrifft die Fremdartigkeit des inkriminierten Verhaltens den Rechtsgüterschutz. Die zu schützenden Güter werden nicht zuletzt durch das Entsetzen vor dem Fremdartigen und als abstoßend Empfundenen zu Rechtsgütern. Hier kristallisiert sich ein allgemeines Prinzip von Nietzsches Rechtsdenken heraus, das in dieser Form in der Rechtsphilosophie noch nicht vorgetragen wurde: durch seinen Rekurs auf das Archaische und Urtümliche,[45] also eine Ausprägung des Herkömmlichen, von dem bereits ausführlich die Rede war,[46] stellt er den Gesichtspunkt der kontrastierenden Abgrenzung und Entgegensetzung heraus, aus dem das Recht entsteht.

---

42 *Nietzsche*, Die fröhliche Wissenschaft, 43.

43 *Nietzsche*, Also sprach Zarathustra, Erster Teil, Von tausend und einem Ziele, 1883–1885, Kritische Studienausgabe (Hg. G. Colli/M. Montinari), Band 4.

44 *Nietzsche*, Die fröhliche Wissenschaft, 46.

45 Vgl. *Nietzsche*, Die fröhliche Wissenschaft, 43: „So giebt es bei den Wahabiten nur zwei Todsünden: einen anderen Gott haben als den Wahabiten-Gott und – rauchen (es wird bei ihnen bezeichnet als ‚die schmachvolle Art des Trinkens'). ‚Und wie steht es mit Mord und Ehebruch?' – fragte erstaunt der Engländer, der diese Dinge erfuhr. ‚Nun, Gott ist gnädig und barmherzig!' sagte der alte Häuptling."

46 Im dritten Kapitel.

b) „Ausnahmen von der Sittlichkeit der Sitte" als Bezugspunkt der Strafgesetze

Zum zweiten illustriert die Stelle das Verhältnis von Recht und Moral.[47] Das wird in der Wendung deutlich, wonach die Gesetze sich auf die Ausnahmen der Sittlichkeit der Sitte beziehen,[48] die er an anderer Stelle als die „viel ältere und ursprünglichere Art Moral" bezeichnet.[49] Der Topos der Sittlichkeit der Sitte begegnet im Übrigen auch an anderer Stelle noch, allerdings gleichsam in der Umkehrung: „Früher wusste man Nichts von dieser Wandelbarkeit alles Menschlichen, die Sitte der Sittlichkeit hielt den Glauben aufrecht, dass das ganze innere Leben des Menschen mit ewigen Klammern an die eherne Nothwendigkeit geheftet sei."[50] Die Sittlichkeit der Sitte hatten wir oben verkürzt als den unbedingten Gehorsam gegenüber dem Herkömmlichen verstanden.[51]

Strafgesetz und Moralvorstellungen ergänzen sich auf diese Weise. Das Strafgesetz bringt die Kontrastierung mit den bestehenden Moralvorstellungen normativ zur Geltung; umgekehrt kann die Sitte begründet werden, um ein bestehendes Tabu zu wahren und gleichsam präventiv Vorsorge zu treffen, damit es zur Übertretung gar nicht erst kommt: „So gab es bei den alten Römern die Vorstellung, dass ein Weib sich nur auf zweierlei Art tödtlich versündigen könne: einmal durch Ehebruch, sodann – durch Weintrinken. Der alte Cato meinte, man habe das Küssen unter Verwandten nur desshalb zur Sitte gemacht, um die Weiber in diesem Puncte unter Controlle zu halten; ein Kuss bedeutet: riecht sie nach Wein? Man hat wirklich Frauen, die beim Weine ertappt wurden, mit dem Tode bestraft; (...) die Römer fürchteten vor Allem das orgiastische und dionysische Wesen[52] (...) als eine ungeheuerliche Ausländerei, welche den Grund der römischen Empfindung umwarf; es war ihnen wie ein Verrath an Rom, wie die Ein-

---

47 Dazu bereits oben am Ende des ersten Kapitels.

48 Näher zur Sittlichkeit der Sitte oben im zweiten Kapitel unter V.

49 *Nietzsche*, Zur Genealogie der Moral, Vorrede, 4; siehe auch Zur Genealogie der Moral, Zweite Abhandlung, 2: „der Mensch wurde mit Hülfe der Sittlichkeit der Sitte und der socialen Zwangsjacke wirklich berechenbar *gemacht*."; Hervorhebung auch dort. Eingehend zur Sittlichkeit der Sitte auch *Nietzsche*, Morgenröte, 112.

50 *Nietzsche*, Die fröhliche Wissenschaft, 46.

51 Im dritten Kapitel unter V. 1.

52 Zur Entgegensetzung des Dionysischen und des Apollinischen *Nietzsche*, Die Geburt der Tragödie aus dem Geiste der Musik, 1872, Kritische Studienausgabe (Hg. G. Colli/M. Montinari), Band 1. Siehe dazu *J. I. Porter*, The Invention of Dionysus. An Essay on The Birth of Tragedy, 2000; *T. H. Brobjer*, Sources of and Influences on Nietzsche's The Birth of Tragedy, Nietzsche-Studien 34 (2005) 278; *Ch. J. Emden*, Nietzsches Katharis. Tragödientheorie und Anthropologie der Macht, Nietzsche-Studien 47 (2018) 1.

verleibung des Auslandes.“[53] Hier hat sich die Sitte herausgebildet, um der Verwirklichung des Straftatbestandes entgegenzuwirken.

2. Tafel der Überwindungen

Auf diese Weise erhält und erhöht sich das Volk zugleich, indem es entgegenstehendes Verhalten überwindet: „Eine Tafel der Güter hängt über jedem Volke. Siehe, es ist seiner Überwindungen Tafel; siehe, es ist die Stimme seines Willens zur Macht.“[54] Auf normativer Ebene könnte man von den Gütern in diesem Sinne auch als Rechtsgütern sprechen. Umgekehrt hat das Strafgesetz seinen Grund in der Kontrastierung mit dem als sittlich Empfundenen. Recht und Sitte stehen so in einem Verhältnis der Komplementarität und Interdependenz zueinander. Zugleich belegt das Beispiel wiederum die besondere Bedeutung, die das Herkommen für Nietzsches Rechtsdenken hat, weil sich hier neuerlich zeigt, dass das Herkommen konstitutiv für das Recht ist und das herkömmliche Rechtsgefühl, das uns nach Nietzsche fehlt, identisch ist mit dem ursprünglich Sittlichen:[55] „Die Gesetze verrathen nicht Das, was ein Volk ist, sondern Das, was ihm fremd, seltsam, ungeheuerlich, ausländisch erscheint. Die Gesetze beziehen sich auf die Ausnahmen der Sittlichkeit der Sitte.“[56]

IV. Nietzsches „Lehre von der völligen Unverantwortlichkeit“

Zu den zentralen Themen seiner Aphorismen gehört die Schuld.[57] Freilich tritt sie nur höchst selten als solche explizit in Erscheinung. An einer auf den ersten Blick unscheinbaren Stelle erörtert Nietzsche die Verantwortlichkeit bzw., um es mit seinen eigenen Worten zu sagen, die „Lehre von der völligen Unverantwortlichkeit“.[58] Weitaus öfter geht es implizit um die Schuld. Ihre aphoristische Erörterung

53 *Nietzsche*, Die fröhliche Wissenschaft, 43.
54 *Nietzsche*, Also sprach Zarathustra, Erster Teil, Von tausend und einem Ziele, 1883–1885, Kritische Studienausgabe (Hg. G. Colli/M. Montinari), Band 4.
55 Dazu ausführlich im zweiten Kapitel.
56 *Nietzsche*, Die fröhliche Wissenschaft, 43.
57 Vgl. auch *L. Gschwend*, Nietzsche und die Kriminalwissenschaft, 1999; zum Folgenden eingehend *R. Wisser*, Nietzsches Lehre von der völligen Unverantwortlichkeit und Unschuld jedermannes, Nietzsche-Studien 1 (1972) 147.
58 *Nietzsche*, Menschliches, Allzumenschliches, I, 105. Dazu auch *H. Kerger*, Personalität versus Moralität als Basis der Gerechtigkeit in der Philosophie von Hannah Arendt und Friedrich Nietzsche, Rechtstheorie 49 (2018) 407, 447.

wird stets mit den Motiven des Täters und den Umständen, unter denen er handelt und erzogen wurde, in Einklang gebracht und aus diesen begründet. Nietzsches Stilmittel ist auch hier die grell kontrastierende und aufrüttelnde Zuspitzung, die vor Extremen nicht Halt macht, um den Blick auf die Ursachen zu lenken: „Unser Verbrechen gegen Verbrecher besteht darin, dass wir sie wie Schufte behandeln."[59] Selbstkritisch heißt es an anderer Stelle: „Wenn unser Einer kein Verbrechen z. B. keinen Mord auf dem Gewissen hat – woran liegt es? Daß uns ein Paar begünstigende Umstände dafür gefehlt haben."[60] In diesem Satz, auf den am Ende dieses Kapitels noch zurückzukommen sein wird, steckt ein Gutteil seiner Vorstellung von Strafe und Recht.

1. Kälte der Richter: Nietzsches Ablehnung der Todesstrafe

Besonders aufschlussreich ist Nietzsches Ablehnung der Todesstrafe, indem er fragt: „Wie kommt es, dass jede Hinrichtung uns mehr beleidigt, als ein Mord?"[61] Bereits die Fragestellung lässt aufhorchen. Wir sind die Beleidigten, die im Wortsinne peinlich Berührten. Dementsprechend fällt seine Antwort aus: „Es ist die Kälte der Richter, die peinliche Vorbereitung, die Einsicht, dass hier ein Mensch als Mittel benutzt wird, um andere *abzuschrecken.*"[62] Die Kälte als Merkmal der vermeintlichen Gerechtigkeit begegnet auch im Zarathustra: „Ich mag eure kalte Gerechtigkeit nicht; und aus dem Auge eurer Richter blickt mir immer der Henker und sein kaltes Eisen."[63] In der *Genealogie der Moral* ist die Kälte gleichfalls ein Gegenbegriff zur wahren Gerechtigkeit. Dort wird der gerechte Mensch als gerecht sogar gegen seine Schädiger dargestellt „und nicht nur kalt, massvoll, fremd, gleichgültig".[64]

Die Kälte des Richters ist für Nietzsche also gleichbedeutend mit seiner Gleichgültigkeit gegenüber dem zu Richtenden. Die Hervorhebung der Abschreckung betrifft die Ausschließlichkeit des generalpräventiven Charakters der Bestrafung, die eine auf die Besserung des Täters bezogene Spezialprävention nicht mehr erreichen kann und gar nicht erst erstrebt. An anderer Stelle spricht er vom

---

59 *Nietzsche*, Menschliches, Allzumenschliches, I, 66.

60 *Nietzsche*, Nachgelassene Fragmente, Herbst 1887, 10 (50), Kritische Studienausgabe (Hg. G. Colli/M. Montinari), Band 12, S. 480.

61 *Nietzsche*, Menschliches, Allzumenschliches, I, 70.

62 *Nietzsche*, Menschliches, Allzumenschliches, I, 70; Hervorhebung nur hier.

63 *Nietzsche*, Also sprach Zarathustra, Erster Teil, Vom Biss der Natter, Kritische Studienausgabe (Hg. G. Colli/M. Montinari), Band 4.

64 *Nietzsche*, Zur Genealogie der Moral, Zweite Abhandlung, 11.

„terroristische(n) Zweck“, den er gleichbedeutend mit dem generalpräventiven meint, und „weder essentiell, noch ursprünglich“ für den Zweck der Strafe hält.[65] Zwei Dinge rufen also Nietzsches Empathie hervor:[66] die objektive Seite der Vollstreckung mit ihrem prozeduralen Gefolge und vor allem die ihm daraus dämmernde Einsicht in die Unmenschlichkeit des Vorgangs. Daher repräsentiert ihm der Täter und nicht sein Richter in diesem Moment die Menschheit. Es ist interessant zu sehen, dass Nietzsche den kategorischen Imperativ in seiner dritten Ausprägung im Hinblick auf die Todesstrafe viel konsequenter beobachtet als Kant selbst. Interessant ist in diesem Zusammenhang im Übrigen Nietzsches Wort über den „so räthselhafte(n) ‚kategorische(n) Imperativ‘, dem ich inzwischen immer mehr Gehör und nicht nur Gehör geschenkt habe.“[67]

2. Verteilung der Schuld

Interessanter noch als seine Ablehnung der Todesstrafe sind die Gründe, die a maiore ad minus für alle Formen staatlicher Strafe gelten: „Denn die Schuld wird nicht bestraft, selbst wenn es eine gäbe: diese liegt in Erziehern, Eltern, Umgebungen, in uns, nicht im Mörder, – ich meine die *veranlassenden* Umstände.“[68]

a) Die „veranlassenden Umstände“

Die veranlassenden Umstände präzisiert Nietzsche an späterer Stelle noch: „Daran, dass man gewisse erschütternde Anblicke und Eindrücke gehabt oder nicht gehabt hat, zum Beispiel eines unrecht gerichteten, getödteten oder gemarterten Vaters, einer untreuen Frau, eines grausamen feindlichen Ueberfalls, hängt es ab, ob unsere Leidenschaften zur Glühhitze kommen und das ganze Leben lenken oder nicht. Keiner weiss, wozu ihn die Umstände, das Mitleid, die Entrüstung treiben können, er kennt den Grad seiner Erhitzbarkeit nicht.“[69] Die geradezu naturwissenschaftliche Wendung des Grades der Erhitzbarkeit, die im größtmöglichen Gegensatz zur von Nietzsche beklagten „Kälte der Richter“

65 *Nietzsche*, Zur Genealogie der Moral, Vorrede, 4.
66 Ein strukturell ähnlicher Gedanke findet sich bei *Nietzsche*, Menschliches, Allzumenschliches, I, 46, über das Verhältnis von Mitleid und Leid.
67 *Nietzsche*, Zur Genealogie der Moral, Vorwort, 3.
68 *Nietzsche*, Menschliches, Allzumenschliches, I, 70; Hervorhebung nur hier.
69 *Nietzsche*, Menschliches, Allzumenschliches, I, 72.

steht,[70] veranschaulicht, dass es Nietzsche weniger um eine Frage der Schuld als vielmehr um ein Aufzeigen der Kausalität geht; deshalb betont er auch die *veranlassenden* Umstände.[71]

Daraus erklärt sich, dass er in dem oben behandelten Aphorismus über die Todesstrafe zur Schuld sagt: „selbst wenn es eine gäbe." Denn das ist ersichtlich die eigentlich unerhörte Aussage. Hier sind also bei Licht besehen zwei Fragenkreise berührt, die freilich miteinander zusammenhängen und im Folgenden zu erörtern sind: die Problematik der Willensfreiheit als Zurechnungsgrund der Vorwerfbarkeit und die Problematik der Schuld,[72] die es Nietzsche zu Folge nicht gibt. Gäbe es keine Schuld und könnte der Täter aufgrund der „veranlassenden Umstände" gar nicht anders handeln, so wäre auch eine Bestrafung unmöglich.[73] Von diesem Blickwinkel aus erklärt sich auch Nietzsches eingangs zitierter Aphorismus: „Unser Verbrechen gegen Verbrecher besteht darin, dass wir sie wie Schufte behandeln."[74]

Hier ist aphoristisch zugespitzt, was er an anderer Stelle und in anderem Zusammenhang dargestellt hat. Es scheint zugleich einen Anklang an das seit alters bekannte Wort zu enthalten,[75] wonach alles verstehen alles verzeihen heiße,[76] das Thomas Mann später – womöglich in einer unausgesprochenen An-

---

70 *Nietzsche*, Menschliches, Allzumenschliches, I, 70. Siehe zum Ganzen auch *Ch. J. Emden*, Metaphor, Perception, and Consciousness: Nietzsche on Rhetoric and Neurophysiology, in: Nietzsche and Sciences (Hg. G. Moore/Th. H. Brobjer), 2004, S. 91.

71 Die Betonung des Wortes „veranlassenden" geht auf Nietzsche selbst zurück.

72 Siehe zur historischen Entwicklung derselben *L. Gschwend*, Zur Geschichte der Lehre von der Zurechnungsfähigkeit – Ein Beitrag insbesondere zur Regelung im Schweizerischen Strafrecht, 1996, S. 300 ff.

73 Instruktiv aus Sicht des heutigen Strafrechts *C. Roxin*, Kriminalpolitik und Strafrechtssystem, 2. Auflage 1973, S. 33: „Wenn jemand – aus welchem Grunde auch immer – das von ihm verwirklichte tatbestandliche Unrecht nicht vermeiden konnte, ist eine Bestrafung vom Standpunkt jeder nur denkbaren Strafrechtstheorie schlechthin zwecklos: Man kann eine fehlende Schuld nicht vergelten wollen; die Allgemeinheit von der Herbeiführung unvermeidbarer Folgen abschrecken zu wollen, hat keinen Sinn; und eine spezialpräventive Einwirkung auf einen Menschen, dem man sein Verhalten nicht vorwerfen kann, ist entweder unnötig oder, wie bei Geisteskranken, durch das Mittel der Strafe nicht zu erreichen. Das sind selbstverständliche Einsichten, auch wenn sie erst in einer langen Rechtsentwicklung haben durchgesetzt werden müssen."

74 *Nietzsche*, Menschliches, Allzumenschliches, I, 66.

75 Es findet sich bereits bei *Cicero*, Pro Roscio Amerino, § 3; *Terenz*, Eunuch, 42; der Sache nach auch bei *G. de Staël*, Corinne, 1807 (dort freilich abgewandelt und abgeschwächt: „Tout comprendre rend très indulgent") und *J. W. v. Goethe*, Torquato Tasso, 1790, II 1 (Vers 1111 f.): „Wir hören und wir glauben zu verstehen,/Was wir verstehen, das können wir nicht tadeln".

76 Vgl. auch *J. Bung*, Nietzsche über Strafe, ZStW 119 (2007) 120, 133.

lehnung an Nietzsche[77] – als „Mitleidssatz“ ironisierte.[78] Aber dem erteilt Nietzsche an anderer Stelle eine schroffe Absage: „Man kennt die Art Mensch, welche sich in die Sentenz tout comprendre c'est tout pardonner verliebt hat. Es sind die Schwachen, es sind vor Allem die Enttäuschten: wenn es an Allem etwas zu verzeihen giebt, so giebt es auch an Allem etwas zu verachten? Es ist die Philosophie der Enttäuschung, die sich hier so human in Mitleiden einwickelt und süß blickt.“[79] Generell gilt, dass es abermals die psychologische Genialität ist, die er als Vorbedingung der Gerechtigkeit formuliert: „Hört, ihr Richter! Einen anderen Wahnsinn giebt es noch: und der ist *vor* der That. Ach, ihr krocht mir nicht tief genug in diese Seele!“[80]

b) Würdigung

Man kann sich vorstellen, wie das Wort Nietzsches, das auch in einer Zeit, in der die bestimmenden Wirkungen der Umweltbedingungen des Täters in die Bestrafung einbezogen werden,[81] von einseitiger Kühnheit ist, von den in dieser Hinsicht weniger sensiblen Zeitgenossen aufgenommen wurde.[82] Insofern ist der Gedanke aus heutiger Sicht durchaus richtungsweisend,[83] wenn er auch über das Ziel

---

77 Siehe dazu auch *Th. Mann*, Nietzsche's Philosophie im Lichte unserer Erfahrung, 1947, in: Essays, Band 3: Musik und Philosophie (Hg. H. Kurzke), 1988, S. 235 ff.

78 *Th. Mann*, Der Tod in Venedig, 1912, Zweites Kapitel: „Die Wucht des Wortes, mit welcher hier das Verworfene verworfen wurde, verkündete die Abkehr von allem moralischen Zweifelsinn, von jeder Sympathie mit dem Abgrund, die Absage an die Laxheit des Mitleidsatzes, dass alles verstehen alles verzeihen heiße (...).“

79 *Nietzsche*, Nachgelassene Fragmente, Ende 1886 – Frühjahr 1887, 7 (10), Kritische Studienausgabe (Hg. G. Colli/M. Montinari), Band 12, S. 298.

80 *Nietzsche*, Also sprach Zarathustra, Erster Teil, Vom bleichen Verbrecher, 1883–1885, Kritische Studienausgabe (Hg. G. Colli/M. Montinari), Band 4; Hervorhebung nur hier.

81 Siehe nur *Ph. Zimbardo*, The Lucifer Effect, 2007, der bereits in seinem „Stanford Gefängnis Experiment“ die Maßgeblichkeit der Umweltbedingungen für späteres verbrecherisches Verhalten konkret darlegte.

82 *L. Winter*, Einleitung zu „Menschliches, Allzumenschliches“ (1960), berichtet von zeitgenössischen Urteilen, die sich in dem Satz zusammenfassen ließen: „Die Strafe des Wahnsinns hat Nietzsche getroffen.“

83 Siehe auch *K. Lüderssen*, Abschaffen des Strafens?, 1995, S. 30 ff.; *J. Bung*, Nietzsche über Strafe, ZStW 119 (2007) 120, 122 ff.: „Dass Nietzsches kompromisslose Kritik der Strafe deswegen kein Gegenstand unzeitgemäßer Betrachtungen ist, liegt daran, dass es gerade in Anbetracht dieser Umstände höchste Zeit ist, im Bewusstsein der strafenden Gesellschaft für kognitive Dissonanz zu sorgen.“

hinausschießt,[84] da er die Schuld *allein* im Bereich der den Täter prägenden Personen und Einflüsse sucht und ihn dadurch zur Gänze entschuldigt.[85] Zugleich liefert der Aphorismus einen Beleg für das in der Einleitung zur Diskussion gestellte seismographische, freilich bisweilen übersteigerte Gerechtigkeitsempfinden Nietzsches. Nimmt man hinzu, dass er dies zu einer Zeit unternahm, in welcher der Blick auf die Herkunft und das Vorleben des Straftäters alles andere als selbstverständlich war, so kann man auch darin, ungeachtet aller bewussten Verkürzungen und Überspitzungen, denen man weder im Ergebnis noch in der Herleitung folgen muss, eine Ausprägung seiner psychologischen Genialität erblicken, die auch für die Gerechtigkeit richtungsweisend ist.

3. Willensfreiheit und Determinismus

In der Zusammenschau vermitteln also erst diese drei Aphorismen einen Eindruck von Nietzsches Verständnis von Kausalität, Schuld und Strafe. Mehr ist es freilich einstweilen noch nicht, denn zur Herstellung und Aufschlüsselung des inneren Kausal- und Verweisungszusammenhanges muss noch eine weitere Stelle hinzugenommen werden, die eher einem Essay als einem Aphorismus gleicht.

a) Die „Fabel von der intelligiblen Freiheit"

Schon die von Nietzsche gewählte Überschrift lässt aufhorchen, spricht er doch von der Fabel der intelligiblen Freiheit. Obgleich er sich vor allem kritisch mit Schopenhauer auseinandersetzt, wird damit klar, dass sich seine Philipika nicht zuletzt gegen Kant richtet,[86] in dessen Kritiken sie eine zentrale Rolle einnimmt.[87] Dementsprechend verteilt er die Verantwortlichkeit für die von Schopenhauer

84 Der Gedanke wird wiederholt bei *Nietzsche*, Menschliches, Allzumenschliches, II 2, 28: „Wenn man aber dergestalt die Vergangenheit eines Menschen mit straft (...), so sollte man noch weiter zurückgehen und die Ursache einer solchen oder solchen Vergangenheit strafen und belohnen, ich meine Eltern, Erzieher, die Gesellschaft u.s.w.; in vielen Fällen wird man dann die Richter irgendwie bei der Schuld betheiligt finden."

85 Vgl. die Formulierung: „Diese (sc. die Schuld) liegt (...) nicht im Mörder."

86 Siehe auch den Sammelband von *B. Himmelmann* (Hg.), Kant und Nietzsche im Widerstreit, 2005; *G. Deleuze*, Nietzsche und die Philosophie, 1985, S. 6, bezeichnet Kant und Schopenhauer Nietzsche gegenüber als die „philosophischen Arbeiter".

87 *J. Petersen*, Kants „Metaphysische Anfangsgründe der Rechtslehre" – kritisches Spätwerk oder „Erzeugnis eines gewöhnlichen Erdensohns"?, Festschrift C.-W. Canaris, 2007, Band II, S. 1243.

vertretene intelligible Freiheit in großzügiger Weise: „An der Entstehung dieses Fabelwesens sind Plato und Kant zu gleichen Teilen mitschuldig.“[88]

aa) Verbindungslinie zwischen Sprach- und Rechtsphilosophie

Der Beginn dieser weiträumig angelegten Reflexion nimmt einiges von dem vorweg,[89] was man später als Sprachphilosophie bezeichnete und ist deshalb eigentlich gerade für die analytische Philosophie von hohem Interesse,[90] wie folgende Bemerkung veranschaulicht: „Zuerst *nennt man einzelne Handlungen gut oder böse ohne alle Rücksicht auf deren Motive*, sondern allein der nützlichen oder schädlichen Folgen wegen (welche sie für die Gemeinde haben). Bald aber vergisst man die Herkunft dieser Bezeichnungen und wähnt, dass den *Handlungen an sich*, ohne Rücksicht auf deren Folgen, *die Eigenschaft ‚gut‘ oder ‚böse‘ innewohne:* mit demselben Irrthume, nach welchem die Sprache den Stein selber als hart, den Baum selber als grün bezeichnet – also dadurch, dass man, was Wirkung ist, als Ursache fasst. Sodann legt man das Gut- oder Böse-sein in die Motive hinein und betrachtet die Thaten *an sich* als moralisch zweideutig. Man geht weiter und giebt das Prädicat *‚gut‘* oder *‚böse‘* nicht mehr dem einzelnen Motive,

---

88 *Nietzsche*, Menschliches, Allzumenschliches, I, 39 (insoweit nicht abgedruckt in der Kritischen Studienausgabe (HG. G. Colli/M. Montinari), Band 2). Zu Nietzsches Kritik am Freiheitsbegriff der philosophischen Tradition *J. Simon*, Ein Geflecht praktischer Begriffe. Nietzsches Kritik am Freiheitsbegriff der philosophischen Tradition, in: Nietzsche und die philosophische Tradition, (Hg. Ders.), Band 2, 1985, S. 106.

89 Einen entsprechenden Gedanken hat *J. Simon* (Friedrich Nietzsche, in: Klassiker der Philosophie (Hg. O. Höffe), Band 2, 2. Auflage 1985, S. 203, 213) vorgetragen: „Was von einem Standpunkt aus (...) als bloße analytische Verdeutlichung oder als wertfreie Erkenntnis erscheint, muss aus einer anderen Perspektive als synthetisches Urteil aus einem ‚bösen‘ Affekt heraus erscheinen. Ein Urteil ist für Nietzsche deshalb als solches und gerade in der Unterscheidung eines synthetischen Gehalts der Urteile von bloßen analytischen Begriffserklärungen ein ‚Glaube‘ und keine ‚Erkenntnis‘ (Band VIII 1, S. 272). Mit der Aussage, dass die ‚*moralische Ontologie* das *herrschende* Vorurtheil‘ (Band VIII 1, S. 273) sei, nimmt er einen Gedanken vorweg, der sich in dieser Deutlichkeit erst wieder in der These W. V. O. Quines von einer ‚ontologischen Relativität‘ findet.“; Hervorhebungen auch dort. Siehe auch *M. Brusotti*, Die Leidenschaft der Erkenntnis. Philosophie und ästhetische Lebensgestaltung bei Nietzsche von *Morgenröthe* bis *Also sprach Zarathustra*, 1997.

90 Eine interessante Interpretation Nietzsches und dessen Skepsis gegenüber der Korrespondenztheorie der Wahrheit wird vom Standpunkt der analytischen Sprachphilosophie immerhin vorgenommen von *A. C. Danto*, Nietzsche as Philosopher, 1965. Siehe auch *R. Schacht*, Philosophy as Linguistic Analysis: A Nietzschean Critique, Philosophical Studies 25 (1974) 153; *S. Sonderegger*, Friedrich Nietzsche und die Sprache. Eine sprachwissenschaftliche Skizze, Nietzsche-Studien 2 (1973) 1; *Ch. J. Emden*, Nietzsche on Language, Consciousness, and the Body, 2005.

sondern dem ganzen Wesen eines Menschen, aus dem das Motiv, wie die Pflanze aus dem Erdreich, herauswächst."[91] Auch insofern ist übrigens der Bezug zum Recht interessant, wie sich aus folgendem Klammereinschub Nietzsches ergibt: „Das Herrenrecht, Namen zu geben, geht so weit, dass man sich erlauben sollte, den Ursprung der Sprache selbst als Machtäusserung der Herrschenden zu fassen: sie sagen ‚das *ist* das und das', sie siegeln jegliches Ding und Geschehen mit einem Laute ab und nehmen es dadurch gleichsam in Besitz."[92] Dieser wahrhaft abgründige Gedanke, der einen Bogen von der Sprachphilosophie zur Rechtsphilosophie spannt, ist soweit ersichtlich noch nicht hinreichend aufgegriffen worden und kann auch an dieser Stelle nur gestreift werden.

Immerhin stichwortartig sollen hier freilich einige Bemerkungen gemacht werden, weil dieser Gedanke, der auch im Original eher ein obiter dictum verkörpert, eine wichtige Verbindungslinie zwischen Nietzsches Rechts- und Sprachphilosophie darstellt bzw. dasjenige, was seine Auffassung von der Rechtsbegründung ist, auf die Sprache anwendet. Denn ebenso wie die Ausübung von Herrschaft und Macht zum Recht führen kann, indem ein entsprechender Vertrag zustande kommt – „ohne Vertrag kein Recht" sagt Nietzsche an einer Stelle,[93] von der noch die Rede sein wird –, soll die erstmalige Benennung das Recht der Namensgebung mit sich bringen. Die erstmalige Bezeichnung eines Gegenstandes ist demnach mehr als bloße Verständigung, sondern eine Usurpation, welche die Namensgebung geradezu verrechtlicht, wie Nietzsches Begriffe des Besiegelns und der Besitznahme bezeugen. Freilich ist hinzuzufügen, dass dann zur Gewährleistung des nach Nietzsche unerlässlichen Vertragsmoments erforderlich wäre, dass sich auch die anderen im Wortsinne darauf verständigen, den Gegenstand in Zukunft so zu benennen.

Darüber hinaus ist wichtig, dass Nietzsche vom „Ursprung der Sprache" spricht.[94] Die erstmalige Bezeichnung – in Nietzsches Worten: „Das *ist* das und das"[95] – ist also jenseits des ontologischen Bedeutungsgehalts zugleich ursprüngliche Machtentfaltung zum Rechtserwerb. Auch hier ist es also wieder das

---

91 Vgl. *Nietzsche*, Menschliches, Allzumenschliches, I, 39; Hervorhebungen nur hier. Siehe dazu *H. Kerger*, Personalität versus Moralität als Basis der Gerechtigkeit in der Philosophie von Hannah Arendt und Friedrich Nietzsche, Rechtstheorie 49 (2018) 407, 450 f.; *ders.*, Nietzsches normativ-institutionalistisches Postulat personaler Gerechtigkeit auf der Basis der Vollpositivität allen Rechts, Rechtstheorie 47 (2016) 443, 473 ff.

92 *Nietzsche*, Zur Genealogie der Moral, Erste Abhandlung, 2; Hervorhebung auch dort.

93 *Nietzsche*, Menschliches, Allzumenschliches, I, 446.

94 *Nietzsche*, Zur Genealogie der Moral, Erste Abhandlung, 2: „Es liegt an diesem Ursprunge, dass das Wort ‚gut' sich von vorneherein durchaus *nicht* nothwendig an ‚unegoistische' Handlungen anknüpft."; Hervorhebung auch dort.

95 *Nietzsche*, Zur Genealogie der Moral, Zweite Abhandlung, 2; Hervorhebung auch dort.

Moment des Ursprünglichen, das ihn bewegt, so dass der Ursprung der Sprache letztlich mit dem Ursprung des Rechts konvergiert. In diesem Zusammenhang sei angemerkt, dass das von Nietzsche angeregte Thema einer möglichen moralhistorischen Preisschrift lautet: „Welche Fingerzeige giebt die Sprachwissenschaft, insbesondere die etymologische Forschung, für die Entwicklungsgeschichte der moralischen Begriffe ab?“[96] Ein durchaus rätselhafter Aphorismus, der die genannte Verbindungslinie zwischen Rechts- und Sprachphilosophie betrifft, findet sich schließlich unter der vielsagenden Überschrift ‚Suum cuique‘ in der *Fröhlichen Wissenschaft:* „Wie gross auch die Habsucht meiner Erkenntniss ist: ich kann aus den Dingen nichts Anderes herausnehmen, als was mir schon gehört, – das Besitzthum Anderer bleibt in den Dingen zurück. Wie ist es möglich, dass ein Mensch Dieb oder Räuber sei!“[97] Stellen wie diese veranschaulichen die am Ende der Einleitung aufgestellte Hypothese, dass Nietzsches Genialität der Gerechtigkeit nicht zuletzt darin besteht, dass er die Grenzen menschlichen Erkennens und Urteilens gezogen und ihren Zusammenhang mit der Rechtsphilosophie gesehen hat.

bb) Nietzsches Zwischenergebnis

Aber zurück zu Nietzsches Aphorismus über die intelligible Freiheit: Als Zwischenergebnis hält er fest: „So macht man der Reihe nach den Menschen für seine Wirkungen, dann für seine Handlungen, dann für seine Motive und endlich für sein Wesen verantwortlich. Nun entdeckt man schliesslich, dass auch dieses Wesen nicht verantwortlich sein kann, insofern es ganz und gar nothwendige Folge ist und aus den Elementen und Einflüssen vergangener und gegenwärtiger Dinge concrescirt: also dass der Mensch für Nichts verantwortlich zu machen ist, weder für sein Wesen, noch seine Motive, noch seine Handlungen, noch seine Wirkungen.“[98] Diese Rückführung hält Nietzsche für den Grund dafür, dass die Annahme der Willensfreiheit ursächlich für den Irrtum der Verantwortlichkeit ist. Die von Schopenhauer in der Nachfolge Platos und Kants zugrunde gelegte intelligible Freiheit beruht demnach auf einem Fehlschluss, weil aus der Tatsache des Unmuts, den bestimmte Handlungen nach sich ziehen, auf „die Berechtigung, die vernünftige Zulässigkeit dieses Unmuthes geschlossen wird.“[99] Damit werde

---

96 *Nietzsche*, Zur Genealogie der Moral, Erste Abhandlung, Anmerkung nach 17.
97 *Nietzsche*, Die fröhliche Wissenschaft, 242.
98 *Nietzsche*, Menschliches, Allzumenschliches, I, 39.
99 *Nietzsche*, Menschliches, Allzumenschliches, I, 39.

aber fälschlich vorausgesetzt, dass das Schuldbewusstsein nach der Tat vernünftig sei.[100]

Die Folgerung, die Nietzsche daraus zieht, ist denkbar radikal: „Niemand ist für seine Taten verantwortlich, niemand für sein Wesen; richten ist soviel als ungerecht sein."[101] Er selbst war sich dieser Radikalität nur zu bewusst: „Der Satz ist so hell wie Sonnenlicht, und doch geht Jedermann lieber in den Schatten und die Unwahrheit zurück: aus Furcht vor den Folgen." Pointierte Zuspitzungen wie diese dürften mitursächlich dafür sein, dass Nietzsche in der Rechtsphilosophie nur eingeschränkt wahrgenommen wurde. Er rüttelte so stark an den Grundfesten, dass daraus beim besten Willen keine konkreten Folgerungen für die praktische Rechtsanwendung mehr gezogen werden konnten. Andererseits findet sich bei ihm in demselben Zusammenhang folgende hellsichtige Bemerkung zur Genealogie des Gerechtigkeitsgefühls, die nicht nur rhetorisch ihresgleichen sucht: „Jener jetzt so wohlfeile und scheinbar so natürliche, so unvermeidliche Gedanke, der wohl gar zur Erklärung, wie überhaupt das Gerechtigkeitsgefühl auf Erden zu Stande gekommen ist, hat herhalten müssen, ‚der Verbrecher verdient Strafe, weil er hätte anders handeln können', ist thatsächlich eine überaus spät erreichte, ja raffinirte Form des menschlichen Urtheilens und Schliessens; wer sie in die Anfänge verlegt, vergreift sich mit groben Fingern an der Psychologie der älteren Menschheit."[102] Dieser Satz korrespondiert in bemerkenswerter Weise mit seiner bereits behandelten bedauernden Feststellung, dass „wir (...) Alle kein herkömmliches Rechtsgefühl mehr (haben)."[103]

b) Strafrecht und Willensfreiheit

Nachdem Nietzsche die Willensfreiheit widerlegt zu haben glaubt, wendet er sich, wenngleich an ganz anderer Stelle und erst im zweiten Band von *Menschliches, Allzumenschliches*, der Frage zu, ob die Anhänger der Lehre vom freien Willen strafen dürfen.[104] Er begibt sich also bewusst auf das Terrain derer, welche die von

100 *Nietzsche*, Menschliches, Allzumenschliches, I, 39: „weil sich der Mensch für frei hält, nicht aber weil er frei ist, empfindet er Reue und Gewissensbisse."

101 Vgl. zu der im Text zitierten Stelle auch *G.-G. Grau*, Macht, Recht und Moral bei Nietzsche, ARSP-Beiheft 77 (2001) 11, 13: „Mit dieser Feststellung (sc. „richten ist soviel als ungerecht sein") sollen keineswegs moralisches Verhalten und rechtliche Bindungen völlig verworfen werden; vielmehr wird nur ein höherer Anspruch an den Menschen zurückgewiesen, der die ihm bei aller Unfreiheit verfügbare bleibende Macht über das zur Sicherung des Lebens notwendige Maß hinaus einschränkt."

102 *Nietzsche*, Zur Genealogie der Moral, Zweite Abhandlung, 4.

103 *Nietzsche*, Menschliches, Allzumenschliches, I 8, 459. Dazu oben im dritten Kapitel.

104 *Nietzsche*, Menschliches, Allzumenschliches, II 2, 23.

ihm abgelehnte Willensfreiheit annehmen, und versucht nun, gleichsam von innen heraus, Wertungswidersprüche aufzuzeigen. Es ist eine jener Stellen, die in einem engen Kausal- und Verweisungszusammenhang zu anderen Gedanken, hier den soeben näher betrachteten, stehen und deren rhetorische Schlagkraft man zwar isoliert schätzen, die man aber nur im Zusammenhang konzeptionell würdigen kann. So praxisuntauglich seine zuletzt gezogenen Schlussfolgerungen anmuten, geht er jetzt streng dogmatisch vor.

aa) Bedingung der Strafbarkeit

Ausgangspunkt seiner Betrachtung ist die Prämisse, dass der Täter dafür bestraft wird, dass er die besseren Gründe positiv kannte, gleichwohl aber den schlechteren folgte: „Die absichtliche Verleugnung der besseren Vernunft ist jetzt die Voraussetzung, die man beim strafwürdigen Verbrecher macht.“[105] Hat jemand das Gesetz absichtlich ignoriert, weigert er sich mithin das über die Verbotsnorm Erlernte anzuwenden, so muss er die Folgen seiner schlechten Wahl in Form der Strafe tragen.[106] An die Vertreter der Willensfreiheit richtet er nun die rhetorische Frage, warum „jemand absichtlich unvernünftiger sein (kann), als er sein muss“.[107] Begründet man dies mit der Willensfreiheit und unterstellt somit eine Beliebigkeit, so meint man, „die Vernunft, welche das Gesetz, das Verbot und Gebot kennt, hätte gar keine Wahl lassen dürfen (...) und als Zwang und höhere Macht wirken sollen.“[108] Wenn es aber etwas solchermaßen Zweck- und Vernunftloses war, um dessentwillen man den Täter straft, so wird nach Nietzsche nicht nur die Frage nach dem Grund unterdrückt, sondern – schlimmer noch – eine Tat bestraft, die man nach der „oben vorangeschickten Bedingung aller Strafbarkeit“, also der Kenntnis der besseren Gründe, *„auch nicht strafen (dürfte)!“*[109] Auch diese Formulierung verrät außergewöhnlichen Sinn für dogmatische Unterscheidung, denn wenn er der Sache nach den Vorsatz als Bedingung der Strafbarkeit versteht, so entspricht das mutatis mutandis ebenso dem heutigen

105 *Nietzsche*, Menschliches, Allzumenschliches, II 2, 23.

106 Es ist auffällig, dass Nietzsche hier nicht nur formal – er spricht etwa von der „herrschenden Ansicht“ –, sondern auch materiell in den Kategorien der Dogmatiker argumentiert.

107 *Nietzsche*, Menschliches, Allzumenschliches, II 2, 23.

108 *Nietzsche*, Menschliches, Allzumenschliches, II 2, 23. Zur Vernunft als moralisches Phänomen *P. Kouba*, Nietzsche-Studien 19 (1990) 20.

109 *Nietzsche*, Menschliches, Allzumenschliches, II 2, 23; Hervorhebung auch dort.

Stand, wie das Präfix „objektive", wenn sich der Vorsatz nicht darauf beziehen muss.[110]

bb) Wertungsmäßige Inkonsistenz

Strafrechtsdogmatisch gesprochen ist es der Vorsatz – Nietzsche spricht dementsprechend von Absicht –, der fehlt, wobei interessant ist, dass er dies als Unterlassen qualifiziert, das darin besteht, dass von der Vernunft kein Gebrauch gemacht wird. An anderer Stelle weist er darauf hin, „dass es vielmehr immer erst einer hohen Stufe der Vermenschlichung bedarf, damit das Thier ‚Mensch' anfängt, jene viel primitiveren Unterscheidungen ‚absichtlich' ‚fahrlässig' ‚zufällig' ‚zurechnungsfähig' (...) zu machen."[111] Auf dieser Grundlage gelangt er zur Feststellung einer wertungsmäßigen Inkonsistenz: „Jene Voraussetzung, die man beim strafwürdigen Verbrecher macht, dass er seine Vernunft absichtlich verleugnet habe, – gerade sie ist bei der Annahme des ‚freien Willens' aufgehoben. Ihr dürft nicht strafen, ihr Anhänger der Lehre vom ‚freien Willen', nach euren eigenen Grundsätzen nicht! – Diese sind aber im Grunde Nichts, als eine sehr wunderliche Begriffs-Mythologie; und das Huhn, welches sie ausgebrütet hat, hat abseits von aller Wirklichkeit auf seinen Eiern gesessen."[112] So dreht er den Spieß um: die Apologeten des freien Willens unterstellen eine Chimäre, geraten mit ihren eigenen Prämissen in Widerspruch und verkennen die Wirklichkeit.

4. Moral und Notwehr

Wir haben im bisherigen Verlauf gesehen, dass Nietzsche im Zusammenhang mit dem Recht immer wieder auch die Frage der Moralität behandelt, da sie eine notwendige Folgefrage der Schuld darstellt: „Warum nennen wir den schädigenden Menschen unmoralisch? Weil wir hier einen willkürlich waltenden, freien Willen, dort[113] Nothwendigkeit annehmen. Aber diese Unterscheidung ist ein Irrthum."[114] Davon war zuletzt die Rede, so dass dies im Folgenden außer Betracht bleiben kann. Doch veranschaulicht der einleitende Satz den Zusammenhang

---

110 Näher zur so genannten „objektiven Bedingung der Strafbarkeit" *C. Roxin*, Strafrecht, Allgemeiner Teil, Band I, 4. Auflage 2006, § 23.

111 *Nietzsche*, Zur Genealogie der Moral, Zweite Abhandlung, 4.

112 *Nietzsche*, Menschliches, Allzumenschliches, II 2, 23.

113 Gemeint ist das „Donnerwetter (...), das die Natur schickt und uns nass macht" und um dessentwillen „wir die Natur nicht als unmoralisch an(klagen)".

114 *Nietzsche*, Menschliches, Allzumenschliches, I, 102.

zwischen Recht und Moral.[115] Das wird an dieser Stelle noch deutlicher: „Alle Moral lässt absichtliches Schadenthun gelten bei Nothwehr: das heisst wenn es sich um die Selbsterhaltung handelt!“[116] Hier scheint wiederum der für Nietzsches rechtphilosophisches Denken zentrale Gesichtspunkt der Selbsterhaltung auf.[117] In einem anderen Gedanken geht er noch darüber hinaus: „Wenn man überhaupt die Nothwehr als moralisch gelten lässt, so muss man fast alle Aeusserungen des so genannten unmoralischen Egoismus‘ auch gelten lassen: man thut Leid an, raubt, tödtet, um sich zu erhalten oder um sich zu schützen, dem persönlichen Unheil vorzubeugen; man lügt, wo List und Verstellung das richtige Mittel der Selbsterhaltung sind.“[118]

Bedenklich ist freilich, wenn er folgert, dass diese beiden Gesichtspunkte – Notwehr und Selbsterhaltung – genügten, „um alle bösen Handlungen gegen Menschen, von Menschen ausgeübt, zu erklären.“[119] Aber es ist gerade zweifelhaft, ob und inwieweit es sich hier um zwei verschiedene Gesichtspunkte handelt, da die Notwehr, wenn ihre Voraussetzungen vorliegen, einen Unterfall der Selbsterhaltung bildet. Nietzsche berücksichtigt hier nicht, dass es sich bei der Schädigung zur Selbsterhaltung, wenn überhaupt, nur um eine notwendige Bedingung handelt; nur wenn die Selbsterhaltung im konkreten Fall mit der Notwehr bzw. der Nothilfe und ihren Voraussetzungen zusammenfällt, kann dies hinreichend sein für eine legitimierte Schädigung.

5. Strafende und belohnende Gerechtigkeit?

Im bisherigen Verlauf der Erörterung wurde davon ausgegangen, dass Nietzsches Gedanken über das Recht, auch wenn diese äußerlich unverbunden angeordnet sind und er erklärtermaßen keinen Systemanspruch erhob, in einem inneren Kausal- und Verweisungszusammenhang zueinander stehen. Das zeigt sich exemplarisch dort, wo er ausdrücklich von der Gerechtigkeit spricht. Er war sich durchaus bewusst, dass er eine eigene Lehre mit weit reichenden Konsequenzen vertrat, die für ihn eng mit dem Begriff der Gerechtigkeit verbunden ist, wie folgender einleitende Satz veranschaulicht: „Wer vollständig die Lehre von der völligen Unverantwortlichkeit begriffen hat, der kann die so genannte strafende

115 Siehe nur im ersten Kapitel.
116 *Nietzsche*, Menschliches, Allzumenschliches, I, 102.
117 Dazu bereits im ersten Kapitel.
118 *Nietzsche*, Menschliches, Allzumenschliches, I, 104.
119 *Nietzsche*, Menschliches, Allzumenschliches, I, 102.

und belohnende Gerechtigkeit gar nicht mehr unter den Begriff der Gerechtigkeit unterbringen: falls diese darin besteht, dass man Jedem das Seine giebt."[120]

a) Gerechtigkeit als Verwirklichung des suum cuique?

An dieser Aussage fällt zunächst die konditionale Formulierung auf. Nietzsche lässt offen, ob es das Wesen der Gerechtigkeit ist, jedem das Seine zu geben,[121] also dem Postulat des *suum cuique*, das so alt ist wie die Rechtsphilosophie, zu entsprechen. Dabei lässt er jedoch durch den Sinnzusammenhang erkennen, dass die bejahende Alternative vorrangig in Betracht kommt, indem er fortfährt: „Denn der, welcher gestraft wird, verdient die Strafe nicht: er wird nur als Mittel benutzt, um fürderhin von gewissen Handlungen abzuschrecken." In einer rein generalpräventiven Sichtweise liegt ein Verstoß gegen den kategorischen Imperativ in seiner dritten Ausprägung: „Handle so, dass du die Menschheit sowohl in deiner Person als in der Person eines jeden Anderen, jederzeit zugleich als Zweck, niemals bloß als Mittel brauchst."[122]

Wenn der Staat den Straftäter zum Mittel der Abschreckung herabwürdigt, so kann er ihm nicht das Seine zukommen lassen. Das wäre für Nietzsche allenfalls eine Bestrafung nach seiner persönlichen Verantwortlichkeit, was zu einem unauflösbaren Widerspruch führt, da es eine solche für Nietzsche gar nicht gibt. Das gilt umgekehrt in Ermangelung der Willensfreiheit auch für die „belohnende Gerechtigkeit": „Ebenso verdient Der, welchen man belohnt, diesen Lohn nicht: er konnte ja nicht anders handeln, als er gehandelt hat."[123] Strafe und Lohn sind daher nur Motive für das menschliche Handeln, die den Antrieb dort treffen und bestimmen sollen, wo der Mensch seiner Natur nach am empfindlichsten ist, nämlich auf dem Grunde seiner Eitelkeit. Erneut mündet also Nietzsches Be-

---

120 *Nietzsche*, Menschliches, Allzumenschliches, I, 105.

121 Siehe aber auch *F. Kaulbach*, Nietzsches Idee einer Experimentalphilosophie, 1980, S. 198: „In Nietzsches Gerechtigkeitsbegriff dagegen ist es nicht vorgesehen, jeder Partei das Ihre zu geben, um Einheit, Gleichheit und Frieden in der Pluralität der philosophischen Positionen herzustellen. Vielmehr geht es hier darum, einen ‚Staat' aufzurichten, in welchem in der Form eines Herrschaftsverhältnisses eine Hierarchie von Weltperspektiven unter der Einheit einer in einer geschichtlichen Gegenwart mächtigen und herrschenden Weltinterpretation hergestellt wird."

122 *I. Kant*, Grundlegung zur Metaphysik der Sitten, 1785 (Band 6 der von W. Weischedel herausgegebenen Ausgabe), S. 61.

123 *Nietzsche*, Menschliches, Allzumenschliches, I, 105.

trachtung von Recht und Moral in die Einsicht der Eitelkeit, welche ihn mit den französischen Moralisten eint.[124]

Vor diesem Hintergrund erklärt sich auch seine zusammenfassende Einsicht, die geradewegs zu seinem Verständnis der Gerechtigkeit als der Erfüllung des Gebots des *suum cuique* führt:[125] „Weder Strafe noch Lohn sind Etwas, das Einem als das Seine zukommt; sie werden ihm aus Nützlichkeitsgründen gegeben, ohne dass er mit Gerechtigkeit Anspruch auf sie zu erheben hätte."[126] Damit wird die oben aufgeworfene Frage dahingehend beantwortet, dass Nietzsche in der Tat im *suum cuique* das elementare Gebot der Gerechtigkeit verwirklicht sieht. Denn zum einen stellt er das Gesagte nicht mehr unter einen Vorbehalt („falls"), zum anderen bezieht er in das verneinende „Weder – noch" den aufschlussreichen Nachsatz ein: „ohne dass er mit Gerechtigkeit auf sie Anspruch zu erheben hätte."[127] Es entspringt ersichtlich keiner stilistischen Beliebigkeit, dass Nietzsche statt des zu erwartenden „mit Recht" sagt „mit Gerechtigkeit". Denn damit verknüpft er die Gerechtigkeit und das von ihm in diesem Gedanken nun schon wiederholt genannte Prinzip des *suum cuique*.

Allerdings ist zur Vermeidung von Missverständnissen erneut in Erinnerung zu rufen, dass Nietzsche ein allen Menschen zustehendes Naturrecht nicht anerkennt, dass es insoweit für ihn also kein *suum* gibt.[128] Eine paradoxe Umkehrung findet sich im Übrigen im Zarathustra: „Aber wie wollte ich gerecht sein von Grund aus! Wie kann ich Jedem das Seine geben! Diess sei mir genug: ich gebe Jedem das Meine."[129] Hier scheint zwar die Erkenntnis der Unmöglichkeit einer vollständigen, gleichsam objektiven und absoluten Gerechtigkeit auf, von der im letzten Kapitel noch die Rede sein wird. An die Stelle des *suum cuique* tritt anscheinend eine perspektivische Selbstbeschränkung. Aber die scheinbare Genügsamkeit kann auch so verstanden werden, dass der Anspruch ein höherer ist, so dass das Meine im Sinne Zarathustras eben mehr ist als das Seine.[130] Die

---

124 Grundlegend dazu *K. Stierle*, Friedrich Nietzsche und die klassische Moralistik in Frankreich, Festschrift M. Schmeling, 2008, S. 85.

125 *K. Jaspers*, Nietzsche. Einführung in das Verständnis seines Philosophierens, 1936, S. 183, ergänzt dies noch um das Nietzsche-Wort: „Jedem das Seine geben: das wäre Gerechtigkeit wollen und das Chaos erreichen."

126 *Nietzsche*, Menschliches, Allzumenschliches, I, 105.

127 *Nietzsche*, Menschliches, Allzumenschliches, I, 105.

128 *D.-J. Yang*, Die Problematik des Begriffs der Gerechtigkeit in der Philosophie von Friedrich Nietzsche, 2005, S. 47.

129 *Nietzsche*, Also sprach Zarathustra, Erster Teil, Vom Biss der Natter, Kritische Studienausgabe (Hg. G. Colli/M. Montinari), Band 4.

130 In diese Richtung auch *J. Stevens*, Nietzsche and Heidegger on Justice and Truth, Nietzsche-Studien 9 (1980) 224, 232: „In Zarathustra's words, truly active justice is more than a *Jedem das*

Selbstgenügsamkeit des Richters im Sinne eines *erst und nur* „dies ist mir genug" wäre dann ein Mehr und mithin allein in Betracht kommender Maßstab der Gerechtigkeit.

b) Gleichklang mit der Genialität der Gerechtigkeit

Für den vorliegenden Zusammenhang nicht minder wichtig ist eine andere Auffälligkeit, die ebenfalls in einer wörtlichen Wiederholung besteht und die dadurch noch eindringlicher wird, dass sie sich an ganz anderer Stelle findet, nämlich in dem für diese Untersuchung zentralen Abschnitt über die Genialität der Gerechtigkeit. Hier wird der innere Kausal- und Verweisungszusammenhang besonders deutlich, in dem die einzelnen Gedanken aufeinander bezogen sind. Denn dort heißt es, wie verschiedentlich hervorgehoben und in diesem Zusammenhang besonders augenfällig, über die Genialität der Gerechtigkeit, dass sie als Gegnerin der Überzeugungen – also auch derer über Schuld und Bestrafungsnotwendigkeit – „Jedem, sei es ein Belebtes oder Todtes, Wirkliches oder Gedachtes, *das Seine geben (will).*"[131] Die Koinzidenz der Gerechtigkeit mit dem *suum cuique* einerseits und der Gleichklang mit dem soeben behandelten Aphorismus, in dem das *suum cuique* gleich zweimal begegnet, und zwar jedes Mal im Zusammenhang mit der Gerechtigkeit – das erste Mal noch mit vorsichtigem Vorbehalt, das zweite Mal entschieden –, machen deutlich, dass auch hier ein innerer Kausal- und Verweisungszusammenhang zwischen den einzelnen auf Recht und Gerechtigkeit bezogenen Aphorismen besteht.

6. Vorläufige Würdigung

Vor diesem Hintergrund fragt sich, welchen Wert Nietzsches Beantwortung der Schuldfrage für die Rechtsphilosophie hat und welche Folgerungen sich daraus womöglich für die Rechtsdogmatik und Rechtsgeschichte ziehen lassen.

Seine geben; justice in its highest instance is a *Jedem das Meine geben*, a giving to each *my* own, what belongs to the genuinely superior man – the judge, the man who has the great method of acquiring knowledge, the wisest man, or perhaps even Zarathustra himself. The just man ist *self*-distributive, sacrificing himself for the sake of maintaining the rights of contractory forces." Hervorhebungen auch dort.

131 *Nietzsche*, Menschliches, Allzumenschliches, I, 636; Hervorhebung nur hier.

a) Offenkundige Praxisuntauglichkeit

Immerhin erwachsen Zweifel aus der offenkundigen Praxisuntauglichkeit. Die radikale Ablehnung der bestehenden Praxis auf der einen Seite und die überschießende Parteinahme für den Täter auf der anderen Seite lassen die Frage aufstehen,[132] ob nicht der Wunsch nach Originalität, die Erprobung des eigenen Scharfsinns gegenüber dem Schopenhauers und Kants die eigentlichen Urheber seiner Gedanken waren. In der Tat ist nicht zu leugnen, dass wir es hier mit einem Beispiel der bereits eingangs dargestellten Übersteigerung seines Gerechtigkeitsgefühls zu tun haben. Freilich zeigt gerade die zuletzt näher betrachtete Textstelle,[133] dass Nietzsche formal streng dogmatisch und inhaltlich, wie eingangs dargestellt,[134] sine ira et studio argumentiert.[135] Immerhin ist die Willensfreiheit in der Tat nicht beweisbar, sondern lediglich für die praktische Handhabung axiomatisch zugrunde zu legen. Gleichwohl bleibt das Odium der mangelnden Praxistauglichkeit, die auch schwerlich dadurch hergestellt wird, dass Nietzsche dem Verbrecher durch mildeste Strafen ins Gedächtnis rufen wollte, dass er sich fürderhin rechtstreu verhalten solle:[136] „Daraus ergäbe sich die allergrößte Milderung aller Strafen: und möglichste Gleichsetzung derselben! Nur als mnemotechnische Mittel! Da genügt wenig!“[137] Dieser mnemotechnische Gesichtspunkt ist überhaupt prägend für sein Denken.[138] Überhaupt bildet die jeweilige Härte der Strafgesetze für Nietzsche den Maßstab der Mühe ab, die Vergesslichkeit gegenüber dem Normappell der jeweiligen Vorschrift zu besiegen.[139]

---

132 Pointiert auch die sozialkritische Beleuchtung: „Die Lehre von der Freiheit des Willens ist eine Erfindung herrschenden Stände.“ (*Nietzsche*, Menschliches, Allzumenschliches, II 2, 9).

133 *Nietzsche*, Menschliches, Allzumenschliches, II 2, 23.

134 In der Einleitung.

135 Sieht man einmal von dem polemischen Schlusswort ab.

136 Instruktiv zum historischen Hintergrund und den literarischen Einflüssen auf Nietzsche *L. Gschwend*, Nietzsche und die Strafrechtswissenschaft des 19. Jahrhunderts, ARSP-Beiheft 77 (2001) 127, 144.

137 *Nietzsche*, Nachgelassene Fragmente, Juli – August 1879, 42 (61), Kritische Studienausgabe (Hg. G. Colli/M. Montinari), Band 8, S. 606.

138 Eingehend *H. Thüring*, Das Gedächtnis als Grund und Abgrund des Rechts bei Friedrich Nietzsche, ARSP-Beiheft 77 (2001) 57; *C. Crawford*, Nietzsche's mnemotechnics, the theory of ressentiment, and Freud's topographies of the physical apparatus, Nietzsche-Studien 14 (1985) 281; *R. Gasser*, Nietzsche und Freud, 1997; zum Verhältnis von Gedächtnis und Wille bei Nietzsche *W. Müller-Lauter*, Nietzsches Lehre vom Willen zur Macht, Nietzsche-Studien 3 (1974) 1, 58.

139 *Nietzsche*, Zur Genealogie der Moral, Zweite Abhandlung, 3.

b) Bewältigung aus heutiger Sicht

Das Problem des freien Willens kann auch heute noch nicht als endgültig gelöst gelten und stellt eine bleibende Herausforderung an Rechtsphilosophie und -dogmatik. Claus Roxin hat die Problematik aus Sicht des modernen Strafrechts treffend zusammengefasst:[140] „Wenn aber die Bejahung menschlicher Schuld nur dazu dient, einem aus generalpräventiven Gründen notwendigen staatlichen Eingriff eine Grenze zu setzen, hängt die Legitimität ihrer Anerkennung als eines Mittels bürgerlicher Freiheitswahrung nicht von ihrer empirischen oder erkenntnistheoretischen Beweisbarkeit ab. Ihre Annahme ist eine normative Setzung, eine soziale Spielregel, die sich nicht zu der Frage äußert, wie es mit der menschlichen Freiheit seinsmäßig beschaffen ist, sondern lediglich anordnet, dass der Mensch vom Staat als prinzipiell frei und verantwortungsfähig behandelt werden sollte. Die Frage nach dem wirklichen Bestehen der Willensfreiheit kann und muss wegen ihrer objektiven Unentscheidbarkeit dabei ausgeklammert werden."[141]

Dem ist zuzustimmen, auch wenn es gewiss das Gegenteil dessen ist, worauf es Nietzsche ankommt. Das Recht verlöre andernfalls jegliche Operationalisierbarkeit. Gerade zur Wahrung und Verwirklichung der Freiheit des Einzelnen muss es das Bestehen seiner grundsätzlichen Handlungsfreiheit gleichsam als regulative Idee zugrunde legen. Man gelangt hier letztlich an denselben Ausgangspunkt, den Nietzsche, wie am Ende des ersten Kapitels gezeigt, zugrunde gelegt hatte, wenn er sich in die Einsicht in die Notwendigkeit fügte, dass es ein Recht geben müsse, obwohl dies dem herkömmlichen Rechtsempfinden zuwiderläuft und ihm daher als eine willkürliche Form der Rechtssetzung erscheint. Am Rande sei vermerkt, dass Nietzsches Gedanken zur Willensfreiheit ihn zur Unterscheidung

---

140 Ihm zustimmend *O. Backes*, Strafrecht und Lebenswirklichkeit, Festschrift W. Maihofer, 1988, S. 41, 54 ff.; *K. L. Kunz*, Prävention und gerechte Zurechnung, ZStW 98 (1986) 823; *F. Streng*, Schuld ohne Freiheit? Der funktionale Schuldbegriff auf dem Prüfstand, ZStW 101 (1989) 273; *J. Tiemeyer*, Zur Möglichkeit eines erfahrungswissenschaftlich gesicherten Schuldbegriffs, ZStW 100 (1988) 527; ähnlich bereits *P. Bockelmann*, Willensfreiheit und Zurechnungsfähigkeit, ZStW 75 (1963) 372; ablehnend *A. Kaufmann*, Schuldprinzip und Verhältnismäßigkeitsgrundsatz, Festschrift R. Lange, 1976, S. 27, 28; *ders.*, Dogmatische und kriminalpolitische Aspekte des Schuldgedankens im Strafrecht, JZ 1967, 555; *A. Griffel*, Prävention und Schuldstrafe. Zum Problem der Willensfreiheit, ZStW 98 (1986) 28; *ders.*, Widersprüche um die Schuldstrafe, GA 1989, 193, 252.

141 *C. Roxin*, Strafrecht, Allgemeiner Teil, Band I, 4. Auflage 2006, § 3 Rz. 55, mit dem versöhnlichen Nachsatz: „auch ein Determinist kann sich ein solches rechtliches Regelungsprinzip gefallen lassen, weil es seine Überzeugung von der realen Beschaffenheit des Weltlaufes nicht antastet."

zwischen Schuld und Kausalität führten.[142] Diese Separierung ist, auch wenn sie nicht mehr bzw. noch nicht den gegenwärtigen dogmatischen Standards entspricht, ebenfalls eine Leistung, die nur mit einem Sinn für dogmatische Unterscheidungen getroffen werden kann, also jener Fertigkeiten, die Nietzsche zur einleitenden Begründung der Genialität der Gerechtigkeit wertschätzte und gleichsam zur begleitenden Basis machte.

c) Unvereinbarkeit mit einer „Lebensführungsschuld"

Am Rande sei auf eine ganz triviale Tatsache hingewiesen, die aber gleichwohl im bisherigen Schrifttum zumindest in diesem Zusammenhang, soweit ersichtlich, noch gar nicht berücksichtigt wurde:[143] Nietzsches Beantwortung der Schuldfrage passt mitnichten zur Meinung derer, die Nietzsche als geistigen Wegbereiter des nationalsozialistischen Unrechts ansehen, dessen Merkmal es nicht zuletzt war, grundlos und rückwirkend drakonische Strafen zu verhängen, den Gewohnheitsverbrecher zu typisieren[144] und eine „Lebensführungsschuld" zu befürworten,[145] die das genaue Gegenteil dessen ist, was Nietzsche im Sinn hatte. Andererseits wurde unter Rückgriff auf Simmel und Schopenhauer vertreten, was ebenso wenig im Sinne Nietzsches ist: „Hat ein Mensch mit gewissen Handlungen oder einem bestimmten Benehmen einen bösartigen oder haltlosen oder liederlichen Charakter an den Tag gelegt, so muss er für diesen seinen Charakter einstehen und büßen *und zwar ohne Rücksicht darauf, wie es zu diesem Charakter*

---

142 Siehe zu letzterem die tief dringende, mitunter in ihrem Ausgangspunkt gleichfalls radikal ansetzende Arbeit von *C. Rothenfußer*, Kausalität und Nachteil, 2003.

143 Annäherungsweise, aber mit anderer Zielrichtung *L. Gschwend*, Nietzsche und die Strafrechtswissenschaft des 19. Jahrhunderts, ARSP-Beiheft 77 (2001) 127, 145 ff.

144 Durch das Gewohnheitsverbrechergesetz vom 24.11.1933; dazu der Kommentar des Reichsjustizministeriums von *L. Schäfer/O. Wagner/J. Schafheutle*, Gewohnheitsverbrechergesetz, Kommentar des Reichsjustizministeriums, 1934, S. 184: „Gerade auf sie (sc. gemeint waren vermindert schuldfähige Psychopathen) und auf ihre abgeschwächte seelische Widerstandskraft kann durch ernste und lange Strafen vielfach nachhaltiger eingewirkt werden als durch unangebrachte Milde."

145 *E. Mezger*, Die Straftat als Ganzes, ZStW 57 (1938) 675, 688: „Strafrechtliche Schuld ist nicht Einzel-Tatschuld, sondern auch seine ganze Lebensführungsschuld, die ihn hat aus der Art schlagen lassen." Ähnlich die „Lebensentscheidungsschuld", die von *P. Bockelmann*, Studien zum Täterstrafrecht, Teil 2, 1940, S. 145 ff., begründet wurde. *E. Mezger*, Rechtsirrtum und Rechtsblindheit, Festschrift E. Kohlrausch, 1944, S. 180, 194, 196, schlug sogar vor, wenn es das „unabweisbare praktische Bedürfnis" gebietet, von der „Schuldstrafe zur Schutzstrafe" überzugehen.

gekommen ist, falls er nur überhaupt ‚Person' (also nicht geisteskrank oder unterentwickelt) ist und als solche sich betätigt hat."[146]

d) Auswüchse des späten Nietzsche

Zur Vermeidung einer vordergründig idealisierenden Deutung ist freilich unmissverständlich hervorzuheben, dass es auch in Nietzsches nachgelassenen Fragmenten einige sehr bedenkliche Stellen gibt, etwa wenn er von dem Angehörigen der von ihm so genannten „Rasse des Verbrecherthums" spricht, dem „man ihm den Krieg machen (soll), noch bevor er etwas Feindseliges gethan hat"[147] oder wenn er in bestimmten Fällen mit „härtesten Zwangs-Maaßregeln der Zeugung vorbeugen" will.[148] Man würde es sich zu einfach machen, wenn man diese Äußerungen allein als Zeichen seiner Geisteskrankheit einordnen würde, obwohl sie – zumindest die letztgenannte – zeitlich wohl schon mit dem aufkeimenden Wahnsinn einhergehen.[149]

7. Schonung als Praxis der Gerechtigkeit

Gerade im Hinblick auf die zuletzt dargestellten Fragmente ist einer undifferenzierten Huldigung tunlichst entgegenzutreten. Hieran zeigt sich, dass es zu einseitig wäre, eine Art innerer Biographie Nietzsches am Leitbild der von ihm so genannten Genialität der Gerechtigkeit zu entwerfen, auch wenn sich gerade in *Ecce homo* interessante Aspekte finden: „Gleich Jedem, der nie unter seines Gleichen lebte und dem der Begriff ‚Vergeltung' so unzugänglich ist wie etwa der Begriff ‚gleiche Rechte', verbiete ich mir in Fällen, wo eine kleine oder sehr grosse

---

146 *K. Engisch*, Literaturbericht. Zur Idee der Täterschuld, ZStW 61 (1942) 166, 174; Hervorhebung nur hier.

147 *Nietzsche*, Nachgelassene Fragmente, Herbst 1887, 10 (50), Kritische Studienausgabe (Hg. G. Colli/M. Montinari), Band 12, S. 479: „erste Operation, sobald man ihn in der Gewalt hat, ihn kastriren". – In sonderbarem Kontrast steht dazu *ders.*, Nachgelassene Fragmente, Juli – August 1879, 42 (53), Kritische Studienausgabe (Hg. G. Colli/M. Montinari), Band 8, S. 604: „Der Verbrecher beim Einfangen zart, wie ein Kranker zu behandeln."

148 *Nietzsche*, Nachgelassene Fragmente, Oktober 1888, 23 (1), Kritische Studienausgabe (Hg. G. Colli/M. Montinari), Band 13, S. 599; instruktiv dazu vor dem Hintergrund der zeitgenössischen Theorien der Kriminalpsychologie *L. Gschwend*, Nietzsche und die Strafrechtswissenschaft des 19. Jahrhunderts, ARSP-Beiheft 77 (2001) 127, 146.

149 Vgl. *E. Biser*, Nietzsche für Christen. Eine Herausforderung, 2000, S. 60: „Dass sich im Dezember 1888 der Übergang zum Wahnsinn vollzogen haben muss, zeigt auch der inzwischen entzifferte Nachtragsabschnitt zu dem Kapitel ‚Warum ich so weise bin' (§ 3; sc. aus Ecce homo)."

Thorheit an mir begangen wird, jede Gegenmaassregel, jede Schutzmaassregel, – wie billig, auch jede Vertheidigung, jede ‚Rechtfertigung'. Meine Art Vergeltung besteht darin, der Dummheit so schnell wie möglich eine Klugheit nachzuschicken; so holt man sie vielleicht noch ein."[150] Allerdings sollte man sich vor einer voreiligen Verallgemeinerung gerade dieser späten und etwas selbstgerechten Selbstbeschreibung hüten und die darin enthaltenen Urteile nicht vorschnell verabsolutieren.[151] So richtet sich der Blick vor allem auf die gleichsam kanonisierten Werke.

a) Das Prinzip der Ausgewogenheit

Das Prinzip der Ausgewogenheit findet man ungeachtet der mangelnden praktischen Tragfähigkeit bisweilen in einer Weise verwirklicht, die von einem hohen Anspruch zeugt und Sinn für Humanität verrät, indem sie die Verschiedenheit des Anderen zur Selbstbildung nutzt: „Lasst uns nicht mehr so viel an Strafen, Tadeln und Bessern denken! Einen Einzelnen werden wir selten verändern; und wenn es uns gelingen sollte, so ist vielleicht unbesehens auch Etwas mitgelungen: *wir* sind durch ihn verändert worden!"[152] Der Ausgangspunkt seiner Empörung, nämlich die Selbstgerechtigkeit der Richter und der die allgemeine Rechtsüberzeugung vertretenden Vollstreckungsorgane, die sein moralisches Gefühl beleidigen, sind der Antrieb, dem Täter „das Seine" zu geben: „Unterschätzen wir nämlich nicht, inwiefern der Verbrecher gerade durch den Anblick der gerichtlichen und vollziehenden Prozeduren selbst verhindert wird, seine That, die Art seiner Handlung, *an sich* verwerflich zu empfinden: denn er sieht genau die gleiche Art von Handlungen im Dienst der Gerechtigkeit verübt und dann gut geheissen, mit gutem Gewissen verübt."[153] Seine Empörung gilt daher dem selbstgerechten Richter: „So erfindet mir doch die Gerechtigkeit, die Jeden freispricht, ausgenommen den Richtenden!"[154]

---

150 *Nietzsche*, Ecce homo, Warum ich so weise bin, Kritische Studienausgabe (Hg. G. Colli/M. Montinari), Band 6, 5.

151 Siehe zu Ecce homo auch *F. Kittler*, Wie man abschafft, wovon man spricht: Der Autor von ‚Ecce homo', in: Nietzsche – Politik des Eigennamens. Wie man abschafft, wovon man spricht (Hg. J. Derrida/F. Kittler), 2000, S. 65.

152 *Nietzsche*, Die fröhliche Wissenschaft, 321; Hervorhebung auch dort.

153 *Nietzsche*, Zur Genealogie der Moral, Zweite Abhandlung, 14; Hervorhebung auch dort.

154 *Nietzsche*, Also sprach Zarathustra, Erster Teil, Vom Biss der Natter, Kritische Studienausgabe (Hg. G. Colli/M. Montinari), Band 4.

b) Behutsamkeit als Vorstufe der Gerechtigkeit

Es finden sich etwa in der *Morgenröte* durchaus ausgewogene Anleitungen zum therapeutischen Umgang mit dem Rechtsbrecher,[155] die freilich in einer uns heute unverständlichen und befremdenden Weise „als äußerstes Mittel" das Angebot zur „Gelegenheit zum Selbstmord" bereithalten.[156] Jedoch ist diese letzte Möglichkeit für ihn nur ultima ratio: „Diess als äusserstes Mittel der Erleichterung vorbehalten: soll man Nichts verabsäumen, um vor Allem dem Verbrecher den guten Muth und die Freiheit des Gemüthes wieder zu geben."[157] Im Übrigen finden sich in demselben Abschnitt behutsame Fingerzeige, die dem selbstgesetzten Maßstab durchaus gerecht werden:[158] „Man soll Gewissensbisse wie eine Sache der Unreinlichkeit ihm von der Seele wischen und ihm Fingerzeige geben, wie er den Schaden, welchen er vielleicht an dem Einen geübt, durch eine Wohlthat am Anderen, ja vielleicht an der Gesammtheit ausgleichen und überbieten könne. *Alles in äusserster Schonung!* Und namentlich in Anonymität oder unter neuen Namen und mit häufigerem Ortswechsel, damit die Unbescholtenheit des Rufes und sein künftiges Leben so wenig wie möglich dabei Gefahr laufe."[159] Die damit geforderte Behutsamkeit zum Zwecke der Resozialisierung ist somit einerseits psychologische Herausforderung, darüber hinaus aber Vorstufe zur Verwirklichung der Gerechtigkeit.

c) Zusammenfassung

Bereits die äußerliche Gestaltung der zuletzt zitierten Zeilen Nietzsches verdeutlicht die Zentralität des für ihn wesentlichen Begriffs der Schonung, die gleichsam die innere Mitte des Gerechtigkeitsverständnisses berührt.[160] Überhaupt lässt es sich nicht unmissverständlicher zum Ausdruck bringen, als es Nietzsche selbst zusammengefasst hat: „Schonung ist die Praxis der Gerechtigkeit: vieles sehen,

---

155 *Nietzsche*, Morgenröte, 202.

156 *L. Gschwend*, Nietzsche und die Strafrechtswissenschaft des 19. Jahrhunderts, ARSP-Beiheft 77 (2001) 127, 146, macht mit Recht darauf aufmerksam, dass „den Worten ein nicht ungefährlicher Zynismus mitschwingt."

157 *Nietzsche*, Morgenröte, 202; zum Freitod auch *Nietzsche*, Götzen-Dämmerung, Streifzüge eines Unzeitgemäßen, 36; sowie vor allem im vorliegenden Zusammenhang bedeutsam *Nietzsche*, Menschliches, Allzumenschliches, I, 88: „Es giebt ein Recht, wonach wir einem Menschen das Leben nehmen, aber keines, wonach wir ihm das Sterben nehmen: diess ist nur Grausamkeit."

158 *Nietzsche*, Menschliches, Allzumenschliches, I, 636.

159 *Nietzsche*, Morgenröte, 202; Hervorhebung nur hier.

160 Siehe auch *D.-J. Yang*, Die Problematik des Begriffs der Gerechtigkeit in der Philosophie von Friedrich Nietzsche, 2005, S. 68.

aber nicht bemerken wollen, vieles ertragen, aber, um des allgemeinen Friedens willen, freudig dazu sehen."[161]

161 *Nietzsche*, Nachgelassene Fragmente, Ende 1880, 7 (27), Kritische Studienausgabe (Hg. G. Colli/M. Montinari), Band 9, S. 323. Zu dieser Stelle auch *F. Kaulbach*, Nietzsches Idee einer Experimentalphilosophie, 1980, S. 219; man beachte hier auch das „Sehen" im Zusammenhang mit der Gerechtigkeit, von dem gegen Ende noch ausführlich die Rede sein wird, wenn es um das „Auge der Gerechtigkeit" geht.

5. Kapitel: Nietzsches Blick auf den Staat

Im achten Hauptstück von *Menschliches, Allzumenschliches* wirft Nietzsche einen „Blick auf den Staat".[1] In diesem Abschnitt finden sich verschiedene wegweisende Aussagen über das Recht. Diese dürfen freilich, ebenso wie es im bisherigen Verlauf der Untersuchung beachtet wurde, nicht isoliert betrachtet werden, sondern müssen den inneren Kausal- und Verweisungszusammenhang beachten, den Nietzsche seinen Aphorismen unausgesprochen zugrunde gelegt hat. Denn gerade die aus dem genannten Zusammenhang gerissene Separierung einzelner Worte ist, wie verschiedentlich gesehen, dafür mitverantwortlich, dass Nietzsche ungeachtet der Anerkennung seiner scharfsichtigen Radikalität seines Denkens die nötige Achtung gerade von Seiten der Rechtsphilosophie versagt blieb. Schon früh spricht er davon, „mit welcher mitleidlosen Starrheit die Natur, um zur Gesellschaft zu kommen, sich das grausame Mittel des Staates schmiedet."[2] Umgekehrt bleibt es dabei, dass Nietzsche ebenso wenig eine Theorie des Staates wie des Rechts vorstellt.[3]

Seine tief greifende Skepsis gegenüber dem Staat verwundert nicht; noch weniger, dass er ihn im *Zarathustra* mit buchstäblich giftiger Polemik überschüttet: „Staat nenne ich's, wo Alle Gifttrinker sind, Gute und Schlimme: Staat, wo Alle sich selber verlieren, Gute und Schlimme: Staat, wo der langsame Selbstmord Aller – ‚das Leben' heisst."[4] Zudem geißelt er den Staat als „organisierte Unmoralität"[5] sowie als „Sünde an Sitten und Rechten".[6] Insbesondere die letztgenannte Schmähung nimmt nach dem bisher Bedachten nicht wunder, weil Rechte und Sitten für Nietzsche gerade durch das Herkommen vorbezeichnet sind; in ihnen hat sich über Jahrtausende allmählich etwas manifestiert, dass durch den Staat gefährdet und aus Nietzsches Sicht gewaltsam verändert wird.

---

1 *Nietzsche*, Menschliches, Allzumenschliches, I, 438 ff.

2 *Nietzsche*, Der griechische Staat, 1872.

3 Zutreffend *J. Binder*, Nietzsches Staatsauffassung, Logos XIV (1925) 269, 275; siehe dazu auch *K. Ansell-Pearson*, An Introduction to Nietzsche as a Political Thinker: The Perfect Nihilist, 1994; *W. Kuss*, Der Staat in der Philosophie Nietzsche's, 1982; vgl. auch *J.-W. Lee*, Politische Philosophie des Nihilismus – Nietzsches Neubestimmung des Verhältnisses von Politik und Metaphysik, 1992.

4 *Nietzsche*, Also sprach Zarathustra, Erster Teil, Von neuen Götzen, 1883–1885, Kritische Studienausgabe (Hg. G. Colli/M. Montinari), Band 4.

5 *Nietzsche*, Nachgelassene Fragmente, November 1887 – März 1888, 11 (407), Kritische Studienausgabe (Hg. G. Colli/M. Montinari), Band 13, S. 187.

6 *Nietzsche*, Also sprach Zarathustra, Erster Teil, Von neuen Götzen, 1883–1885, Kritische Studienausgabe (Hg. G. Colli/M. Montinari), Band 4.

https://doi.org/10.1515/9783110645682-006

I. Geltungsgrund des Rechts und des Staats

Daher kann die Betrachtung nicht erst dort ansetzen, wo Nietzsche selbst den Blick auf den Staat richtet.[7] Bereits an früherer Stelle scheint die Rolle des Rechts – freilich in noch sehr verallgemeinernder Form – einmal im Hinblick auf den Staat auf.[8]

1. Nietzsche und die Aufklärung

Dabei begegnet das Recht, wenn auch nur beiläufig, so doch in aufschlussreicher Weise: „Alle Staaten und Ordnungen der Gesellschaft: die Stände, die Ehe, die Erziehung, das Recht, alles diess hat seine Kraft und Dauer allein in dem Glauben der gebundenen Geister an sie – also in der Abwesenheit der Gründe, mindestens in der Abwehr des Fragens nach Gründen."[9]

a) Recht als Perpetuierung des Machtanspruchs?

Das Recht wird somit zwar als Ordnung der Gesellschaft anerkannt, im Übrigen ist es aber um seine Legitimation schlecht bestellt. Es besteht trotz positiver Geltung eigentlich nicht, sondern nur im Glauben daran. Es ist ein Befund, als habe es nie eine Aufklärung gegeben: Der Ausgang des Menschen aus seiner selbstverschuldeten Unmündigkeit[10] – um es mit den Worten Kants zu sagen – scheint Nietzsche noch nicht vollzogen.[11] Demgemäß spricht er von den gebundenen Geistern, dem Gegenbegriff „freier Geister",[12] für die sein Werk ausweislich des Untertitels bestimmt ist. In gleichsam negativer Abgrenzung argwöhnt er ebenda über die „gebundenen Geister" gegenüber dem „Freigeist": „er darf nicht Recht haben, denn er ist uns schädlich."[13] Immerhin verdankt das Recht, wenn man dem

7 *Nietzsche*, Menschliches, Allzumenschliches, I, 438. Siehe zu Nietzsches Staatsauffassung auch den gleichnamigen Beitrag von *J. Binder*, Nietzsches Staatsauffassung, Logos XIV (1925) 269–296.

8 Aus dem früheren Schrifttum *M. Brahn*, Friedrich Nietzsches Meinungen über Staaten und Kriege, 1915.

9 *Nietzsche*, Menschliches, Allzumenschliches, I, 227.

10 *I. Kant*, Was ist Aufklärung?, 1783 (Akademie-Ausgabe, Band VIII), S. 35.

11 Es ist freilich nur der Schein; in Wahrheit folgt Nietzsche der kantischen Bestimmung, wie *O. Höffe*, Einführung in Nietzsches ‚Genealogie der Moral', in: Zur Genealogie der Moral (Hg. O. Höffe), KA 29, 2004, S. 4, dargelegt hat.

12 Siehe dazu *V. Gerhardt*, Die Tugend des freien Geistes. Nietzsche auf dem Weg zum individuellen Gesetz der Moral, Festschrift H. Schnädelbach, 1996, S. 197.

13 *Nietzsche*, Menschliches, Allzumenschliches, I, 227.

Nachsatz glauben darf, auch der Abwehr des Fragens nach Gründen seine Dauer und Kraft, ein freilich wenig hilfreicher Ausblick.[14] Denn Recht erscheint hier wiederum als Perpetuierung des Machtanspruchs ohne hinreichende Legitimation; nur solange und soweit die ihm Unterworfenen daran glauben, gilt das Recht.

b) Toleranz und aktive Gerechtigkeit

Friedrich Kaulbach hat den Zusammenhang mit der Aufklärung folgendermaßen beschrieben: „Die von diesem Bewusstsein beanspruchte Gerechtigkeit zeigt Züge der Toleranz im landläufigen aufklärerischen Sinn der ‚Anerkennung fremder Ideale‘. Aber ‚Toleranz‘, ‚historischer Sinn‘, so genannte Gerechtigkeit sind als Beweis des Fehlens solch eines Ideals zu beurteilen.“[15] Indes ist diese Assoziation mit der Toleranz im Sinne der Aufklärung nicht ungefährlich, wenn man bedenkt, dass Nietzsches Gerechtigkeit eine aktive ist, die sich gerade nicht im Ertragen erschöpft:[16] „Das Nothwendige nicht bloss ertragen, noch weniger verhehlen – aller Idealismus ist Verlogenheit vor dem Nothwendigen –, sondern es lieben.“[17] Noch deutlicher wird es, wenn er zur Kritik der von ihm so genannten „Herden-Tugenden“ die von ihm verabscheute „inertia“ – sie ist als Untätigkeit das genaue Gegenteil der „aktiven Gerechtigkeit“ – zuletzt wirksam sieht „in der Toleranz: die Furcht vor dem Ausüben des Rechts, des Richtens.“[18] Auf diese Überlegungen wird im weiteren Verlauf noch zurückzukommen sein, sie sind zugleich im Blick zu halten, um beim Blick auf den Staat das Thema der Gerechtigkeit nicht aus den Augen zu verlieren.

2. Ausgang aus dem Naturzustand

Eine zusammenhängende Darstellung des Staatsrechts fehlt bei Nietzsche ebenso wie eine Begründung und Begrenzung der Staatsgewalt. Bei seinem angesprochenen „Blick auf den Staat“ ist zwar der Naturzustand vorausgesetzt, aber nicht

14 Zur Genealogie von Nietzsches Kraftbegriff *M. Bauer*, Nietzsches-Studien 13 (1984) 211.
15 *F. Kaulbach*, Nietzsches Idee einer Experimentalphilosophie, 1980, S. 210.
16 *Nietzsche*, Zur Genealogie der Moral, Zweite Abhandlung, passim; dazu an späterer Stelle.
17 *Nietzsche*, Ecce homo, Warum ich so klug bin, Kritische Studienausgabe (Hg. G. Colli/M. Montinari), Band 6, 10.
18 *Nietzsche*, Nachgelassene Fragmente, Ende 1886 – Frühjahr 1887, 7 (6), Kritische Studienausgabe (Hg. G. Colli/M. Montinari), Band 12, S. 275.

näher beschrieben.[19] Es überrascht daher, dass sich nur an vergleichsweise entfernten Stellen und in anderem Zusammenhang genauere Aussagen dazu finden.[20]

a) Der „ursprüngliche Staatengründer"

Der Staat wird, wie noch zu zeigen sein wird, nach Nietzsche nicht durch einen Vertrag,[21] sondern durch einen ursprünglichen Gewaltakt gegründet: „Der Einzelne kann im Zustande, welcher vor dem Staate liegt, zur Abschreckung andere Wesen hart und grausam behandeln: um seine Existenz durch solche abschreckende Proben seiner Macht sicher zu stellen. So handelt der Gewaltthätige, Mächtige, der ursprüngliche Staatengründer, welcher sich die Schwächeren unterwirft."[22] Der ursprüngliche Staatengründer ist also der Mächtige bzw. Gewalttätige: „Er hat dazu das Recht, wie es jetzt noch der Staat sich nimmt."[23] Dieser Satz bestätigt das, was bereits früh dem Rechtsverständnis Nietzsches entsprach: „Die Gewalt gibt das erste Recht, und es gibt kein Recht, das nicht in seinem Fundamente Anmaßung, Usurpation, Gewalttat ist."[24]

aa) Blick auf Schopenhauers Vereinigung von Recht und Gewalt

Es lohnt sich, die entsprechende Stelle des von Nietzsche besonders geschätzten Schopenhauer heranzuziehen:[25] „Das Recht an sich ist machtlos: von Natur herrscht die Gewalt. Diese nun zum Recht hinüberzuziehen, so dass mittels der Gewalt das Recht herrsche, dies ist das Problem der Staatskunst."[26] Hier zeigt sich bei phänotypischer Gleichheit der fundamentale Unterschied zwischen beiden

---

19 *Nietzsche*, Menschliches, Allzumenschliches, I, 438.
20 *Nietzsche*, Menschliches, Allzumenschliches, I, 99.
21 *Nietzsche*, Zur Genealogie der Moral, Zweite Abhandlung, 17.
22 *Nietzsche*, Menschliches, Allzumenschliches, I, 99.
23 *Nietzsche*, Menschliches, Allzumenschliches, I, 99.
24 *Nietzsche*, Der griechische Staat, 1872, Vorrede.
25 Siehe nur *Nietzsche*, Menschliches, Allzumenschliches, II 1, 408: „Vier Paare waren es, welche sich mir, dem sich Opfernden, nicht versagten: Epikur und Montaigne, Goethe und Spinoza, Plato und Rousseau, Pascal und Schopenhauer. Mit diesen muss ich mich auseinandersetzen, wenn ich lange allein gewandert bin, von ihnen will ich mir Recht und Unrecht geben lassen, ihnen will ich zuhören, wenn sie sich dabei selber untereinander Recht und Unrecht geben lassen." Näher *J. Conant*, Nietzsche's Perfectionism: A Reading of Schopenhauer as Educator, in: Nietzsche's Postmoralism: Essays on Nietzsche's Prelude to Philosophy's Future (Hg. R. Schach), 2000, 181.
26 *A. Schopenhauer*, Parerga und Paralipomena, 1851, Zweiter Band, Kapitel IX, § 127. Dazu *J. Petersen*, Schopenhauers Gerechtigkeitsvorstellung, 2017.

Konzeptionen, der dadurch diejenige Nietzsches noch deutlicher werden lässt. Schopenhauer geht von einem „Recht an sich" aus, eine Vorstellung, die für Nietzsche unannehmbar ist, weil es für ihn erst und nur Recht geben kann, wo sich Machtansprüche manifestiert haben und eine vertragliche Regelung es nahe legt, die Gewaltausübung zu hindern. Gewalt und Recht stehen einander im Naturzustand also nicht wie bei Schopenhauer beziehungslos gegenüber, so dass es nurmehr darum geht, eine friedliche Koinzidenz herbeizuführen, sondern aus dem einen bildet sich allmählich das andere. Wenn Nietzsche eine „Staatskunst" überhaupt anerkennen würde, so würde diese gewiss eher Züge tragen, wie sie im Fürsten Machiavellis beschrieben sind.

bb) Abwesenheit entgegenstehenden Rechts

Nietzsches zitierte Aussage aus der *Genealogie der Moral* („Er hat dazu das Recht ...") ist ungeachtet ihrer vordergründigen Unmissverständlichkeit nur begreiflich, wenn man die nachfolgende Präzisierung mitliest: „oder vielmehr: es giebt kein Recht, welches diess hindern kann."[27] Dieser Nachsatz ist aus zwei Gründen wesentlich: Zum einen wird deutlich, dass in dem Eingangssatz („Er hat dazu das Recht") kein Werturteil darüber liegt, ob dies „richtig" ist. Da es ein Naturrecht für Nietzsche nicht gibt, ist das so geschaffene Recht eine Gegebenheit. Zum Zweiten ist, was mit dem Erstgenannten zusammenhängt, die Feststellung wichtig, dass der Eingangssatz durch den Nachsatz relativiert wird: Der Mächtige hat nur dadurch das Recht, dass es kein entgegenstehendes Recht gibt, das seinerseits auf entgegenstehender Macht gründet. Der Mächtige hat das Recht also nicht deshalb, weil es so gut ist.

Dies kommt in dem gleichfalls wesentlichen Folgesatz zur Geltung, von dem bereits an anderer Stelle die Rede war: „Es kann erst dann der Boden für alle Moralität zurecht gemacht werden, wenn ein grösseres Individuum, ein Collektiv-Individuum, zum Beispiel die Gesellschaft, der Staat, die Einzelnen unterwirft, also aus ihrer Vereinzelung herauszieht und in einen Verband einordnet."[28] Daraus wird, wie erinnerlich, die Sitte, der freie Gehorsam und schließlich die Tugend. Die gewaltsame Niederwerfung durch den Einzelnen hat also noch nichts Moralisches für sich – das wird häufig übersehen –, sondern die Moralität hält erst Einzug durch die verbandsmäßige Einordnung in Staat und Gesellschaft. In dem Maße, wie das Gemeinwesen an Macht gewinnt, wird es auch gegen den Einzelnen bei Übertretungen milder, weil sie ihm nicht mehr in gleichem Maße

---

27 *Nietzsche*, Menschliches, Allzumenschliches, I, 99.
28 *Nietzsche*, Menschliches, Allzumenschliches, I, 99.

wie früher „für das Bestehn des Ganzen als umstürzend gelten dürfen,“[29] so dass auch das Strafrecht milder ausfällt – freilich immer nur bis zum Erweis des Gegenteils: „jede Schwächung und tiefere Gefährdung von jenem (sc. dem Selbstbewusstsein des Gemeinwesens) bringt dessen (sc. des Strafrechts) härtere Formen wieder an's Licht.“[30]

b) Gesellschaftsvertrag als „Schwärmerei“

Zu der weiter oben behandelten Stelle aus *Menschliches, Allzumenschliches*[31] findet sich in der *Genealogie der Moral* eine Entsprechung, die – mit Verve ohnegleichen geschrieben[32] – einen Begriff davon gibt, wie sich Nietzsche den Übergang vom vorstaatlichen zum staatlichen Zustand vorstellt.[33]

aa) Die Staatsbegründung als barbarischer Gewaltakt

Das Wort „Staat“ setzt er freilich selbst in Anführungsstriche, beschreibt er doch einen schier barbarischen „Gewaltakt“, der in eine „furchtbare Tyrannei“ mündet – eine Wortwahl, der schwerlich zu entnehmen ist, dass Nietzsche diesen Zustand idealisieren würde. Nichts anderes ergibt sich wohl auch aus dem befremdlichen Herrenmenschen-Duktus der Beschreibung: „Ich gebrauchte das Wort ‚Staat‘: es versteht sich von selbst, wer damit gemeint ist – irgend ein Rudel blonder Raubthiere, eine Eroberer- und Herren-Rasse, welche, kriegerisch organisirt und mit der Kraft, zu organisiren, unbedenklich ihre furchtbaren Tatzen auf eine der Zahl nach vielleicht ungeheuer überlegene, aber noch gestaltlose, noch schweifende Bevölkerung legt.“ Gewiss lassen sich solche Stellen ideologisch vereinnahmen, doch sind sie wohl weniger Ausdruck einer wie auch immer gearteten Faszination als vielmehr Schreckensbild einer „blonden germanischen Bestie“, von der er spricht.[34] Die Begründung des Staates erscheint so als ein Inferno für

29 *Nietzsche*, Zur Genealogie der Moral, Zweite Abhandlung, 10.

30 *Nietzsche*, Zur Genealogie der Moral, Zweite Abhandlung, 10.

31 *Nietzsche*, Menschliches, Allzumenschliches, I, 99.

32 Vgl. auch *R. Schacht*, Moral und Mensch, in: Zur Genealogie der Moral (Hg. O. Höffe), KA 29, 2004, S. 115, 117: der „in mancher Hinsicht der philosophische und rhetorische Höhepunkt des ganzen Buches“.

33 *Nietzsche*, Zur Genealogie der Moral, Zweite Abhandlung, 17.

34 *Nietzsche*, Zur Genealogie der Moral, Zweite Abhandlung, 17. Siehe dazu auch *R. Schacht*, Moral und Mensch, in: Zur Genealogie der Moral (Hg. O. Höffe), KA 29, 2004, S. 115, 121 f.: „Seine eher phantasievolle Ausarbeitung der Erzählung in Begriffen von ‚irgendeinem Rudel Raubtiere‘ muss nicht wörtlich verstanden werden, und muss sicher nicht historisch korrekt sein, um sein Anliegen und seinen Fall zu verteidigen.“

die Schwächeren, künftig Unterworfenen: „Dergestalt beginnt ja der ‚Staat' auf Erden: ich denke, jene Schwärmerei ist abgethan, welche ihn mit einem ‚Vertrage' beginnen liess. Wer befehlen kann, wer von Natur ‚Herr' ist, wer gewaltthätig in Werk und Gebärde auftritt – was hat der mit Verträgen zu schaffen!"[35]

bb) Staatsbegründung und Kontraktualismus

Diese Stelle ist von besonderem Interesse, weil Nietzsche hier einem kontraktualistischen Ansatz von vornherein eine Absage erteilt. Auf den ersten Blick erscheint dies widersprüchlich im Verhältnis zu einer Stelle, von der sogleich noch die Rede sein wird, in der es kategorisch heißt: „Ohne Vertrag kein Recht."[36] Aber ebenso gut kann man den Umkehrschluss ziehen und sagen, dass diese erste Invasion der barbarischen Gefügigmachung eben noch kein Recht ist. Diese Interpretation steht freilich in einem gewissen Spannungsverhältnis zu der zuletzt betrachteten Stelle, in der Nietzsche zunächst sagt: „Er hat dazu das Recht."[37] Jedoch enthüllt sich hier der bereits besprochene Bedeutungsgehalt des noch wichtigeren Nachsatzes: „oder vielmehr: es giebt kein Recht, welches diess hindern kann." Es ist eben der noch vollkommen rechtlose Zustand. Vor diesem Hintergrund erklärt sich, warum Nietzsche in dieser Passage seiner Genealogie der Moral anders als in allen anderen bisher besprochenen Gedanken an keiner Stelle vom Recht, sondern nur – und deshalb auch in Anführungsstrichen – vom Staat spricht. In diesem Zustand gibt es für ihn eben keinen Vertrag und daher kein Recht.[38]

3. Prinzip des Gleichgewichts

Vom Prinzip des Gleichgewichts, auf dem für Nietzsche die Gerechtigkeit gründet, war schon verschiedentlich die Rede.[39] Betrachtet man den betreffenden Ge-

35 *Nietzsche*, Zur Genealogie der Moral, Zweite Abhandlung, 17.
36 *Nietzsche*, Menschliches, Allzumenschliches, I, 446.
37 *Nietzsche*, Menschliches, Allzumenschliches, I, 99.
38 Im Ergebnis ebenso *O. Höffe*, „Ein Thier heranzüchten, das versprechen darf", in: Zur Genealogie der Moral (Hg. Ders.), KA 29, 2004, S. 65, 70: „Mag er (sc. der Staat) auch aus der Gewalt einer ‚Eroberer- und Herren-Rasse' entstanden sein, Bestand hat er auf der Grundlage eines stillschweigenden, aber wechselseitig gegebenen Versprechens."
39 Grundlegend dazu *V. Gerhardt*, Das „Princip des Gleichgewichts". Zum Verhältnis von Recht und Macht bei Nietzsche, in: Pathos und Distanz. Studien zur Philosophie Friedrich Nietzsches, 1988, S. 98 ff. (= Nietzsche-Studien 12 (1983) 111 ff.); modifizierend *ders.*, Vom Willen zur Macht, 1996, S. 145 ff. mit Fußnote 25.

dankengang näher, so sieht man, dass er seinen Ausgangspunkt bei der für die Staatsbegründung wichtigen Frage des Schutzes der Allgemeinheit vor Übergriffen nimmt: „Der Räuber und der Mächtige, welcher einer Gemeinde verspricht, sie gegen den Räuber zu schützen, sind wahrscheinlich im Grunde ganz ähnliche Wesen, nur dass der zweite seinen Vortheil anders, als der erste erreicht: nämlich durch regelmässige Abgaben, welche die Gemeinde an ihn entrichtet, und nicht mehr durch Brandschatzungen."[40]

a) Gleichsetzung des Mächtigen mit dem Räuber

In dieser Hypothese kommt einiges zum Vorschein, das nicht unbedingt dem entspricht, was an Vorurteilen über Nietzsches Verständnis über Staat und Recht grassiert. Zunächst sticht die formale und dann auch inhaltliche Gleichsetzung zwischen dem Räuber und dem Mächtigen ins Auge. Macht ist für Nietzsche also zwar mit dem Recht und seiner Geltung verbunden, wie noch zu zeigen sein wird. Der Zustand, der dadurch hergestellt wird, ist aber nicht ohne weiteres erstrebenswert. Sodann ist aufschlussreich, dass das von Nietzsche hier beschriebene Verhältnis und der dadurch begründete Zustand eher an eine mafiose Struktur der Schutzgeldentrichtung erinnert, die schlimmstenfalls dazu führt, dass der Mächtige als entgeltlicher Beschützer letztlich vor sich selbst schützt, wodurch der vorgebliche Schutz in Wahrheit nichts anderes als eine leicht sublimierte Form des Terrors wird. Nietzsches hypothetische Gleichsetzung mit dem Räuber bringt freilich eine Einsicht auf den Punkt, die spätere Staatstheoretiker in dieser Klarheit nicht immer hatten.[41]

b) Gemeinde als Organisation der Schwachen zur Schaffung des Gleichgewichts

Indem Nietzsche diesen Zustand zunächst nur beschreibt und sich einer moralischen Bewertung enthält, kristallisiert er den für ihn wesentlichen Punkt heraus, der auch seine bisherigen Ansichten zum Recht bestimmt: „Jener Mächtige verspricht, gegen den Räuber Gleichgewicht zu halten; darin sehen die Schwachen eine Möglichkeit, zu leben."[42] Daraus wird die Gemeinschaft der Schwachen unter dem Gesichtspunkt des Gleichgewichts der Macht zur Gemeinde: „Die Gemeinde

---

40 *Nietzsche*, Menschliches, Allzumenschliches, II 2, 22.

41 Siehe nur Robert Nozicks Modell der „vorherrschenden Schutzgemeinschaft"; vgl. *R. Nozick*, Anarchy, State, and Utopia, 1974 (dt. von H. Vetter: Anarchie, Staat, Utopie, 1978, S. 105 ff.); kritisch dazu *J. Petersen*, Wilhelm von Humboldts Rechtsphilosophie, 3. Auflage 2016, S. 253 ff., 271 ff.

42 *Nietzsche*, Menschliches, Allzumenschliches, II 2, 22.

ist im Anfang die Organisation der Schwachen zum Gleichgewicht mit gefahrdrohenden Mächten."[43] Durch die Entrichtung des Tributs tauschen die Schwachen zwar ein Übel gegen das andere ein, entkommen aber der andernfalls drohenden und möglichen physischen Vernichtung: „Thatsächlich kann es dabei immer noch hart und grausam genug zugehen, aber verglichen mit der früher immer möglichen völligen Vernichtung athmen die Menschen schon in diesem Zustande auf."[44]

aa) Vorteil und korrespondierendes Risiko

Dabei analysiert Nietzsche durchaus Vorteil und korrespondierendes Risiko, das neben der drohenden Vernichtung nicht zuletzt darin besteht, dass die Gemeinde durch einen aufreibenden Kampf „die Zeit verliert, für ihren Lebensunterhalt mit der nötigen Regelmäßigkeit zu sorgen, und den Ertrag aller Arbeit in jedem Moment bedroht sieht." Damit kommt der Gesichtspunkt der Effizienz ins Spiel, der jedoch nur auf ökonomischer Ebene diejenige Einbuße klarstellt, welche entstünde, wenn ein Zustand hergestellt würde, der keinem annähernden Machtgleichgewicht entspräche und daher zum offenen Kampf führte, wie Nietzsche an anderer Stelle taxiert: „Meine Rechte: das ist jener Theil meiner Macht, den mir die Anderen nicht nur zugestanden haben, sondern in welchem sie mich erhalten wollen. Wie kommen diese Anderen dazu? Einmal: durch ihre Klugheit und Furcht und Vorsicht: sei es, dass sie etwas ähnliches von uns zurückerwarten (Schutz ihrer Rechte), dass sie einen Kampf mit uns für zu gefährlich oder unzweckmäßig halten, dass sie in jeder Verringerung unserer Kraft einen Nachtheil für sich erbliken, weil wir dann zum Bündniss mit ihnen im Gegensatz zu einer feindseligen dritten Macht ungeeignet wären."[45]

bb) Völkerrecht als Paradigma

Hier begegnet uns wiederum die hypothetische Machtprobe,[46] welche Nietzsche an anderer Stelle unter Verweis auf Thukydides angestellt hat.[47] Das Machtkalkül

---

43 *Nietzsche*, Menschliches, Allzumenschliches, II 2, 22. *D.-J. Yang*, Die Problematik des Begriffs der Gerechtigkeit in der Philosophie von Friedrich Nietzsche, 2005, S. 47, entnimmt dem Plural, dass „die Gerechtigkeit die Tugend ist, welche besonders auf dem Verhalten zum Anderen beruht".

44 *Nietzsche*, Menschliches, Allzumenschliches, II 2, 22.

45 *Nietzsche*, Morgenröte, 112.

46 Zu ihr oben im ersten Kapitel.

47 *Nietzsche*, Menschliches, Allzumenschliches, I, 92.

ist jedenfalls das gleiche: „Desshalb zieht die Gemeinde vor, ihre Macht zu Vertheidigung und Angriff genau auf die Höhe zu bringen, auf der die Macht des gefährlichen Nachbars ist, und ihm zu verstehen zu geben, dass in ihrer Wagschale jetzt gleichviel Erz liege: warum wolle man nicht gut Freund mit einander sein?"[48] Man würde auch diese Überlegung für archaisch erachten, wenn man nicht zwischenzeitlich durch das Wettrüsten im Kalten Krieg und das damit einhergehende Gleichgewicht des Schreckens eines Besseren belehrt worden wäre. Vor diesem Hintergrund nimmt es nicht wunder, dass Nietzsche gerade im „Völkerrecht in seinem fortwährenden Vergehen und Entstehen" einen besonderen Beleg für seine Annahme erblickt, dass Recht vergeht und sich neu formiert, wenn „sich die Machtverhältnisse wesentlich (verschieben)."[49]

4. Gerechtigkeit und Wahrheit am Beispiel der Staatenbegründung

Der augenscheinliche Nutzen der Staatenbegründung steht damit – zumindest rein äußerlich – fest. Nietzsche dringt jedoch, freilich an anderer Stelle, noch tiefer und macht dort die gedanklich antizipierte Staatenbegründung zu einem Beispiels- und Anwendungsfall von etwas, das ungleich größer ist, grundsätzlicher ist und daher weiter reicht, nämlich das Verhältnis der Gerechtigkeit zur Wahrheit: „Wesshalb zieht also der Mensch das Wahre dem Unwahren vor, in diesem heimlichen Kampfe mit Gedanken-Personen, in dieser meist versteckt bleibenden Gedanken-Ehestiftung, Gedanken-Staatenbegründung, Gedanken-Kinderzucht, Gedanken-Armen- und Krankenpflege? Aus dem gleichen Grunde, aus dem er die Gerechtigkeit im Verkehre mit wirklichen Personen übt: jetzt aus Gewohnheit, Vererbung und Anerziehung, ursprünglich, weil das Wahre – wie auch das Billige und Gerechte – nützlicher und ehrebringender ist als das Unwahre."[50]

a) Tradierte Gerechtigkeit?

Der tiefere Sinn dieses enigmatischen Wortes ist hier am Beispiel der Staatenbegründung nur annähernd zu erfassen. Immerhin der Widerstreit des Gedanklichen mit dem Wirklichen enthüllt sich hier, weil die gedankliche Antizipierung zugleich eine Vorwegnahme der künftigen Machtverhältnisse enthält; daher ist es

48 *Nietzsche*, Menschliches, Allzumenschliches, II 2, 22.
49 *Nietzsche*, Morgenröte, 112.
50 *Nietzsche*, Menschliches, Allzumenschliches, II 1, 26.

eben auch nur ein heimlicher Kampf, der als verborgenes Machtkalkül klandestin vonstatten gehen muss. Damit ist freilich nur der oberflächliche Befund freigelegt, der noch in den Zusammenhang des in den anderen Kapiteln Bedachten hineingestellt werden muss. In erster Linie geht es dabei wiederum um das Verhältnis des Jetzigen zum Ursprünglichen, von dem im zweiten Kapitel ausführlich die Rede war. Nicht von ungefähr sind die Worte „jetzt" und „ursprünglich" im Originaltext gesperrt gedruckt. Gerechtigkeit wird gegenwärtig in einer gleichsam angelernten und tradierten Weise geübt. Das bedeutet, dass sich eine entsprechende Sitte herausgebildet hat, so dass die Sitte dem Recht typischerweise folgt, wie das Recht umgekehrt ursprünglich Erscheinungsform des Sittlichen ist.[51]

b) Motiv der Wahrheitsliebe

Damit stehen wir wiederum beim Ursprünglichen, und somit der Frage, warum ursprünglich Gerechtigkeit geübt wird, nämlich – nach Nietzsche –, „weil das Wahre – wie auch das Billige und Gerechte – nützlicher und ehrebringender ist als das Unwahre."[52] Damit gelangt man zu der eigentlichen Einsicht: Das Wahre, Billige und Gerechte wird nicht um seiner selbst willen erstrebt,[53] sondern aus utilitaristischen Motiven bzw. dem Antrieb der Eitelkeit. Dementsprechend ist auch die Staatenbegründung eher nach dem Prinzip des größtmöglichen Nutzens als um der Herstellung materieller Gerechtigkeit willen motiviert. Den Kontrapunkt zum Ursprünglichen setzt Nietzsche daher im Zarathustra: „Irgendwo giebt es noch Völker und Heerden, doch nicht bei uns, meine Brüder: da giebt es Staaten. Staat? Was ist das? Wohlan! Jetzt thut mir die Ohren auf, denn jetzt sage ich euch mein Wort vom Tode der Völker. (...) Wo es noch Volk giebt, da versteht es den Staat nicht und hasst ihn als bösen Blick und *Sünde an Sitten und Rechten.*"[54] Von der Bedeutung dieser Stelle war weiter oben bereits die Rede; sie bestätigt sich hier.

---

51 Dazu bereits im dritten Kapitel.

52 *Nietzsche*, Menschliches, Allzumenschliches, II 1, 26; die Worte „nützlicher" und „ehrebringender" sind wiederum gesperrt gedruckt.

53 Radikaler äußert sich im Zusammenhang mit dem Verhältnis von Recht und Wahrheit *B. Pascal*, Pensées et Opuscules, 1669 posthume, Édition Léon Brunschvicq, 1897, Fragment, 297, zum Thema *veri iuris* (Hervorhebung auch dort): „Wir haben keines mehr: hätten wir es, dann würden wir nicht als Richtschnur des Rechts nehmen, dass jeder den Sitten seines Landes folgen solle. Weil man das Recht nicht finden konnte, hat man die Macht gefunden."

54 *Nietzsche*, Also sprach Zarathustra, Erster Teil, Von neuen Götzen, 1883–1885, Kritische Studienausgabe (Hg. G. Colli/M. Montinari), Band 4; Hervorhebung nur hier.

c) „Gedanken-Staatsbegründung“

Darüber hinaus offenbart der Gedanke Nietzsches über das Motiv der Wahrheitsliebe aber noch eine darüber hinausreichende Einsicht. Denn wie bereits mehrfach gesehen, bewendet es nicht mit der Feststellung, dass die Wahrheit von den Menschen aus utilitaristischen Gründen erstrebt wird, denn damit würde man ihr letztlich nicht näher kommen, so dass man auch von der Gerechtigkeit entsprechend weit entfernt wäre. Unausgesprochen im Hintergrund steht auch bei dieser Stelle die Prämisse, dass auf dem Boden der Leidenschaften, hier in Gestalt des Egoismus, letztlich die Saat der Gerechtigkeit aufgeht, indem zwischenzeitlich eine Neigung zu dem entsprechenden Verhalten gleichsam gesellschaftlich anerzogen wird,[55] das so der Wahrheit näher kommt.

Dieser eigentümliche Prozess, wie aus etwas anscheinend Schlechtem, wie der Eitelkeit oder hier dem Egoismus, etwas Förderliches wird, ist, wie erinnerlich, für Nietzsche und übrigens vor ihm Montaigne bezeichnend,[56] so dass er dies auch unter der Überschrift der „ökonomischen Abschätzung der bisherigen Ideale“ verallgemeinert: „Der Gesetzgeber (oder der Instinkt der Gesellschaft) wählt eine Anzahl Zustände und Affekte aus, mit deren Thätigkeit eine reguläre Leistung verbürgt ist. (...) Gesetzt, daß diese Zustände und Affekte Ingredienzien des Peinlichen anschlagen, so muß ein Mittel gefunden werden, dieses Peinliche durch eine Werthvorstellung zu überwinden, die Unlust als werthvoll, also in höherem Sinne lustvoll empfinden zu machen. In Formel gefasst: ‚*wie wird etwas Unangenehmes angenehm?*‘“[57]

Um eben diese Teleologie zum Guten hin geht es auch hier,[58] wenn auf dem Boden des Egoismus letztlich Gerechtigkeit gedeihen soll, doch ist das nach Nietzsche nur möglich, wenn es eine der Wahrheit verpflichtete Gerechtigkeit ist[59] und keine um der Gleichheit willen erstrebte Scheingerechtigkeit, weil ein solcher vorgeblicher Wille zur Gerechtigkeit nur den Willen zur Macht bedeutet.[60] Nur der wahrhaft Gerechte erstrebt die Wahrheit um ihrer selbst willen; diese Einsicht

---

55 *Nietzsche*, Menschliches, Allzumenschliches, I, 107.

56 Grundlegend *H. Friedrich*, Montaigne, 3. Auflage 1993, S. 180 und öfter; siehe auch *J. Petersen*, Montaignes Erschließung der Grundlagen des Rechts, 2. Auflage 2019.

57 *Nietzsche*, Nachgelassene Fragmente, Herbst 1887, 10 (10), Kritische Studienausgabe (Hg. G. Colli/M. Montinari), Band 12, S. 459; Hervorhebungen auch dort.

58 *Nietzsche*, Nachgelassene Fragmente, Sommer 1886 – Herbst 1887, 5 (71/2.), Kritische Studienausgabe (Hg. G. Colli/M. Montinari), Band 12, S. 211, zur Teleologie am Beispiel von Moral und Wahrhaftigkeit.

59 *Nietzsche*, Menschliches, Allzumenschliches, I, 636.

60 *Nietzsche*, Nachgelassene Fragmente, Herbst 1887, 10 (82), Kritische Studienausgabe (Hg. G. Colli/M. Montinari), Band 12, S. 502 ff.; *ders.*, Nachgelassene Fragmente, Juni – Juli 1885, 37 (8), Kritische Studienausgabe (Hg. G. Colli/M. Montinari), Band 11, S. 580 ff.

Nietzsches aus dem Gedanken, in dem er die Genialität der Gerechtigkeit entwickelt,[61] steht auch hier im Hintergrund. Das ergibt sich im Übrigen mittelbar auch aus dem Wortsinn. Denn der Ausgangspunkt des hier behandelten Gedankens besteht unter anderem in der von Nietzsche so genannten „Gedanken-Staaten-begründung".[62] Dem entspricht aber das Wort, nach dem die Genialität der Gerechtigkeit Jedem, sei es ein Wirkliches oder Gedachtes, das Seine geben will.[63]

5. Der Vertrag als Geltungsgrund des Rechts

Im zuletzt referierten Gedankengang begnügt sich Nietzsche mit einer an den tatsächlichen Machtverhältnissen orientierten Nachzeichnung ohne rechtliche Qualifizierung. Diese hat, wie wir bereits gesehen haben, schon früher stattgefunden, indem er die Elemente eines Tauschvertrags verwirklicht sah. So sieht er den Tausch als anfängliche Verwirklichung der Gerechtigkeit.[64] Diese beiden Aphorismen ergänzen sich also wechselseitig und veranschaulichen den in der Einleitung aufgezeigten inneren Kausal- und Verweisungszusammenhang, in dem die einzelnen Gedanken aufeinander bezogen sind: Nicht zuletzt aus diesem Grunde ist es für Nietzsche so wichtig, dass er den Menschen begreift als „Thier (...), das versprechen darf",[65] weil damit auch der Vertragsschluss möglich ist.[66] Da der Tausch durch einen Vertrag begründet wird, haftet so der Gerechtigkeit ein kontraktualistisches Moment an.

a) Nietzsches Kritik am Sozialismus als Paradigma

Diesen Gedanken verfolgt Nietzsche an einer Stelle weiter, die dafür auf den ersten Blick durchaus nicht prädestiniert scheint, nämlich nicht nur bei seinem „Blick auf den Staat", sondern noch dazu im Rahmen seiner Kritik am Sozialismus. Diesen sieht er als eine Macht im zeitgenössischen Spiel der Kräfte an, deren

---

61 *Nietzsche*, Menschliches, Allzumenschliches, I, 636.
62 *Nietzsche*, Menschliches, Allzumenschliches, II 1, 26.
63 *Nietzsche*, Menschliches, Allzumenschliches, I, 636.
64 *Nietzsche*, Menschliches, Allzumenschliches, I, 92.
65 *Nietzsche*, Zur Genealogie der Moral, Zweite Abhandlung, 2; siehe dazu auch *V. Gerhardt*, „Das Thier, das versprechen darf". Mensch, Gesellschaft und Politik bei Friedrich Nietzsche, in: Der Mensch – Ein politisches Tier? Essays zur politischen Anthropologie (Hg. O. Höffe), 1992, S. 134 ff.
66 *O. Höffe*, „Ein Thier heranzüchten, das versprechen darf", in: Zur Genealogie der Moral (Hg. Ders.), KA 29, 2004, S. 65, 70.

Umfang ihm freilich schwerlich abschätzbar scheint. Der Sozialismus hat hier zugleich auch die paradigmatische Funktion einer schwer kalkulierbaren Macht. Bevor er sich nicht im politischen Kräftespiel als eine solche Macht etabliert hat, welche die Gegner zwingt, Allianzen zu schließen, handelt es sich für Nietzsche noch nicht um eine Frage des Rechts, sondern allein der Macht.[67] Daraus erklärt sich der auf den ersten Blick kryptische Eingangssatz: „Für Menschen, welche bei jeder Sache den höheren Nutzen in's Auge fassen, giebt es bei dem Socialismus, falls er wirklich die Erhebung der Jahrtausende lang Gedrückten, Niedergehaltenen gegen ihre Unterdrücker ist, kein Problem des *Rechtes* (mit der lächerlichen, weichlichen Frage: ‚wie weit soll man seinen Forderungen nachgeben?'), sondern nur ein Problem der *Macht* (‚wie weit kann man seine Forderungen benutzen?')."[68] Der utilitaristische Ausgangspunkt dieser Sichtweise ist bereits an früherer Stelle begegnet. Die etwas kraftmeierische Rhetorik („lächerlich, weichlich") legt die Annahme nahe, dass Nietzsche gerade, wenn er gegen den Sozialismus zu Feld zieht, nicht ganz *sine ira et studio* argumentiert.[69] Die im ersten Kapitel aufgestellte These, wonach Nietzsches Rechtsverständnis nur sine ira et studio denkbar sei, scheint damit ins Wanken zu geraten.

b) Macht vor Recht?

Bei näherem Hinsehen ergibt sich freilich, dass Nietzsche sein Rechtsverständnis auch hier nicht revidiert. Das gilt zunächst für die im Wortsinne polemische Diktion, welche Nietzsches Rekurs auf Thukydides entspricht:[70] „Ein Recht gewinnt sich der Socialismus erst dann, wenn es zwischen den beiden Mächten, den Vertretern des Alten und Neuen, zum Kriege gekommen zu sein scheint, wenn aber dann das kluge Rechnen auf möglichste Erhaltung und Zuträglichkeit auf Seiten beider Parteien das Verlangen nach einem Vertrag entstehen lässt."[71] Soweit bietet sich in dieser Stelle also nichts Neues dar, es sei denn, man sieht es in der Klarstellung, dass die Ebene des Rechts noch überhaupt nicht erreicht ist, wenn die hypothetische Machtprobe noch nicht stattgefunden hat, weil kein

67 *Nietzsche*, Menschliches, Allzumenschliches, I, 446; dementsprechend auch die Überschrift („Eine Frage der Macht, nicht des Rechtes"). Siehe auch *Ch. J. Emden*, Friedrich Nietzsche and the Politics of History, 2008.

68 *Nietzsche*, Menschliches, Allzumenschliches, I, 446; Hervorhebungen auch dort.

69 Eine ähnliche Rhetorik mit bizarrem Inhalt findet sich in: Menschliches, Allzumenschliches, I, 455, wo Nietzsche das „volle Recht, über die Bedürfnisse eines einzelnen Staatswesens" daran knüpft, dass der Mensch „Söhne hat"; dazu noch unter II.

70 *Nietzsche*, Menschliches, Allzumenschliches, I, 92.

71 *Nietzsche*, Menschliches, Allzumenschliches, I, 446.

annäherndes Gleichgewicht der Macht absehbar war. Fasst man dies in bewusster Kontrastierung in die trivialisierende Vereinfachung „Macht vor Recht“ zusammen, so liegen Missverständnis und Verständnis dicht beieinander: Nietzsches Rechtsverständnis würde missverstanden, wenn man es dahingehend verkürzen würde, dass er von einem Primat der Macht ausginge, welcher das Recht bedeutungslos machen würde und es eigentlich kein Recht gäbe. Vielmehr geht Nietzsche von einer gleichsam zweistufigen Betrachtung aus: Auf der ersten Stufe entscheiden die Machtverhältnisse darüber, ob überhaupt ein Vertrag aussichtsreich und dringlich ist, womit die zweite Stufe des Rechts betreten wird.

c) „Ohne Vertrag kein Recht“

Lediglich auf der ersten Stufe sieht Nietzsche den Sozialismus einstweilen: „Bis jetzt giebt es aber auf dem bezeichneten Gebiete weder Krieg, noch Verträge, also auch keine Rechte, kein ‚Sollen‘“.[72] Vor allem die beiden letzten Worte lassen aufhorchen: Das Recht ist also an das Sollen geknüpft, wie man auch allgemein annimmt. Freilich stellen sich zwei Fragen.

aa) Nietzsche als Kontraktualist

Zum ersten ist damit die Frage aufgeworfen, wie sich das bezeichnete Sollen zum Sein verhält.[73] Immerhin hat es den Anschein, als schließe Nietzsche von den tatsächlichen Machtverhältnissen, also einem Sein, auf das Sollen eines durch die Vertragsparität begründeten Rechts.[74] Aber abgesehen davon, dass es diesen unüberbrückbaren Graben zwischen Sein und Sollen für Nietzsche in der Form nicht gibt,[75] entgeht er dem ohnehin durch die Folgerung: „Ohne Vertrag kein Recht.“[76] Hieran zeigt sich, warum das kontraktualistische Element für Nietzsche nicht nur von deklaratorischer, sondern konstitutiver Bedeutung ist.[77] Der Vertrag

---

72 *Nietzsche*, Menschliches, Allzumenschliches, I, 446.

73 Siehe nochmals zur Unterscheidung zwischen Sein und Sollen *D. Hume*, Traktat über die menschliche Natur (Treatise on Human Nature), deutsch von T. Lipps, 1906, II. Teil, S. 245.

74 Entsprechendes gilt auf moralhistorischer Ebene, wie *O. Höffe*, „Ein Thier heranzüchten, das versprechen darf“, in: Zur Genealogie der Moral (Hg. Ders.), KA 29, 2004, S. 65, 68, zu bedenken gegeben hat: „Aus einer Naturgeschichte der Moral kann man jedenfalls Kriterien der Kritik nur zum Preis eines Sein-Sollensfehlers entwickeln, der sich vor anderen Formen allenfalls durch Subtilität auszeichnet.“

75 *V. Gerhardt*, Vom Willen zur Macht, 1996, S. 147; dazu bereits oben im ersten Kapitel unter I.

76 *Nietzsche*, Menschliches, Allzumenschliches, I, 446.

77 Zutreffend *O. Höffe*, „Ein Thier heranzüchten, das versprechen darf“, in: Zur Genealogie der Moral (Hg. Ders.), KA 29, 2004, S. 65, 68: „Die Vertragstheoretiker (‚Kontraktualisten‘), die seit

erklärt nicht nur die Machtverhältnisse – wenn überhaupt verhält es sich umgekehrt –, sondern er setzt zwischen den Beteiligten Recht. Erst aus dem Vertrag resultiert das rechtliche Sollen und noch nicht aus einem gleich wie gearteten Zustand (Sein).[78]

Damit aber kann man Nietzsche die innere Folgerichtigkeit seines Rechtsdenkens nicht absprechen. Das gilt übrigens auch für seine an anderer Stelle ausgesprochene Folgerung, dass Tiere keine Rechte haben, „weil diese sich nicht zu gleichwiegenden Mächten zu organisieren verstehen und keine Verträge schließen können."[79] Obwohl es noch zum bereits behandelten Strafrecht zu gehören scheint – streng genommen aber auch dem öffentlichen Recht zugehört, weil es eine staatliche Befugnis enthält –, sei schließlich Nietzsches Ausführung über das Recht zur Strafe als besonders eindrücklicher Beleg für seine kontraktualistische Grundüberzeugung angeführt: „Das Recht zur Strafe (oder die gesellschaftliche Selbstvertheidigung) ist im Grunde nur durch einen Mißbrauch zum Worte ‚Recht' gelangt: ein Recht wird durch Verträge erworben, – aber das Sich-wehren und Sich-vertheidigen ruht nicht auf der Basis eines Vertrags."[80] Da Nietzsche das Konstrukt eines Gesellschaftsvertrages als „Schwärmerei" abtut,[81] muss er so argumentieren.

bb) Die Daseinsberechtigung

Zum zweiten fragt sich, ob es ohne dieses an der hypothetischen Machtprobe ausgerichteten Verhältnis der Vertragsparität überhaupt kein Sollen, also kein Recht gibt. Die damit angesprochene Daseinsberechtigung eines Naturrechts, das schon immer und unter allen Umständen gilt, leugnet Nietzsche, wie wir bereits gesehen haben, an anderer Stelle, deren Tragweite und Einordnung wir jetzt noch

---

Rawls, in der frühen Neuzeit seit Hobbes eine so gewichtige Rolle spielen, haben es noch nicht gemerkt, dass Nietzsche über die Institution des Versprechens in gewisser Hinsicht ein Kontraktualist, insofern einer der ihren ist."

78 Das ist zugleich gegen *H. Ottmann*, Philosophie und Politik bei Nietzsche, 1987, 2. Auflage 1999, S. 224, einzuwenden, wonach „seine Machtphilosophie die Brücke vom Deskriptiven zum Normativen überschreitet, und (sie) letztlich behauptet: Kein Recht ohne Macht, weil machtloses Recht – auch im normativen Sinne – keine Gültigkeit besitzt."

79 Dazu *M. Montinari*, Kommentar der von ihm mitherausgegebenen Kritischen Studienausgabe, Band 14, 188; siehe auch *V. Gerhardt*, Vom Willen zur Macht, 1996, S. 151. Allgemein zur Diskussion um die Rechtsfähigkeit von Tieren *J. Petersen*, Anthropozentrik und Ökozentrik im Umweltrecht, ARSP 83 (1997) 361.

80 *Nietzsche*, Nachgelassene Fragmente, Frühjahr 1888, 14 (192), Kritische Studienausgabe (Hg. G. Colli/M. Montinari), Band 13, S. 379.

81 *Nietzsche*, Zur Genealogie der Moral, Zweite Abhandlung, 17.

besser ermessen können:[82] „Es giebt weder ein Naturrecht, noch ein Naturunrecht."[83] Noch entschiedener heißt es an anderer Stelle: „man hat kein Recht, weder auf Dasein, noch auf Arbeit, noch gar auf ‚Glück': es steht mit dem einzelnen Menschen nicht anders als mit dem niedersten Wurm."[84] Die darin implizit enthaltene Leugnung eines elementaren Menschenrechts auf Leben, die er an anderer Stelle sogar in erschreckender Weise zum Ausdruck bringt,[85] hat freilich etwas Menschenverachtendes, das dokumentiert, wie weit Nietzsche selbst mitunter von der Tugend der Gerechtigkeit entfernt war.

Freilich werden Aussagen wie diese durch entgegengesetzte gleichsam aufgehoben (wenn auch nicht gerechtfertigt), wie jene Nietzsches, auf die auch Karl Jaspers verweist:[86] „Auch der Böse, auch der Unglückliche, auch der Ausnahme-Mensch soll seine Philosophie, sein gutes Recht, seinen Sonnenschein haben! (...) Sondern eine neue Gerechtigkeit tuth noth! (...) Auch die moralische Erde ist rund! Auch die moralische Erde hat ihre Antipoden! Auch die Antipoden haben ihr Recht des Daseins!"[87] Es ist dies eines jener in der Einleitung angesprochenen Beispiele dafür, dass sich Nietzsches Rechts- und Gerechtigkeitsverständnis immer an einer Stelle widersetzt und sich mitunter auch krass Gegensätzliches zum selben Thema findet[88] – gleichsam aus unterschiedlichen Perspektiven, deren

82 Nicht von ungefähr bezieht sich Nietzsche auch dort auf Thukydides.

83 *Nietzsche*, Menschliches, Allzumenschliches, II 2, 31.

84 *Nietzsche*, Nachgelassene Fragmente, November 1887 – März 1888, 11 (259), Kritische Studienausgabe (Hg. G. Colli/M. Montinari), Band 13, S. 98.

85 Vor allem seine schreckliche Behauptung: „Die allermeisten Menschen sind ohne Recht zum Dasein, sondern ein Unglück für die höheren." (*Nietzsche*, Nachgelassene Fragmente, Frühjahr 1884, 25 (343), Kritische Studienausgabe (Hg. G. Colli/M. Montinari), Band 11, S. 102); erschreckend und indiskutabel auch *Nietzsche*, Nachgelassene Fragmente, Oktober 1888, 23 (1), Kritische Studienausgabe (Hg. G. Colli/M. Montinari), Band 13, S. 599 f. Derartige Entgleisungen belegen, dass Nietzsche an dem Bild, das die Rechtsphilosophie von ihm zeichnet, mitnichten unschuldig ist.

86 *K. Jaspers*, Nietzsche, Einführung in das Verständnis seines Philosophierens, 1936, S. 179 f.; vgl. auch *D.-J. Yang*, Die Problematik des Begriffs der Gerechtigkeit in der Philosophie von Friedrich Nietzsche, 2005, S. 74.

87 *Nietzsche*, Die fröhliche Wissenschaft, 289.

88 Hier gilt die Beobachtung von *R. Maurer*, Der andere Nietzsche. Gerechtigkeit kontra moralische Utopie, Aletheia, 5 (1994) 9, 15: „Es gibt den anderen Nietzsche hinter den griffigen, zur Gewaltsamkeit neigenden Formeln und Kraftsprüchen. Doch gerade er ist ein Denker von Gegensätzen, die durchaus auch hart sein können. Dass sie dennoch zusammengehören, muss man begreifen, wenn man Nietzsche begreifen will. Die Zusammengehörigkeit von Gegensätzen folgt aus Nietzsches Grundannahme einer Pluralität von Machtwillen, die günstigenfalls kein Chaos anrichten, sondern je in ihrem Sinne Ordnung als Rangordnung zu schaffen versuchen und teil- und zeitweise auch schaffen."

Synthese des vermeintlich Gegensätzlichen – mit Nietzsches Worten „die große Synthesis des Schaffenden, Liebenden, Vernichtenden“[89] – die eigentliche Herausforderung darstellt,[90] die aber für Nietzsche eben auch bezeichnend ist.[91]

II. Gerechtigkeit und Umverteilung

Nachdem bereits vorstehend Nietzsches Kritik am Sozialismus beispielhaft behandelt wurde, wobei freilich der Sozialismus das Paradigma für allgemeinere Fragen der Gerechtigkeit war, sollen im Folgenden einige konkrete Einwände Nietzsches untersucht werden. Dabei interessiert auch hier weniger der Sozialismus als solcher, sondern vielmehr die von Nietzsche implizit aufgeworfene Frage nach der Rechtfertigung einer Umverteilung, die zu den zentralen Fragen der Staatsphilosophie gehört.[92]

1. Ausübung der Gerechtigkeit und Forderung nach Rechtsgleichheit

Gerechtigkeit kann aus Sicht Nietzsches gleichsam nur von oben nach unten geübt werden, eine Vorstellung, die sich bei ihm auch perspektivisch wiederholt: „Es versteht sich, daß die Perspektive von unten nach oben ganz andere Ausdrücke geben wird, als die von oben nach unten.“[93] Die herrschende Klasse, wie Nietzsche sie nennt, entschließt sich in einem Akt der Selbstverleugnung zu dem Opfer, Rechtsgleichheit herzustellen und damit allen gleiche Rechte zuzugestehen: „Dagegen Gleichheit der Rechte fordern, wie es die Socialisten der unterworfenen Kaste (sic!) thun, ist nimmermehr der Ausfluss der Gerechtigkeit, son-

89 *Nietzsche*, Nachgelassene Fragmente, Winter 1884–1885, 31 (3), Kritische Studienausgabe (Hg. G. Colli/M. Montinari), Band 11, S. 360.

90 Grundlegend insoweit bereits *W. Müller-Lauter*, Nietzsche. Seine Philosophie der Gegensätze und die Gegensätze seiner Philosophie, 1971, S. 135 ff., 158.

91 Siehe auch *P. van Tongeren*, Die Moral von Nietzsches Moralkritik, Studie zu ‚Jenseits von Gut und Böse‘, 1989, S. 182, zur Synthesis von Selbstrelativierung und Selbstverabsolutierung als Zusammenführung des vorderhand Unvereinbaren; dazu auch *R. Maurer*, Der andere Nietzsche. Gerechtigkeit kontra moralische Utopie, Aletheia, 5 (1994) 9, 20, Anmerkung 19 f.

92 Vgl. aus dem modernen Schrifttum nur *J. Rawls*, A Theory of Justice, 1971 (dt.: Eine Theorie der Gerechtigkeit, 1975); siehe dazu, sowie zu einigen anderen Ansätzen auch *J. Petersen*, Wilhelm von Humboldts Rechtsphilosophie, 3. Auflage 2016, S. 238 ff.

93 *Nietzsche*, Nachgelassene Fragmente, Herbst 1885 – Herbst 1886, 2 (182), Kritische Studienausgabe (Hg. G. Colli/M. Montinari), Band 12, S. 157, im Zusammenhang mit dem Staat und der Moral.

dern der Begehrlichkeit.“[94] Diese Vorstellung wird noch durch den Nachsatz übertroffen: „Wenn man der Bestie blutige Fleischstücke aus der Nähe zeigt und wieder wegzieht, bis sie endlich brüllt: meint ihr, dass diess Gebrüll Gerechtigkeit bedeute?“[95] Etwas moderater, wenngleich nicht weniger überheblich, heißt es an anderer Stelle: „Wenn der Socialist mit einer schönen Entrüstung ‚Gerechtigkeit‘, ‚Recht‘, ‚gleiche Rechte‘ verlangt, so steht er nur unter dem Druck seiner ungenügenden Cultur, welche nicht zu begreifen weiß, warum er leidet.“[96]

a) Dogmatische Einordnung

So gewiss ist, dass der bloße Wunsch nach einer Umverteilung noch keinerlei Legitimation in sich trägt, so befremdlich ist die von Nietzsche gewählte Metapher der Bestie, die nach Fleisch verlangt. Versucht man diesen martialischen Vortrag auf den dogmatischen Kern zurückzuführen, so geht Nietzsche allem Anschein nach davon aus, dass einmal erworbene Rechte nur durch Verzicht aufgegeben werden können. Das entspricht auch seiner Rechtsauffassung in anderen Werken.[97] Daher kann nur derjenige Teil der Gesellschaft, der verbriefte Rechte innehat, diese freiwillig aufgeben bzw. teilweise abtreten an den minderprivilegierten Teil. Weil nur die Privilegierten Rechte haben, können auch nur sie darüber verfügen, während diejenigen, die nicht mehr vorzuweisen haben, als die eigene Begehrlichkeit, auch nicht dispositionsbefugt sind. Allerdings warnt er vor einer möglichen Preisgabe von Rechten, weil sie ihm geradewegs in die Durchschnittlichkeit zu führen scheint: „je mehr ich Recht abgebe (...), um so mehr gerathe ich unter die Herrschaft der Durchschnittlichsten, endlich der Zahlreichsten.“[98] In der aristotelischen Unterscheidung gedacht,[99] könnte die iustitia distributiva nach Nietzsche also nur durch die von Nietzsche so genannte „herrschende Klasse“ ausgeübt werden.[100] Aber letztlich führen auch solche Vergleiche nicht weiter, weil Nietzsches Verständnis der Gleichheit etwas durchaus Eigentümliches ist, von dem noch die Rede sein wird.

---

94 *Nietzsche*, Menschliches, Allzumenschliches, I, 451.
95 *Nietzsche*, Menschliches, Allzumenschliches, I, 451.
96 *Nietzsche*, Nachgelassene Fragmente, Frühjahr 1888, 14 (30), Kritische Studienausgabe (Hg. G. Colli/M. Montinari), Band 13, S. 233.
97 *Nietzsche*, Morgenröte, 112.
98 *Nietzsche*, Nachgelassene Fragmente, November 1887 – März 1888, 11 (140), Kritische Studienausgabe (Hg. G. Colli/M. Montinari), Band 13, S. 65.
99 *Aristoteles*, Nikomachische Ethik, Buch V, 1130 ff.
100 Siehe dazu auch *C.-W. Canaris*, Die Bedeutung der iustitia distributiva im deutschen Vertragsrecht, 1997.

Im Übrigen brauchte Nietzsche selbst seine Zeit, um die aus seiner Sicht bestehende Aporie zwischen Individualismus und der Forderung nach gleichen Rechten zu begreifen: „Scheinbar entgegengesetzt die 2 Züge, welche die modernen Europäer kennzeichnen: das Individualistische und die Forderung gleicher Rechte: das verstehe ich endlich. Nämlich, das Individuum ist eine äußerst verwundbare Eitelkeit: – diese fordert, bei ihrem Bewußtsein, wie schnell sie leidet, dass jeder Andere ihm gleichgestellt gilt, daß er nur inter pares ist."[101] Es ist also auch hier wieder die im Hintergrund allgegenwärtige Eitelkeit, welche das scheinbar Entgegengesetzte verbindet, eine Synthese aus dem Vorhandensein dieser anthropologischen Grundbedingung.

b) Besitz und Gerechtigkeit

Unter der Überschrift „Besitz und Gerechtigkeit" gibt Nietzsche im Folgenden noch eine weitere, gleichsam moderatere Begründung.[102] Danach sind die bestehenden Ungerechtigkeiten gleichsam die Summe einer Entwicklung, die für die Beurteilung des Bestehenden nicht ausgeblendet werden darf. Nietzsche bestreitet nicht einmal, dass die gegenwärtige Güterverteilung „die Consequenz zahlloser Ungerechtigkeiten und Gewaltsamkeiten ist" und konzediert dies den Sozialisten gar. Gleichwohl hält er dies nicht für hinreichend, wenn damit eine Umverteilung begründet werden soll, weil auf diese Weise nur „etwas Einzelnes" gesehen und übersehen wird, dass „die ganze Vergangenheit der alten Cultur (...) auf Gewalt, Sclaverei, Betrug, Irrthum aufgebaut (ist)". Die Sozialisten wollten demgegenüber zur Begründung ihres Anspruchs nur „ein einzelnes Stück herausziehen".[103]

c) Sukzessionsgedanke als Rechtfertigung

Das aus Sicht unserer bisherigen Betrachtungen Bemerkenswerte an dieser Argumentation ist der darin aufscheinende Gedanke der Sukzession.[104] Nietzsche geht mit seinem Bild des Ererbten gleichsam davon aus,[105] dass alle Rechtszu-

---

101 *Nietzsche*, Nachgelassene Fragmente, August – September 1885, 40 (26), Kritische Studienausgabe (Hg. G. Colli/M. Montinari), Band 11, S. 642.

102 *Nietzsche*, Menschliches, Allzumenschliches, I, 452.

103 *Nietzsche*, Menschliches, Allzumenschliches, I, 452.

104 Ähnlich *Nietzsche*, Nachgelassene Fragmente, Herbst 1887, 9 (98), Kritische Studienausgabe (Hg. G. Colli/M. Montinari), Band 12, S. 391.

105 Das zeigt sich auch bei *Nietzsche*, Menschliches, Allzumenschliches, I, 473: „Der Sozialismus ist der phantastische jüngere Bruder des fast abgelebten Despotismus, den er beerben will."

stände und Rechtspositionen im Wege einer Universalsukzession auf uns gekommen sind,[106] und es folglich nicht angeht, nur einzelne – gleichsam im Wege der Singularsukzession – herauszugreifen.

aa) Güterverteilung als Gesamtgefüge

Eine derartige Isolierung würde verkennen, dass es sich bei der bestehenden Güterverteilung um ein Gesamtgefüge handelt, das nicht im Einzelnen gewaltsam korrigiert werden darf und damit notwendigerweise zu Ungerechtigkeiten führt. Man erkennt hier wiederum den Sinn Nietzsches für das Herkommen und das Tradierte,[107] der letztlich auf Gehorsam beruht und eine „Einordnung in das Gesetz" enthält.[108] Die rechtliche Güterverteilung muss nach Nietzsche also immer zugleich vor dem Hintergrund des Herkömmlichen beurteilt werden. Das Herkommen ist nicht nur etwas historisch Erklärendes, sondern darüber hinaus eine Eigenschaft des Rechts, so dass es dafür nicht nur deklaratorisch, sondern auch konstitutiv ist. Zugleich scheint damit der Gedanke auf, dass die Herstellung von Gerechtigkeit immer die Gefahr birgt, in Ungerechtigkeit umzuschlagen,[109] eine Aussicht, die am Ende der Abhandlung noch näher zu behandeln ist.

bb) Moralische Vorrechte der Nicht-Besitzenden?

Die Rechtfertigung unternimmt Nietzsche freilich im Folgenden, wenngleich zunächst nur gleichsam ex negativo: „Die ungerechte Gesinnung steckt in den Seelen der Nicht-Besitzenden auch, sie sind nicht besser als die Besitzenden und haben kein moralisches Vorrecht, denn irgend wann sind ihre Vorfahren Besitzende gewesen."[110] An diesem Gedanken ist zunächst einnehmend, dass Nietzsche hier die ungerechte Gesinnung einräumt, die freilich seines Erachtens alle gleichermaßen trifft; auch hier argumentiert er mit dem Sukzessionsgedanken, indem er die Vorfahren einbezieht und deren mehr oder weniger moralische Gesinnung in die Betrachtung einstellt, freilich nicht empirisch, weil dies ja nicht im Einzelnen belegbar ist, wohl aber als eine Art regulative Idee. Damit hat er freilich ein Gerechtigkeitsprinzip aufgegriffen, dass bereits an anderer Stelle für ihn bestimmend war.

---

106 Vgl. seine Wendung von uns als den „Erben *aller* dieser Zustände"; Hervorhebung nur hier.

107 Ausführlich dazu im zweiten Kapitel.

108 *Nietzsche*, Nachgelassene Fragmente, Herbst 1887, 10 (10), Kritische Studienausgabe (Hg. G. Colli/M. Montinari), Band 12, S. 459.

109 *F. Kaulbach*, Nietzsches Idee einer Experimentalphilosophie, 1980, S. 178 ff.

110 *Nietzsche*, Menschliches, Allzumenschliches, I, 452.

cc) Das wahrhaft souveräne Individuum als Alternative zum Staat

Im Zusammenhang mit Besitz und Vorrecht ist aufschlussreich, dass diese sich auch auf das Individuum beziehen können. Unter der Überschrift „Vorrechte" heißt es in der *Morgenröte:* „Wer sich selber wirklich besitzt, das heisst wer sich endgültig erobert hat, betrachtet es fürderhin als sein eigenes Vorrecht, sich zu strafen, sich zu begnadigen, sich zu bemitleiden: er braucht diess Niemandem zuzugestehen, er kann es aber auch einem Anderen mit Freiheit in die Hand geben, einem Freunde zum Beispiel, – aber er weiss, dass er damit ein Recht verleiht und dass man nur aus dem Besitze der Macht heraus Rechte verleihen kann."[111] Diese Stelle findet eine gewisse Entsprechung in dem „autonome(n) übersittliche(n) Individuum"; er hat „ein eigentliches Macht-und-Freiheits-Bewusstsein, ein Vollendungs-Gefühl des Menschen überhaupt".[112] Zugleich findet sich hier die Vorstellung des sich selbst richtenden Gerechten wieder, der Gerechtigkeit in schonungsloser Härte verwirklicht – jedenfalls soweit es um Schonung gegen sich selbst, nicht gegen andere geht.[113] Nietzsche versteht in seiner tief greifenden Skepsis gegenüber dem Staat das wahrhaft souveräne Individuum als Gegenentwurf zu diesem. Allerdings setzt diese Wahrhaftigkeit eben auch den unbedingten Willen zur Gerechtigkeit, zum „gerecht-sein" voraus: „Es sei, wie es sei: wir wollen gerecht werden und es darin so weit treiben, als es uns irgend möglich ist."[114]

2. Gerechtigkeit und Gewalt

Der entscheidende Punkt der Rechtfertigung liegt schließlich in seiner Folgerung, die eine durch und durch ausgewogene, ja eine für Nietzsche in untypischer Weise regelrecht utopische Sicht vorstellt: „Nicht gewaltsame neue Vertheilungen, sondern allmähliche Umschaffungen des Sinnes thun noth, die Gerechtigkeit muss in Allen grösser werden, der gewaltthätige Instinct schwächer."[115] Hier endlich ist nicht nur namentlich, sondern vor allem inhaltlich von jener Gerechtigkeit die Rede, von der er sagt, dass sie Gegnerin der Überzeugungen ist.[116] Denn erst an dieser Stelle ist die Gerechtigkeit zugleich Ausdruck der moralischen

111 *Nietzsche*, Morgenröte, 437.
112 *Nietzsche*, Zur Genealogie der Moral, Zweite Abhandlung, 2.
113 *Nietzsche*, Unzeitgemäße Betrachtungen, II, 6.
114 *Nietzsche*, Nachgelassene Fragmente, Herbst 1881, 15 (3), Kritische Studienausgabe (Hg. G. Colli/M. Montinari), Band 9, S. 634.
115 *Nietzsche*, Menschliches, Allzumenschliches, I, 452.
116 *Nietzsche*, Menschliches, Allzumenschliches, I, 636.

Gesinnung, weshalb es wichtig war, dass diese von Nietzsche zuvor erörtert wurde. Dementsprechend heißt es an anderer Stelle in aphoristischer Zuspitzung: „Man gräbt die Moralität um, wenn man die Gränzsteine umgräbt.“[117] Die Moral erscheint damit metaphorisch als Grund und Boden des Rechts.

Darüber hinaus ist bedeutsam und zugleich vor dem Hintergrund seiner obigen martialischen Vergleiche ein heilsames Korrektiv, dass Nietzsche an dieser Stelle gleich zweifach die Gewaltlosigkeit zum Postulat erhebt. Weder darf die Umverteilung gewaltsam erfolgen noch soll der gewalttätige Instinkt aufrechterhalten werden, und indem dieser sich vermindert, vergrößert sich die Gerechtigkeit. An dieser Stelle wird deutlich, dass Nietzsche Macht und Gewalt voneinander scheidet.[118] Wenn er jene als Faktum hinnimmt, bedeutet dies nicht, dass er diese rechtfertigt. Macht kann zwar als Folge der Gewalt bestehen, ohne dass der bestehende Zustand aufgrund dessen restituiert werden müsste, bedeutet aber für sich betrachtet noch nicht die Legitimation der Gewaltanwendung.[119] Gewalt ist also eher die Möglichkeit der Macht, so dass die Drohung unter Umständen stärker ist als die Ausführung. Wenn die Gewalt nach Nietzsche auch ursprünglich zur Rechtsbegründung beigetragen hat, so rechtfertigt er gleichwohl nicht ihre stetige Ausübung; gerade deshalb soll „der gewalttätige Instinkt schwächer“ werden, der noch an eben diesen Ursprung erinnert.

a) Folgerung

Das entscheidende Zeitwort heißt in dieser wichtigen Stelle Nietzsches also „allmählich“; nur auf diese Weise kann die moralische Gesinnung zu einer gerechten Gesinnung aller beitragen. So verstanden revidiert Nietzsche hier auch implizit das blutrünstige Bild der brüllenden Bestie,[120] indem er den „gewalttätigen Instinkt“, also das an sich wilden Tieren gemäße, bei allen vermindern will. Dann kann schließlich das moralische Bewusstsein in gleichsam marxistischer Umkehrung auch das Sein bestimmen. In diese Richtung geht auch die im Anschluss an seine gegen die Sozialisten gemünzte Rechtfertigung des Privatbesitzes erteilte Weisung: „Damit der Besitz fürderhin mehr Vertrauen einflösse und moralischer werde [!], halte man alle Arbeitswege zum *kleinen* Vermögen offen, aber

---

117 *Nietzsche*, Menschliches, Allzumenschliches, II 2, 285.

118 Vgl. *B. Taureck*, Macht, und nicht Gewalt. Ein anderer Weg zum Verständnis Nietzsches, Nietzsche-Studien 5 (1976) 29, 35; anderer Ansicht *V. Gerhardt*, Vom Willen zur Macht, 1996, S. 149 ff.

119 *V. Gerhardt*, Vom Willen zur Macht, 1996, S. 150: Gewalt als „Element der Darstellung und Vergewisserung der Macht“.

120 Vgl. *Nietzsche*, Menschliches, Allzumenschliches, I, 451.

verhindere die mühelose, die plötzliche Bereicherung; man ziehe alle Zweige des Transports und Handels, welche der Anhäufung *grosser* Vermögen günstig sind, also namentlich den Geldhandel, aus den Händen der Privaten und Privatgesellschaften – und betrachte ebenso die Zuviel- wie die Nichts-Besitzer als gemeingefährliche Wesen."[121] Hieran sieht man zugleich, dass der von Nietzsche beschriebenen Genialität der Gerechtigkeit immer auch etwas Unerfüllbar-Utopisches anhaftet, das schwerlich in Reinkultur zu verwirklichen, aber immer zu erstreben ist.[122] Dementsprechend verhält es sich im Übrigen bei der von Nietzsche so genannten „Oekonomie der Güte":[123] „Die Oekonomie der Güte ist der Traum der verwegensten Utopisten."[124]

b) Schattenseite der Gerechtigkeit

Aufschlussreich ist in diesem Zusammenhang das elitär-enthobene, mit „Meine Utopie" überschriebene Fragment Nietzsches: „In einer besseren Ordnung der Gesellschaft wird die schwere Arbeit und Noth des Lebens Dem zuzumessen sein, welcher am wenigsten durch sie leidet, also dem Stumpfesten, und so schrittweise aufwärts bis zu Dem, welcher für die höchsten sublimirtesten Gattungen des Leidens am empfindlichsten ist und desshalb selbst noch bei der grössten Erleichterung des Lebens leidet."[125] Man kann dies als Zeugnis seines übersteigerten

121 *Nietzsche*, Menschliches, Allzumenschliches, II 2, 285.

122 *Nietzsche*, Nachgelassene Fragmente, Herbst 1881, 15 (3), Kritische Studienausgabe (Hg. G. Colli/M. Montinari), Band 9, S. 634.

123 So die Überschrift von *Nietzsche*, Menschliches, Allzumenschliches, I, 48; dementsprechend unternimmt Nietzsche an anderer Stelle den Versuch einer „ökonomischen Rechtfertigung der Tugend"; *ders*, Nachgelassene Fragmente, Herbst 1887, 10 (10), Kritische Studienausgabe (Hg. G. Colli/M. Montinari), Band 12, S. 459; *ders.*, Nachgelassene Fragmente, Herbst 1887, 10 (11), Kritische Studienausgabe (Hg. G. Colli/M. Montinari), Band 12, S. 459 f.

124 Da *Nietzsche*, Menschliches, Allzumenschliches, II 2, 48, der Güte die Liebe gleichstellt, empfiehlt sich in diesem Zusammenhang ein Blick auf *B. Pascal*, Pensées et Opuscules, 1669 posthume, Édition Léon Brunschvicq, 1897, Fragment 793.

125 *Nietzsche*, Menschliches, Allzumenschliches, I, 462. Vgl. in diesem Zusammenhang *R. Maurer*, Der andere Nietzsche. Gerechtigkeit kontra moralische Utopie, Aletheia, 5 (1994) 9, 11: „Eben so viel und so wenig wie der Mensch im allgemeinen ist Nietzsche schrecklich. Er ist kein Dämon oder Teufel und mutwilliger Zerstörer von Vernunft und Menschlichkeit, sondern ist offenbar ein (...) sensibles, verletzliches und verletztes Menschenkind, das darum besonders arm dran ist, weil es die Erkenntnis der schlimmsten Seite unserer Zeit (‚Nihilismus') auf sein Kreuz nahm."

Individualismus' ansehen, der sich gegen einen egalitär ausgerichteten Staat richtet.[126]

Den zuletzt angesprochenen Gedanken Nietzsches könnte man für ein beiläufiges Kuriosum halten, wenn sich daraus nicht zugleich eine für das Gerechtigkeitsverständnis wichtige Weichenstellung ergäbe, die sich jedoch erst mit Blick auf eine andere Stelle enthüllt. Dort glaubt er Seelengröße nicht von geistiger Größe trennen zu können: „Denn sie involvirt Unabhängigkeit; aber ohne geistige Größe soll diese nicht erlaubt sein, sie richtet Unfug an, selbst noch durch Wohlthun-wollen und ‚Gerechtigkeit'-üben. Die geringen Geister haben zu gehorchen – können also nicht Größe haben."[127] Diese harte Rede befremdet und zeigt zugleich die Schattenseite eines Gerechtigkeitsverständnisses, das mit geistiger Größe verbunden werden muss, um bestehen zu können, und bei dem die Gerechtigkeit in Anführungsstrichen gesetzt wird, um deutlich zu machen, dass ihre Ausübung nur den Würdigen vorbehalten ist. Es ist dies Ausdruck einer unverhohlen geistesaristokratischen Haltung. Unter der Überschrift des „Aristokratism" nimmt Nietzsche kein Blatt vor den Mund: „Die Heerdenthier-Ideale – jetzt gipfelnd als höchste Werthansetzung der ‚Societät': Versuch, ihr einen kosmischen, ja metaphysischen Werth zu geben – gegen sie verteidige ich den Aristokratism."[128]

3. Vernichtung des Individuums durch die Staatsgewalt?

In den schwärzesten Farben malt Nietzsche den Sozialismus mit seinen Konsequenzen für den Staat einerseits, vor allem aber für das Individuum andererseits gegen Ende seines Blicks auf den Staat.[129] Dort stellt er den Sozialismus auf eine Stufe mit dem Despotismus, den er ablösen wolle: „seine Bestrebungen sind also im tiefsten Verstande reactionär. Denn er begehrt eine Fülle der Staatsgewalt, wie sie nur je der Despotismus gehabt hat, ja er überbietet alles Vergangene dadurch, dass er die förmliche Vernichtung des Individuums anstrebt."[130]

---

126 Siehe dazu auch *J. Binder*, Nietzsches Staatsauffassung, Logos XIV (1925) 269, 293 f., der in anderem Zusammenhang von einem „politischen Solipsismus" Nietzsches spricht.

127 *Nietzsche*, Nachgelassene Fragmente, Sommer – Herbst 1884, 27 (11), Kritische Studienausgabe (Hg. G. Colli/M. Montinari), Band 11, S. 277.

128 *Nietzsche*, Nachgelassene Fragmente, November 1887 – März 1888, 11 (140), Kritische Studienausgabe (Hg. G. Colli/M. Montinari), Band 13, S. 65. Vgl. auch *B. Detwiler*, Nietzsche and the Politics of Aristocratic Radicalism, 1990.

129 *Nietzsche*, Menschliches, Allzumenschliches, I, 473.

130 *Nietzsche*, Menschliches, Allzumenschliches, I, 473.

a) Das Individuum als Organ des Gemeinwesens?

Nietzsche macht dem Sozialismus vor allem das Letztere zum Vorwurf, also dass er die „förmliche Vernichtung des Individuums anstrebt." Als solches sei es nämlich ein „Luxus der Natur" und solle – so Nietzsches Argwohn – „in ein zweckmässiges Organ des Gemeinwesens umgebessert" werden.[131] Es ist einsichtig, dass Nietzsche vor dem Hintergrund seines radikalen Individualismus' hierin einen unauflösbaren Widerspruch sieht.[132] Auch an dieser Stelle zeigt sich freilich, dass es Nietzsche weniger um eine Teilnahme an den Kämpfen seiner Zeit ging, als vielmehr um ein historisch gewachsenes Problem. Denn als „typischen Sozialisten" benennt er ausgerechnet Plato am Hofe des sizilischen Tyrannen.[133] Für Nietzsche ist es bezeichnend, dass der Sozialist sich „immer in der Nähe aller excessiven Machtentfaltungen" bewegt.[134] Nietzsches Schreckensvision ist also der mit der „Niederwerfung aller Bürger vor dem unbedingten Staat"[135] einhergehende Terror, der den Einzelnen unweigerlich zum Organ des Gemeinwesens herabwürdigt.

Man kann den von Nietzsche verabscheuten Sozialisten probeweise das in diesem Zusammenhang unheilvolle Wort „national" voranstellen, um zu erkennen, wie sinnwidrig seine ideologische Vereinnahmung durch die Nationalsozialisten war, da der von ihm perhorreszierte Staat durchaus die Kennzeichen des gleichgeschalteten Staates mit seinem willkürlichen Terror und der gewaltsamen Aufhebung jeglichen Individualismus' aufweist.[136] Was er über den Sozialismus sagt, könnte man aus der Erfahrung des Nationalsozialismus' über diesen selbst sagen, nämlich nicht zuletzt, dass er „dazu dienen (kann), die Gefahr aller Anhäufungen von Staatsgewalt recht brutal und eindringlich zu lehren und insofern

---

131 *Nietzsche*, Menschliches, Allzumenschliches, I, 473.

132 Keinen Gegensatz zwischen Individualismus und Sozialismus sieht *J. Binder*, Nietzsches Staatsauffassung, Logos XIV (1925) 269, 274 Fußnote 1; freilich vor dem Hintergrund seines besonderen Verständnisses des Individualismus; dazu *J. Binder*, Philosophie des Rechts, 1925, S. 302 ff., 332 ff.

133 Nach *O. Höffe*, Einführung in Nietzsches ‚Genealogie der Moral', in: Zur Genealogie der Moral (Hg. Ders.), KA 29, 2004, S.1, 6, ist Plato Nietzsches „philosophischer Hauptgegner". Zur Platonrezeption Nietzsches *D. Bremer*, Platonisches, Antiplatonisches. Aspekte der Platon-Rezeption in Nietzsches Versuch einer Wiederherstellung des frühgriechischen Daseinsverständnisses, Nietzsche-Studien 8 (1979) 39; *St. Rosen*, Nietzsches Platonismus, Allgemeine Zeitschrift für Philosophie 2 (1987) 1 ff.

134 *Nietzsche*, Menschliches, Allzumenschliches, I, 473.

135 *Nietzsche*, Menschliches, Allzumenschliches, I, 473.

136 *Nietzsche*, Menschliches, Allzumenschliches, I, 473, „und da er nicht einmal auf die alte religiöse Pietät für den Staat mehr rechnen darf, vielmehr an deren Beseitigung unwillkürlich fortwährend arbeiten muss – nämlich weil er an der Beseitigung aller bestehenden Staaten arbeitet."

vor dem Staate selbst Misstrauen einzuflössen."[137] So ist auch die Rolle, die dieser totalitäre Unrechtsstaat dem Individuum zuweist, das Gegenteil dessen, was Nietzsche im Sinn hatte.[138] Deshalb galt, wenn man bedenkt, dass Nietzsche stets die gesamte Menschheitsgeschichte vor Augen hatte, für den nationalsozialistischen Terrorstaat letztlich Nietzsches Wort: „so kann er sich nur auf kurze Zeiten, durch den äussersten Terrorismus, hie und da einmal auf Existenz Hoffnung machen."[139]

b) „So wenig Staat wie möglich"

Die Quintessenz seiner Kritik fasst er in dem martialischen Satz zusammen, der vor allem durch den schlagwortartigen Nachsatz berühmt geworden ist: „Wenn seine (sc. des Sozialismus) rauhe Stimme in das Feldgeschrei ‚so viel Staat wie möglich' einfällt, so wird dieses zunächst dadurch lärmender als je: aber bald dringt auch das entgegengesetzte mit um so grösserer Kraft hervor: ‚so wenig Staat wie möglich'."[140] Auch wenn er sich nicht mit diesen Worten identifiziert, sondern sie in einer Art historisierender Rollenprosa als Gegenstimme vernehmen lässt, ist doch unüberhörbar, dass Nietzsche hier selbst spricht.[141] Denn die Forderung nach einer Beschränkung der Wirkungsmacht des Staates ist seit jeher das Credo des Individualismus gewesen. In diesem Sinne hat bereits Wilhelm von Humboldt den Wirkungskreis des Staates in seiner frühen Staatsschrift weitestgehend beschnitten und den Staat lange vor Karl Popper[142] als „notwendiges Übel" be-

---

137 *Nietzsche*, Menschliches, Allzumenschliches, I, 473.

138 Siehe aber auch die hellsichtige Bemerkung von *K. Löwith*, Mein Leben in Deutschland vor und nach 1933. Ein Bericht, 1961, S. 79, der über seine letzte Vorlesung in Deutschland vor seiner Vertreibung durch die Nationalsozialisten schreibt: „Ich hatte mit Absicht nochmals Nietzsche zum Thema gewählt. Ich wollte den Studenten klarmachen, dass Nietzsche ein Wegbereiter der deutschen Gegenwart ist und zugleich ihre schärfste Verneinung, ‚Nationalsozialist' und ‚Kulturbolschewist' – je nachdem man ihn wendet."

139 *Nietzsche*, Menschliches, Allzumenschliches, I, 473.

140 *Nietzsche*, Menschliches, Allzumenschliches, I, 473; insbesondere die letzten Worte sind im Original gesperrt gedruckt.

141 Noch weitergehend *J. Binder*, Nietzsches Staatsauffassung, Logos XIV (1925) 269, 282: „Seine eigentliche Meinung ist nicht: so wenig Staat wie möglich, sondern: am besten überhaupt kein Staat." Er verweist auch auf *Nietzsche*, Also sprach Zarathustra, Von den neuen Götzen, 1883–1885, Kritische Studienausgabe (Hg. G. Colli/M. Montinari), Band 4, S. 61: „Staat heisst das kälteste aller kalten Ungeheuer." Darin sieht er eine Anlehnung an Hobbes' Leviathan; vgl. *J. Binder*, Nietzsches Staatsauffassung, Logos XIV (1925) 269, 287.

142 Vgl. *K. Popper*, Die öffentliche Meinung im Lichte der Grundsätze des Liberalismus, 1956, These 1.

zeichnet.[143] Dem entspricht in der Sache Nietzsches Postulat „so wenig Staat wie möglich", wenngleich man sich vor einer pauschalen Gleichsetzung hüten muss, da Humboldts Staatskonzeption dem Liberalismus zuzuordnen ist,[144] wohingegen Nietzsche auch im Liberalismus eine Gefahr sah.[145] Im Übrigen kann es hier nicht darum gehen, das Für und Wider einer Konzeption zu diskutieren, nach welcher der Staat in seiner Wirksamkeit weitmöglichst zurückgedrängt werden soll;[146] das ist mutatis mutandis an anderer Stelle geschehen, worauf hier verwiesen werden kann.[147]

4. Verfall des Staates und Sieg über den Staat?

Entgegen der äußeren Nummernfolge entwickelt Nietzsche im vorangehenden Aphorismus die Idee, dass der Staat mitnichten die abschließende Entwicklung des menschlichen Zusammenlebens markiert.[148]

a) Individuum und Privatperson

Als erklärter Anhänger einer aristokratischen Gesinnung[149] diagnostiziert er bereits in der modernen Demokratie, über die er sich freilich aus unserer heutigen Sicht mit einem bemerkenswerten Unverständnis äußert, gleichsam ein historisches Verfallsdatum des Staates,[150] auch wenn er durchaus nicht wünscht, dass es bald an der Zeit ist:[151] „Die Missachtung, der Verfall und der Tod des Staates, die Entfesselung der Privatperson (ich hüte mich zu sagen: des Individuums) ist die

143 *W. v. Humboldt*, Ideen zu einem Versuch, die Grenzen der Wirksamkeit des Staates zu bestimmen (1851), S. 212 der von A. Flitner und K. Giel herausgegebenen Ausgabe (3. Auflage 1960).
144 *C. Sauter*, Wilhelm von Humboldt und die deutsche Aufklärung, 1987.
145 Näherhin die Gefahr des Kommunismus; vgl. *J. Binder*, Nietzsches Staatsauffassung, Logos XIV (1925) 269, 278, der dies mit guten Gründen für ein Missverständnis hält.
146 Dazu am Beispiel Humboldts auch *D. Spitta*, Die Staatsidee Wilhelm von Humboldts, 2004.
147 *J. Petersen*, Wilhelm von Humboldts Rechtsphilosophie, 3. Auflage 2016, passim.
148 *Nietzsche*, Menschliches, Allzumenschliches, I, 472.
149 *Nietzsche*, Nachgelassene Fragmente, November 1887 – März 1888, 11 (140), Kritische Studienausgabe (Hg. G. Colli/M. Montinari), Band 13, S. 65.
150 *Nietzsche*, Menschliches, Allzumenschliches, I, 472: „die moderne Demokratie ist die historische Form vom Verfall des Staates." Näher dazu *F. Appel*, Nietzsche contra Democacy, 1999; *Ch. J. Emden*, Friedrich Nietzsche and the Politics of History, 2008.
151 Dazu sogleich noch näher.

Consequenz des demokratischen Staatsbegriffes.“[152] Gerade der Klammerzusatz ist für den vorliegenden Zusammenhang bedeutsam, denn dass er Individuum und Privatperson nicht ohne weiteres gleichzusetzen bereit ist, veranschaulicht am besten den hohen Rang, den er dem Individualismus beimisst und dessen rechtliche Achtung ihn umtreibt. Klugheit und Eigennutz der Menschen hält er für die wirksamsten Konstanten, die letztlich darüber entscheiden, wie lange der Staat als Institution bestehen kann: „wenn den Anforderungen dieser Kräfte der Staat nicht mehr entspricht, so wird am wenigsten das Chaos eintreten, sondern eine noch zweckmässigere Erfindung, als der Staat es war, zum Siege über den Staat kommen.“[153] Es ist dies ersichtlich das Gegenteil der Vorstellung Hegels,[154] für den der Staat „die Wirklichkeit der sittlichen Idee“ war.[155]

b) Triumph des Individualismus

Aus rechtsphilosophischer Sicht interessiert an dieser Einschätzung aber auch seine, wie so oft bei Nietzsche, historisch fundierte Begründung, die, gleichfalls bezeichnend, aus der Einheit von Recht und Macht resultiert: „Wir selber sehen den bedeutenden Rechts- und Machtgedanken der Familie, welcher einmal, so weit römisches Wesen reichte, die Herrschaft besass, immer blasser und ohnmächtiger werden. So wird ein späteres Geschlecht auch den Staat in einzelnen Strecken der Erde bedeutungslos werden sehen (...).“[156] Jedoch ist es wichtig festzuhalten, dass er dies in keiner Weise herbeisehnt oder zu beschleunigen trachtet: „An der Verbreitung und Verwirklichung dieser Vorschläge zu arbeiten, ist freilich ein ander Ding: man muss sehr anmaassend von seiner Vernunft denken und die Geschichte kaum halb verstehen, um schon jetzt die Hand an den Pflug zu legen, – während noch Niemand die Samenkörner aufzeigen kann, welche auf das zerrissene Erdreich nachher gestreut werden sollen.“[157]

---

152 *Nietzsche*, Menschliches, Allzumenschliches, I, 472. Siehe dazu nur *A. D. Schrift*, Nietzsche for Democracy?, Nietzsche-Studien 29 (2000) 220.

153 *Nietzsche*, Menschliches, Allzumenschliches, I, 472.

154 Nach *J. Binder*, Nietzsches Staatsauffassung, Logos XIV (1925) 269, 278 f., liegt das freilich nur daran, dass Nietzsche „die dialektische Überwindung des Gegensatzes von Individuum und Staat überhaupt nicht erfasst hat“.

155 *G. W. F. Hegel*, Grundlinien der Philosophie des Rechts, 1821, § 257. Dementsprechend entgegengesetzt ist die Vorstellung Hegels den zitierten Ideen Humboldts; vgl. nur *K. Popper*, Die offene Gesellschaft und ihre Feinde, 1945, S. 361; *J. Petersen*, Wilhelm von Humboldts Rechtsphilosophie, 3. Auflage 2016, S. 17 f.

156 *Nietzsche*, Menschliches, Allzumenschliches, I, 472.

157 Vgl. *Nietzsche*, Menschliches, Allzumenschliches, I, 472.

Das würde auch schwerlich zu seiner Kritik am Sozialismus passen, dem er just dies zum Vorwurf macht.[158] Dementsprechend zuversichtlich endet der Gedanke, den man deshalb auch in denselben Zusammenhang – freilich zum besseren Verständnis in umgekehrter Reihenfolge[159] – stellen sollte, um die pessimistische Grundstimmung des oben Behandelten[160] angemessen einordnen zu können: „Vertrauen wir also ‚der Klugheit und dem Eigennutz der Menschen', dass jetzt noch der Staat eine gute Weile bestehen bleibt und zerstörerische Versuche übereifriger und voreiliger Halbwisser abgewiesen werden!"[161] Vor diesem Hintergrund ist es für ihn weniger der Sieg über den Staat, den er feiert, als vielmehr der Triumph des Individualismus,[162] den er durchaus differenziert – nämlich im Verhältnis zum Sozialismus – betrachtet, der für ihn „bloß ein Agitationsmittel des Individualisten" ist.[163]

c) Veto gegen das Stimmrecht als „Konsequenz der Gerechtigkeit"

Soeben war die Rede davon, dass Nietzsches Gedanken zur Demokratie keinerlei Gefolgschaft verdienen.[164] Dessen ungeachtet ist es reizvoll, seine Begründung des allgemeinen Stimmrechts nachzuzeichnen, weil sich daraus einiges über sein Rechtsverständnis ersehen lässt: „Das Volk hat sich das allgemeine Stimmrecht nicht gegeben, es hat dasselbe, überall, wo es jetzt in Geltung ist, empfangen und vorläufig angenommen: jedenfalls hat es aber das Recht, es wieder zurückzugeben, wenn es seinen Hoffnungen nicht genugtuth."[165] Dem Umstand, dass mit-

---

158 *Nietzsche*, Nachgelassene Fragmente, Sommer 1886 – Herbst 1887, 5 (107), Kritische Studienausgabe (Hg. G. Colli/M. Montinari), Band 12, S. 228; *ders.*, Nachgelassene Fragmente, Frühjahr 1888, 14 (192), Kritische Studienausgabe (Hg. G. Colli/M. Montinari), Band 13, S. 378 f.

159 Damit soll selbstredend nicht die von Nietzsche angeordnete Reihenfolge verbessert werden, die ihre innere Folgerichtigkeit daraus gewinnt, dass die „zerstörerischen Versuche übereifriger und voreiliger Halbwisser" im nachfolgenden Aphorismus präzisiert werden, sondern es geht hier nur um die Nachzeichnung des Gedankens zur leichteren Verständlichkeit und Akzentuierung dessen, was nicht zuletzt seine Genialität der Gerechtigkeit ausmacht.

160 Unter 1. und 2.

161 *Nietzsche*, Menschliches, Allzumenschliches, I, 472.

162 Vgl. auch *J. Binder* (Nietzsches Staatsauffassung, Logos XIV, 1925, 269, 292), freilich von seinem Hegel idealisierenden Standpunkt aus: „Nietzsche ist Individualist (...) und dieser Trieb in ihm ist so stark, dass er darüber jedes Verständnis für eine andere und höhere Auffassung vom Staate verliert. Er vermag überhaupt nur den Einzelnen zu verstehen; der Staat selbst bleibt ihm verschlossen; er ‚sieht den Wald vor lauter Bäumen nicht'."

163 *Nietzsche*, Nachgelassene Fragmente, Herbst 1887, 10 (82), Kritische Studienausgabe (Hg. G. Colli/M. Montinari), Band 12, S. 503.

164 Unter a).

165 *Nietzsche*, Menschliches, Allzumenschliches, II 2, 276.

unter keine Stimmenmehrheit und noch seltener eine Zweidrittelmehrheit erreicht werde, „wo es gebraucht wird", entnimmt er „ein Votum gegen das ganze Stimmsystem überhaupt".[166] Er lehnt sogar das Mehrheitsprinzip überhaupt ab: „Ein Gesetz, welches bestimmt, dass die Majorität über das Wohl Aller die letzte Entscheidung habe, kann nicht auf der selben Grundlage, welche durch dasselbe erst gegeben wird, aufgebaut werden: es bedarf nothwendig einer noch breiteren, und diess ist die Einstimmigkeit Aller."[167] Schon die Enthaltung weniger tausend („um nicht ins Kleinliche zu verfallen") kann so schon zum „absoluten Veto" bezüglich des Stimmrechtssystems überhaupt werden.[168] Interessanterweise sieht er diesen skurril anmutenden Ansatz als „Consequenz der Gerechtigkeit: bei jedem Gebrauche, den man von ihm macht, muss es, laut der Art von Betheiligung, erst beweisen, dass es noch zu Recht besteht."[169]

Diese überaus eigenwillige und sonderbare Sicht ist eher die Frucht seiner generellen Skepsis gegen die Demokratie. Die Selbstaufhebung und Entäußerung des Rechts durch Enthaltung ist nicht nur dogmatisch schwerlich zu begründen, sondern ihre Konsequenz – die geforderte Einstimmigkeit – eine Farce, welche weder praktikabel noch wünschenswert ist. Dabei ist auch dies nicht Ausdruck einer Neigung zu totalitären Strukturen, sondern vielmehr Ausdruck einer gewissen Weltfremdheit gegenüber dem politischen System.[170] Noch seltsamer ist sein Gedanke über den „politische(n) Werth der Vaterschaft", in dem er nur dem Menschen, der Söhne hat, das volle Recht zuspricht, über die Bedürfnisse des Staatswesens mitzureden, weil ihn „diess (...) unegoistisch (stimmt), oder richtiger: es erweitert seinen Egoismus der Zeitdauer nach, und lässt ihn Ziele über seine individuelle Lebenslänge hinaus mit Ernst verfolgen."[171] Freilich muss man Nietzsche auch an dieser bizarren Stelle zugute halten, dass er – ungeachtet der absonderlichen Prämisse – die innere Folgerichtigkeit seiner Konzeption beibehält, die, wie mehrfach festgestellt, den Eigennutz als anthropologische Kon-

166 *Nietzsche*, Menschliches, Allzumenschliches, II 2, 276.
167 *Nietzsche*, Menschliches, Allzumenschliches, II 2, 276.
168 Zum Merkmal des Absoluten bei Nietzsche *O. Dier*, Die Lehre des Absoluten. Eine Untersuchung der Philosophie Nietzsches am Leitfaden des Absurden, 1998.
169 *Nietzsche*, Menschliches, Allzumenschliches, II 2, 276; die letzten drei Worte sind im Originaltext gesperrt gedruckt.
170 Treffend insoweit *J. Binder*, Nietzsches Staatsauffassung, Logos XIV (1925) 269, 279: „Dabei paart sich in ihm in erstaunlicher Weise eine vollkommene Verständnislosigkeit gegenüber den politischen Systemen und den sie begründenden Ideologien mit den hellsten Lichtblicken auf die Natur des Menschen und die politischen Realitäten, die ihn manchmal geradezu als Seher erscheinen lassen, dem die Zukunft aufgeschlossen zu Füßen liegt." Nach *G. Bataille*, Wiedergutmachung an Nietzsche, 1999, S. 65, propagiert Nietzsche überhaupt einen „Mythos der Zukunft".
171 *Nietzsche*, Menschliches, Allzumenschliches, I, 455.

stante auch überindividuell zugrunde legt und gleichsam in den Generationenvertrag einbezieht, wodurch wiederum dem Herkommen als Grundmerkmal des Rechts eine verstärkte Bedeutung zukommt.

5. Abgrenzungen von der Gerechtigkeit

Ebenso wie bei der dem Eigennutz verwandten Eitelkeit kann so in einer für Nietzsches Sicht bezeichnenden Weise aus der Leidenschaft eine Tugend werden, wie auch die Gerechtigkeit eine ist.

a) Zerrbilder der Gerechtigkeit

Denn die Gerechtigkeit schwingt bei Nietzsche immer unausgesprochen mit, was man nicht zuletzt daran sehen kann, dass er sie dort, wo er davon spricht,[172] in nachdrücklicher Abgrenzung zu einem Zerrbild geraten lässt: „Desshalb bereitet er sich im Stillen zu Schreckensherrschaften vor und treibt den halbgebildeten Massen das Wort ‚Gerechtigkeit' wie einen Nagel in den Kopf, um sie ihres Verstandes völlig zu berauben (...) und ihnen für das böse Spiel, das sie spielen sollen, ein gutes Gewissen zu schaffen."[173] Dieser überaus polemische Ausspruch korrespondiert mit zwei verschiedenen bereits behandelten Stellen: erstens dem Gedanken, dass derjenige, der überzeugt und daher auch überzeugend von seinem Recht spricht „das gute Gewissen gewinnt",[174] womit das Gewissen zugleich manipuliert werden kann durch die Vorstellung des eigenen Rechts;[175] und zweitens dem martialischen Ausspruch:[176] „Wenn man der Bestie blutige Fleischstücke aus der Nähe zeigt und wieder wegzieht, bis sie endlich brüllt: meint ihr, dass diess Gebrüll Gerechtigkeit bedeute?"[177]

---

172 Näherhin beim Sozialismus.

173 *Nietzsche*, Menschliches, Allzumenschliches, I, 473.

174 *Nietzsche*, Menschliches, Allzumenschliches, I, 597. Siehe dazu – insbesondere im Hinblick auf die dort vorausgesetzten Unsicherheiten oder Zweifel in Anbetracht auf das eigene Recht – oben 1. Kapitel, Fußnote 148.

175 Vgl. oben im ersten Kapitel unter I.

176 Zu ihm oben II. 1.

177 *Nietzsche*, Menschliches, Allzumenschliches, I, 451.

b) Ablehnung des „unbedingten Staates"

Hier sagt Nietzsche also jeweils, was Gerechtigkeit gerade nicht bedeutet, doch spricht er eben auch nicht sine ira et studio,[178] wie es nach dem weiter oben Bedachten als ein Markenzeichen der Gerechtigkeit erkannt wurde.[179] Sein Gerechtigkeitssinn wird daher vordringlich durch die Einsicht herausgestellt, dass die „Fülle (...) und Anhäufung von Staatsgewalt" verbunden mit „der Niederwerfung aller Bürger vor dem unbedingten Staate" und den damit einhergehenden „Schreckensherrschaften" das Gegenteil von Gerechtigkeit darstellt[180] – eine heute triviale Einsicht, die aber, Jahrzehnte vor der Terrordiktatur des Nationalsozialismus ausgesprochen, um so bemerkenswerter ist. Auch wenn Nietzsches Perhorreszierung damit letztlich den Anlass verfehlt, haftet dem Schreckensbild immerhin eine zeitlos gültige Mahnung an, deren Geltung späterhin deutlicher wurde als zu seinen Lebzeiten.

6. Würdigung

Auf der anderen Seite offenbart sich in dieser negativen Abgrenzung der Gerechtigkeit, also der Feststellung, was jedenfalls nicht Gerechtigkeit ist, etwas, das bereits weiter oben einmal als Dilemma des Rechts bezeichnet wurde.[181]

a) Binders „Positivistischer Individualismus" und sein Vergleich mit dem Anarchismus

Julius Binder hat dies den positivistischen Individualismus Nietzsches genannt,[182] der ihn letztlich mit dem Anarchismus verbinde: „Beide lehnen eine idealistische Begründung des Staates ab, so dass es für sie weder eine Idee des Rechtes gibt, die die Geltung von Staat und Recht verbürgen würde, noch eine wirkliche ‚Gerechtigkeit'; für beide ist die Rechtsfrage stets eine Machtfrage und hat jeder so viel

---

178 *Tacitus*, Annales, I. 1.
179 Im ersten Kapitel unter I.
180 Siehe auch *H. Kelsen*, Staat und Übermensch, 1930.
181 Ebenfalls im ersten Kapitel.
182 Vgl. *J. Binder*, Nietzsches Staatsauffassung, Logos XIV (1925) 269, 293 f.: „Es handelt sich für ihn also nicht, wie für den Anarchismus, um die kategorische Bekämpfung des Staates um der Einzelnen willen, sondern er vindiziert dieses Recht, dem Staate gleichsam den Rücken zu kehren und außerhalb seiner sein eigenes Leben zu leben, nur dem Menschen, in dem die Idee des Menschen wirklich wurde, der sich über die Masse, über die Gesellschaft mit ihren Flachheiten und Niedrigkeiten erhebt und den Mut hat, einsam zu sein, dem Übermenschen Friedrich Nietzsche."

Recht als er durchzusetzen vermag und ist in Wahrheit die Substanz des Staates der Wille zum Leben, der in Nietzsches späteren Werken als Wille zur Macht auftritt."[183]

Die darin mitschwingende Kritik am Rechtsbegriff Nietzsches bzw. dessen völlige Infragestellung ist durchaus nicht von der Hand zu weisen. Teilweise bestätigt wird Binders Feststellung durch einen Gedanken, den Nietzsche überschrieben hat mit: „Der Staat als Erzeugniss der Anarchisten" und der wörtlich wiedergegeben zu werden verdient: „In den Ländern der gebändigten Menschen giebt es immer noch genug von den rückständigen und ungebändigten. (...) Sollte es dazu kommen, dass diese einmal *Gesetze* geben, so kann man darauf rechnen, dass sie sich an eine eiserne Kette legen und furchtbare Disciplin üben werden: – *sie kennen sich!* Und sie werden diese Gesetze aushalten, im Bewusstsein, dass sie selber dieselben gegeben haben, – das Gefühl der Macht, und *dieser* Macht, ist zu jung und entzückend für sie, als dass sie nicht Alles um seinetwegen litten!"[184]

Zwar definiert Nietzsche die Gerechtigkeit zumindest ansatzweise[185] als „Vergeltung und Austausch unter der Voraussetzung einer ungefähr gleichen Machtstellung",[186] so dass man nicht sagen kann, dass es sie für ihn nicht gebe, wenngleich richtig – und wahrscheinlich auch von Binder gemeint – ist, dass die Gerechtigkeit für Nietzsche eben keinen absoluten Wert darstellt. Zudem trifft Binder mit dem etwas ungefähren (und womöglich hegelianisch geprägten) Zusatz der „wirklichen" Gerechtigkeit, die er in Anführungszeichen setzt, in der Tat den neuralgischen Punkt. Es ist nicht zuletzt die von Nietzsche selbst erklärte Abwesenheit jeglichen Naturrechts und eines daraus folgenden Rechtsbegriffs, der für ihn letztlich ebenso unannehmbar ist wie ein gleichwie geartetes Vernunftrecht. Denn jegliches Recht hat für ihn zunächst und vor allem die Machtprobe zu bestehen, so dass es zutrifft, dass „jeder so viel Recht hat, als er durchzusetzen vermag."[187]

---

183 *J. Binder*, Nietzsches Staatsauffassung, Logos XIV (1925) 269, 293; siehe zu Nietzsches Lehre vom Willen zur Macht auch *W. Müller-Lauter*, Nietzsches Lehre vom Willen zur Macht, Nietzsche-Studien 3 (1974) 1 ff.; *M. Clark*, Nietzsche's Doctrines of Will to Power, Nietzsche-Studien 12 (1983) 458; *W. Mittelman*, The Relation between Nietzsche's Theory of the Will of Power and his earlier Conception of Power, Nietzsche-Studien 9 (1980) 122; *Ch. J. Emden*, Nietzsche' Will to Power: Biology, Naturalism, and Normativity, Journal of Nietzsche Studies 47 (2016) 30.

184 *Nietzsche*, Morgenröte, 184; Hervorhebungen auch dort.

185 Näher dazu im ersten Kapitel.

186 *Nietzsche*, Menschliches, Allzumenschliches, I, 92.

187 *J. Binder*, Nietzsches Staatsauffassung, Logos XIV (1925) 269, 293.

b) Bewertung

Wenn es damit scheint, als wäre für die Begründung des Gerechtigkeitsverständnisses Nietzsches wenig gewonnen, so ist doch folgendes in Rechnung zu stellen: Zunächst ist die Absage an jede Form der Gewalttätigkeit zu berücksichtigen, die der Rechtsbegründung durch Machtverteilung einiges von ihrem vordergründigen Schrecken nimmt. Wenn Nietzsche die Überwindung des Staates prophezeit,[188] so ist jenseits der Bewertung über die Wahrscheinlichkeit und Wirklichkeitsnähe, die ohnehin schwerlich zu treffen ist, die Feststellung des temporalen Moments bedeutsam, das gleichfalls in der Entsagung jeglicher Gewalt besteht. Sodann ist zu bedenken, dass mit dem Gerechtigkeitsverständnis auch die Problematik der Moral berührt wird; wenn sich dies bei seinem Blick auf den Staat vergleichsweise geringfügig bemerkbar macht, so liegt es daran, dass er den Staat – anders als der an Hegel geschulte Binder – eben gerade nicht als Wirklichkeit der sittlichen Idee begreift, weil sich für Nietzsche eben im Staat keine Sittlichkeit verwirklicht. So kann er in der denkbar größten Kontrastierung Zarathustra sagen lassen: „Dort, wo der Staat aufhört, da beginnt erst der Mensch, der nicht überflüssig ist (...). Dort, wo der Staat *aufhört* – so seht mir doch hin, meine Brüder! Seht ihr ihn nicht, den Regenbogen und die Brükken des Übermenschen?“[189]

---

188 *Nietzsche*, Also sprach Zarathustra, Erster Teil, Von neuen Götzen, 1883–1885, Kritische Studienausgabe (Hg. G. Colli/M. Montinari), Band 4.

189 *Nietzsche*, Also sprach Zarathustra, Erster Teil, Von neuen Götzen, 1883–1885, Kritische Studienausgabe (Hg. G. Colli/M. Montinari), Band 4; Hervorhebung auch dort.

6. Kapitel: Nietzsches Obligationenrecht

Nietzsche ist wie wohl kein zweiter Denker und auch kein Rechtsphilosoph vom Zivilrecht ausgegangen für die Begründung des Rechts. Selbst auf den persönlichsten Bereich bezogen argumentiert er regelrecht zivilistisch, etwa wenn er seine Freigeistigkeit als „Schadenersatz für mangelnde Freunde“ qualifiziert.[1] Darüber hinaus ist aber zu fragen, ob dies nur eine darstellungsmäßige Eigenwilligkeit ist, die womöglich zeitgebunden oder mehr oder weniger zufälliger Lektüre geschuldet ist,[2] oder ob sich darin etwas für sein Denken Bezeichnendes offenbart.

I. Die Vertragsbeziehungen

Die schuldrechtlichen Beziehungen der Beteiligten sind geradezu das Fundament seiner Philosophie des Rechts und wirken auf diese Weise auch auf den Daseinsgrund der Strafe. Gleichwohl werden sie mit Bedacht erst hier behandelt, weil sich von daher der Kreis schließt.[3]

1. Rückblick und Einordnung

Der Blick auf das von Nietzsche so genannte Obligationen-Recht, in unserer Terminologie Schuldrecht,[4] gestattet zugleich den Rückblick auf die im bisherigen Verlauf der Untersuchung bereits genannten zivilrechtlichen Rechtsbeziehungen, mit denen Nietzsche das Recht erklärt.

a) Die bisherigen Vertragsbeziehungen

Davon soll zunächst die Rede sein, bevor auf dieser Grundlage die einzelnen Schuldverhältnisse erörtert werden, vermittels derer Nietzsche insbesondere die

---

1 *Nietzsche*, Menschliches, Allzumenschliches, I, Vorrede, 2.

2 *H. Kerger*, Autorität und Recht im Denken Nietzsches, 1988, passim, hat mit vielen aufschlussreichen Nachweisen Nietzsches Lektüre der Schriften Jherings dargestellt, die gerade in der obligationenrechtlichen Terminologie wieder zu erkennen ist.

3 Zum Darstellungsmodus des Kreisgangs oben im ersten Kapitel unter I.

4 In der Schweiz heißt das Schuldrecht ebenfalls Obligationenrecht. Es ist klar, dass Nietzsches schuldrechtliche Terminologie ungeachtet der äußerlichen Übereinstimmung nur wenig mit derjenigen des Bürgerlichen Gesetzbuchs gemein hat.

https://doi.org/10.1515/9783110645682-007

Problematik der Bestrafung behandelt: „Man hat den Kriegsfuß hergestellt: man will etwas, man hat Gegner dabei, man erreicht es vielleicht am vernünftigsten, wenn man sich verträgt, – wenn man einen Vertrag macht. Eine moderne Gesellschaft, bei der jeder Einzelne seinen ‚Vertrag' gemacht hat: der Verbrecher ist ein Vertragsbrüchiger ... Das wäre ein klarer Begriff."[5] Zu Beginn der Betrachtung stand im Rahmen der Begründung des Ursprungs der Gerechtigkeit Nietzsches Satz:[6] „Der Charakter des Tausches ist der anfängliche Charakter der Gerechtigkeit."[7] Darauf wird an späterer Stelle noch einmal zurückzukommen sein, wenn es wieder um den Ursprung der Gerechtigkeit gehen wird,[8] freilich auf einer anderen Ebene, nämlich im Rahmen der Erörterung, wo der Ursprung der Gerechtigkeit nach Nietzsche gerade nicht zu finden ist.[9] Der Tausch unter ungefähr gleich Mächtigen – bzw. solchen, die sich als gleich mächtig erachten[10] – war also der Anfangsgrund der Gerechtigkeit. Von dieser Einsicht aus konnte Nietzsche zu dem kategorischen Urteil gelangen:[11] „Ohne Vertrag kein Recht."[12] Da das Vertragsrecht auf Macht gegründet ist, kann davon abgegeben werden, so dass andere davon partizipieren „durch Schenkung und Abtretung: In diesem Falle haben die Anderen Macht genug und übergenug, um davon abgeben zu können und das abgegebene Stück Dem, welchem sie es schenkten, zu verbürgen."[13]

b) Vertrag bei Schopenhauer und Wagner

Einen gewissen Vorläufer findet Nietzsche insoweit in dem von ihm hochgeschätzten Schopenhauer: „Die vollkommenste Lüge aber ist der *gebrochene Vertrag*; weil hier alle angeführten Bestimmungen vollständig und deutlich beisammen sind. Denn indem ich einen Vertrag eingehe, ist die fremde verheißene Leistung unmittelbar und eingeständlich das Motiv zur meinigen nunmehr erfolgenden. Die Versprechen werden mit Bedacht förmlich gewechselt. Die Wahrheit der darin gemachten Aussage eines jeden steht, der Annahme zufolge, in

---

5 *Nietzsche*, Nachgelassene Fragmente, Frühjahr 1888, 14 (197), Kritische Studienausgabe (Hg. G. Colli/M. Montinari), Band 13, S. 382.

6 Im ersten Kapitel unter II. 2.

7 *Nietzsche*, Menschliches, Allzumenschliches, I, 92.

8 Unter II.

9 *Nietzsche*, Zur Genealogie der Moral, Zweite Abhandlung, 11.

10 *Nietzsche*, Morgenröte, 112.

11 Dazu gleichfalls im ersten Kapitel.

12 *Nietzsche*, Menschliches, Allzumenschliches, I, 446.

13 *Nietzsche*, Morgenröte, 112.

seiner Macht."[14] Hierin liegt möglicherweise eine Nietzsche wie auch Richard Wagner gleichermaßen inspirierende Vorstellung, die bei Wagner letztlich Ausdruck findet in Fasolts an Wotan gerichtete Mahnung: „Was du bist, bist du nur durch Verträge."[15] Die Einzelheiten, insbesondere Nietzsches komplexes und in *Der Fall Wagner* zum Ausdruck kommendes Verhältnis zu Wagner, brauchen hier nicht behandelt zu werden.[16]

2. Bedingungsverhältnis zwischen Recht und Pflicht

Wichtig war darüber hinaus das Bedingungsverhältnis, das zwischen Pflicht und Recht besteht und welches für den synallagmatischen Charakter der Verbindlichkeit wesentlich ist:[17] „Jeder stellt den Andern zufrieden, indem Jeder bekommt, was er mehr schätzt als der Andre. Man giebt Jedem, was er haben will als das nunmehr Seinige und empfängt dagegen das Gewünschte."[18] Hier schien zudem das Gerechtigkeitspostulat des *suum cuique* zur Verwirklichung der Vertragsgerechtigkeit auf. Pflichten definiert Nietzsche als „die Rechte Anderer auf uns."[19] Damit ist die Betrachtung bei der elementaren schuldrechtlichen Beziehung zwischen Gläubiger und Schuldner angelangt, von der Nietzsche im Folgenden ausgeht, um nicht zuletzt die Strafe zu begründen. Unter der Überschrift „Was ist vornehm?" nennt Nietzsche als besondere Ausprägung „die Überzeugung, daß man nur gegen Seines-Gleichen Pflichten hat, gegen die Andern sich nach Gutdünken verhält."[20] Auch wenn diese Stelle Ausdruck eines elitär-aristokratischen Standpunkts Nietzsches ist, veranschaulicht sie doch das Denken in obligationenrechtlichen Kategorien.

---

14 *A. Schopenhauer*, Die Welt als Wille und Vorstellung, 1818, Viertes Buch, § 62; dazu *J. Petersen*, Schopenhauers Gerechtigkeitsvorstellung, 2017, S. 5.

15 *R. Wagner*, Der Ring des Nibelungen, Das Rheingold, Zweite Szene. Siehe auch *ders.*, ebenda, Die Walküre, Zweiter Aufzug: „Das sind die Bande, die mich binden: der durch Verträge ich Herr, den Verträgen bin ich nun Knecht."

16 Siehe dazu auch *Nietzsche*, Nachgelassene Fragmente, Frühjahr – Sommer 1888, 16 (34), Kritische Studienausgabe (Hg. G. Colli/M. Montinari), Band 13, S. 494 f.; *ders.*, Nachgelassene Fragmente, Frühjahr 1888, 14 (42), Kritische Studienausgabe (Hg. G. Colli/M. Montinari), Band 13, S. 239.

17 Im ersten Kapitel.

18 *Nietzsche*, Menschliches, Allzumenschliches, I, 92.

19 *Nietzsche*, Morgenröte, 112.

20 *Nietzsche*, Nachgelassene Fragmente, Mai – Juli 1885, 35 (76), Kritische Studienausgabe (Hg. G. Colli/M. Montinari), Band 11, S. 543.

II. Das Vertragsverhältnis zwischen Schuldner und Gläubiger

Es ist besonders aufschlussreich, dass Nietzsche im Rahmen der Begründung der Strafe nicht nur in eine schuldrechtliche Erklärung verfällt,[21] sondern diese mit den beiden maßgeblichen Personen beginnen lässt, nämlich „dem Vertragsverhältnis zwischen *Schuldner* und *Gläubiger.*“[22]

1. „Entstehungsherd der moralischen Begriffswelt“

Diese Einbeziehung des Zivilrechts in die Begründung des Strafrechts widerstrebt ersichtlich allem, was aus heutiger Sicht an Strukturunterschieden zwischen beiden Rechtsgebieten als gesichert gilt, und ist gerade deshalb umso bemerkenswerter.

a) Äquivalenz von Schaden und Schmerz

Nietzsche geht hier den Dingen im Wortsinne auf den Grund, indem er den gemeinsamen Nenner der später immer mehr voneinander geschiedenen Disziplinen ermittelt, der in „der Idee zwischen einer Äquivalenz von Schaden und Schmerz“ bestehe.[23] Schadenersatz kann danach am besten durch einen Schmerz des Schädigers geleistet werden.[24] Der Ausgleich liegt demnach „in einem Anweis und Anrecht auf Grausamkeit“, durch das der Gläubiger zum Teilhaber „an einem *Herren-Rechte*“ wird.[25] Das kommt bereits an anderer Stelle zum Ausdruck: „Es ist das eigentliche Herrenrecht, Werthe zu schaffen.“[26] Das Obligationenrecht ist für

---

21 Nach *H. Kerger,* Autorität und Recht im Denken Nietzsches, 1988, S. 79, könnte diese Konzeption auf Nietzsches Beschäftigung mit Rudolf von Jhering zurückgehen.

22 *Nietzsche,* Zur Genealogie der Moral, Zweite Abhandlung, 4; Hervorhebungen auch dort. Zur Rechtsbeziehung zwischen Schuldner und Gläubiger im geltenden Recht *J. Petersen,* Allgemeines Schuldrecht, 9. Auflage 2019, Rz. 1 ff.

23 Vgl. *Nietzsche,* Zur Genealogie der Moral, Zweite Abhandlung, 4. Vgl. auch *H. Kerger,* Nietzsches normativ-institutionalistisches Postulat personaler Gerechtigkeit auf der Basis der Vollpositivität allen Rechts, Rechtstheorie 47 (2016) 443, 467 f.

24 Zu den rechtsgeschichtlichen Wurzeln dieses Verständnisses *H. Kerger* (Autorität und Recht im Denken Nietzsches, 1988, S. 13 f.) unter Verweis auf *R. v. Jhering,* Der Zweck im Recht, Band I, 1877, S. 263; *dens.,* Geist des römischen Rechts auf den verschiedenen Stufen seiner Entwicklung, Teil 2 Abt. 2, 9. Auflage 1968, § 31, S. 153.

25 *Nietzsche,* Zur Genealogie der Moral, Zweite Abhandlung, 5; Hervorhebung auch dort.

26 *Nietzsche,* Jenseits von Gut und Böse, 261.

Nietzsche demnach der „Entstehungsheerd“ der „moralische(n) Begriffswelt.“[27] Vielsagend ist vor allem der Terminus der „Begriffswelt“, in der die Genealogie der Moral und des Rechts besonders eindringlich verortet ist. Zugleich bewegt sich Nietzsche mit dieser dogmatischen Einordnung weiterhin widerspruchsfrei innerhalb der von ihm geschaffenen Begrifflichkeit, da auch hier das Vertragsverhältnis als Gefüge zwischen Schuldner und Gläubiger den Rahmen der Wiedergutmachung absteckt. Das Vertragsverhältnis zwischen Schuldner und Gläubiger reicht zurück bis zur Entstehung von „Rechtssubjekten“, und die Anführungsstriche kennzeichnen, dass er sich insoweit auf das rechtswissenschaftliche Fachschrifttum seiner Zeit bezieht.[28]

b) Einbeziehung des Generationenvertrags

Wichtig ist auch hier die Rückbeziehung der Obligationen auf den Ursprung, die Nietzsche selbst hervorhebt: „Das privatrechtliche Verhältniss des Schuldners zu seinem Gläubiger, von dem des längeren schon die Rede war, ist noch einmal, und zwar in einer historisch überaus merkwürdigen und bedenklichen Weise in ein Verhältnis hineininterpretirt worden, worin es uns modernen Menschen vielleicht am unverständlichsten ist: nämlich in das Verhältniss der *Gegenwärtigen* zu ihren *Vorfahren.* Innerhalb der ursprünglichen Geschlechtsgenossenschaft – wir reden von Urzeiten – erkennt jedes Mal die lebende Generation gegen die frühere und in Sonderheit gegen die früheste, geschlecht-begründende eine juristische Verpflichtung an (und keineswegs eine blosse Gefühls-Verbindlichkeit ...).“[29] Man muss diese Stellen, in denen Nietzsche an den Ursprung der Verbindlichkeiten erinnert, immer berücksichtigen, um verstehen zu können, worin er auch heute noch die besondere Herausforderung der Rechtsphilosophie erblickt, näherhin in der Historien- und Völkervergleichung. Schuldner und Gläubiger sind die Personen seines Erachtens also nicht nur gleichsam horizontal, das heißt im Hinblick auf die Gleichzeitigkeit, sondern zugleich immer auch vertikal, also im Verhältnis zu früheren Generationen. Wenn man in Nietzsches kontraktualistischer Sichtweise bleiben möchte, kann man insoweit von der Einbeziehung des Generationenvertrags sprechen.

---

27 *Nietzsche*, Zur Genealogie der Moral, Zweite Abhandlung, 6.

28 Es ist wohl vor allem *R. v. Jhering*, Der Zweck im Recht, 2 Bände, 1877–1883; vgl. auch *V. Gerhardt*, „Schuld“, „Schlechtes Gewissen“ und Verwandtes, in: Zur Genealogie der Moral (Hg. O. Höffe), KA 29, 2004, S. 81, 90 Fußnote 4, unter Verweis auf *H. Kerger*, Autorität und Recht im Denken Nietzsche, 1988; siehe auch *dens.*, Verhältnis von normativer Regel und Handlungsrationalität bei Nietzsche, ARSP-Beiheft 77 (2001) 39, 41 ff. zum Einfluss Jherings auf Nietzsche.

29 *Nietzsche*, Zur Genealogie der Moral, Zweite Abhandlung, 19.

2. Besondere Schuldverhältnisse

Ebenso interessant ist, dass Nietzsche den eigentlichen Entstehungsgrund des Vertragsverhältnisses in den „Grundformen von Kauf, Verkauf, Tausch, Handel und Wandel“ erblickt.

a) Berücksichtigung von Recht und Wirtschaft

Hier begegnet uns die merkantile Verortung,[30] die Nietzsche bereits an anderer Stelle moralisch gewürdigt hat: „Es ist das nämliche Verhältniss wie zwischen Handelsmann und Seeräuber, welche lange Zeit ein und die selbe Person sind: wo ihr die eine Function nicht räthlich scheint, da übt sie die andere aus. Eigentlich ist ja selbst jetzt noch alle Kaufmanns-Moral nur die Verklügerung der Seeräuber-Moral: so wohlfeil wie möglich kaufen – womöglich für Nichts, als die Unternehmungskosten –, so theuer wie möglich verkaufen.“[31] Wichtiger als die ökonomische Sicht ist ihm jedoch die juristische Qualifizierung.[32] Es ist auch an dieser Stelle bemerkenswert, wie umfassend Nietzsche nicht nur die gesellschaftlichen Verhältnisse, sondern jeweils auch Recht *und* Wirtschaft bei einer jeden Frage historisch gewürdigt und mitbedacht hat; darin war ihm womöglich später nur Max Weber ebenbürtig.[33] Nicht zuletzt diese stetige Einbeziehung des Wirtschaftlichen in die Bewertung rechtlicher Zusammenhänge zeichnet gerade die guten Juristen aus.[34]

b) Vergegenwärtigung des Vertragsverhältnisses

Darüber hinaus ist aber von Bedeutung, dass Nietzsche in Gestalt des Kaufs und des Tauschs die besonderen Schuldverhältnisse in den Blick nimmt, zu denen im Folgenden noch Darlehen und Bürgschaft kommen: „Der Schuldner, um Vertrauen für sein Versprechen der Zurückbezahlung einzuflössen, um eine Bürg-

---

30 Zu ihr *J. Petersen*, Adam Smith als Rechtstheoretiker, 2. Auflage 2017, S. 133 ff.

31 *Nietzsche*, Menschliches, Allzumenschliches, II 2, 22.

32 Vgl. auch *V. Gerhardt*, „Schuld“, „schlechtes Gewissen“ und Verwandtes, in: Zur Genealogie der Moral (Hg. O. Höffe), KA 29, 2004, S. 81, 90: „Diese Aussage (sc. über die Grundformen von Tausch etc.) kann man als eindeutige Reduktion einer psychischen Disposition auf ökonomische Verhältnisse lesen.“

33 *Max Weber*, Wirtschaft und Gesellschaft, 5. Auflage 1972.

34 Nach *V. Gerhardt*, „Schuld“, „schlechtes Gewissen“ und Verwandtes, in: Zur Genealogie der Moral (Hg. O. Höffe), KA 29, 2004, S. 81, 90 „ist seine Genealogie mit dieser Absicht wesentlich Ideologiekritik“.

schaft für den Ernst und die Heiligkeit seines Versprechens zu geben, um bei sich selbst die Zurückbezahlung als Pflicht, Verpflichtung seinem Gewissen einzuschärfen, verpfändet Kraft eines Vertrages dem Gläubiger für den Fall, dass er nicht zahlt, Etwas, das er sonst noch ‚besitzt', über das er sonst noch Gewalt hat (...)"[35]. Dabei legt er Wert auf die Feststellung, dass diese Austausch- und Beleihungsformen älter – und daher für die Genealogie der Moral bedeutsamer – sind „als selbst die Anfänge irgend welcher gesellschaftliche(r) Organisationsformen und Verbände."[36]

Daraus folgt, dass das Obligationenrecht aus Sicht Nietzsches im Wortsinne noch radikaler ansetzt als die im letzten Kapitel behandelte Staatengründung in ihrer ursprünglichsten Form: es war „das keimende Gefühl von Tausch, Vertrag, Schuld, Recht, Verpflichtung, Ausgleich" das am Anfang stand. Alles, was daraus für die Begründung der Strafe folgt, ist zugleich eine Konsequenz der „Vergegenwärtigung diese(s) Vertragsverhältnisse(s)".[37] Daraus ergibt sich die Kehrseite,[38] die der von Nietzsche ebenfalls in zivilistischer Bildhaftigkeit so genannte „Zahlungsunfähige" zu sehen bekommt,[39] das heißt derjenige, der sich gegen das Obligationenrecht vergangen hat:[40] „Der Verbrecher ist ein Schuldner, der die ihm erwiesenen Vortheile und Vorschüsse nicht nur nicht zurückzahlt hat, sondern sich sogar an seinem Gläubiger vergreift."[41] Das verdeutlicht, dass Nietzsche das Obligationenrecht als übergeordnetes Regelungsgefüge konzipiert hat.

35 *Nietzsche*, Zur Genealogie der Moral, Zweite Abhandlung, 5.
36 *Nietzsche*, Zur Genealogie der Moral, Zweite Abhandlung, 8.
37 *Nietzsche*, Zur Genealogie der Moral, Zweite Abhandlung, 5.
38 Dieser Begriff ist im Übrigen auch für Nietzsches Gerechtigkeitsverständnis bedeutsam, wie sich aus folgendem auf die Suche nach der Gerechtigkeit bezogenen nachgelassenen Fragment (*Nietzsche*, Nachgelassene Fragmente, August – September 1885, 40 (65), Kritische Studienausgabe (Hg. G. Colli/M. Montinari), Band 11, S. 664 f.) ergibt: „Ich prüfte Alles, woran sich bis dahin überhaupt mein Herz gehängt hatte, ich drehte die besten und geliebtesten Dinge um und sah mir ihre Kehrseiten an, ich that das Entgegengesetzte mit allem, woran sich bisher die menschliche Kunst der Verleumdung und Verlästerung am feinsten geübt hat." Siehe zu dieser Stelle auch *D.-J. Yang*, Die Problematik des Begriffs der Gerechtigkeit in der Philosophie von Friedrich Nietzsche, 2005, S. 17.
39 Bedenklich *J.-C. Merle*, Nietzsches Straftheorie, in: Zur Genealogie der Moral (Hg. O. Höffe), KA 29, 2004, S. 97, 106: „Nietzsches Vorwurf an die Gerechtigkeit ist, dass sie einerseits die Abzahlung suchen will und den Zahlungsunfähigen trotzdem laufen lässt."
40 *Nietzsche*, Zur Genealogie der Moral, Zweite Abhandlung, 10.
41 *Nietzsche*, Zur Genealogie der Moral, Zweite Abhandlung, unter 9.

III. Erklärungsversuch des Obligationenrechts

Die Vorstellung eines solchen umfassenden Obligationenrechts bringt einmal mehr ein vollkommen neues Erklärungsmodell zum Vorschein. Die nicht hoch genug zu veranschlagende Originalität Nietzsches ist in diesem Punkt schon aus sich heraus geeignet, die Rechtsphilosophie zu bereichern, die sich dieser Konzeption freilich bislang soweit ersichtlich noch nicht hinlänglich gestellt hat.

1. Zivilistisches Denken und Wahrheitssuche

Versucht man, die bisherigen Überlegungen übergreifend zusammenzufassen und im Hinblick auf Nietzsches Denken zu deuten, so empfiehlt sich zunächst die Rückschau auf das im ersten Kapitel Erarbeitete, in dem es nicht zuletzt um die wissenschaftliche Methode und den wissenschaftlichen Geist ging. Dort wurde besonders die Einheit und Folgerichtigkeit seines Denkens hervorgehoben, die ihn nur deshalb nicht zum Systematiker werden ließ, weil er dies als Verstoß gegen die intellektuelle Rechtschaffenheit ablehnte.[42] Zugleich ist es ein ausdrückliches Bekenntnis zur wissenschaftlichen Methode,[43] deren Fehlen für ihn den eigentlichen Mangel im Umgang mit vermeintlichen Werten bedeutete.[44] Kein anderer Philosoph, nicht einmal Kant,[45] dachte in dem Maße wie ein Zivilrechtsdogmatiker wie dies Nietzsche getan hat, obwohl man es bei ihm in Anbetracht seines Argwohns gegen die Systembildung am wenigsten erwartet. Es ist aber gerade die Einheit und Folgerichtigkeit seines Denkens, die ihn zu einer derart zivilistischen Betrachtungsweise prädestinierte.[46] Wenn es stimmt, dass

---

42 *Nietzsche*, Nachgelassene Fragmente, Frühjahr 1888, 14 (109), Kritische Studienausgabe (Hg. G. Colli/M. Montinari), Band 13, S. 287: „Die Verehrung ist die hohe Probe der intellektuellen Rechtschaffenheit: aber es giebt in der ganzen Geschichte der Philosophie keine intellektuelle Rechtschaffenheit, sondern die ‚Liebe zum Guten‘ ...“.

43 *Nietzsche*, Menschliches, Allzumenschliches, I, 635.

44 *Nietzsche*, Nachgelassene Fragmente, Frühjahr 1888, 14 (109), Kritische Studienausgabe (Hg. G. Colli/M. Montinari), Band 13, S. 287: „Der absolute Mangel an Methode, um das Maaß dieser Werthe zu prüfen.“

45 Näher *J. Petersen*, Kants „Metaphysische Anfangsgründe der Rechtslehre“ – kritisches Spätwerk oder „Erzeugnis eines gewöhnlichen Erdensohns“?, Festschrift C.-W. Canaris, 2007, Band II, S. 1243 ff.

46 Vgl. dazu auch *H. Kerger*, Personalität versus Moralität als Basis der Gerechtigkeit in der Philosophie von Hannah Arendt und Friedrich Nietzsche, Rechtstheorie 49 (2018) 407, 412; *ders.*, Nietzsches normativ-institutionalistisches Postulat personaler Gerechtigkeit auf der Basis der Vollpositivität allen Rechts, Rechtstheorie 47 (2016) 443, 445.

Nietzsche, wie manche Interpreten mit gutem Grund vermuten,[47] gerade von Jhering in besonderem Maße beeinflusst war, so kann diese Hinwendung zum zivilrechtlichen Rechtsdenken mit seinen besonderen Postulaten der Einheit und Folgerichtigkeit zumindest keinen Rechtsdogmatiker verwundern.

Jedoch ist dies ersichtlich noch kein Argument, mit dessen Hilfe die These untermauert werden könnte, dass Nietzsches Obligationenrecht gerade Ausdruck seines spezifischen Denkens ist. Einer Fundierung in diesem Sinne kann man nur näher kommen, wenn man sich vergegenwärtigt, warum die Einheit und Folgerichtigkeit unter Beachtung der intellektuellen Rechtschaffenheit im ersten Kapitel eine tragende Rolle gespielt hat.[48] Wie erinnerlich besteht der eigentliche Grund dafür in der dahinter stehenden Problematik der Wahrheit. Gerechtigkeit um der Wahrheit willen[49] muss daher auch im Folgenden den Rahmen für die Erklärung seiner obligationenrechtlichen Darstellung bilden.

2. Die Relativität der Schuldverhältnisse als Ausgangspunkt

Damit bleibt die Frage, warum Nietzsche gerade in diesen obligationenrechtlichen Kategorien denkt. Eine abschließende Antwort kann hier nicht gegeben werden, zumal es sich bei der obligationenrechtlichen Darstellung um eine Gegebenheit handelt, die im bisherigen Schrifttum nahezu noch gar nicht als solche wahrgenommen wurde und die noch der philosophischen und rechtsphilosophischen Durchdringung harrt.[50] Nach dem bisher Gesagten dürfte aber klar sein, dass auch diese Eigenheit – ebenso wie sein Verständnis der Gerechtigkeit – in die Mitte seines Denkens führen muss. Denn sie stellt nicht nur ein zentrales Begründungssegment der Genealogie der Moral dar, sondern verklammert zugleich die unterschiedlichen Rechtsdisziplinen, so dass das Strafrecht bei ihm – im Gegensatz zu allem, was man bisher kennt – nachgerade als Unterdisziplin des Obligationenrechts figuriert. Könnte man dies noch als einen besonders originellen Erklärungsansatz ansehen, wie es so viele durchaus neuartige Sichtweisen in Nietzsches Gedanken zum Recht gibt, so wird die Beantwortung der Aus-

47 *H. Kerger*, Autorität und Recht im Denken Nietzsches, 1988, passim; *ders*, Verhältnis von normativer Regel und Handlungsrationalität bei Nietzsche, ARSP-Beiheft 77 (2001) 39, mit zahlreichen detaillierten Belegen aus Nietzsches Bibliothek.

48 *Nietzsche*, Nachgelassene Fragmente, Frühjahr 1888, 14 (109), Kritische Studienausgabe (Hg. G. Colli/M. Montinari), Band 13, S. 287.

49 *Nietzsche*, Menschliches, Allzumenschliches, I, 636.

50 Nur ansatzweise *H. Kerger*, Autorität und Recht im Denken Nietzsches, 1988, S. 11 ff., der es jedoch im Wesentlichen bei einer Zusammenfassung bewenden lässt.

gangsfrage um so dringlicher, als sich darin ein Grundzug seines Denkens abbildet, weil diesem Erklärungsmodus andernfalls – für Nietzsche durchaus untypisch – die konzeptionelle Fundierung und Verankerung in seinem Gesamtwerk fehlen würde.

3. Die Relativität als Abbildung der perspektivischen Synthese

Ein Erklärungsansatz könnte in der Hervorhebung dessen liegen, was man gemeinhin als Relativität der Schuldverhältnisse versteht, des Grundsatzes also, wonach das Schuldverhältnis nur zwischen Schuldner und Gläubiger wirkt und auch die – für Nietzsche so wichtigen – Pflichten nur zwischen Schuldner und Gläubiger bestehen. In der Tat interessieren ihn weniger die Pflichten, die erga omnes bestehen – schon gar nicht in Gestalt eines gleichwie gearteten Gebots, die Menschen gleich zu behandeln –, als vielmehr nur insoweit als sie sich aus Sicht eines Einzelnen gegen einen oder alle Anderen ergeben. Selbst die Vorstellung des Verbrechers als Schuldner gegenüber der Gesellschaft betont die Relativität dort, wo nach allgemeiner Ansicht – wenn überhaupt – von einem absoluten, also von allen Besonderheiten losgelösten, Rechtsverhältnis gesprochen würde.

Indem Nietzsche aber auch diese Rechtsbeziehungen relativiert, entspricht er zugleich seinem perspektivischen Grundansatz.[51] Die Relativität der Schuldverhältnisse erscheint auf diese Weise als Ausdrucksmittel der perspektivischen Weltsicht.[52] So wie es keine absolute Gerechtigkeit gibt, widerfährt dem Verbrecher Gerechtigkeit – wenn überhaupt, und das bedeutet für Nietzsche letztlich: gar nicht – im Richten durch die Gesellschaft. Dieses jeweilige Aufspalten in re-

51 Zum Problem des Perspektivismus bei Nietzsche *J. Simon*, Friedrich Nietzsche, in: Klassiker der Philosophie (Hg. O. Höffe), Band 2, 2. Auflage 1985, S. 203, 210; *B. Glatzeder*, Perspektiven der Wünschbarkeit, Nietzsches frühe Metaphysikkritik, 2000; *S. D. Hales/R. Welshon*, Nietzsche's Perspectivism, 2000; *V. Gerhardt*, Die Perspektive des Perspektivismus, Festschrift M. Montinari, Nietzsche-Studien 18 (1989) 260; *A. D. Schrift*, Between Perspectivism and Philology: Genealogy as Hermeneutic, Nietzsche-Studien 16 (1987) 91; *M. Navratil*, „Einige Sprossen zurück". Metaphysikkritik, Perspektivismus und die Gültigkeit der Perspektive in Nietzsches Menschliches, Allzumenschliches, Nietzsche-Studien 46 (2017) 58.

52 Instruktiv insoweit *M. Steinmann*, Die Ethik Friedrich Nietzsches, 2000, S. 178: „Dies (sc. ‚der Vollzug des Richtens selbst, in dem Normen und Verhältnisse erst entstehen' als Gerechtigkeit) entspricht den Prinzipien der Nietzeanischen Interpretationsphilosophie, der zufolge kein Verhältnis denkbar ist, das nicht durch eine Syntheseleistung geschaffen würde. Mit ihr fällt die Möglichkeit und auch das Ideal einer absoluten Gerechtigkeit dahin, da jede Synthese perspektivisch und daher relativ verfährt. Sie kann sich, gemessen an diesem Anspruch, sogar stets nur um den Preis der Ungerechtigkeit vollziehen."

lative Rechtsverhältnisse stellt sich sonach als Schaffung einer Synthese dar. Diese Synthese, also etwa die jeweilige Schuldner-Gläubiger-Beziehung, ist notwendigerweise perspektivisch ausgerichtet. Ihr Vollzug muss die Ungerechtigkeit in Kauf nehmen.

7. Kapitel: Erhebung zur Gerechtigkeit

Dass die Rolle der Gerechtigkeit hier noch einmal zusammenfassend und zugleich auf einer neuen Grundlage behandelt wird, liegt nicht zuletzt an dem gewählten Darstellungsmodus des Kreisgangs, der es mit sich bringt, dass der Kreis mehrfach durchlaufen wird.[1] Bei jedem Durchgang erfährt man angesichts der Vielschichtigkeit dieses Begriffs, wie ihn Nietzsche versteht, mehr über sein Verständnis von der Gerechtigkeit. Gerade die Ebene des Obligationenrechts hat weitere Erkenntnisse zutage gefördert, weil Nietzsche selbst sie mit dem Begriff der Gerechtigkeit verbindet.[2] Die folgende Untersuchung geht allerdings auch darüber hinaus, indem ferner einige zentrale Aussagen über die Gerechtigkeit aus dem Zarathustra in die Betrachtung eingestellt werden. War bisher nur vereinzelt davon die Rede, so kann dies hier besser geschehen, weil gerade die Reden Zarathustras den Interpreten in besonderer Weise fordern und die rätselhaften Worte mitunter nur zugänglich sind, wenn zuvor die längeren Abhandlungen und die ausführlicheren Gedanken Nietzsches behandelt wurden. Gerade beim Thema der Gerechtigkeit erweisen sich nämlich Zarathustras Worte mitunter als die Essenz des von Nietzsche andernorts Bedachten, wobei man sich freilich vor einer voreiligen Gleichsetzung des Dichterworts mit dem Wort des Dichters hüten muss.[3] Indes kommt dort die Vielschichtigkeit von Nietzsches Gerechtigkeitsverständnis, insbesondere die „Gerechtigkeit als metaphysische Wirklichkeit“, wie es Karl Jaspers bezeichnet hat, zum Vorschein.[4]

I. Gerechtigkeit auf der ersten Stufe

Zunächst ist bemerkenswert, dass Nietzsches im letzten Kapitel behandelte obligationenrechtliche Betrachtungsweise in eine Begriffsbestimmung der Gerechtigkeit mündet:[5] „Gerechtigkeit auf dieser ersten Stufe ist der gute Wille unter

---

1 *C. F. v. Weizsäcker*, Zeit und Wissen, 1992, S. 543 f.

2 *Nietzsche*, Zur Genealogie der Moral, Zweite Abhandlung, 8.

3 *J. Simon*, Friedrich Nietzsche, in: Klassiker der Philosophie (Hg. O. Höffe), Band 2, 2. Auflage 1985, S. 203, 217. Vgl. auch *Nietzsche*, Also sprach Zarathustra, Dritter Teil, Von alten und neuen Tafeln, 1883–1885, Kritische Studienausgabe (Hg. G. Colli/M. Montinari), Band 4, 2 („dass ich nämlich in Gleichnissen rede und gleich Dichtern hinke ...“).

4 *K. Jaspers*, Nietzsche. Einführung in das Verständnis seines Philosophierens, 1936, S. 183.

5 Die Definitionsversuche im Schrifttum sind problematisch; vgl. nur *M. Steinmann*, Die Ethik Friedrich Nietzsches, 2000, S. 178: „Gerechtigkeit ist demnach die Zusammenspannung der Be-

https://doi.org/10.1515/9783110645682-008

ungefähr gleichmächtigen, sich mit einander abzufinden, sich durch einen Ausgleich wieder zu ‚verständigen' – und, in Bezug auf weniger Mächtige, diese unter sich zu einem Ausgleich zu zwingen."[6]

1. Gerechtigkeit und guter Wille

Es fällt auf, dass das Subjekt dieser Definition der Gerechtigkeit der gute Wille ist; allerdings nicht etwa, weil sich darin Anklänge an die kantische Morallehre finden ließen – das ist, wie bereits festgestellt, nicht der Fall[7] –, sondern weil der gute Wille bereits im Zusammenhang mit der von Nietzsche so genannten Naturgeschichte von Recht und Pflicht begegnete,[8] näherhin am Ende dieses Gedankens, der den „billige(n) Mensch(en)" gleichsam zum Idealtypus machte, durch den die Gerechtigkeit verwirklicht werde: „billig sein ist folglich schwer und erfordert viel Übung, ⟨*viel*⟩ *guten Willen* und sehr viel sehr guten Geist."[9] Schließlich heißt es in der zweiten unzeitgemäßen Betrachtung: „hier ist der gute Wille gerecht zu sein eben so vorhanden wie das Pathos des Richterthums: aber alle Richtersprüche sind falsch, ungefähr aus dem gleichen Grunde, aus dem die Urtheilssprüche der gewöhnlichen Geschworenen-Collegien falsch sind."[10] Diese drei Textstellen aus ganz unterschiedlichen Werken veranschaulichen nicht nur den inneren Kausal- und Verweisungszusammenhang, in dem gerade die Aussagen Nietzsches über Recht und Gerechtigkeit stehen, sondern sind zugleich auch ein sichtbares Zeichen des „werkimmanenten Zusammenhangs", von dem ebenfalls bereits in der Einleitung die Rede war, und den im Einzelnen aufzuzeigen ein wesentliches Anliegen dieser Abhandlung ist, weil sich nur auf diese Weise deutlich machen lässt, wie sich Nietzsche selbst zur von ihm beschriebenen Gerechtigkeit verhält. Voraussetzung für diese ist eben nicht zuletzt die innere Geschlossenheit, Einheit[11] und Folgerichtigkeit seiner Gedanken über das Recht.[12]

---

schränktheit dieses eigenen Maßstabs mit dem Anspruch, Anderes nach diesem Maßstab angemessen zu verstehen."

6 *Nietzsche*, Zur Genealogie der Moral, Zweite Abhandlung, 8.

7 *Nietzsche*, Nachgelassene Fragmente, Herbst 1885 – Herbst 1886, 2 (195), Kritische Studienausgabe (Hg. G. Colli/M. Montinari), Band 12, S. 163: „Wir wollen uns weder auf die Kantische noch Hegelsche Manier betrügen lassen: – wir glauben nicht mehr, wie sie, an die Moral."

8 Oben im ersten Kapitel unter II.

9 *Nietzsche*, Morgenröte, 112; Hervorhebungen nur hier.

10 *Nietzsche*, Unzeitgemäße Betrachtungen, II, 6.

11 Ähnlich *D.-J. Yang*, Die Problematik des Begriffs der Gerechtigkeit in der Philosophie von Friedrich Nietzsche, 2005, S. 12: „Aber ein Begriff, der von seiner Natur her schon von dem Anbeginn an, und von der Besinnung her relativ spät bei der Philosophie von Nietzsche wichtig und

2. Gerechtigkeit als Anfang aller guten Dinge

Über diese Darstellung des inhaltlichen Zusammenhangs darf freilich nicht vergessen werden, dass Nietzsche hiermit die Gerechtigkeit „auf (ihrer) ersten Stufe" bezeichnet hat,[13] so dass sich fragt, was diese erste Stufe ausmacht und worin etwa der im ersten Kapitel behandelte Zusammenhang zwischen Gerechtigkeit und Objektivität bestehen könnte.[14]

a) Stil und Wortwahl

Im Einklang mit seinem auf das Ursprüngliche und Herkömmliche ausgerichteten Grundsatz spricht er von „dem ältesten und naivsten Moral-Kanon der *Gerechtigkeit*, dem Anfange aller ‚Gutmüthigkeit', aller ‚Billigkeit', alles ‚guten Willens', aller ‚Objektivität' auf Erden."[15] Man sollte daher das Merkmal des Naiven nicht in pejorativem Sinne mit dem Primitiven gleichsetzen;[16] gerade im Zusammenhang mit dem Moment des Alters hat das Naive für Nietzsche einen nicht zu unterschätzenden Stellenwert, über den sich hochmütig zu erheben für ihn gleichbedeutend mit einem fortwährenden Verlust des herkömmlichen Rechtsgefühls

für uns auffallend ist, insbesondere hinsichtlich der Einheit des Denkens, ist der der Gerechtigkeit."

12 Das sind an sich typische Attribute eines Systems (vgl. nur *C.-W. Canaris*, Systemdenken und Systembegriff in der Jurisprudenz, 2. Auflage 1983, S. 9 ff.), doch soll hier, wie bereits dargestellt (im ersten Kapitel unter I. 1. und 2.) nicht der gewaltsame Versuch unternommen werden, Nietzsches Gedanken in das Prokrustesbett eines Systems zu zwängen, weil man ihm damit im Wortsinne nicht gerecht würde.

13 *Nietzsche*, Zur Genealogie der Moral, Zweite Abhandlung, 8.

14 Dazu auch *M. Steinmann*, Die Ethik Friedrich Nietzsches, 2000, S. 178: „Was Nietzsche mit den emphatisch verwendeten Begriffen der Gerechtigkeit und Objektivität darzulegen sucht, ist deshalb ein Verhalten innerhalb der jeweils vollzogenen Synthesen, bzw. innerhalb der jeweils eingenommenen Perspektiven: Es bezeichnet den Versuch, über die notwendige Selbstbezogenheit der eigenen Verstehensform hinaus auch andere Verstehensformen anzuerkennen. Statt einer Normstruktur, auf die sich das Denken berufen könnte, bleibt damit nur die jeweilige Denkanstrengung, die das Fremde oder Andere einzubeziehen versucht. Freilich heißt dies nicht, dass die Idee einer objektiv begründeten Gerechtigkeit nur durch die Summierung und pauschale Anerkennung aller fremden Perspektiven ersetzt worden sei."

15 *Nietzsche*, Zur Genealogie der Moral, Zweite Abhandlung, 8; Hervorhebung auch dort; zu Nietzsches Verständnis der Objektivität auch *J. Geijsen*, Geschichte und Gerechtigkeit. Grundzüge einer Philosophie der Mitte im Frühwerk Nietzsches, 1997, S. 42 ff.

16 Etwas dunkel *J.-C. Merle*, Nietzsches Straftheorie, in: Zur Genealogie der Moral (Hg. O. Höffe), KA 29, 2004, S. 97, 98: „Dieser Moral-Kanon ist schon deshalb naiv, weil er noch nicht verinnerlicht, vergeistigt ist, um mich des Wortschatzes Nietzsches zu bedienen."

wäre.[17] Von daher hat es besonderes Gewicht, wenn er diesen Moral-Kanon im Folgenden präzisiert. Hervorhebung verdient bei dem brillanten Stilisten bereits die Anapher „aller“. Die immerhin viermalige Wiederholung legt nahe, dass es ihm nicht einfach um den Anfang „der“ Gutmütigkeit, „der“ Billigkeit etc. geht, sondern, dass damit wirklich die Summe dessen gemeint ist, was an Gutmütigkeit, Billigkeit, gutem Willen und insbesondere Objektivität menschenmöglich ist. Gerechtigkeit ist mithin mehr als die Folge eines klugen Umgangs mit der Macht.[18]

b) Gutmütigkeit und Gerechtigkeit

Von der Billigkeit und Gutwilligkeit war bereits die Rede,[19] so dass darauf verwiesen werden kann.[20] Als neue Gesichtspunkte bleiben demnach die Gutmütigkeit und die Objektivität. Man darf gerade der Gutmütigkeit nicht den friedfertigen Anstrich der Einfalt geben. Über die Gutmütigkeit kann man das sagen, was nach Nietzsches Genialität der Gerechtigkeit auch eine ihrer besonderen Eigenschaften ist: „Ihre Art ist es, mit herzlichem Unwillen Allem aus dem Wege zu gehen, was das Urtheil über die Dinge blendet und verwirrt; (...) sie stellt daher *jedes Ding* in das beste Licht.“[21] Das entspricht nicht nur inhaltlich, sondern bis in die kleinste Formulierung dem, was er in der Genealogie meint, wie nicht zuletzt die dortige einleitende Formulierung zeigt: „*jedes Ding* hat seinen Preis“.[22]

c) Gerechtigkeit und Objektivität

Aber auch für die Objektivität ergibt sich kein anderes Bild. Sie ist im Wort über die Genialität der Gerechtigkeit ebenfalls angesprochen in Gestalt der bereits mehrfach zitierten Formulierung, wonach die Gerechtigkeit „um dasselbe (sc. jedes Ding!) mit sorgsamem Auge herum(geht): Zuletzt wird sie selbst ihrer Gegnerin, der blinden oder kurzsichtigen ‚Ueberzeugung‘ (...) geben, was der Ueb-

17 Dazu ausführlich im zweiten Kapitel.

18 Anderer Ansicht wohl *V. Gerhardt*, Vom Willen zur Macht, 1996, S. 152: „Die Gerechtigkeit folgt aus einem affirmativen Umgang mit Machtverhältnissen, zu denen der Mensch selbst gehört und die er selbst auch will.“

19 *Nietzsche*, Morgenröte, 112.

20 *Nietzsche*, Menschliches, Allzumenschliches, II 2, 32; sowie soeben im ersten Kapitel.

21 *Nietzsche*, Menschliches, Allzumenschliches, I, 636; Hervorhebung nur hier.

22 *Nietzsche*, Zur Genealogie der Moral, Zweite Abhandlung, 8; Hervorhebung nur hier. Diese Formulierung findet wiederum eine Entsprechung bei *ders*., Also sprach Zarathustra, Dritter Teil, Von alten und neuen Tafeln, 1883–1885, Kritische Studienausgabe (Hg. G. Colli/M. Montinari), Band 4, 12: „denn wenig Werth hat Alles, was seinen Preis hat.“

erzeugung ist – um der Wahrheit willen."[23] Es liest sich geradezu wie eine unausgesprochene Außenverweisung auf *Menschliches, Allzumenschliches*, worauf immerhin auch an einigen Stellen der Genealogie explizit verwiesen wird.[24] Alle Merkmale des die Gerechtigkeit ausmachenden ältesten Moral-Kanons innerhalb der Genealogie finden mithin eine Entsprechung in der Stelle über die Genialität der Gerechtigkeit.[25]

3. Geist des Ressentiments und wissenschaftliche Billigkeit

In der *Genealogie der Moral* findet sich eine gleichsam spiegelbildliche Passage über den Ursprung der Gerechtigkeit im Vergleich zu jener,[26] die bereits im zweiten Kapitel behandelt wurde. Im Unterschied zu dieser widmet sich Nietzsche hier jedoch der Frage, worin der Ursprung der Gerechtigkeit gerade nicht zu suchen ist, „nämlich auf dem (sc. Boden) des Ressentiment."[27] Er wendet sich dagegen, „die Rache unter dem Namen der Gerechtigkeit zu heiligen – wie als ob Gerechtigkeit im Grunde nur eine Fortentwicklung vom Gefühle des Verletzt-seins wäre."[28] So bringt der Geist des Ressentiments eine „wissenschaftliche Billigkeit" hervor, aus der Herrschsucht[29] und Habsucht gedeihen: „Diese ‚wissenschaftliche Billigkeit' nämlich pausirt sofort und macht Accenten tödtlicher Feindschaft und Voreingenommenheit Platz, sobald es sich um eine andre Gruppe von Affekten handelt, die, wie mich dünkt, von einem noch viel höheren biologischen Werthe, sind als jene reaktiven, und folglich erst recht verdienten, *wissenschaftlich* ab-

---

23 *Nietzsche*, Menschliches, Allzumenschliches, I, 636.

24 *Nietzsche*, Zur Genealogie der Moral, Vorrede.

25 *Nietzsche*, Menschliches, Allzumenschliches, I, 636.

26 *Nietzsche*, Menschliches, Allzumenschliches, I, 92.

27 *Nietzsche*, Zur Genealogie der Moral, Zweite Abhandlung, 11; dazu auch *A. Altmann*, Friedrich Nietzsche. Das Ressentiment und seine Überwindung, verdeutlicht am Beispiel der christlichen Moral, 1977.

28 *Nietzsche*, Zur Genealogie der Moral, Zweite Abhandlung, 11; vgl. auch *ders.*, Nachgelassene Fragmente, Herbst 1887, 9 (98), Kritische Studienausgabe (Hg. G. Colli/M. Montinari), Band 12, S. 391 f. sowie *ders.*, Nachgelassene Fragmente, Frühjahr 1888, 15 (30), Kritische Studienausgabe (Hg. G. Colli/M. Montinari), Band 13, S. 425: „Apostel der Rache und des Ressentiments" bzw. „Entrüstungs-Pessimisten".

29 Sie bezeichnet *Nietzsche* (Also sprach Zarathustra, Dritter Teil, Von den drei Bösen, 1883–1885, Kritische Studienausgabe (Hg. G. Colli/M. Montinari), Band 4, 1, 2) neben der Wollust und der Selbstsucht als eines der „drei bestverfluchten Dinge": die „Glüh-Geissel der härtesten Herzensharten; die grause Marter" (...) „die Verhöhnerin aller ungewissen Tugend".

geschätzt und hochgeschätzt zu werden: nämlich die eigentlich aktiven Affekte, wie Herrschsucht, Habsucht und dergleichen.“[30]

Diese Abgrenzung ist in doppelter Hinsicht interessant, und zwar nicht so sehr, weil es hier um eine Funktionsbestimmung der Rache geht, als vielmehr deswegen, weil damit etwas über das Gerechtigkeitsverständnis Nietzsches ausgesagt wird. Zum einen deuten die Formulierungen des „Heiligens“ bzw. des hier nicht zitierten späteren „zu Ehren Bringens“ eine besondere Hochschätzung der Gerechtigkeit an. Sie ist für Nietzsche offenbar in weit höherem Maße, als es in der bisherigen Diskussion der Fall ist, zwar kein absoluter Wert, so doch eine „Wünschbarkeit“, um das Wort Ideal bewusst zu vermeiden, an dessen Stelle er den genannten Begriff gesetzt wissen will.[31] Zum anderen wird dieser Eindruck noch bestärkt durch die negative Abgrenzung: „wie als ob Gerechtigkeit im Grunde nur eine Fortentwicklung vom Gefühle des Verletzt-seins wäre.“ Gerechtigkeit ist also offenbar mehr, sie bezeichnet nicht nur einen status negativus, wie Nietzsche zu verstehen gibt, indem er die Rache beispielhaft für die „reaktiven Affekte“ nimmt[32], wie auch im Zarathustra zutage tritt: *„Der Geist der Rache:* meine Freunde, das war bisher der Menschen bestes Nachdenken; und wo Leid war, da sollte immer Strafe sein. (...) ‚Und diess ist selber Gerechtigkeit, jenes Gesetz der Zeit, dass sie ihre Kinder fressen muss‘: also predigte der Wahnsinn.“[33] Gerechtigkeit meint also auch einen status positivus:[34] „Gerecht-sein ist immer ein *positives* Verhalten.“[35] Nur diese aktive Gerechtigkeit kann wahrhaft richten.[36]

30 *Nietzsche*, Zur Genealogie der Moral, Zweite Abhandlung, 11; Hervorhebung auch dort. Vgl. dazu *Ch. J. Emden*, Nietzsche‘ Will to Power: Biology, Naturalism, and Normativity, Journal of Nietzsche Studies 47 (2016) 30.

31 *Nietzsche*, Nachgelassene Fragmente, Sommer 1886 – Herbst 1887, 5 (100), Kritische Studienausgabe (Hg. G. Colli/M. Montinari), Band 12, S. 227: „Zur Kritik der Ideale: diese so beginnen, daß man das Wort ‚Ideal‘ abschafft: Kritik der Wünschbarkeiten.“

32 *Nietzsche*, Zur Genealogie der Moral, Zweite Abhandlung, 11.

33 *Nietzsche*, Also sprach Zarathustra, Zweiter Teil, Von der Erlösung, 1883–1885, Kritische Studienausgabe (Hg. G. Colli/M. Montinari), Band 4; Hervorhebungen auch dort. Eingehend zum Ressentiment im Zarathustra *W. Müller-Lauter*, Der Geist der Rache und die ewige Wiederkehr, 1981, S. 92 ff.; siehe auch *V. Gerhardt*, Vom Willen zur Macht, 1996, S. 182 mit Fußnote 22.

34 *D.-J. Yang*, Die Problematik des Begriffs der Gerechtigkeit in der Philosophie von Friedrich Nietzsche, 2005, S. 59 ff., 67, bezeichnet daher die Gerechtigkeit als „dynamische Geisteshaltung“.

35 *Nietzsche*, Zur Genealogie der Moral, Zweite Abhandlung, 11; Hervorhebung auch dort.

36 *K. Jaspers*, Nietzsche. Einführung in das Verständnis seines Philosophierens, 1936, S. 180.

II. Geist der Gerechtigkeit

Allerdings ist auch das soeben Erörterte noch am weiteren Verlauf des Textes der Genealogie inhaltlich zu überprüfen. In entschiedener Abkehr von zeitgenössischen Ansätzen[37] kommt Nietzsche nämlich zur der Aussage: „der *letzte* Boden, der vom Geiste der Gerechtigkeit erobert wird, ist der Boden des reaktiven Gefühls!“[38]

1. Das Gesetz als „imperativische Erklärung“

Dagegen richtet er sich im Folgenden mit Vehemenz und sieht das Bedürfnis nach Recht gerade bei „de(n) Aktiven, Starken, Spontanen, Aggressiven (...) Der aktive, der angreifende, übergreifende Mensch ist immer noch der Gerechtigkeit hundert Schritte näher gestellt als der reaktive.“ Wo auch immer „Gerechtigkeit geübt, Gerechtigkeit aufrecht erhalten“ werde, wirke die überlegene Macht jeglicher Rache entgegen, und zwar nicht zuletzt durch Gesetze: Das Gesetz ist die „imperativische Erklärung“, indem es verfügt, was erlaubt, verboten und Unrecht sei. Nietzsche nimmt somit einen streng positivistischen Standpunkt ein.[39] Dabei scheint er allen Recht zu geben, die davon ausgehen, dass es so etwas wie Gerechtigkeit für ihn letztlich gar nicht gibt: „An sich von Recht und Unrecht reden entbehrt alles Sinns.“[40]

Das ist freilich nichts Neues, da es für ihn, wie erinnerlich, „weder ein Naturrecht noch ein Naturunrecht gibt.“[41] Auch wenn er in der Genealogie sagt, dass

37 Er bezieht sich vor allem auf *E. Dühring*, Cursus der Philosophie als streng wissenschaftlicher Weltanschauung und Lebensgestaltung, 1875; Nietzsche zitiert Dühring mit den Worten: „die Rachelehre hat sich als der rote Gerechtigkeitsfaden durch alle meine Arbeiten und Anstrengungen hindurchgezogen.“ In der Tat heißt es bei *E. Dühring*, Der Werth des Lebens, 1865, S. 219: „Die Conception des Rechts und mit ihr alle besonderen Rechtsbegriffe haben ihren letzten Grund in dem Vergeltungstriebe, der in seiner höchsten Steigerung Rache heißt. Das Rechtsgefühl ist wesentlich ein Ressentiment, eine reactive Empfindung.“ Zum Ganzen *A. Venturelli*, Asketismus und Wille zur Macht. Nietzsches Auseinandersetzung mit Eugen Dühring, Nietzsche-Studien 15 (1986) 107. Siehe auch *C. Koek*, Zeit des Ressentiments, Zeit der Erlösung. Nietzsches Typologie temporaler Interpretation und ihre Aufhebung in der Zeit, 1994.

38 Hier wie im Folgenden *Nietzsche*, Zur Genealogie der Moral, Zweite Abhandlung, 11; Hervorhebung auch dort.

39 *J.-C. Merle*, Nietzsches Straftheorie, in: Zur Genealogie der Moral (Hg. O. Höffe), KA 29, 2004, S. 97, 98.

40 *Nietzsche*, Zur Genealogie der Moral, Zweite Abhandlung, 11.

41 *Nietzsche*, Menschliches, Allzumenschliches, II 2, 31 a. E.

„Rechtszustände immer nur Ausnahme-Zustände sein dürfen (...), nämlich als Mittel, grössere Macht-Einheiten zu schaffen,“[42] so ist dies, wie ebenfalls bereits gesehen, auch nicht neu: „Rechtszustände sind also zeitweilige Mittel, welche die Klugheit anräth, keine Ziele.“[43] In einer formalen Übereinstimmung mit dem von ihm inhaltlich Gemeinten, wird auch der Stil Nietzsches aggressiver: „Eine Rechtsordnung souverän und allgemein gedacht, nicht als Mittel im Kampf von Macht-Komplexen, sondern als Kampf gegen allen Kampf überhaupt, etwa gemäß der Kommunisten-Schablone Dührings, dass jeder Wille jeden Willen als gleich zu nehmen habe, wäre ein *lebensfeindliches* Prinzip, (...) ein Schleichweg zum Nichts.“[44] Hier wird im Übrigen der Zusammenhang zwischen Rechtsordnung und Nihilismus sichtbar. Aber auch diese deutlichen Worte scheinen nur zu bestätigen, dass Recht für Nietzsche allein gewaltsame Durchsetzung von Macht ist und es keine Gerechtigkeit gibt. Wie jedoch der Bezug auf Dühring zeigt, gegen den überhaupt die ganze Philippika gerichtet ist, wiederholen sich hier nur die Invektiven gegen die Sozialisten, von denen gleichfalls schon ausführlich die Rede war.[45]

2. Gerechtigkeit und Gleichheit

Nietzsche glaubt, im Unterschied zu dem von ihm an sich geschätzten Montaigne etwa, nach dem die Gleichheit der Anfangsgrund der Gerechtigkeit ist,[46] nicht an die Gleichheit als Voraussetzung der Gerechtigkeit. Der Wille zur Gleichheit ist für ihn gleichbedeutend mit dem Willen zur Macht.[47] Das Spannungsverhältnis zwischen Freiheit und Gleichheit wird zugunsten der ersteren aufgelöst.[48] Pole-

---

42 *Nietzsche*, Zur Genealogie der Moral, Zweite Abhandlung, 11; vgl. auch *K. Jaspers*, Nietzsche. Einführung in das Verständnis seines Philosophierens, S. 180: „Das *aktive* Gefühl der Gerechtigkeit dagegen ist in der Ausnahme hoher persönlicher Kraft vielleicht sogar bei äußerer Ohnmacht möglich.“; Hervorhebung auch dort.

43 Vgl. *Nietzsche*, Menschliches, Allzumenschliches, II 2, 26; dazu bereits oben im ersten Kapitel.

44 Siehe zum Ganzen auch *H. Ottmann*, Philosophie und Politik bei Nietzsche, 1987, 2. Auflage 1999, S. 131; ferner *R. Havas*, Nietzsche's Genealogy. Nihilism and the Will to Knowledge, 1995; *M. A. Gillespie*, Nihilism before Nietzsche, 1995.

45 Im fünften Kapitel.

46 *M. de Montaigne*, Essais, I.

47 *Nietzsche*, Nachgelassene Fragmente, Herbst 1885 – Herbst 1886, 2 (90), Kritische Studienausgabe (Hg. G. Colli/M. Montinari), Band 12, S. 106.

48 *Nietzsche*, Nachgelassene Fragmente, November 1887 – März 1888, 11 (140), Kritische Studienausgabe (Hg. G. Colli/M. Montinari), Band 13, S. 65.

misch spricht er von der „pöbelmännische(n) Feindschaft gegen alles Bevorrechtete".[49]

a) Gleichheit im Unrecht?

Nietzsche grenzt sich von den von ihm so genannten „Predigern der Gleichheit" wiederholt ab: „Denn so redet mir die Gerechtigkeit: ‚die Menschen sind nicht gleich'."[50] Beinahe gleichlautend heißt es an anderer Stelle: „Denn die Menschen sind *nicht* gleich: so spricht die Gerechtigkeit."[51] Es ist vor allem die gewaltsame Gleichmacherei durch Umverteilung, der „Wille zur Gleichheit",[52] gegen die er sich wendet: „Heute umgekehrt, wo in Europa das Heerdenthier allein zu Ehren kommt und Ehren vertheilt, wo die ‚Gleichheit der Rechte' allzuleicht sich in die *Gleichheit im Unrechte* umwandeln könnte".[53] Aber auch im Hinblick auf die Umverteilung war zu sehen,[54] dass sich Nietzsche gegen jede Gewaltausübung stellt: „Nicht gewaltsame neue Vertheilungen, sondern allmähliche Umschaffungen des Sinnes thun noth, die Gerechtigkeit muss in Allen grösser werden, der gewaltthätige Instinct schwächer."[55] Wer die Gerechtigkeit wahrhaft sucht, muss also „zwei Gewalten oder mehrere im Kampfe fühlen, den Untergang keiner, ebenso wenig wie den Fortgang des Kampfes wünschen."[56]

b) Anschein von Gleichheit und Äquivalenz der Handlungen?

Der nach Gerechtigkeit Strebende ist also in seinem Wesen friedlich, was freilich nicht mit hingebungsvoller Passivität gleichgesetzt werden darf, weil die Gerechtigkeit für Nietzsche eine naturgemäß aktive ist und das Gerechtsein für ihn

---

49 *Nietzsche*, Jenseits von Gut und Böse, 22. Vgl. dazu auch *H. Kerger*, Zum Verhältnis von Norm und Regel bei Nietzsche, Wittgenstein und Ihering, Festschrift W. Krawietz, 2003, S. 189, 190.

50 *Nietzsche*, Also sprach Zarathustra, Zweiter Teil, Von den Taranteln, 1883–1885, Kritische Studienausgabe (Hg. G. Colli/M. Montinari), Band 4.

51 *Nietzsche*, Also sprach Zarathustra, Zweiter Teil, Von den Gelehrten, 1883–1885, Kritische Studienausgabe (Hg. G. Colli/M. Montinari), Band 4; Hervorhebung auch dort.

52 *Nietzsche*, Also sprach Zarathustra, Zweiter Teil, Von den Taranteln, 1883–1885, Kritische Studienausgabe Band 4 (Hg. G. Colli/M. Montinari).

53 *Nietzsche*, Jenseits von Gut und Böse, 44; 212; Hervorhebung nur hier.

54 *Nietzsche*, Nachgelassene Fragmente, Juni – Juli 1885, 37 (8), Kritische Studienausgabe (Hg. G. Colli/M. Montinari), Band 11, S. 580 ff.

55 *Nietzsche*, Menschliches, Allzumenschliches, I, 452.

56 *Nietzsche*, Nachgelassene Fragmente, Ende 1880, 7 (27), Kritische Studienausgabe (Hg. G. Colli/M. Montinari), Band 9, S. 323.

ein positives Verhalten darstellt.[57] Man sollte daher die polemischen Passagen nicht als Abkehr von alledem deuten, was er andernorts in derselben Weise, wenngleich mit mäßigeren Worten gesagt hat. Denn die „Gleichheit (...) mildert auch unsere kleinen Verschiedenheiten zu einem Anschein von Gleichheit herab und will, dass wir Manches uns nachsehen, was wir nicht müssten."[58] Die Folgerung ist also schon das Resultat einer billigen Betrachtungsweise, so dass darin auch die Einsicht verborgen ist, dass Gleichheit niemals unbedingt,[59] sondern allenfalls annäherungsweise hergestellt werden kann. Daher führt Nietzsche dies auch auf den ursprünglichen (!) Sprachsinn zurück: „Aequm heißt eben ‚es ist gemäss unserer Gleichheit'."[60] Der Anschein von Gleichheit entspricht als prägnante Wendung dem Befund Gustav Radbruchs, wonach die Dinge in der Wirklichkeit „einander so ungleich sind wie ein Ei dem anderen".[61] Nach Nietzsche ist es „der Instinkt der Heerde, der sich mit ihm formulirt, – man ist gleich, man nimmt sich gleich: wie ich dir, so du mir. – Hier wird wirklich an eine Äquivalenz der Handlungen geglaubt, die, in allen realen Verhältnissen, einfach nicht vorkommt."[62]

3. Kritik der Gerechtigkeit

Bei alledem darf freilich nicht verschwiegen werden, dass Nietzsches Gedanken zur Gleichheit und Gerechtigkeit mitunter sonderbar anmuten und vor allem die Folgerungen nach wie vor Erstaunen auslösen. Ihm war dies offenbar durchaus bewusst, und es nimmt nicht wunder, dass sein Erklärungsversuch abermals historisch ausgerichtet ist. Er sieht ihn in der ursprünglichen Annahme und dem Begriff der Gleichheit der Seelen vor Gott: „In ihm ist das Prototyp aller Theorien der gleichen Rechte gegeben: man hat die Menschheit den Satz von der Gleichheit

57 *Nietzsche*, Zur Genealogie der Moral, Zweite Abhandlung, 11.

58 *Nietzsche*, Menschliches, Allzumenschliches, II 2, 32.

59 *B. Himmelmann*, Gleichheit und Differenz: Nietzsches Gerechtigkeitsbegriff im Licht einer aktuellen Debatte, ARSP-Beiheft 77 (2001) 85, unternimmt den interessanten Versuch, Nietzsches Gerechtigkeits- und Gleichheitsbegriff demjenigen von *J. Derrida* (Gesetzeskraft. Der „mystische Grund der Autorität", 1996) gegenüber zu stellen, der wiederum auf *B. Pascal* (Pensées et Opuscules, 1669 posthume, Édition Léon Brunschvicq, 1897, Fragment 294) und von dessen Seite auf *M. de Montaigne* (Essais, III, 13) zurückgeht – immerhin zwei der von Nietzsche, wie eingangs dargestellt, besonders hochgeschätzten Vorbilder.

60 *Nietzsche*, Menschliches, Allzumenschliches, II 2, 32.

61 *G. Radbruch*, Kleine Vorschule der Rechtsphilosophie, 1959, S. 26.

62 *Nietzsche*, Nachgelassene Fragmente, September – Oktober 1888, 22 (1), Kritische Studienausgabe (Hg. G. Colli/M. Montinari), Band 13, S. 583 f.

erst religiös stammeln gelehrt, man hat ihr später eine Moral daraus gemacht: und was Wunder, daß der Mensch damit endet, ihn ernst zu nehmen, ihn praktisch zu nehmen!"[63]

a) Zweifel an der Gleichheit vor dem Gesetz

Es klingt heute befremdlich, dass er unter der Überschrift der „'Kritik der Gerechtigkeit' und 'Gleichheit vor dem Gesetz'" fragt, „was eigentlich damit weggeschafft werden soll?"[64] Seine Antwort – „Die Spannung, die Feindschaft, der Haß" – erscheint ihm selbst unbefriedigend: „aber ein Irrthum ist es, daß dergestalt das ‚Glück' gemehrt wird: die Corsen zum Beispiel genießen mehr Glück als die Continentalen."[65] Ähnlich verhält es sich mit seiner Klage: „Die schreckliche Consequenz der ‚Gleichheit' – schließlich glaubt jeder das Recht zu haben zu jedem Problem. Es ist alle Rangordnung verloren gegangen."[66] Denn auch eingedenk der Verschiedenheit der Menschen darf doch die Gleichheit vor dem Gesetz nicht ernstlich zur Diskussion stehen.[67] Das Leugnen der Gleichheit als Voraussetzung der Gerechtigkeit scheint ein viel schwerer zu überwindendes Hindernis bei der Suche nach der Gerechtigkeit, als alle „Disharmonien des Daseins",[68] von denen später noch ausführlich die Rede sein wird.[69]

---

63 *Nietzsche*, Nachgelassene Fragmente, Frühjahr 1888, 15 (30), Kritische Studienausgabe (Hg. G. Colli/M. Montinari), Band 13, S. 424.

64 *Nietzsche*, Nachgelassene Fragmente, Sommer 1886 – Herbst 1887, 5 (107), Kritische Studienausgabe (Hg. G. Colli/M. Montinari), Band 12, S. 288.

65 *Nietzsche*, Nachgelassene Fragmente, Sommer 1886 – Herbst 1887, 5 (107), Kritische Studienausgabe (Hg. G. Colli/M. Montinari), Band 12, S. 288.

66 *Nietzsche*, Nachgelassene Fragmente, Frühjahr 1884, 25 (298), Kritische Studienausgabe (Hg. G. Colli/M. Montinari), Band 11, S. 87. Deutlich auch *Nietzsche*, Nachgelassene Fragmente, August – September 1885, 40 (26), Kritische Studienausgabe (Hg. G. Colli/M. Montinari), Band 11, S. 642: „Alle Moralen wissen nichts von ‚Rangordnung' der Menschen; die Rechtslehrer nichts vom Gemeinde-Gewissen." Siehe auch *Ch. J. Emden*, Nietzsche' Will to Power: Biology, Naturalism, and Normativity, Journal of Nietzsche Studies 47 (2016) 30.

67 Zutreffend *V. Gerhardt*, „Schuld", „schlechtes Gewissen" und Verwandtes, in: Zur Genealogie der Moral (Hg. O. Höffe), KA 29, 2004, S. 81, 82 f.: „Da dieser unausdenkbare Akt aber selbst zu den hohen Leistungen eines ‚freien Geistes' gehört, bleibt er an die begrifflichen Prämissen von Freiheit und Gleichheit gebunden. Über sie findet sich bei Nietzsche kein klärendes Wort."

68 *Nietzsche*, Menschliches, Allzumenschliches, I, 32.

69 Am Ende der Abhandlung.

b) Grenzen

Jürgen Habermas hat eine Beobachtung angestellt, die auch auf den vorliegenden Zusammenhang übertragen werden kann: „Seine Kritik der abendländischen Philosophie, seine Kritik der Wissenschaft, seine Kritik der herrschenden Moral, sind ein einziges Zeugnis einer auf dem Wege der Selbstreflexion und nur der Selbstreflexion angestrebten Erkenntnis."[70] Das gilt mutatis mutandis auch für seine hier skizzierte Kritik der Gleichheit und macht vielleicht seinen merkwürdigen Vergleich mit den Korsen nachvollziehbar.[71] Die Fragwürdigkeit der Grundannahme bleibt freilich. Er sieht, dass er die Gleichheit vor dem Gesetz nur durch die Fragwürdigkeit der Gleichheit selbst in Zweifel ziehen kann, doch versperrt sie sich dem in dieser Allgemeinheit; er mag den Willen zur Gerechtigkeit als Ausprägung des Willens zur Macht deuten, wovon noch die Rede sein wird.[72]

So unabweislich aber seine Feststellung der tatsächlichen Ungleichheit der Menschen ist, so eindeutig muss ihre normative Gleichheit vor dem Gesetz sein. Es scheint so, als sei seine übersteigerte Aversion gegen die Sozialisten der Grund für diese Trübung seines Gerechtigkeitssinnes,[73] doch spricht im Gegenteil mehr dafür, dass diese mitunter übersteigert anmutende Abwehr ihren Grund in der eingewurzelten Einsicht in die Verschiedenheit, und damit in seinem Individualismus als dem „Gefühl des Für-sich-seins",[74] findet: „Wenn der Socialist in einer schönen Entrüstung ‚Gerechtigkeit', ‚Recht', ‚gleiche Rechte' verlangt, so steht er nur unter dem Druck seiner ungenügenden Cultur, welche nicht zu begreifen weiß, warum er leidet."[75]

Gerade die Anführungsstriche, mit denen Nietzsche hier, wie auch an anderen Stellen,[76] die Gerechtigkeit apostrophiert, machen deutlich, dass das, was gemeinhin darunter verstanden wird, das Gegenteil dessen ist, was Nietzsche mit der Gerechtigkeit meint und einer „Kritik der großen Worte" unterzieht: „gleiches

---

70 *J. Habermas*, Erkenntnis und Interesse, 1973, S. 363.

71 Zu den Korsen im Übrigen auch *Nietzsche*, Nachgelassene Fragmente, Herbst 1887, 10 (157), Kritische Studienausgabe (Hg. G. Colli/M. Montinari), Band 12, S. 545 ff.

72 Unten III. 3. b).

73 Vgl. *Nietzsche*, Nachgelassene Fragmente, April – Juni 1885, 34 (177), Kritische Studienausgabe (Hg. G. Colli/M. Montinari), Band 11, S. 480: „Ich bin abgeneigt 1. dem Sozialismus, weil er ganz naiv vom ‚Guten, Wahren, Schönen' und von ‚gleichen Rechten' träumt."

74 *Nietzsche*, Nachgelassene Fragmente, November 1887 – März 1888, 11 (141), Kritische Studienausgabe (Hg. G. Colli/M. Montinari), Band 13, S. 65.

75 *Nietzsche*, Nachgelassene Fragmente, Frühjahr 1888, 14 (30), Kritische Studienausgabe (Hg. G. Colli/M. Montinari), Band 13, S. 233.

76 *Nietzsche*, Nachgelassene Fragmente, Sommer–Herbst 1884, 27 (11), Kritische Studienausgabe (Hg. G. Colli/M. Montinari), Band 11, S. 277.

Recht, Philanthropie, Friedensliebe, Gerechtigkeit, Wahrheit: alle diese großen Worte haben nur Werth im Kampf, als Standarte: nicht als Realitäten, sondern als Prunkworte für etwas ganz Anderes (ja Gegensätzliches!).“[77] So ist es die Falschheit, die mangelnde Wahrhaftigkeit im Umgang mit den Worten – und damit nach einem Verständnis die Ungerechtigkeit – die ihn umtreibt: „Jetzt ist Alles durch und durch falsch, ‚Wort‘, durcheinander, schwach oder überspannt: a) man versucht eine Art von irdischer Lösung, aber im gleichen Sinne, in dem des schließlichen Triumphs von Wahrheit, Liebe, Gerechtigkeit: der Socialismus: ‚Gleichheit der Person‘.“[78]

4. Wille zur Gleichheit als Wille zur Macht

Nietzsches verstörendes und uns unbegreifliches Leugnen rechtlicher Gleichheit ist eine seinem Denken immanente und bewusste Begrenzung, die mit seiner Religionskritik – der zitierten ‚Gleichheit der Seelen vor Gott‘ – zusammenhängt.[79] Denn wenn der Gerechte sich durch bestimmte Eigenschaften auszeichnet, die im Folgenden noch näher bestimmt und dargelegt werden, so muss er notwendigerweise hervorstechen und „richten“, das heißt er darf sich nicht in einer falsch verstandenen „Toleranz“ üben, die für Nietzsche nichts anderes ist als „die Furcht vor dem Ausüben des Rechts“.[80] Zwar hat der Gerechte auch die Macht, von seinem Recht abzugeben und auf diese Weise Gleichheit herzustellen.[81] Doch ist eine damit einhergehende Nivellierung nach unten Nietzsche zutiefst verdächtig, weil sich der Richtende dadurch im Wortsinne gemein macht mit denen, die es seines

77 *Nietzsche*, Nachgelassene Fragmente, November 1887 – März 1888, 11 (135), Kritische Studienausgabe (Hg. G. Colli/M. Montinari), Band 13, S. 62.

78 *Nietzsche*, Nachgelassene Fragmente, November 1887 – März 1888, 11 (148), Kritische Studienausgabe (Hg. G. Colli/M. Montinari), Band 13, S. 69 f.

79 Etwas anders noch die Erstauflage; näher unten 7. Kapitel sub V.; vgl. auch *M. Steinmann*, Die Ethik Friedrich Nietzsches, 2000, S. 178 f.: „Gerechtigkeit besteht aber auch deshalb nicht in einer pauschalen Anerkennung, weil der Nietzschesche Gerechtigkeitsbegriff, ausgehend von der Fähigkeit zur Autarkie, auf der Ungleichheit zwischen den Einzelnen beruht. Gerechtigkeit zu üben, heißt demnach, das Ungleiche ungleich zu behandeln.“ Siehe auch *Nietzsche*, Götzen-Dämmerung, Streifzüge 48.

80 *Nietzsche*, Nachgelassene Fragmente, Ende 1886 – Frühjahr 1887, 7 (6), Kritische Studienausgabe (Hg. G. Colli/M. Montinari), Band 12, S. 275.

81 *Nietzsche*, Morgenröte, 112.

Erachtens nicht verdienen:[82] „Je mehr ich Recht abgebe und mich gleich stelle, um so mehr gerathe ich unter die Herrschaft der Durchschnittlichsten, endlich der Zahlreichsten."[83] Nicht zuletzt dieser elitäre Zug scheint der Genialität der Gerechtigkeit entgegenzustehen.[84] Es ist zugleich eine Ausprägung seiner Freiheit, vom (ungleichen) Sein auf ein (dementsprechend ungleich zu behandelndes) Sollen zu schließen, nach traditioneller Ansicht nicht angängig, aber für Nietzsche möglich.[85]

Ebenso wenig sind nämlich die von Nietzsche so genannten „Großen" notwendigerweise gerecht, auch wenn es mitunter den Anschein hat: „Oft ist ihnen ein meisterhaftes Versteckspielen möglich gewesen, so daß sie die Gebärden und Äußerlichkeiten großer Tugenden annahmen. (...) Manche verstanden sich selber falsch; als sie – - – nicht selten fordert eine große Aufgabe große Qualitäten heraus, z. B. die Gerechtigkeit."[86] Nach dem bisher Bedachten ist es schwerlich als Zufall zu betrachten, dass Nietzsche dies gerade am Beispiel der Gerechtigkeit veranschaulicht. Es ist also wiederum die psychologische Genialität gefordert, welche diese Attitüde der Größe zu entlarven im Stande ist. Die Forderung nach Gleichheit ist für Nietzsche letztlich der auf mehreren Stufen eingeklagte Wille zur Macht: „In der ersten verlangt man Gerechtigkeit von Seiten derer, welche die Macht haben. Auf der zweiten sagt man ‚Freiheit', d. h. man will loskommen von denen, welche die Macht haben. Auf der dritten sagt man ‚gleiche Rechte', d. h. man will, so lange man noch nicht das Übergewicht hat, auch die Mitbewerber hindern, in der Macht zu wachsen."[87] Diesen Gedanken wiederholt er beständig: „sie kommen über ‚Gleichheit der Rechte' überein. (– ‚Gerechtigkeit' als Ziel –)"; sowie weiter unten: „Man will Freiheit, so lange man noch nicht die Macht hat. Hat man sie, will man Übermacht; erringt man sie nicht (ist man noch zu schwach zu ihr), will man ‚Gerechtigkeit', d. h. *gleiche Macht*."[88]

---

82 *Nietzsche*, Nachgelassene Fragmente, Sommer 1886 – Herbst 1887, 5 (107), Kritische Studienausgabe (Hg. G. Colli/M. Montinari), Band 12, S. 228; *ders.*, Nachgelassene Fragmente, Juni – Juli 1885, 37 (8), Kritische Studienausgabe (Hg. G. Colli/M. Montinari), Band 11, S. 580 ff.

83 *Nietzsche*, Nachgelassene Fragmente, November 1887 – März 1888, 11 (140), Kritische Studienausgabe (Hg. G. Colli/M. Montinari), Band 13, S. 65.

84 *Nietzsche*, Nachgelassene Fragmente, Sommer – Herbst 1884, 27 (11), Kritische Studienausgabe (Hg. G. Colli/M. Montinari), Band 11, S. 227.

85 Grundlegend *V. Gerhardt*, Vom Willen zur Macht, 1996, passim.

86 *Nietzsche*, Nachgelassene Fragmente, Mai – Juli 1885, 35 (18), Kritische Studienausgabe (Hg. G. Colli/M. Montinari), Band 11, S. 515.

87 *Nietzsche*, Nachgelassene Fragmente, Herbst 1887, 10 (66), Kritische Studienausgabe (Hg. G. Colli/M. Montinari), Band 12, S. 495.

88 *Nietzsche*, Nachgelassene Fragmente, Herbst 1887, 10 (82), Kritische Studienausgabe (Hg. G. Colli/M. Montinari), Band 12, S. 504; Hervorhebung auch dort.

5. Gerechtigkeit als „wertindifferente Eigenschaft“

Jedoch ist dieses eigenwillige Verständnis der Gleichheit für Nietzsche letztlich um der Einheit und Folgerichtigkeit – und das bedeutet für ihn: um der Wahrheit[89] – willen geschuldet und daher eine unaufgebbare Grundbedingung. In dem von ihm zugrunde gelegten Sinne kann sich die Genialität der Gerechtigkeit aus seiner Sicht gar nicht anders entfalten, weil sie andernfalls die Wahrheit preisgeben und die intellektuelle Rechtschaffenheit aufgeben würde, die es ihr verbietet, Gleichheit ohne weiteres als Wert an sich anzunehmen.[90] Gerechtigkeit ist jedoch für ihn eine „werthindifferente Eigenschaft“.[91] Hier setzt folgerichtig seine „Kritik des guten Menschen“ an. In diesem Sinne fragt er: „Rechtschaffenheit, Würde, Pflichtgefühl, Gerechtigkeit, Menschlichkeit, Ehrlichkeit, Geradheit, gutes Gewissen – sind wirklich mit diesen wohlklingenden Worten Eigenschaften um ihrer selber willen bejaht und gutgeheißen? oder sind hier an sich werthindifferente Eigenschaften und Zustände nur unter irgend welchen Gesichtspunkt gerückt, wo sie Werth bekommen?“[92] Nietzsche verwahrt sich von seinem Ausgangspunkt folgerichtig gegen eine leere Idealisierung dieser Eigenschaften,[93] mit der die Gerechtigkeit verkümmern würde zur Tugend der von ihm perhorreszierten „Guten und Gerechten“,[94] die er letztlich gleichbedeutend „die Rechtwinkligen, die Tugendhaften, die Biedermänner, die Braven, die Geraden, die ‚Hornochsen‘“ nennt.[95] Diese Abgrenzung von der wahren Gerechtigkeit im Sinne Nietzsches ist deshalb wichtig, um im Folgenden den Blick dafür zu öffnen, was Nietzsche darunter wirklich versteht.

---

89 *Nietzsche*, Menschliches, Allzumenschliches, I, 635 f.

90 *Nietzsche*, Nachgelassene Fragmente, Frühjahr 1888, 14 (109), Kritische Studienausgabe (Hg. G. Colli/M. Montinari), Band 13, S. 287.

91 *Nietzsche*, Nachgelassene Fragmente, November 1887 – März 1888, 11 (325), Kritische Studienausgabe (Hg. G. Colli/M. Montinari), Band 13, S. 137.

92 *Nietzsche*, Nachgelassene Fragmente, November 1887 – März 1888, 11 (325), Kritische Studienausgabe (Hg. G. Colli/M. Montinari), Band 13, S. 137.

93 *Nietzsche*, Nachgelassene Fragmente, November 1887 – März 1888, 11 (135), Kritische Studienausgabe (Hg. G. Colli/M. Montinari), Band 13, S. 62.

94 Zu ihnen *Nietzsche*, Also sprach Zarathustra, 1883–1885, Kritische Studienausgabe (Hg. G. Colli/M. Montinari), Band 4, passim; sowie näher sogleich im Text.

95 *Nietzsche*, Nachgelassene Fragmente, November 1887 – März 1888, 11 (325), Kritische Studienausgabe (Hg. G. Colli/M. Montinari), Band 13, S. 138.

III. Gerechtigkeit als Fremdkörper?

Nach alledem überrascht es, wenn in der Nietzsche-Literatur gerade die Bedeutung der Gerechtigkeit vergleichsweise gering geschätzt wird.[96] In der Tat ist die Häufigkeit der Nennung kein durchschlagendes Argument, wohl aber ein Indiz für die Zentralität.

1. Unabhängigkeit der Gerechtigkeit von der Genealogie?

Und doch trifft Volker Gerhardt einen neuralgischen Punkt, wenn er zu bedenken gibt, dass „die ‚Tugenden‘ des ‚freien Geistes‘ bis heute, mag auch noch so oft von (...) ‚Gerechtigkeit‘ (...) die Rede sein, wie Fremdkörper in Nietzsches Werk erscheinen.“[97] Es ist freilich wichtig zu betonen, dass sie wie Fremdkörper *erscheinen*, weil damit noch nicht gesagt ist, dass sie es auch sind, sondern vor allem die Aufgabe des Interpreten beschrieben ist, die genaue Bedeutung der Reichweite zu bestimmen. Angesichts der Vielzahl von Stellen und ihrer Zentralität im jeweiligen Gedankengang – gerade in der zweiten Abhandlung der Genealogie und der zweiten unzeitgemäßen Betrachtung ist die Gerechtigkeit jeweils einer der Kristallisationspunkte – trifft die Argumentationslast freilich diejenigen, welche die Gerechtigkeit in ihrer Bedeutung gering schätzen. Allerdings enthält die Kritik fraglos einen wahren Kern, der in folgender Begründung Gerhardts auch zum Ausdruck kommt: „Wenn sie (sc. die Tugenden, insbesondere die Gerechtigkeit) wirklich überzeugen sollten, müssten sie von jeder Genealogie unabhängig sein, so aufschlussreich ihre historische Genese auch sein mag.“[98] Denn eine unverrückbare Gerechtigkeit, die an und für sich besteht, gibt es für Nietzsche in der Tat nicht. Es handelt sich eher um eine Forderung des gerechten Urteilens, wodurch die Gerechtigkeit annäherungsweise verwirklicht wird.[99]

---

96 Anders freilich *D.-J. Yang*, Die Problematik des Begriffs der Gerechtigkeit in der Philosophie von Friedrich Nietzsche, 2005, passim.

97 *V. Gerhardt*, „Schuld“, „schlechtes Gewissen“ und Verwandtes, in: Zur Genealogie der Moral (Hg. O. Höffe), KA 29, 2004, S. 81, 82.

98 *V. Gerhardt*, „Schuld“, „schlechtes Gewissen“ und Verwandtes, in: Zur Genealogie der Moral (Hg. O. Höffe), KA 29, 2004, S. 81, 82, der zu bedenken gibt, dass sich „über die begrifflichen Prämissen von Freiheit und Gleichheit bei Nietzsche kein klärendes Wort findet“ (so *V. Gerhardt*, ebenda). Siehe aber auch *Nietzsche*, Zur Genealogie der Moral, Zweite Abhandlung, unter 2; sowie zur Gleichheit *Nietzsche*, Menschliches, Allzumenschliches, II 2, 32.

99 Vgl. *K. Jaspers*, Nietzsche. Einführung in das Verständnis seines Philosophierens, 1936, S. 181: „Es könnte so scheinen, als (...) könnten Menschen gerecht werden; aber Nietzsche sieht die Unmöglichkeit“.

Diese idealisierende Deutung mag freilich als noch größerer Fremdkörper im Hinblick auf Nietzsches Werk erscheinen, weshalb es wichtig ist, seine psychologische Genialität zu betonen.[100] Einiges erklärt jedoch die bereits in der Einleitung angesprochene bekenntnishafte Äußerung Nietzsches:[101] „Es geschah spät – ich war schon über die zwanziger Jahre hinaus –, daß ich dahinter kam, was mir eigentlich noch ganz und gar fehle: nämlich die Gerechtigkeit. ‚Was ist Gerechtigkeit? Und ist sie möglich? Und wenn sie nicht möglich sein sollte, wie wär da das Leben auszuhalten?' – solchermaaßen fragte ich mich unablässig. Es beängstigte mich tief, überall, wo ich bei mir selber nachgrub, nur Leidenschaften, nur Winkel-Perspektiven, nur die Unbedenklichkeit dessen zu finden, dem schon die Vorbedingungen zur Gerechtigkeit fehlen: aber wo war die Besonnenheit? – nämlich Besonnenheit aus umfänglicher Einsicht."[102] Dieser bohrende Selbstzweifel findet sich auch in einer weiteren Nachlassnotiz: „Der Glaube an die Güte Gerechtigkeit und Wahrheit im Grunde der Dinge hat etwas Haarsträubendes."[103] Schon diese Stelle belegt, dass die Bewunderung der Genialität der Gerechtigkeit kein peripheres Wort ist, sondern in die Mitte seines Denkens führt.

2. Gerechtigkeit als Skandalon und integraler Bestandteil seines Werks

Vielleicht führt es daher weiter, von der Gerechtigkeit nicht so sehr als Fremdkörper zu sprechen, da man diesen ohne einen Verlust an innerer Substanz ausscheiden könnte, was bei der Gerechtigkeit nicht angängig ist, als vielmehr

---

100 Vgl. *G. Simmel*, Schopenhauer und Nietzsche, in: Gesamtausgabe Band 10, 1995, S. 167, 188 f.; dazu oben im ersten Kapitel unter II. Mit Recht konstatiert *V. Gerhardt*, „Schuld", „schlechtes Gewissen" und Verwandtes, in: Zur Genealogie der Moral (Hg. O. Höffe), KA 29, 2004, S. 81, 83, dass „Nietzsche in bewusster Opposition zur Transzendentalphilosophie der *Psychologie* die Hauptaufgabe zuweist."; Hervorhebung auch dort.

101 Zu ihr *M. Heidegger*, Nietzsches Metaphysik, 1990, S. 79; *ders.*, Nietzsche, 1961, Band 2, S. 331; dazu wiederum *T. Otsuru*, Gerechtigkeit und Díke. Der Denkweg als Selbst-Kritik in Heideggers Nietzsche-Auslegung, 1992, S. 117 f.

102 Entwurf einer alternativen Vorrede zum 1. Band von Menschliches, Allzumenschliches; *Nietzsche*, Nachgelassene Fragmente, August–September 1885, 40 (65), Kritische Studienausgabe (Hg. G. Colli/M. Montinari), Band 11, S. 663 f. Zu dieser Stelle auch *K. Jaspers*, Nietzsche. Einführung in das Verständnis seines Philosophierens, 1936, S. 179 m. w. N. Etwas naiv die Paraphrase von *D.-J. Yang*, Die Problematik des Begriffs der Gerechtigkeit in der Philosophie von Friedrich Nietzsche, 2005, S. 63: „Er (sc. Nietzsche) wollte da eine Reise wagen von den allen gewohnten geistig-zementierten Ecken zur unbekannten Welt, mit der Hoffnung, unterwegs der lebenswichtigen Gerechtigkeit zu begegnen."

103 *Nietzsche*, Nachgelassene Fragmente, August – September 1885, 39 (8), Kritische Studienausgabe (Hg. G. Colli/M. Montinari), Band 11, S. 622.

von einem Skandalon: Sie ist eine durchgängige Herausforderung in Nietzsches Werk, der man sich zu stellen hat, um ihm gerecht werden zu können. Dass die Gerechtigkeit keine untergeordnete Rolle in Nietzsches Denken und Werk spielt, legt das hier besonders betonte Wort von der Genialität der Gerechtigkeit nahe, weil Nietzsche selbst sie den anderen Gattungen der Genialität gleichberechtigt an die Seite stellt: „ich kann mich durchaus nicht entschliessen, dieselbe niedriger zu schätzen, als irgend eine philosophische, politische oder künstlerische Genialität."[104] Wenn man bedenkt, wie viele Gedanken der von Nietzsche besonders wichtigen Musik gelten – um nur eine Form der künstlerischen Genialität zu nennen[105] –, so kann man die Tragweite dieser Wertschätzung ermessen.[106] Freilich hat auch dieser Hinweis nur indizielle Bedeutung und bedarf noch der Fundierung durch zusätzliche werkimmanente Verweise.

a) Gerechtigkeit im Zarathustra

Dass die Gerechtigkeit nachgerade ein integraler Bestandteil seines Werks ist, belegen nicht zuletzt die Reden Zarathustras, von denen an verschiedenen Stellen schon die Rede war und die hier in gebotener Kürze aufgegriffen seien.

aa) Die Reden Zarathustras

Aufschlussreich ist bereits das Zarathustra-Wort: „Wahrlich, ich wollte, ihr Wahnsinn hiesse Wahrheit oder Treue oder Gerechtigkeit: aber sie haben ihre Tugend, um lange zu leben und in einem erbärmlichen Behagen."[107] Es nimmt nämlich implizit Bezug auf die Stelle: „‚Was liegt an meiner Gerechtigkeit! Ich sehe nicht, dass ich Gluth und Kohle wäre. Aber der Gerechte ist Gluth und Kohle.'"[108] Denn in der vorangehenden Anapher wird dreimal Entsprechendes über das Glück, die Tugend und die Vernunft gesagt, jedoch jedes Mal mit dem

104 *Nietzsche*, Menschliches, Allzumenschliches, I, 636.

105 *D.-J. Yang*, Die Problematik des Begriffs der Gerechtigkeit in der Philosophie von Friedrich Nietzsche, 2005, S. 16 ff. und passim, unternimmt sogar den Versuch, das Thema der Gerechtigkeit als eine „innere Musik" zu deuten „und die durchscheinende Musik der Gerechtigkeit hörbar zu machen". Siehe auch *Ch. J. Emden*, Sprache, Musik und Rhythmus: Nietzsche über die Ursprünge von Literatur, 1869–1879, Zeitschrift für deutsche Philologie 121 (2002) 208.

106 Außerdem ist es eines der drei letzten Fragmente, die den ersten Band beschließen; das letzte („der Wanderer") zählt ebenfalls zu den besonders persönlichen.

107 *Nietzsche*, Also sprach Zarathustra, Erster Teil, Vom bleichen Verbrecher, 1883–1885, Kritische Studienausgabe (Hg. G. Colli/M. Montinari), Band 4.

108 *Nietzsche*, Also sprach Zarathustra, Erster Teil, Vorrede, 1883–1885, Kritische Studienausgabe (Hg. G. Colli/M. Montinari), Band 4, 3.

Zusatz des in der erstgenannten Textstelle ebenfalls anzutreffenden, aber dort entgegengesetzten „erbärmlichen Behagen". Zur Gerechtigkeit aber passt dieses erbärmliche Behagen von vornherein nicht. Sie steht damit über dem Glück, der Vernunft und der Tugend, von der sie mit ihrem „erbärmlichen Behagen" geradezu abgegrenzt wird.

Auf ein rätselhaftes Wort wurde bereits eingegangen,[109] ohne dass dies mehr als nur beschreibend ausgelegt werden konnte: „Mit deiner Liebe gehe in deine Vereinsamung und mit deinem Schaffen, mein Bruder; und spät erst wird die Gerechtigkeit dir nachhinken."[110] Gerechtigkeit hängt also von der Gegenwärtigkeit der Liebe ab und stellt sich auf dieser Grundlage mit zeitlicher Verzögerung ein, die freilich des geduldigen Zuwartens bedarf. Die zwischenzeitlichen Folgen sind undankbar: „Ungerechtigkeit und Schmutz werfen sie nach dem Einsamen."[111] Die Liebe ebnet also jenseits und im Widerspruch zu der rauen Wirklichkeit den Boden und damit den Weg für die Gerechtigkeit.[112] Dieses Zwischenergebnis verdient festgehalten zu werden, weil sich am Ende zeigen wird,[113] dass für die an anderer Stelle von Nietzsche beschriebene Güte und Gutwilligkeit nichts anderes gilt. Diese Eigenschaften gehen mit einer Nachsicht einher, die gleichfalls Kennzeichen der Gerechtigkeit ist:[114] „Sie bestrafen dich für alle deine Tugenden. (...) Weil du milde und gerechten Sinnes bist, sagst du: ‚unschuldig sind sie an ihrem kleinen Dasein.'"[115]

Diese Stelle korrespondiert im Übrigen mit der bereits verschiedentlich betrachteten Charakterisierung der Gerechtigkeit: „Zuletzt wird sie selbst ihrer Gegnerin, der blinden oder kurzsichtigen ‚Ueberzeugung' (...) geben, was der Ueberzeugung ist – um der Wahrheit willen."[116] Diese Ausprägung des *suum*

---

109 Im ersten Kapitel.

110 *Nietzsche*, Also sprach Zarathustra, Erster Teil, Vom Wege des Schaffenden, 1883–1885, Kritische Studienausgabe (Hg. G. Colli/M. Montinari), Band 4.

111 *Nietzsche*, Also sprach Zarathustra, Erster Teil, Vom Wege des Schaffenden, 1883–1885, Kritische Studienausgabe (Hg. G. Colli/M. Montinari), Band 4; zum Generalthema der Einsamkeit bei Nietzsche *E. Lämmert*, Nietzsches Apotheose der Einsamkeit, Nietzsche-Studien 16 (1987) 47.

112 Vgl. *K. Jaspers*, Nietzsche. Einführung in das Verständnis seines Philosophierens, 1936, S. 182: „Die Wirklichkeit menschlichen Dasein bringt ‚ihre Gerechtigkeit' hervor, die nichts mehr mit der existenziellen Gerechtigkeit hellsichtiger Liebe zu tun hat, sondern juristisch ist, als solche aber wiederum nicht gilt wie ein Naturgesetz, sondern von Bedingungen der Macht abhängt, die sie zugleich in Frage stellt."

113 Dort wird auch nochmals auf das zentrale Zarathustra-Wort eingegangen: „Sagt, wo finde ich die Gerechtigkeit, welche Liebe mit sehendem Auge ist?".

114 *Nietzsche*, Menschliches, Allzumenschliches, II 2, 32.

115 *Nietzsche*, Also sprach Zarathustra, Erster Teil, Von den Fliegen des Marktes, 1883–1885, Kritische Studienausgabe (Hg. G. Colli/M. Montinari), Band 4.

116 *Nietzsche*, Menschliches, Allzumenschliches, I, 636.

cuique wiederum findet im Zarathustra eine bewusste Umkehrung: „‚Wie wollt ihr gegen mich gerecht sein!' – musst du sprechen – ‚ich erwähle mir eure Ungerechtigkeit als den mir zugemessnen Theil.'"[117] Das ist die Antwort auf die Frage: „Bist du eine neue Kraft und ein neues Recht?"[118] Die nachfolgende Aufforderung veranschaulicht indes, dass zum Recht auch die kraftvolle Durchsetzung gehört: „So zeige mir dein Recht und deine Kraft dazu!" Dies ist gleichsam die vornehmste Form der Selbstgesetzgebung und Einhaltung des selbstgegebenen Gesetzes durch das wahrhaft souveräne Individuum,[119] die in der Frage gipfelt: „Kannst du dir selber dein Böses und dein Gutes geben und deinen Willen über dich aufhängen wie ein Gesetz? Kannst du dir selber Richter sein und Rächer deines Gesetzes?"[120] Der Übergang der Zarathustra-Worte zum Folgenden kann durch eine erläuternde Nachlassnotiz Nietzsches aus dem Jahre 1884 veranschaulicht werden: „Zarathustra im 2ten Theil als Richter, die grandiose Form und Offenbarung der Gerechtigkeit, welche gestaltet, baut und folglich vernichten muß (sich selber dabei entdeckend, überrascht, plötzlich das Wesen des Richtenden zu erkennen). Hohn dagegen: ‚zerbrecht den Guten und Gerechten', – schreit das Weib, das ihn mordet."[121]

bb) Selbstgerechtigkeit der „Guten und Gerechten"

Das Gegenteil der Selbstgesetzgebung ist die Selbstgerechtigkeit: „Misstraut allen Denen, die viel von ihrer Gerechtigkeit reden."[122] Im Zarathustra findet sich freilich auch eine Charakteristik derer, bei denen die Gerechtigkeit nicht zu finden ist, näherhin den von Nietzsche in einem Atemzug so genannten „Guten und Gerechten".[123] Wenn er sie ausnahmsweise aufspaltet, so betont dies geradezu, dass die so genannten Guten gerade nicht die wahrhaft Gerechten sein können:

---

117 *Nietzsche*, Also sprach Zarathustra, Erster Teil, Vom Wege des Schaffenden, 1883–1885, Kritische Studienausgabe (Hg. G. Colli/M. Montinari), Band 4.

118 *Nietzsche*, Erster Teil, Vom Wege des Schaffenden, 1883–1885, Kritische Studienausgabe, Band 4 (Hg. G. Colli/M. Montinari).

119 *Nietzsche*, Zur Genealogie der Moral, Zweite Abhandlung, 2.

120 *Nietzsche*, Also sprach Zarathustra, Erster Teil, Vom Wege des Schaffenden, Kritische Studienausgabe (Hg. G. Colli/M. Montinari), Band 4.

121 *Nietzsche*, Nachgelassene Fragmente, Frühjahr 1884, 25 (453), Kritische Studienausgabe (Hg. G. Colli/M. Montinari), Band 11, S. 134; zu dieser Stelle auch *J. Stevens*, Nietzsche and Heidegger on Justice and Truth, Nietzsche-Studien 9 (1980) 224, 236.

122 *Nietzsche*, Also sprach Zarathustra, Zweiter Teil, Von den Taranteln, Kritische Studienausgabe (Hg. G. Colli/M. Montinari), Band 4.

123 *Nietzsche*, Also sprach Zarathustra, Erster Teil, Vom freien Tode, und passim, 1883–1885, Kritische Studienausgabe Band 4 (Hg. G. Colli/M. Montinari).

„Sonderlich Die, welche sich die ‚Guten', heissen, fand ich als die giftigsten Fliegen: sie stechen in aller Unschuld, sie lügen in aller Unschuld; wie *vermöchten* sie, gegen mich – gerecht zu sein!"[124] Wiederum bringt der Gedankenstrich den Kontrast stilistisch zum Ausdruck. In diesem Sinne sagt Nietzsche selbst über seinen Zarathustra: „er verbirgt es nicht, dass *sein* Typus Mensch, ein relativ übermenschlicher Typus, gerade im Verhältniss zu den *Guten* übermenschlich ist, dass die Guten und Gerechten seinen Übermenschen Teufel nennen würden."[125]

Selbst den Verbrecher stellt er noch über die Guten und Gerechten: „Siehe die Guten und Gerechten! Wen hassen sie am meisthen? Den, der zerbricht ihre Tafeln der Werte, den Brecher, den Verbrecher – das aber ist der Schaffende."[126] Die Guten und Gerechten sind nach Nietzsche freilich nichts anderes als selbstgerecht, eitel,[127] gefährlich[128] und pharisäerhaft: „Und wenn sie sich selber ‚die Guten und Gerechten', nennen, so vergesst nicht, dass ihnen zum Pharisäer Nichts fehlt als – Macht!"[129] Der Wille zur Gerechtigkeit ist damit im Ergebnis nichts anderes als der Wille zur Macht.[130] Noch entschiedener heißt es an späterer Stelle: „Den Guten und Gerechten sah Einer einmal einer ins Herz, der da sprach: ‚es sind die Pharisäer'."[131] Der Blick ins Herz enthüllt den Mangel an Herzensgüte, die für Nietzsche ein prägendes Merkmal der Gerechtigkeit darstellt. Den Guten

---

124 *Nietzsche*, Also sprach Zarathustra, Dritter Teil, Die Heimkehr, 1883–1885, Kritische Studienausgabe (Hg. G. Colli/M. Montinari), Band 4; Hervorhebung auch dort.

125 *Nietzsche*, Ecce homo, Warum ich ein Schicksal bin, Kritische Studienausgabe (Hg. G. Colli/M. Montinari), Band 6, 5; Hervorhebungen auch dort.

126 *Nietzsche*, Also sprach Zarathustra, Erster Teil, Zarathrusta's Vorrede, 1883–1885, Kritische Studienausgabe (Hg. G. Colli/M. Montinari), Band 4, 9.

127 *Nietzsche*, Also sprach Zarathustra, Zweiter Teil, Von der Menschen-Klugheit, 1883–1885, Kritische Studienausgabe Band 4 (Hg. G. Colli/M. Montinari): „Aber verkleidet will ich *euch* sehn, ihr Nächsten und Mitmenschen, und gut geputzt, und eitel, und würdig, als ‚die Guten und Gerechten'."; Hervorhebung auch dort.

128 Vgl. *Nietzsche*, Also sprach Zarathustra, Dritter Teil, Von alten und neuen Tafeln, 1883–1885, Kritische Studienausgabe (Hg. G. Colli/M. Montinari), Band 4, 27: „Bei Welchen liegt die grösste Gefahr aller Menschen-Zukunft? Ist es nicht bei den Guten und Gerechten?".

129 *Nietzsche*, Also sprach Zarathustra, Zweiter Teil, Von den Taranteln, 1883–1885, Kritische Studienausgabe (Hg. G. Colli/M. Montinari), Band 4.

130 *Nietzsche*, Nachgelassene Fragmente, Herbst 1885 – Herbst 1886, 2 (122), Kritische Studienausgabe (Hg. G. Colli/M. Montinari), Band 12, S. 122; *ders.*, Nachgelassene Fragmente, Herbst 1887, 9 (145), Kritische Studienausgabe (Hg. G. Colli/M. Montinari), Band 12, S. 419.

131 *Nietzsche*, Also sprach Zarathustra, Dritter Teil, Von alten und neuen Tafeln, 1883–1885, Kritische Studienausgabe (Hg. G. Colli/M. Montinari), Band 4, 26. Dem Christentum wirft *Nietzsche*, Der Antichrist, § 40, vor, „einen Pharisäer und Theologen" gemacht zu haben. Siehe auch *J. Salaquarda*, Der Antichrist, Nietzsche-Studien 2 (1973) 91.

fehlt zur Gerechtigkeit also nichts so sehr wie die Güte. Die Guten und Gerechten stellen somit die personifizierte Pervertierung von Moral und Recht dar.

b) Gerechtigkeit in früheren Werken Nietzsches

Dieses Gerechtigkeitsverständnis entspricht im Übrigen demjenigen,[132] das Nietzsche in seinen früheren Werken zugrunde gelegt hat und das,[133] wie im ersten Kapitel gesehen, in einem inneren Kausal- und Verweisungszusammenhang zur Genialität der Gerechtigkeit steht. Schon in der Geburt der Tragödie spricht er von „strenger wechselseitiger Proportion nach dem Gesetz ewiger Gerechtigkeit".[134]

aa) Gerechtigkeit in der zweiten unzeitgemäßen Betrachtung

In der zweiten unzeitgemäßen Betrachtung, von der bereits verschiedentlich die Rede war, hat Nietzsche vieles von dem vorweggenommen, was auch später unabdingbar zu seinem Verständnis von der Tugend der Gerechtigkeit gehört:[135] „Wahrlich, niemand hat in höherem Grade einen Anspruch auf unsere Verehrung als der, welcher den Trieb und die *Kraft zur Gerechtigkeit* besitzt."[136] Er spricht dort von „der bewussten Kraft, richten zu dürfen". Aber dieses Privileg muss erworben werden, „kostet Aufopferung": „diese Tugend hat nie etwas Gefälliges, kennt keine reizenden Wallungen, ist hart und schrecklich". Der wahrhaft Gerechte erscheint daher, wie ebenfalls bereits im ersten Kapitel dargelegt, als Übermensch:[137] „Die Hand des Gerechten, der Gericht zu halten befugt ist, erzittert nicht mehr, wenn sie die Wage hält; *unerbittlich gegen sich selbst* legt er Gewicht

---

132 Mutatis mutandis ähnlich *F. Kaulbach*, Nietzsches Idee einer Experimentalphilosophie, 1980, S. 205.

133 Grundlegend dazu *J. A. Geijsen*, Geschichte und Gerechtigkeit. Grundzüge einer Philosophie der Mitte im Frühwerk Nietzsches, 1997.

134 *Nietzsche*, Die Geburt der Tragödie aus dem Geiste der Musik, 25; zu dieser Stelle auch *V. Gerhardt*, Vom Willen zur Macht, 1996, S. 93. Siehe auch *Ch. J. Emden*, Nietzsches Katharis. Tragödientheorie und Anthropologie der Macht, Nietzsche-Studien 47 (2018) 1.

135 Vgl. auch *E. Bertram*, Nietzsche – Versuch einer Mythologie, 1921, S. 95.

136 *Nietzsche*, Unzeitgemäße Betrachtungen, II, 6; Hervorhebung nur hier.

137 *D.-J. Yang*, Die Problematik des Begriffs der Gerechtigkeit in der Philosophie von Friedrich Nietzsche, 2005, S. 163: „Wenn ein Mächtiger, wie z. B. der Übermensch, sei es der Stärkste, oder sei es der Weiseste, auf seiner Suche nach Gerechtigkeit, also bei seinem ständigen Perspektivenwechsel, die Notwendigkeit der totalen Bejahung, repräsentiert mit der Lehre der ewigen Wiederkunft des Gleichen, einsieht, wird er durch diese letzte Überwindung der Zeit seinem ganzen Leben gegenüber gerecht."

auf Gewicht, sein Auge trübt sich nicht, wenn die Wagschalen steigen und sinken, und seine Stimme klingt weder hart noch gebrochen, wenn er das Urtheil verkündet."[138] Es wurde bereits festgestellt,[139] dass dies im Wesentlichen die Personifizierung desjenigen ist, dem die Genialität der Gerechtigkeit zu eigen ist.[140]

bb) Rückgriff auf Hesiod und Heraklit

Aber auch in einem anderen früheren Werk finden sich wertvolle Hinweise auf die Gerechtigkeit, die den werkimmanenten Zusammenhang erschließen.[141] Von früh her hat ihn, den gelernten Altphilologen,[142] die ganzheitliche Sicht der griechischen Philosophie auf die Gerechtigkeit bewegt. Neben Anaximander[143] sind es vor allem Hesiod und Heraklit, die sein Verständnis der Gerechtigkeit geprägt haben.[144]

(1) Hesiods „sicheres Maß des richterlichen Urteils"

In Anlehnung an Hesiod heißt es bei Nietzsche: „Wie jeder Grieche kämpft, als ob er allein im Recht sei, und ein unendlich sicheres Maß des richterlichen Urteils in jedem Augenblick bestimmt, wohin der Sieg sich neigt, so ringen die Qualitäten miteinander, nach unverbrüchlichen, dem Kampfe immanenten Gesetzen und Maßen."[145] Auch wenn diese Stelle noch nicht unmittelbar auf das Recht und die Gerechtigkeit bezogen ist, sondern zumindest auch metaphorischen Charakter

---

138 *Nietzsche*, Unzeitgemäße Betrachtungen, II, 6; Hervorhebung nur hier.
139 Im ersten Kapitel unter I.
140 Vgl. *Nietzsche*, Menschliches, Allzumenschliches, I, 636.
141 Zu ihm am Ende der Einleitung.
142 Grundlegend zum besseren Verständnis *Ch. J. Emden*, The Invention of Antiquity: Nietzsche on Classicism, Classicality, and the Classical Tradition, in: Nietzsche and Antiquity: His Reaction and Response to the Classical Tradition (Hg. P. Bishop), 2004, S. 372; *ders.*, Learning How to Read: Nietzsche in Leipzig, Oxford German Studies 35 (2006) 97; tendenziell anderer Ansicht *J. Whitman*, Nietzsche in the Magisterial Tradition of German Classical Philology, Journal of the History of Ideas 47 (1986) 453.
143 Dazu *D. L. Couprie*, De verordening van de Tijd. Interpretatie en vertaling van het fragment van Anaximander met een appendix over de visualisering van zijn wereldbild, 1989.
144 *Nietzsche* (Die Philosophie im tragischen Zeitalter der Griechen, 1873, 4 f.) zitiert Anaximander wie folgt: „Woher die Dinge ihre Entstehung haben, dahin müssen sie auch zugrunde gehen, nach der Notwendigkeit; denn sie müssen Buße zahlen und für ihre Ungerechtigkeit gerichtet werden, gemäß der Ordnung der Zeit." Zu dieser Übersetzung *J. Geijsen*, Geschichte und Gerechtigkeit. Grundzüge einer Philosophie der Mitte im Frühwerk Nietzsches, 1997, S. 21 ff.
145 *Nietzsche*, Die Philosophie im tragischen Zeitalter der Griechen, 5, a. E. Vgl. auch *R. Oehler*, Friedrich Nietzsche und die Vorsokratiker, 1904.

hat,[146] versinnbildlicht sie etwas, das auch für Nietzsches Rechtsverständnis gilt, dem wie erinnerlich das Moment des Kampfes mitnichten fremd ist.[147] Friedrich Kaulbach hat dies dahingehend zusammengefasst, dass für Nietzsche eher die „Gerechtigkeitskraft“ des Richters entscheidet als seine Bindung an Gesetz und Recht.[148] Diese Gerechtigkeitskraft entspricht nicht nur der „Kraft zur Gerechtigkeit“ im Sinne der zweiten unzeitgemäßen Betrachtung,[149] sondern steht auch im Einklang mit einem bereits behandelten Wort Zarathustras: „Bist du eine neue Kraft und ein neues Recht? So zeige mir deine Kraft und dein Recht dazu!“[150]

(2) Heraklits „ewig waltende eine Gerechtigkeit“

Heraklit,[151] auf den sich Nietzsche bereits in der oben zitierten Stelle berufen hat, ist ihm freilich darüber hinaus Zeuge einer Gerechtigkeitsauffassung, die auch für den vorliegenden Zusammenhang aufschlussreich ist:[152] „er konnte die ringenden Paare und die Richter nicht mehr getrennt voneinander beobachten, die Richter selbst schienen zu kämpfen, die Kämpfer selbst schienen sich zu richten – ja, da er im Grunde nur die ewig waltende eine Gerechtigkeit wahrnahm, so wagte er auszurufen: ‚Der Streit des Vielen selbst ist die reine Gerechtigkeit.‘“[153] Auch wenn Nietzsche sich einer ausdrücklichen Zustimmung enthält,[154] ergibt sich doch aus der Zusammenschau seines Werkes, dass er dem mitnichten fern steht, womöglich darin sogar die „eigentliche Gerechtigkeit“ erblickt.[155] So ist ihm auch ansonsten

146 *F. Kaulbach*, Nietzsches Idee einer Experimentalphilosophie, 1980, S. 206: „Gerechtigkeit gewinnt auf diese Weise eine über das Rechtswesen im engeren Sinne hinausgehende Bedeutung für die Gestalt unseres Denkens und Lebens.“

147 Dazu näher im fünften Kapitel.

148 *F. Kaulbach*, Nietzsches Idee einer Experimentalphilosophie, 1980, S. 206 f.: „Gerechtigkeit ist Herrschaft über die streitenden Kräfte und Sieg über sie. (...) Sie (sc. die Gerechtigkeitskraft) vermag den entscheidenden Richterspruch im Streit der Parteien zu fällen und damit zugleich die Herrschaft über sie zu übernehmen.“

149 Dazu soeben unter aa).

150 *Nietzsche*, Also sprach Zarathustra, Erster Teil, Vom Wege des Schaffenden, 1883–1885, Kritische Studienausgabe (Hg. G. Colli/M. Montinari), Band 4; dort freilich in umgekehrter Reihenfolge der Sätze.

151 Zum Verhältnis beider siehe *J. P. Hershbell/St. A. Nimis*, Nietzsche and Heraclitus, Nietzsche-Studien 8 (1979) 17.

152 Siehe dazu auch *U. Hölscher*, Die Wiedergewinnung des antiken Bodens. Nietzsches Rückgriff auf Heraklit, Neue Hefte für Philosophie 15/16 (1979) 156.

153 *Nietzsche*, Die Philosophie im tragischen Zeitalter der Griechen, 1973, 6.

154 Nach *F. Kaulbach*, Nietzsches Idee einer Experimentalphilosophie, 1980, S. 206, „fließen aus diesen Zusammenhängen maßgebende Motive in Nietzsches Gerechtigkeitsdenken ein“.

155 *K. Jaspers*, Nietzsche. Einführung in das Verständnis seines Philosophierens, 1936, S. 183.

die Vorstellung nicht fremd, dass der Richter selbst zu kämpfen und sich zu richten scheint. Denn auch das entspricht nicht nur der zweiten unzeitgemäßen Betrachtung, wonach der Gerechte als Richter unerbittlich gegen sich selbst Gewicht auf Gewicht legt,[156] sondern konvergiert ebenfalls mit den zitierten Stellen im Zarathustra.[157]

cc) Griechentum als erste Begegnung mit der Gerechtigkeit?

Der Rückgriff auf das Griechentum und dessen Vorstellung der Gerechtigkeit ist aber noch in anderer Hinsicht aufschlussreich. Er hilft möglicherweise bei der Deutung eines vordergründig enigmatischen Wortes, von dem bereits in der Einleitung die Rede war: „Vielleicht, daß mir unterwegs *wieder* die Gerechtigkeit selber begegnen würde."[158] Im bisherigen Schrifttum hat diese Stelle nur begrenzte Resonanz erfahren. Aber auch im Rahmen der eingeschränkten Wahrnehmung wurde das iterative Wort („wieder") stets übergangen. Nimmt man Nietzsche indes beim Wort, so fragt sich, wann er der Gerechtigkeit bereits einmal begegnete. Die Antwort kann wohl am ehesten lauten: bei seiner Beschäftigung mit den Griechen und ihrer Idee der Gerechtigkeit. Dafür spricht zunächst das zeitliche Moment, das Nietzsche in dem besagten Fragment – ursprünglich eine Vorrede zu *Menschliches, Allzumenschliches* – voraussetzt und autobiographisch beziffert: „Es geschah spät – ich war schon über die zwanziger Jahre hinaus –, daß ich dahinter kam, was mir eigentlich noch ganz und gar fehle: nämlich die Gerechtigkeit."[159] Wenn er schon über die zwanziger Jahre hinaus war – spät nur für seine Verhältnisse –, so liegt nahe, dass die erste Begegnung mit der Gerechtigkeit in die Zeit seiner intensiven altphilologischen Beschäftigung fiel.[160] Auch die – freilich spätere – Qualifizierung der Gerechtigkeit als *„sokratische(r) Tugend(...)"* weist in diese Richtung.[161]

So kann schon die 1873 dem Gerechtigkeitsbegriff der griechischen Philosophie gegenüber zum Ausdruck gebrachte Begeisterung als Rückschau verstanden

---

156 *Nietzsche*, Unzeitgemäße Betrachtungen, II, 6.

157 *Nietzsche*, Also sprach Zarathustra, Erster Teil, Vom Wege des Schaffenden, 1883–1885, Kritische Studienausgabe (Hg. G. Colli/M. Montinari), Band 4.

158 *Nietzsche*, Nachgelassene Fragmente, August-September 1885, 40 (65), Kritische Studienausgabe (Hg. G. Colli/M. Montinari) Band 11, S. 664; Hervorhebung nur hier.

159 *Nietzsche*, Nachgelassene Fragmente, August–September 1885, 40 (65), Kritische Studienausgabe (Hg. G. Colli/M. Montinari), Band 11, S. 663 f. Zu dieser Stelle auch *K. Jaspers*, Nietzsche. Einführung in das Verständnis seines Philosophierens, 1936, S. 179 m.w.N.

160 Allgemein dazu *M. Ridel*, Die „wunderbare Doppelnatur" der Philosophie. Nietzsches Bestimmung der ursprünglich-griechischen Denkerfahrung, Nietzsche-Studien 19 (1990) 1.

161 *Nietzsche*, Morgenröte, 26; Hervorhebung auch dort.

werden: „Es ist eine wundervolle, aus dem reinsten Borne des Hellenischen geschöpfte Vorstellung, welche den Streit als das fortwährende Walten einer einheitlichen, strengen, an ewige Gesetze gebundenen Gerechtigkeit betrachtet."[162] Auch wenn sich durch sein anschließendes Ringen um das rechte Verständnis der Gerechtigkeit Bedeutungsunterschiede ergeben haben, von denen nicht zuletzt dieses Kapitel handelt, ist ihm dieser früh empfangene Gerechtigkeitsbegriff der Griechen immer präsent geblieben. Die Wiederbegegnung der Gerechtigkeit, von der am Ende der Abhandlung noch die Rede sein wird, muss daher nicht bedeuten, dass er sie gleichbedeutend versteht, zumal er zwischenzeitlich die Vergeblichkeit gerechten Schätzens erkannt hat als eine der „unauflösbarsten Disharmonien des Daseins".[163] Es ist gerade die zuletzt zitierte „strenge Gerechtigkeit", die sich im Sinne einer Selbstzucht auch gegen den Richtenden selbst wenden kann, und die von dieser frühen Schrift über die zweite unzeitgemäße Betrachtung bis zum Zarathustra fortwirkt.

3. Unschärferelation zwischen Erkenntnis und Gerechtigkeit

Gerechtigkeit im Sinne Nietzsches ist nach alledem immer nur annäherungsweise zu verwirklichen. Man muss daher hinzufügen, dass sie sich vor allem aus der eingeschränkten Sicht des Urteilenden ergibt, der sich dieser Unzulänglichkeit bewusst ist: „Wir sind von vornherein unlogische und daher ungerechte Wesen, und können diess erkennen:[164] dies ist eine der größten und unauflösbarsten Disharmonien des Daseins."[165]

a) Unreines und reines Erkennen

Diese Folgerung ist das Ergebnis einer Analyse der menschlichen Vorbedingungen, die notwendigerweise unzulänglich sind, weil das menschliche Wesen keine

---

162 *Nietzsche*, Die Philosophie im tragischen Zeitalter der Griechen, 1873, 5. Dazu *M. Heidegger*, Nietzsche, 1961, Band 1, S. 570: „Aber *dass* gerade dieser griechische Gedanke der Gerechtigkeit (...) bei Nietzsche zündete und durch sein ganzes Denken immer verborgener und verschwiegener weiterglühte und sein Denken befeuerte, das hat seinen Grund nicht in jener ‚historischen' Beschäftigung mit den vorplatonischen Philosophen, sondern in der geschichtlichen Bestimmung, der sich der letzte Metaphysiker des Abendlandes fügt."

163 *Nietzsche*, Menschliches, Allzumenschliches, I, 32; dazu näher unten sub 7.

164 Zur erkenntnistheoretischen Seite dieses Wortes *J. Habermas*, Erkenntnis und Interesse, 1973, S. 363.

165 *Nietzsche*, Menschliches, Allzumenschliches, I, 32.

unabänderliche Größe darstellt, mit der exakt zugemessen werden könnte. Das gilt für Nietzsche auch und gerade vom Philosophen, dessen Eigenschaften sein sollten: „Er muß *gerecht und billig im höchsten Sinne* sein, aber tief auch in Liebe Haß (und Ungerechtigkeit).“[166] Aber nicht nur der Beobachter wertet aufgrund seiner Prädisposition unscharf, sondern auch der Gegenstand seiner Beobachtung, das empirische Material, erweist sich als unvollständig und unzuverlässig, so dass die Verbindung von beidem erst recht kein gerechtes Urteil ermöglicht:[167] „Die Unreinheit des Urtheils liegt erstens in der Art, wie das Material vorliegt, nämlich sehr unvollständig, zweitens in der Art, wie daraus die Summe gebildet wird, und drittens darin, dass jedes einzelne Stück des Materials wieder das Resultat *unreinen Erkennens* ist und zwar diess mit voller Nothwendigkeit.“[168] Deshalb kann man nach Nietzsche auch den Straftäter nicht gerecht beurteilen, weil eben „das Material sehr unvollständig vorliegt“ und man seine individuellen Bedingungen immer nur unzureichend kennt.[169]

Auch an dieser Stelle ist der Bezug zu der von Nietzsche beschriebenen Genialität der Gerechtigkeit unübersehbar, will sie doch „Jedem, sei es ein Belebtes oder Todtes, Wirkliches oder Gedachtes, das Seine geben – und dazu muss sie es *rein erkennen*.“[170] Es kann nach dem Bedachten nicht verwundern, dass an dieser zentralen Stelle einmal mehr die immense Bedeutung des Gedankenstrichs hervortritt,[171] der die Einsicht mit allen offenen Fragen, die sie nach wie vor birgt, gleichwohl verdichtet und auf eine höhere Stufe stellt. Wenn aber diese reine Erkenntnis an den menschlichen Unzulänglichkeiten scheitert, so wird das Verfahren umso wichtiger, um dieser Forderung wenigstens annähernd gerecht zu

---

166 *Nietzsche*, Nachgelassene Fragmente, Sommer – Herbst 1884, 26 (425), Kritische Studienausgabe (Hg. G. Colli/M. Montinari), Band 11, S. 265; Hervorhebung nur hier.

167 *F. Kaulbach*, Nietzsches Idee einer Experimentalphilosophie, 1980, S. 194, 197, paraphrasiert den Zusammenhang zwischen Erkenntnistheorie und Gerechtigkeit treffend: „Dass der Erkennende die Rolle des Richters zu übernehmen und Gerechtigkeit zu üben habe, ist ein Hauptgedanke der ‚Erkenntnistheorie‘ Nietzsches. Er betont, dass sich der philosophisch Erkennende eines Maßstabs zu bedienen habe, an welchem der Rechtscharakter eines Urteils, seine Legitimität gemessen wird. Erkenne ich z. B. eine Weltperspektive als die mir bedeutsame und angemessene an, so entscheide ich mich für sie in einem möglichst gerechten Urteil, welches ich auf dem Wege des gedanklichen Experiments gewonnen habe. (...) Er nimmt für diesen Stand das Amt des Richters in Anspruch, der sich allen möglichen Weltperspektiven gegenüber in Freiheit setzt, um ihnen die Rolle der Parteien anzuweisen, über deren Interessengegensätze er eine gerechte Entscheidung zu fällen hat.“

168 *Nietzsche*, Menschliches, Allzumenschliches, I, 32; Hervorhebung nur hier.

169 Dazu eingehend im vierten Kapitel unter IV.

170 *Nietzsche*, Menschliches, Allzumenschliches, I, 636; Hervorhebung nur hier.

171 Zu Nietzsches Stil und Stilmitteln siehe nochmals *H. Schlaffer*, Das entfesselte Wort, Nietzsches Stil und seine Folgen, 2007, S. 29.

werden: „sie stellt daher jedes Ding in das beste Licht und geht um dasselbe mit sorgsamem Auge herum."[172]

b) Wille zur Gerechtigkeit und Wille der Gerechtigkeit

Nietzsches eigene Genialität der Gerechtigkeit bestand daher, wie bereits in der Einleitung angedeutet, nicht zuletzt darin, dass er die Grenzen gesehen hat, die der menschlichen Erkenntnis bei der Beurteilung dessen gesetzt sind, was gerecht ist, und dass folglich vollständige Gerechtigkeit angesichts der Unzulänglichkeit des Menschen nur unvollendbar verwirklicht werden kann. Aber dies kann schwerlich genug sein, weil es zu einem anderen Dilemma führen würde: „Vielleicht wird aus alledem folgen, dass man gar nicht urtheilen sollte; wenn man aber nur leben könnte, ohne abzuschätzen, ohne Abneigung und Zuneigung zu haben!" Mutatis mutandis liegt hierin auch das von Nietzsche durchaus erkannte Problem des Umgangs der Gesellschaft mit dem Straftäter begründet,[173] so dass wenigstens eine individuelle Bereitschaft hinzukommen muss, die sich freilich ihrerseits nicht als zureichend erweist vor der Gerechtigkeit: „Der menschliche Gerechtigkeitswille scheint sich auch in Nietzsche zu bescheiden vor einer transzendenten Gerechtigkeit."[174]

Das Dilemma besteht freilich wiederum darin, dass das forcierte Streben nach Gerechtigkeit – da der Wille zur Gerechtigkeit auf den Willen zur Macht zuläuft[175] – die Unschärfe und mögliche Ungerechtigkeit des Ergebnisses geradezu unausweichlich macht, wie im Zarathustra angedeutet wird: „Und Andre sind stolz über ihre Handvoll Gerechtigkeit und begehen um ihrerwillen Frevel an allen Dingen:

---

172 *Nietzsche*, Menschliches, Allzumenschliches, I, 636; zu dem Bild des „sorgsamen Auges" sogleich unter 5. Vgl. auch *D.-J. Yang*, Die Problematik des Begriffs der Gerechtigkeit in der Philosophie von Friedrich Nietzsche, 2005, S. 20: „Der lebensnotwendige perspektivische Charakter des Daseins wird von Nietzsche erkannt und solchermaßen voll akzeptiert, dass er nunmehr den absichtlichen Perspektivenwechsel für die geeignete Erkenntnismethode hält, in der Hoffnung, dass er mit dieser Methode des Perspektivenwechsels die Dinge immerfort ‚objektiver' auffasst."

173 Vgl. *Nietzsche*, Menschliches, Allzumenschliches, I, 32.

174 *K. Jaspers*, Nietzsche. Einführung in das Verständnis seines Philosophierens, 1936, S. 184.

175 *Nietzsche*, Nachgelassene Fragmente, Herbst 1887, 9 (145), Kritische Studienausgabe (Hg. G. Colli/M. Montinari), Band 12, S. 419; *ders.*, Nachgelassene Fragmente, Herbst 1885 – Herbst 1886, 2 (122), Kritische Studienausgabe (Hg. G. Colli/M. Montinari), Band 12, S. 122; dort mit dem enigmatischen Klammerzusatz „Züchtung", also offenbar einem werkimmanenten Verweis auf das vierte Buch über „Zucht und Züchtung" gedacht. Zum geistesgeschichtlichen Hintergrund des Klammerzusatzes *J. Kaube*, Max Weber. Ein Leben zwischen den Epochen, 2014, S. 215.

also dass die Welt in ihrer Ungerechtigkeit ertränkt wird."[176] So erklärt sich wohl auch die Nachlassnotiz in der sich untereinander geschrieben auf der einen Seite die Begriffspaare „Wille zur Gerechtigkeit", „Wille zur Schönheit" und „Wille zum Helfen" finden, denen verklammernd auf der anderen Seite gegenüber steht „alles Wille zur Macht."[177] Darunter heißt es mittig lapidar: „keine Güte."[178] Der bloße *Wille zur* Gerechtigkeit ist für ihn also nur eine Ausprägung des Willens zur Macht und führt ohne die Güte nicht zur Gerechtigkeit. Es ist daher wichtig, den Willen zur Gerechtigkeit vom Willen *der* Gerechtigkeit zu unterscheiden, der darin besteht, Jedem das Seine zu geben, und der als solcher keine Grenzen kennt.[179]

4. Aktive Gerechtigkeit und Güte

Die Gerechtigkeit schwebt Nietzsche also als unerfüllbare Wünschbarkeit vor,[180] auch wenn er eben weiß, dass sie angesichts der konfligierenden Machtinteressen realiter nicht – und vor allem nicht gewaltsam – ohne weiteres zu verwirklichen ist,[181] sondern nur durch „imperativische Erklärung", also im Wege des Geset-

---

176 *Nietzsche*, Also sprach Zarathustra, Zweiter Teil, Von den Tugendhaften, 1883–1885, Kritische Studienausgabe (Hg. G. Colli/M. Montinari), Band 4.

177 *H. Kerger*, Autorität und Recht im Denken Nietzsches, 1988, S. 127, entnimmt Nietzsches Lehre vom Willen zur Macht den Gedanken einer „dynamischen Normentheorie". Siehe dazu auch *Ch. J. Emden*, Nietzsche' Will to Power: Biology, Naturalism, and Normativity, Journal of Nietzsche Studies 47 (2016) 30.

178 *Nietzsche*, Nachgelassene Fragmente, August – September 1885, 39 (13), Kritische Studienausgabe (Hg. G. Colli/M. Montinari), Band 11, S. 624

179 *K. Jaspers*, Nietzsche, Einführung in das Verständnis seines Philosophierens, 1936, S. 179, unter Verweis auf das Nietzsche-Wort: „Auch der Böse, auch der Unglückliche, auch der Ausnahmemensch soll seine Philosophie, sein gutes Recht, seinen Sonnenschein haben! (...) eine neue Gerechtigkeit tut not! (...) Auch die Antipoden haben ihr Recht des Daseins."

180 Siehe dazu bereits ausführlich im ersten Kapitel unter I.; zum Begriff Wünschbarkeit (statt: Ideal) *Nietzsche*, Nachgelassene Fragmente, Ende 1886 – Frühjahr 1887, 7 (7), Kritische Studienausgabe (Hg. G. Colli/M. Montinari), Band 12, S. 285.

181 Anderer Ansicht *J.-C. Merle*, Nietzsches Straftheorie, in: Zur Genealogie der Moral (Hg. O. Höffe), KA 29, 2004, S. 97, 110: „Die Gerechtigkeit ist ein Mittel zur Macht. Die Gerechtigkeit als selbständiger Zweck bzw. als Wert wird von Nietzsche nicht nur nicht vertreten, sondern sie wird deutlich negativ bewertet. Es genüge hier der Hinweis auf ein Fragment, das fünf Monate älter ist als die Genealogie: ‚gegen die Gerechtigkeit (...) Hier ist die Voraussetzung unvornehm im untersten Sinne; hier wird die Äquivalenz der Werte und Handlungen vorausgesetzt. (...) Diese ‚Gegenseitigkeit' ist eine große Gemeinheit; gerade dass etwas, was ich tue, nicht von einem Anderen nicht getan werden dürfte und könnte, dass es keinen Ausgleich geben darf – außer in der ausgewähltesten Sphäre der ‚meines Gleichen', inter pares – (...) diese Grundüberzeugung enthält die Ursache der aristokratischen Absonderung der Menge, weil die Menge an ‚Gleichheit'

zes.[182] Die Herstellung der Gerechtigkeit ist immer zugleich auch ein Akt: „Erst der Herrschende stellt nachher ‚Gerechtigkeit' fest, d.h. er mißt die Dinge nach seinem Maaße; wenn er sehr mächtig ist, kann er sehr weit gehen im Gewährenlassen und Anerkennen des versuchenden Individuums."[183] Dass dies für Nietzsche ausweislich der Überschrift dieses Fragments zugleich das „Problem der Gerechtigkeit" ist,[184] liegt nicht zuletzt daran, dass er diese mit der Güte in Verbindung bringt und die Schonung sonach als Praxis der Gerechtigkeit versteht.[185] Der Herrschende und Mächtige sieht sich folglich in die Pflicht genommen, will er seiner Verantwortung wahrhaft gerecht werden.

Beachtung verdient in diesem Zusammenhang allerdings auch das Wort Nietzsches, wonach der Mensch „aus der seltenen Tugend der Grossmuth zur allerseltensten der Gerechtigkeit emporzusteigen versucht".[186] Die Einhaltung dieser Voraussetzungen erweist sich sodann als Korrektiv, vermittels dessen die durch Leidenschaften – insbesondere die Eitelkeit der von Nietzsche so genannten „Guten und Gerechten" – getrübten und notwendigerweise ungerechten Urteile ausgeglichen werden können. Die besondere Anforderung, die an den Gerechten gestellt wird,[187] verdeutlicht abermals das Zarathustra-Wort: „Sagt, wo findet sich die Gerechtigkeit, welche Liebe mit sehenden Augen ist?"[188] Das aktivische Wort „sehend" verdeutlicht aber nicht nur, dass das Gerechtigkeit-Üben etwas Aktives, also gerade kein reaktives Gefühl oder ein liebevolles Dulden oder Tolerieren ist, sondern richtet den Blick auf das Wahrnehmungsorgan selbst. Denn für Nietzsche ist „Gerecht-sein (...) immer ein *positives* Verhalten."[189]

---

und folglich Ausgleichbarkeit und Gegenseitigkeit glaubt' (N 13, 11, 27)." – Aber die von Merle zitierten Zeilen tragen seine Schlussfolgerung ersichtlich nicht.

182 *Nietzsche*, Genealogie der Moral, Zweite Abhandlung, 11, 17.

183 *Nietzsche*, Nachgelassene Fragmente, Sommer–Herbst 1884, 26 (359), Kritische Studienausgabe (Hg. G. Colli/M. Montinari), Band 11, S. 245.

184 *Nietzsche*, Nachgelassene Fragmente, Sommer–Herbst 1884, 26 (359), Kritische Studienausgabe (Hg. G. Colli/M. Montinari), Band 11, S. 244 f.

185 *Nietzsche*, Nachgelassene Fragmente, Ende 1880, 7 (27), Kritische Studienausgabe, Band 9, S. 323. Das etwas unschöne Wort „Schonungsakt" von *D.-J. Yang*. Die Problematik des Begriffs der Gerechtigkeit in der Philosophie von Friedrich Nietzsche, 2005, S. 69, verdeutlicht immerhin, dass es Nietzsche nach wie vor um aktive Gerechtigkeit zu tun ist.

186 *Nietzsche*, Unzeitgemäße Betrachtungen, II, 6.

187 Auch nach *D.-J. Yang*, Die Problematik des Begriffs der Gerechtigkeit in der Philosophie von Friedrich Nietzsche, 2005, S. 68, „wendet sich der Gerechtigkeitssuchende zu guter letzt dem liebevollen Begreifen, Gutheißen und der Schonung zu."

188 *Nietzsche*, Also sprach Zarathustra, Erster Teil, Vom Biss der Natter, Kritische Studienausgabe (Hg. G. Colli/M. Montinari), Band 4.

189 *Nietzsche*, Zur Genealogie der Moral, Zweite Abhandlung, 11; Hervorhebung auch dort.

5. Das Auge der Gerechtigkeit

Dass ihm aber die Gerechtigkeit nach wie vor gegenwärtig ist als „Wünschbarkeit",[190] zeigt folgender Satz: „Wenn es wirklich vorkommt, dass der gerechte Mensch gerecht sogar gegen seine Schädiger bleibt (und nicht nur kalt, massvoll, fremd, gleichgültig: [...]), wenn sich selbst unter dem Ansturz persönlicher Verletzung, Verhöhnung, Verdächtigung die hohe, klare, ebenso tief als mildblickende Objektivität des gerechten, des *richtenden* Auges nicht trübt, nun, so ist das ein Stück Vollendung und höchster Meisterschaft auf Erden, – sogar Etwas, das man hier kluger Weise nicht erwarten, woran man jedenfalls nicht gar zu leicht *glauben* soll."[191]

a) Die Augenmetapher bei Nietzsche

Nicht von ungefähr ist es das Auge, von dem Nietzsche im Zusammenhang mit der Gerechtigkeit sehr häufig spricht. In diese Richtung weist auch sein Postulat: „du solltest das Problem der Rangordnung mit Augen sehn und wie Macht und Recht und Umfänglichkeit der Perspektive mit einander in die Höhe wachsen."[192] Dann hat die Gerechtigkeit – gleichfalls mit der Metapher des Auges beschrieben – die Funktion „einer weit umherschauenden Macht, welche über die kleinen Perspektiven von gut und böse hinaus sieht".[193] Gerade das Bild von der „ebenso tief als mildblickenden Objektivität des gerechten, des *richtenden* Auges",[194] das seit

---

190 Vgl. *Nietzsche*, Nachgelassene Fragmente, Sommer 1886 – Herbst 1887, 5 (100), Kritische Studienausgabe (Hg. G. Colli/M. Montinari), Band 12, S. 227; *ders*., Nachgelassene Fragmente, November 1887 – März 1888, 11 (278), Kritische Studienausgabe (Hg. G. Colli/M. Montinari), Band 13, S. 105 f; sowie oben II. am Ende.

191 *Nietzsche*, Zur Genealogie der Moral, Zweite Abhandlung, 11; Hervorhebungen auch dort; gerade die Hervorhebung im Nachsatz verdeutlicht, dass sich hierin auch eine unterschwellige Religionskritik Raum macht. Die Frage, ob und inwieweit Gerechtigkeit, von der Nietzsche spricht, auch Bezüge zur Religion hat, wird hier bewusst nicht mit behandelt. Eine Abgrenzung findet sich bereits in: Menschliches, Allzumenschliches, I, 636: „Zuletzt wird sie selbst ihrer Gegnerin, der blinden oder kurzsichtigen ‚Ueberzeugung' (wie Männer sie nennen: – bei Weibern heisst sie ‚Glaube') geben, was der Ueberzeugung ist."

192 *Nietzsche*, Menschliches, Allzumenschliches, I, Vorrede, 6; dazu auch *D.-J. Yang*, Die Problematik des Begriffs der Gerechtigkeit in der Philosophie von Friedrich Nietzsche, 2005, S. 64.

193 Vgl. *Nietzsche*, Nachgelassene Fragmente, Sommer – Herbst 1884, 26 (149), Kritische Studienausgabe (Hg. G. Colli/M. Montinari), Band 11, S. 188. Dazu – freilich ohne die Stelle direkt zu zitieren – auch *J. Stevens*, Nietzsche an Heidegger on Justice and Truth, Nietzsche-Studien 9 (1980) 224, 232.

194 *Nietzsche*, Zur Genealogie der Moral, Zweite Abhandlung 11; Hervorhebung auch dort.

alters eine Metapher der Gerechtigkeit ist,[195] hat einen für die vorliegende Untersuchung hohen Stellenwert. Denn es wurde bereits festgestellt, dass gerade das Bild des Auges im Zusammenhang mit der Gerechtigkeit mitnichten zufällig ist.[196] Es findet sich zum einen in der zentralen *Zarathustra*-Frage: „Sagt, wo findet sich die Gerechtigkeit, welche Liebe mit sehenden Auge ist?"[197] Zum anderen findet es sich in der zweiten unzeitgemäßen Betrachtung,[198] in der es vom Gerechten heißt, dass sich „sein Auge nicht trübt, wenn die Wagschalen steigen und sinken".[199] Zum dritten findet sich die Metapher an anderer Stelle noch, und zwar ebenfalls im Zusammenhang mit der Liebe: „Die Gerechtigkeit trat vor mich hin: da zerbrach ich meine Götzen und schämte mich. Einer Buße unterwarf ich mich und zwang mein Auge dahin zu sehen, wohin es ungern sah: und Liebe dorthin zu tragen."[200] Des Weiteren ist davon in der Genealogie der Moral im Zusammenhang mit dem für das Gerechtigkeitsverständnis wie erinnerlich wichtigen Begriff der Objektivität die Rede: „je mehr Augen, je verschiedne Augen wir uns für dieselbe Sache einzusetzen wissen, um so vollständiger wird unser ‚Begriff' dieser Sache, unsre ‚Objektivität', sein."[201]

Besonders eindringlich fordert Nietzsche aber den als freien Geist vorgestellten Leser in der Vorrede zu *Menschliches, Allzumenschliches* auf, das Entscheidende mit Augen sehen zu wollen: „Du solltest vor Allem mit Augen sehn, wo die Ungerechtigkeit immer am grössten ist: dort nämlich, wo das Leben am kleinsten, engsten, dürftigsten, anfänglichsten entwickelt ist und dennoch nicht umhin kann, *sich* als Zweck und Maass der Dinge zu nehmen und seiner Erhaltung zu Liebe das Höhere, Grössere, Reichere heimlich und kleinlich und unablässig anzubröckeln und in Frage zu stellen, – du solltest das Problem der *Rangordnung* mit Augen sehn und wie Macht und Recht und Umfänglichkeit der

---

195 *M. Stolleis*, Das Auge der Gerechtigkeit, Geschichte einer Metapher, 2004. Siehe dazu auch *Ch. J. Emden*, Metaphor, Perception, and Consciousness: Nietzsche on Rhetoric and Neurophysiology, in: Nietzsche and Sciences (Hg. G. Moore/Th. H. Brobjer), 2004, S. 91.

196 Im ersten Kapitel unter I.

197 *Nietzsche*, Also sprach Zarathustra, Erster Teil, Vom Biss der Natter, Kritische Studienausgabe (Hg. G. Colli/M. Montinari), Band 4.

198 Zu ihr *J. Salaquarda*, Studien zur Zweiten Unzeitgemäßen Betrachtung, Nietzsche-Studien 13 (1984), 1 ff.; *M. Fleischer*, Die Zeitlichkeit des Menschen. Nietzsches Analyse in seiner zweiten unzeitgemäßen Betrachtung, in: Weltaspekte der Philosophie (Hg. W. Beierwaltes/W. Schrader), 1972, S. 67.

199 *Nietzsche*, Unzeitgemäße Betrachtungen, II, 6.

200 Zum Zusammenhang zwischen Liebe und Gerechtigkeit siehe auch *R. Maurer*, Der andere Nietzsche. Gerechtigkeit kontra moralische Utopie, Aletheia, 5 (1994) 9, 17.

201 *Nietzsche*, Zur Genealogie der Moral, Dritte Abhandlung 12.

Perspektive mit einander in die Höhe wachsen."[202] Schließlich – und das belegt wiederum den inneren Kausal- und Verweisungszusammenhang mit dem zuletzt Genannten – beschreibt Nietzsche mit seiner Hilfe die Genialität der Gerechtigkeit: „denn sie will Jedem, sei es ein Belebtes oder Todtes, Wirkliches oder Gedachtes, das Seine geben – und dazu muss sie es rein erkennen; sie stellt daher jedes Ding in das beste Licht und geht um dasselbe *mit sorgsamem Auge* herum."[203] Erkennen und ihnen gerecht werden kann man die Dinge nur, indem man sie ins beste Licht stellt, das heißt mit dem größtmöglichen Wohlwollen anblickt; nur mit Güte kann man – wenn überhaupt[204] – jedem das Seine geben, Gutwilligkeit[205], Großmut und Güte ebnen den Weg zur Gerechtigkeit.[206]

b) Das Auge als Sinnbild perspektivischer Wahrnehmung

Dieses Selbstbekenntnis erklärt zugleich, warum die Liebe bei ihm eine Wertschätzung erfährt, die man eher von Pascal erwartet hätte, und wie es zur Entwicklung seines Denkens über das Verhältnis von Liebe und Gerechtigkeit gekommen ist; die Selbsterkenntnis beruht auf einer Selbstüberwindung.[207] Das Auge ist für Nietzsche also nicht nur eine Metapher der Gerechtigkeit, sondern ausgerechnet dasjenige Sinnesorgan, aus welchem sich die perspektivische Wahrnehmung ergibt;[208] nicht von ungefähr fordert er den Leser auf: „du solltest das Problem der Rangordnung mit Augen sehn und wie Macht und Recht und

---

202 *Nietzsche*, Menschliches, Allzumenschliches, I, Vorrede, 6; Hervorhebungen auch dort.

203 *Nietzsche*, Menschliches, Allzumenschliches, I, 636; Hervorhebung nur hier. Den Zusammenhang mit dem Perspektivismus Nietzsches beschreibt *D.-J. Yang*, Die Problematik des Begriffs der Gerechtigkeit in der Philosophie von Friedrich Nietzsche, 2005, S. 20: „Wenn sie um jedes Ding mit sorgsamem Auge herumgeht, dann ist ihr Streben nach der Durchmessung aller möglichen Perspektiven des betreffenden Sachverhalts sichtbar."

204 Vgl. auch *Nietzsche*, Nachgelassene Fragmente, Herbst 1887, 10 (153), Kritische Studienausgabe (Hg. G. Colli/M. Montinari), Band 12, S. 542: „Glaube an die ‚Güte', an das ‚Genie' selbst, wie als ob das Eine wie das Andere Folgen der Entselbstung wären"; vgl. auch *ders.*, Nachgelassene Fragmente, November 1887 – März 1888, 11 (226), Kritische Studienausgabe (Hg. G. Colli/M. Montinari), Band 13, S. 88: „man hält im Grunde sowohl die Verselbstungs-Perspektive als die Gleichberechtigung vor dem Ideal aufrecht."

205 *Nietzsche*, Morgenröte, 112.

206 *K. Jaspers*, Nietzsche. Einführung in das Verständnis seines Philosophierens, 1936, S. 181.

207 Zu dieser Stelle auch *F. Kaulbach*, Nietzsches Idee einer Experimentalphilosophie, 1980, S. 216: „Überwindung kostet es, über gewohnte und bisher geliebte Weltperspektiven hinauszugehen und den Blick auf das bisher Fremde auszuweiten."

208 Weiterführend *Ch. J. Emden*, Metaphor, Perception, and Consciousness: Nietzsche on Rhetoric and Neurophysiology, in: Nietzsche and Sciences (Hg. G. Moore/Th. H. Brobjer), 2004, S. 91.

Umfänglichkeit der Perspektive mit einander in die Höhe wachsen."[209] Es ist Zeichen der „Gerechtigkeit, als Funktion einer weitumherschauenden Macht, welche über die kleinen Perspektiven von Gut und Böse hinaussieht" und bestimmt im Wortsinne den Blickwinkel, der zur von Nietzsche selbst sogenannten „Winkel-Perspektive" verkommt,[210] wenn das Auge nicht sorgsam um die Dinge herumgeht und sie von allen Seiten betrachtet.

6. Der „Reichtum an Person" als Voraussetzung der Gerechtigkeit

Die Beschreibung und nur annähernd zu verwirklichende Forderung der Tugend der Gerechtigkeit darf daher nicht mit nazarenerhafter Süßlichkeit verwechselt werden.[211] Es ist, wie Nietzsche in anderem Zusammenhang sagt, eine „moralinfreie Tugend"[212], damit sie sich von der Tugend der Guten und Gerechten abhebt. In der Tat muss man sich gerade bei Nietzsche vor einer süßlich-idealisierenden Sicht hüten, der Nietzsche selbst an anderer Stelle eine Grenze setzt: „Niemand wird so leicht eine Lehre, bloss weil sie glücklich macht, oder tugendhaft macht, deshalb für wahr halten, die lieblichen ‚Idealisten' etwa ausgenommen, welche für das Gute, Wahre, Schöne schwärmen und in ihrem Teiche alle Arten von bunten plumpen und gutmüthigen Wünschbarkeiten durcheinander schwimmen lassen."[213] Zwar ist diese Stelle vor allem gegen die Sozialisten gemünzt, wie sich aus dem Zusammenhang mit einer anderen ergibt,[214] doch gilt sie auch darüber hinaus.

---

209 *Nietzsche*, Menschliches, Allzumenschliches, I, Vorrede, 6.

210 *Nietzsche*, Nachgelassene Fragmente, August–September 1885, 40 (65), Kritische Studienausgabe (Hg. G. Colli/M. Montinari), Band 11, S. 663 f.

211 Vgl. auch *R. Maurer*, Der andere Nietzsche. Gerechtigkeit kontra moralische Utopie, Aletheia, 5 (1994) 9, 15: „In manchen neueren, zumal westdeutschen Nietzsche-Interpretationen wird ‚Wille zur Macht' fast zu einem Synonym für Liebe und Gerechtigkeit. Mit solchem modernen Soft-Nietzsche übertreibt man die an sich berechtigte Gegentendenz zu faschistisch-nazistischer Inanspruchnahme des Autors."

212 *Nietzsche*, Nachgelassene Fragmente, Herbst 1887, 10 (109), Kritische Studienausgabe (Hg. G. Colli/M. Montinari), Band 12, S. 518.

213 *Nietzsche*, Jenseits von Gut und Böse, 39; die „menschlichen Wünschbarkeiten" sind nach Nietzsche „seine ‚Ideale' "; vgl. *ders.*, Nachgelassene Fragmente, Sommer 1886 – Herbst 1887, 5 (100), Kritische Studienausgabe (Hg. G. Colli/M. Montinari), Band 12, S. 227; *ders.*, Nachgelassene Fragmente, Frühjahr 1888, 14 (113), Kritische Studienausgabe (Hg. G. Colli/M. Montinari), Band 13, S. 290 f.

214 Vgl. *Nietzsche*, Nachgelassene Fragmente, April – Juni 1885, 34 (177), Kritische Studienausgabe (Hg. G. Colli/M. Montinari), Band 11, S. 480: „Ich bin abgeneigt 1. dem Sozialismus, weil er ganz naiv vom ‚Guten, Wahren, Schönen' und von ‚gleichen Rechten' träumt".

a) Vornehmheit und wahre Güte

Würde man also Gerechtigkeit nur als ein undifferenziertes Durcheinander von Liebe, Güte und den positiven Eigenschaften aller Menschen guten Willens verstehen, so wäre wenig gewonnen, wenn man nicht gar bei den Guten und Gerechten enden würde. Um dem zu entgehen, ist es wichtig, nicht mehr in den Begriff der Gerechtigkeit hineinzulegen, als Nietzsche selbst ihm an den verschiedenen Stellen seines Werks zugemessen hat. Hierher gehört seine Beschreibung des „Typus", der man das Attribut des Gerechten hinzufügen könnte: „Die wahre Güte, Vornehmheit, Größe der Seele, die aus dem Reichthum, aus dem – – – welche nicht giebt, um zu nehmen, – welche sich nicht damit erheben will, daß sie gütig ist; – die Verschwendung als Typus der wahren Güte, der Reichthum an Person als Voraussetzung."[215] Diese Auflistung zeigt, warum man die Gerechtigkeit im Schrifttum als „besonderes Supererogat der Vornehmheit" aufgefasst hat,[216] zumal die Gerechtigkeit diese Attribute gleichsam überwölbt. Allerdings steht die Gerechtigkeit immer auch in einer Wechselbeziehung zu diesen Attributen, indem sie sie erhellt und mit Leben füllt. So ist etwa Nietzsches Präzisierung des Vornehmen („Was ist vornehm?") zu verstehen, in der es unter anderem heißt: „die Überzeugung, daß (...) nur inter pares auf Gerechtigkeit zu hoffen (leider noch lange nicht zu rechnen) ist."[217] Hierin spiegelt sich freilich wiederum Nietzsches abgrundtiefer Argwohn gegen die Gleichheit. Wie bereits gesehen, wird jedoch der „Reichtum an Person" zu einer problematischen Voraussetzung der Gerechtigkeit, welche die Gleichheit als Voraussetzung praktisch a limine ausschließt.

b) Der „Bogen mit der großen Spannung"

Damit bleibt die Frage, was diesen Reichtum an Person ausmacht. Zur Verdeutlichung empfiehlt es sich, auf einen bereits betrachteten Gedanken zurückzukommen, in dem Nietzsche mit der ihm eigenen psychologischen Genialität feststellt, dass die von ihm so genannten großen Menschen mitunter die „Äußerlichkeiten großer Tugenden annahmen".[218] Er räumt ein, dass „nicht selten (...) eine große Aufgabe große Qualitäten heraus(fordert), z. B. die Gerechtigkeit."

---

215 *Nietzsche*, Nachgelassene Fragmente, Oktober 1888, 23 (4), Kritische Studienausgabe (Hg. G. Colli/M. Montinari), Band 13, S. 605.

216 So *M. Steinmann*, Die Ethik Friedrich Nietzsches, 2000, S. 177.

217 *Nietzsche*, Nachgelassene Fragmente, Mai – Juli 1885, 35 (76), Kritische Studienausgabe (Hg. G. Colli/M. Montinari), Band 11, S. 543.

218 *Nietzsche*, Nachgelassene Fragmente, Mai – Juli 1885, 35 (18), Kritische Studienausgabe (Hg. G. Colli/M. Montinari), Band 11, S. 515.

Weniger interessant als diese alternierende Kennzeichnung der Gerechtigkeit als Tugend bzw. „Qualität“ ist freilich die Folgerung, welche gleichsam die Pointe des zuvor Bedachten hervorbringt und damit abermals veranschaulicht, dass er es nicht damit bewenden lässt, die Leidenschaften, hier also etwa die Eitelkeit, als solche zu enttarnen, sondern dass die besondere Herausforderung dahin zielt, das Gute zu sehen, das die Leidenschaften letztlich erzeugen können.[219] Das „Wesentliche“ fasst Nietzsche daher wie folgt zusammen: „Die Größten haben vielleicht auch große Tugenden, aber gerade dann noch deren Gegensätze. Ich glaube, daß aus dem Vorhandensein der Gegensätze, und aus deren Gefühlen, gerade der große Mensch, *der Bogen mit der großen Spannung*, entsteht.“[220] Ähnlich äußert er sich in seiner tief greifenden Skepsis gegenüber dem Verzicht auf Rechte, der ihm auf die Herrschaft der Durchschnittlichsten hinauszulaufen scheint: „Die Voraussetzung, welche eine aristokratische Gesellschaft in sich hat, um zwischen ihren Mitgliedern den hohen Grad von Freiheit zu erhalten,[221] ist die extreme Spannung, welche aus dem Vorhandensein des *entgegengesetzten* Triebes bei allen Mitgliedern entspringt: des Willens zur Herrschaft . .“[222] Es ist gerade dieser große Spannungsbogen, der durch die Vereinigung der Gegensätze den Reichtum an Person unter Garantie seiner Freiheit hervorbringt und damit die Vorbedingung des gerechten Menschen schafft.[223]

7. Die „Disharmonien des Daseins“

Es bleibt freilich noch eine letzte scheinbare Antinomie zu erörtern, die im Verhältnis der von Nietzsche gepriesenen Genialität der Gerechtigkeit zu jener vorderhand niederschmetternden Einsicht besteht, von der bereits die Rede war: „Wir sind von vornherein unlogische und daher ungerechte Wesen und können diess erkennen: diess ist eine der grössten und unauflösbarsten Disharmonien des

---

219 *Nietzsche*, Menschliches, Allzumenschliches, I, 107.

220 *Nietzsche*, Nachgelassene Fragmente, Mai – Juli 1885, 35 (18), Kritische Studienausgabe (Hg. G. Colli/M. Montinari), Band 11, S. 515; Hervorhebung auch dort.

221 Hier besteht trotz aller Unterschiede eine strukturelle Parallele zu W. von Humboldt; näher *J. Petersen*, Wilhelm von Humboldts Rechtsphilosophie, 3. Auflage 2016, passim.

222 *Nietzsche*, Nachgelassene Fragmente, November 1887 – März 1888, 11 (140), Kritische Studienausgabe (Hg. G. Colli/M. Montinari), Band 13, S. 65; Hervorhebung auch dort.

223 *Nietzsche*, Nachgelassene Fragmente, Herbst 1887, 9 (128), Kritische Studienausgabe (Hg. G. Colli/M. Montinari), Band 12, S. 410: „Die kritische Spannung: die Extreme kommen zum Vorschein und Übergewicht.“

Daseins."[224] Denn wenn Gerechtigkeit allenfalls annäherungsweise verwirklicht werden kann und immer in Gefahr ist, in Ungerechtigkeit umzuschlagen, fragt sich, ob und unter welchen Voraussetzungen wirklich eine besondere Begabung dazu bestehen kann. Friedrich Kaulbach, der auf die Gefahr des Umschlagens der Gerechtigkeit in Ungerechtigkeit aufmerksam macht, verweist zugleich auf folgendes wichtige Wort Nietzsches:[225] „Es sei, wie es sei: wir wollen gerecht werden und es darin so weit treiben, als uns irgend möglich ist."[226] Die darin eingestandene Unzulänglichkeit und eingerechnete notwendige Ungerechtigkeit gründet für Nietzsche in der Befangenheit und Enge der Perspektive, gehört also zum Leben und ist im Wortsinne als lebensnotwendig unabänderlich hinzunehmen: „Du solltest die nothwendige Ungerechtigkeit in jedem Für und Wider begreifen lernen, die Ungerechtigkeit als unablösbar vom Leben, das Leben selbst als bedingt durch das Perspektivische und seine Ungerechtigkeit."[227]

a) Gerechtigkeit als „metaphysische Wirklichkeit"

Es ist interessant zu sehen, dass die Gerechtigkeit hier nicht mehr einerseits als bloße Tugend im Sinne einer Befähigung verstanden wird, im Rahmen derer es Genialität geben kann, andererseits aber trotz der personalistisch ausgeprägten Sprache („begegnen") offenbar keine Personalisierung in der Weise gemeint ist, wie in der zweiten unzeitgemäßen Betrachtung vom Gerechten gesprochen wird.[228] Das spricht für die Richtigkeit einer Beobachtung von Karl Jaspers, der Gerechtigkeit als „metaphysische Wirklichkeit" begreift: „Noch ein Schritt weiter in diese Unbestimmtheit des schaffenden Lebens, und der Standpunkt ist erreicht, wo Gerechtigkeit, statt ein Problem der Wahrheit im Menschen zu bleiben,

---

224 *Nietzsche*, Menschliches, Allzumenschliches, I, 32; *F. Kaulbach*, Nietzsches Idee einer Experimentalphilosophie, 1980, S. 209, sieht diese Disharmonie nicht zuletzt „in der in Ungerechtigkeit umschlagenden Gerechtigkeit". Siehe auch *ders.*, ebenda, S. 207: „Dabei ergibt sich jedoch folgende Aporie: Gerechtigkeit verwandelt sich durch ihre Forderung nach Entscheidung für eine abgegrenzte und profilierte Sinngestalt in ihr Gegenteil, in Ungerechtigkeit. Sie grenzt ein, scheidet aus und vernichtet, indem sie zugleich ‚aufbaut' (...) in Ungerechtigkeit umschlägt." Siehe auch *dens.*, Die Tugend der Gerechtigkeit und das philosophische Erkennen, in: Nietzsche kontrovers I (Hg. R. Berlinger/W. Schrader), 1981, S. 59; *D.-J. Yang*, Die Problematik des Begriffs der Gerechtigkeit in der Philosophie von Friedrich Nietzsche, 2005, S. 104.

225 *F. Kaulbach*, Nietzsches Idee einer Experimentalphilosophie, 1980, S. 209.

226 *Nietzsche*, Nachgelassene Fragmente, Herbst 1881, 15 (3), Kritische Studienausgabe (Hg. G. Colli/M. Montinari) Band 9, S. 634.

227 *Nietzsche*, Menschliches, Allzumenschliches, I, Vorrede, 6; dazu auch *D.-J. Yang*, Die Problematik des Begriffs der Gerechtigkeit in der Philosophie von Friedrich Nietzsche, 2005, S. 157.

228 *Nietzsche*, Unzeitgemäße Betrachtungen, II, 6.

zu einer Transzendenz wird. Nachdem sie als Möglichkeit des Menschen fragwürdig wurde, wird sie von Nietzsche in metaphysischer Gestalt wieder hergestellt.

Gerechtigkeit ist nicht mehr die von Menschen gewusste, erkämpfte, erstrebte, sondern die ‚ewige Gerechtigkeit', die ‚waltende Gerechtigkeit'; sie ist nicht mehr Wesen des Wahrheitssuchens, sondern Wesen der Dinge in ihrem Geschehen."[229] Das korrespondiert im Übrigen neben dem behandelten Rekurs auf das Griechentum auch mit Nietzsches bereits zitierter Beschreibung des Machiavellismus, von der weiter oben schon gesagt wurde, dass er Züge des Gerechten trägt, wenn Nietzsche ihn preist als „übermenschlich, göttlich, transscendent, er wird von Menschen nie erreicht, höchstens gestreift."[230] Allerdings fehlt dem Machiavellismus, wie ebenfalls erwähnt, jegliche moralische Begleiterscheinung, so dass er gerade nicht „Liebe mit sehenden Augen" etc. sein kann und auch das im Folgenden Behandelte nicht auf ihn zutrifft. Es ist also kein essentieller Unterschied zwischen den Attributen des Gerechten, der Genialität der Gerechtigkeit und der Gerechtigkeit, die dem Suchenden womöglich wiederbegegnet, wie sich aus dem inneren Verweisungszusammenhang ergibt.

b) „Besonnenheit aus umfänglicher Einsicht" als Vorbedingung der Gerechtigkeit

Eine nicht nur für den vorliegenden Zusammenhang zentrale, von ihm selbst so genannte „Einsicht" Nietzsches zeigt, dass daneben auch die Weisheit zur Gerechtigkeit gehört: „bei aller Werthschätzung handelt es sich um eine bestimmte Perspective:[231] Erhaltung des Individuums, einer Gemeinde, (...) eines Staates (...). – vermöge des Vergessens, daß es nur ein perspektivisches Schätzen giebt,[232] wimmelt alles von widersprechenden Schätzungen und folglich von widersprechenden

229 *K. Jaspers*, Nietzsche. Einführung in das Verständnis seines Philosophierens, 1936, S. 183. Dementsprechend versteht *M. Steinmann*, Die Ethik Friedrich Nietzsches, 2000, S. 178, Gerechtigkeit als „Vollzug des Richtens selbst, in dem Normen und Verhältnisse erst entstehen."

230 *Nietzsche*, Nachgelassene Fragmente, November – März 1888, 11 (54), Kritische Studienausgabe (Hg. G. Colli/M. Montinari), Band 13, S. 26.

231 *K. Jaspers*, Nietzsche. Einführung in das Verständnis seines Philosophierens, 1936, S. 182: „Die Ungerechtigkeit ist zunächst unablösbar vom Leben als solchem, denn alles Leben ist für Nietzsche bedingt durch das Perspektivische des Blicks und dessen unausweichliche Falschheiten."

232 Vgl. *F. Kaulbach*, Nietzsches Idee einer Experimentalphilosophie, 1980, S. 190: „Gleichzeitig fordert die ‚Gerechtigkeit', jeweils über die Enge eines einzigen Maßstabs und der ihm entsprechenden Perspektive hinauszugehen und der Forderung der Weite und des Reichtums zu genügen."

Antrieben in Einem Menschen. Dies ist der Ausdruck der Erkrankung am Menschen, im Gegensatz zum Thiere, wo alle vorhandenen Instinkte ganz bestimmten Aufgaben genügen. – dies widerspruchsvolle Geschöpf hat aber an seinem Wesen eine große Methode der Erkenntniß: er fühlt viele Für und Wider, *er erhebt sich zur Gerechtigkeit* – zum Begreifen jenseits des Gut- und Böseschätzens. Der weiseste Mensch wäre der reichste an Widersprüchen, der gleichsam Tastorgane für alle Arten Mensch hat: und zwischeninnen seine großen Augenblicke grandiosen Zusammenklangs – der hohe Zufall auch in uns!“[233] Die Weisheit präzisiert Nietzsche an anderer Stelle noch als „Besonnenheit aus umfänglicher Einsicht“,[234] die für ihn eine der „Vorbedingungen zur Gerechtigkeit“ ist.[235] Das Problem liegt auch hier im Perspektivischen: Indem der Mensch im Geflecht seiner Unzulänglichkeiten befangen ist, sind auch seine rechtlichen Wertschätzungen nicht mehr als ein Blick aus der von Nietzsche selbst so genannten „Winkel-Perspektive“.[236]

c) Nachsicht als Ausprägung der Gerechtigkeit

Die Billigkeit als Ausprägung der Gerechtigkeit erfasst auch jene Fälle, in denen das Gesetz nicht unmittelbar, sondern eben nur analog, also entsprechend angewendet werden kann. Ihr Anwendungsbereich zielt darüber hinaus aber auf jene Fallgestaltungen, in denen eine rücksichtsvolle Betrachtung die Duldung erlittener Unbill gebietet. Das ist zugleich das Merkmal der Moralität, die er gleichfalls als irrtumsbehaftet ansieht,[237] aber einen Maßstab vermittelt, der ein Zusammenleben gewährleistet, wenn dies auch trügerisch ist: „Der heuchlerische Anschein, mit dem alle bürgerlichen Ordnungen übertüncht sind, wie als ob sie Ausgeburten der Moralität wären ... z. B. die Ehe; die Arbeit; der Beruf; das Va-

---

233 *Nietzsche*, Nachgelassene Fragmente, Sommer – Herbst 1884, 26 (119), Kritische Studienausgabe (Hg. G. Colli/M. Montinari), Band 11, S. 182; Hervorhebung nur hier. Vgl. auch *J. Stevens*, Nietzsche and Heidegger on Justice and Truth, Nietzsche-Studien 9 (1980) 224, 232.

234 Zum Verhältnis von Weisheit und Macht in diesem Sinne *W. Müller-Lauter*, Nietzsche. Die Philosophie seiner Gegensätze und die Gegensätze seiner Philosophie, 1971, S. 123 ff.; *D.-J. Yang*, Die Problematik des Begriffs der Gerechtigkeit in der Philosophie von Friedrich Nietzsche, 2005, S. 73 Fußnote 110.

235 Entwurf einer alternativen Vorrede zum 1. Band von Menschliches, Allzumenschliches; *Nietzsche*, Nachgelassene Fragmente, August – September 1885, 40 (65), Kritische Studienausgabe (Hg. G. Colli/M. Montinari), Band 11, S. 663 f. Zu dieser Stelle auch *K. Jaspers*, Nietzsche. Einführung in das Verständnis seiner Philosophie, 1936, S. 179 m.w.N.

236 *Nietzsche*, Nachgelassene Fragmente, August – September 1885, 40 (65), Kritische Studienausgabe (Hg. G. Colli/M. Montinari), Band 11, S. 663.

237 *Nietzsche*, Menschliches, Allzumenschliches, I, 40.

terland; die Familie; die Ordnung; das Recht. Aber da sie insgesammt auf die mittelmäßigste Art Mensch hin begründet sind, zum Schutz gegen Ausnahmen und Ausnahme-Bedürfnisse, so muß man es billig finden, wenn hier viel gelogen wird."[238] Es sind Stellen wie diese, die – zumal da das Recht ausdrücklich erwähnt wird – immer mit zitiert werden müssen, um in Erinnerung zu rufen, dass der Gerechte für Nietzsche keine prinzipielle Gleichheit kennt, weil diese auf Mittelmäßigkeit hinauslaufen würde. Dessen ungeachtet erscheint die Nachsicht sonach als Ausprägung der Gerechtigkeit, näherhin die Möglichkeit, „dass wir Manches uns nachsehen, was wir nicht müssten."[239]

8. Gesetz der Überwindungen

In der zitierten Aussage über die Erhebung zur Gerechtigkeit sind zwei miteinander zusammenhängende Probleme aufgeworfen, die letztlich unvereinbar und nicht zu lösen sind: Zum einen ist es die erkenntnistheoretische Seite („Methode der Erkenntnis"),[240] die den Menschen dazu (ver-)führt zu (ver-)urteilen. Hierzu ist er im Zusammenschluss in der Gesellschaft einerseits gezwungen, andererseits jedoch aufgrund seiner wesensimmanenten und anthropologischen Unzulänglichkeiten letztlich nicht in der Lage;[241] die Erkenntnis der eigenen Widersprüchlichkeit und Ungerechtigkeit „ist eine der größten und unauflösbarsten Disharmonien des Daseins."[242]

---

238 *Nietzsche*, Nachgelassene Fragmente, Herbst 1887, 10 (84), Kritische Studienausgabe (Hg. G. Colli/M. Montinari), Band 12, S. 505.

239 *Nietzsche*, Menschliches, Allzumenschliches, II 2, 32.

240 Vgl. nochmals *J. Habermas*, Erkenntnis und Interesse, 1973, S. 363: „Nietzsche, und das zeichnet ihn vor allen anderen aus, verleugnet die kritische Kraft der Reflexion mit Mitteln, und allein *mit Mitteln der Reflexion selber.* Seine Kritik der abendländischen Philosophie, seine Kritik der Wissenschaft, seine Kritik der herrschenden Moral, sind ein einziges Zeugnis einer auf dem Wege der Selbstreflexion und nur der Selbstreflexion angestrebten Erkenntnis. Nietzsche weiß das: ‚Wir sind von vornherein unlogische und daher ungerechte Wesen *und können dies erkennen:* dies ist eine der größten und unauflöslichsten Disharmonien des Daseins.' Gleichwohl ist Nietzsche an positivistische Grundüberzeugungen so fixiert, dass er die Erkenntnisfunktion der Selbstreflexion, von der er als philosophischer Schriftsteller lebt, nicht anerkennen kann."; Hervorhebung auch dort.

241 Vgl. auch *K. Jaspers*, Nietzsche. Einführung in das Verständnis seines Philosophierens, 1936, S. 181: „Da wir nie vollständig erkennen und doch nicht leben können, ohne abzuschätzen, also abschätzen müssen, ohne vollständig erkannt zu haben, können wir nicht gerecht werden."

242 *Nietzsche*, Menschliches, Allzumenschliches, I, 32.

Letztlich wäre nur der Übermensch als wahrhaft Gerechter der Gerechtigkeit fähig,[243] weil und sofern er auch gegen sich selbst unerbittlich richtet.[244] So liegt in der Erhebung zur Gerechtigkeit auch eine gewisse Anmaßung: Der Mensch überhebt sich, indem er sich zur Gerechtigkeit erhebt, doch zugleich muss er sich überwinden, um zu ihr zu gelangen.[245] Denn auch für den Gerechten gilt „das Gesetz seiner Überwindungen“.[246] Die Erhebung des Menschen zur Gerechtigkeit darf also nicht als idealistische Verklärung missdeutet werden, sondern bezeugt zugleich seine Tragik, da der Mensch, mit den Worten Nietzsches, „in jedem Augenblicke an sich selbst sein Menschentum büßen und sich selbst an einer unmöglichen Tugend tragisch verzehrt“.[247]

IV. Erhebung aus der „Winkel-Perspektive“

Damit ist aber der Mensch selbst für Nietzsche das eigentliche Problem der Gerechtigkeit. Das kommt in seiner Formulierung der „Wünschbarkeit“ zum Ausdruck, wonach „der weiseste Mensch (...) der reichste an Widersprüchen (wäre), der gleichsam Tastorgane für alle Arten Mensch hat.“[248] Das wäre zugleich der

---

243 *Nietzsche*, Also sprach Zarathustra, Dritter Teil, Von alten und neuen Tafeln, 1883–1885, Kritische Studienausgabe (Hg. G. Colli/M. Montinari), Band 4 3: „Dort war's auch, wo ich das Wort ‚Übermensch‘ vom Wege auflas, und dass der Mensch etwas sei, das überwunden werden müsse.“ Vgl. auch *D.-J. Yang*, Die Problematik des Begriffs der Gerechtigkeit in der Philosophie von Friedrich Nietzsche, 2005, S. 73: „Dann aber ist die zarathustrasche Hoffnung schon gesät, den bisherigen verkleinerten, engstirnigen Menschen zu überwinden und den gerecht urteilenden, Rangordnung schaffenden sowie alles bejahend gutheißenden ‚Übermenschen‘ mit den freiesten, umfangreichsten Perspektiven zu schaffen.“

244 *Nietzsche*, Unzeitgemäße Betrachtung, II, 6.

245 *F. Kaulbach*, Nietzsches Idee einer Experimentalphilosophie, 1980, S. 212 f.: „Selbstüberwindung, Hinausgehen über sich selbst und Ausweitung des Horizonts sind berufen, die Gerechtigkeit im Urteil herzustellen. (...) Gerechtigkeit bedeutet die Überwindung der notwendig zu durchlaufenden Positionen der Ungerechtigkeiten nicht dadurch, dass diese abgetan werden; vielmehr werden sie in einem Kosmos von Sinnmöglichkeiten vergegenwärtigt. Ihre Enge und Ungerechtigkeit wird durch die Bewegung des Denkens überwunden, das über die Freiheit verfügt, über einmal gewählte Weltperspektiven hinauszugehen.“ Siehe auch *F. Kaulbach*, Die Tugend der Gerechtigkeit und das philosophische Erkennen, in: Nietzsche kontrovers I (Hg. R. Berlinger/W. Schrader), 1981, S. 59 ff.

246 *Nietzsche*, Also sprach Zarathustra, Erster Teil, Von tausend und einem Ziele, 1883–1885, Kritische Studienausgabe (Hg. G. Colli/M. Montinari), Band 4.

247 *Nietzsche*, Unzeitgemäße Betrachtungen, II, 6.

248 *Nietzsche*, Nachgelassene Fragmente, Sommer – Herbst 1884, 26 (119), Kritische Studienausgabe (Hg. G. Colli/M. Montinari), Band 11, S. 182.

gerechte Mensch, in dem sich Weisheit und Gerechtigkeit vereinen, was zugleich erklärt, warum Nietzsche die Genialität der Gerechtigkeit so hoch schätzt.[249]

1. Der gegenwärtige Mensch als Herausforderung der Rechtsphilosophie

Dieses Wunschbild steht freilich in Widerspruch zum gegenwärtigen Menschen, auf dem Nietzsches eingangs der Untersuchung zitierte Hoffnung im Hinblick auf die Rechtsphilosophie ruht, die als moralische Wissenschaft „noch nicht einmal in der Windel liegt".[250] Wenn er sich darüber beklagt, dass die Rechtsphilosophie die Historien- und Völkervergleichung zu gering schätzt, also insbesondere nicht den gegenwärtigen Menschen von seinem Herkommen begreift, und sich in „dem unnützen Kampfe von grundfalschen Abstraktionen" aufreibt, so sollte das nicht den Blick darauf verschatten, wo er die eigentliche Herausforderung der Rechtsphilosophie und ihre gegenwärtige Unzulänglichkeit sieht: „Dieser gegenwärtige M⟨ensch⟩ ist aber ein so verwickeltes Geflecht, auch in Bezug auf seine rechtlichen Werthschätzungen, daß er die verschiedensten Ausdeutungen erlaubt."[251] Denn der gegenwärtige Mensch mit seinen rechtlichen Wertschätzungen kann für Nietzsche nicht von seinem Ursprung und dem Herkommen des Rechts gelöst werden.

So gilt für die Rechtsphilosophie als moralische Wissenschaft – freilich auf der Grundlage der Historien- und Völkervergleichung – nichts anderes als für die Wissenschaft der Moral selbst, „nämlich Sammlung des Materials, begriffliche Fassung und Zusammenordnung eines ungeheuren Reichs zarter Werthgefühle und Werthunterschiede (...), – und, vielleicht, Versuche, die wiederkehrenden und häufigeren Gestaltungen dieser lebenden Krystallisation anschaulich zu machen, – als Vorbereitung zu einer Typenlehre der Moral."[252] Diese „begriffliche Fassung und Zusammenordnung zarter Werthgefühle und Werthunterschiede" muss dann mit den „rechtlichen Werthschätzungen" in Einklang gebracht werden.[253] Doch ist auch das nur die notwendige und noch nicht die hinreichende Bedingung, die auch für die Rechtsphilosophie in der Wiederbegegnung mit der Gerechtigkeit liegen muss.

---

249 *Nietzsche*, Menschliches, Allzumenschliches, I, 636.

250 *Nietzsche*, Nachgelassene Fragmente, August – September 1885, 42 (8), Kritische Studienausgabe (Hg. G. Colli/M. Montinari), Band 11, S. 697.

251 *Nietzsche*, Nachgelassene Fragmente, August – September 1885, 42 (8), Kritische Studienausgabe (Hg. G. Colli/M. Montinari), Band 11, S. 697.

252 *Nietzsche*, Jenseits von Gut und Böse, 186.

253 *Nietzsche*, Nachgelassene Fragmente, August – September 1885, 42 (8), Kritische Studienausgabe (Hg. G. Colli/M. Montinari), Band 11, S. 697.

2. Wiederbegegnung mit der Gerechtigkeit?

Daher ist noch einmal zurück zu kommen auf Nietzsches Eingeständnis seiner unbedingten Suche nach der Gerechtigkeit: „Es geschah spät – ich war schon über die zwanziger Jahre hinaus –, daß ich dahinter kam, was mir eigentlich noch ganz und gar fehle: nämlich die Gerechtigkeit. ‚Was ist Gerechtigkeit? Und ist sie möglich? Und wenn sie nicht möglich sein sollte, wie wär da das Leben auszuhalten?‘, – solchermaaßen fragte ich mich unablässig. Es beängstigte mich tief, überall, wo ich bei mir selber nachgrub, nur Leidenschaften, nur Winkel-Perspektiven, nur die Unbedenklichkeit dessen zu finden, dem schon die Vorbedingungen zur Gerechtigkeit fehlen: aber wo war die Besonnenheit? – nämlich Besonnenheit aus umfänglicher Einsicht.“[254] Dieses Bekenntnis veranschaulicht den inneren Kausal- und Verweisungszusammenhang mit der am Ende des ersten Teils beschriebene Genialität der Gerechtigkeit und ist eigentlich nur im Hinblick auf diese verständlich.[255]

So führt die Suche nach der Gerechtigkeit den Menschen letztlich zu sich selbst. Je forcierter er ihr nachjagt, desto stärker trüben die Leidenschaften seine Urteilskraft und desto ungerechter urteilt er. Umgekehrt sind diese Leidenschaften unerlässlich, weil sie den Sinn für Wahrheit und Gerechtigkeit der Erkenntnis erzeugen.[256] Besonnenheit aus umfänglicher Einsicht kann er nur gewinnen, indem er an Vornehmheit gewinnt[257] und sich über die auf Machtstreben gerichtete Eitelkeit und den Egoismus in sich Rechenschaft ablegt. Hier ist wiederum die Verwandtschaft mit La Rochefoucauld und den übrigen französischen Moralisten evident.[258] Nietzsche hält es vor allem mit Montaigne[259] und dessen Paradoxon, wonach auch die schlechten menschlichen Eigenschaften aufs Ganze gesehen Gutes bewirken können. Von der Erkenntnis der Nutzen stiftenden der menschlichen Leidenschaften führt darüber hinaus aber ein Weg zur Gerechtigkeit der Erkenntnis.

Nur in der Rückbesinnung auf sich selbst, „der unbekannten Welt in mir“, kann der Mensch die Dinge ansatzweise rein und ungetrübt erkennen und den Winkel, aus dem er sie erblickt, zumindest weiten. Er erfährt „Gerechtigkeit, als Funktion einer

---

254 *Nietzsche*, Nachgelassene Fragmente, August–September 1885, 40 (65), Kritische Studienausgabe (Hg. G. Colli/M. Montinari), Band 11, S. 663 f.
255 *Nietzsche*, Menschliches, Allzumenschliches, I, 636.
256 *Nietzsche*, Menschliches, Allzumenschliches, I, 107.
257 *Nietzsche*, Nachgelassene Fragmente, Oktober 1888, 23 (4), Kritische Studienausgabe (Hg. G. Colli/M. Montinari), Band 13, S. 605; *ders.*, Nachgelassene Fragmente, August – September 1885, 41 (3), Kritische Studienausgabe (Hg. G. Colli/M. Montinari), Band 11, S. 678.
258 *Nietzsche*, Menschliches, Allzumenschliches, I, 50.
259 *Nietzsche*, Unzeitgemäße Betrachtungen, II, 1.

weit umherschauenden Macht, welche über die kleinen Perspektiven von gut und böse hinaus sieht, also einen weiteren Horizont des Vortheils hat – die Absicht, etwas zu erhalten, was mehr ist als diese und jene Person".[260] Angesichts der Unzulänglichkeiten menschlichen Schätzens geht dies freilich nicht ohne die Liebe,[261] die für Nietzsche zur Gerechtigkeit gehört und als solche „mit sehenden Augen" selber Gerechtigkeit ist.[262] Der wahrhaft Gerechte richtet schonend und nachsichtig nur gegen Andere,[263] streng auch gegen sich selbst.[264] Der in diesem Sinne gutwillig Richtende darf mit Nietzsche, der ihr erstmals bei den Griechen begegnete,[265] hoffen: „Vielleicht, daß mir unterwegs wieder die Gerechtigkeit selber begegnen würde!"[266]

V. Weltliche und jenseitige Gerechtigkeit

Dass Nietzsches Rechtsphilosophie mit seiner Religionskritik zuinnerst zusammenhängt, zeigt sein Verständnis weltlicher und jenseitiger Gerechtigkeit. In scheinbar paradoxer Weise kommt er im Rahmen der weltlichen Gerechtigkeit auf Jesus zu sprechen, ohne ihn freilich beim Namen zu nennen, während er im Zusammenhang mit der jenseitigen Gerechtigkeit die Rache abhandelt. Seine Lehre von der völligen Unverantwortlichkeit erscheint ihm als Schlüssel: „Es ist möglich, die weltliche Gerechtigkeit aus den Angeln zu heben – mit der Lehre von der völligen Unverantwortlichkeit und Unschuld Jedermannes." In einer kühnen Umkehrung deutet er die christliche Lehre als Versuch in diese Richtung: „Der Stifter des Christenthums war es, der die weltliche Gerechtigkeit aufheben und das Richten und Strafen aus der Welt schaffen wollte. Denn er verstand alle Schuld als ‚Sünde', das heisst als Frevel *an Gott* und *nicht* als Frevel an der Welt, andererseits hielt er Jedermann im grössten Maassstabe und fast in jeder Hinsicht für einen Sünder. Die Schuldigen sollen aber nicht die Richter ihres Gleichen sein: so urtheilte seine Billigkeit. *Alle* Richter der weltlichen Gerechtigkeit waren also in

---

260 *Nietzsche*, Nachgelassene Fragmente, Sommer–Herbst 1884, 26 (149), Kritische Studienausgabe, Band 11, S. 188.

261 *Nietzsche*, Also sprach Zarathustra, Erster Teil, Vom Wege des Schaffenden, 1883–1885, Kritische Studienausgabe (Hg. G. Colli/M. Montinari), Band 4.

262 *Nietzsche*, Also sprach Zarathustra, Erster Teil, Biss der Natter, Kritische Studienausgabe (Hg. G. Colli/M. Montinari), Band 4.

263 *Nietzsche*, Nachgelassene Fragmente, Herbst 1885– Frühjahr 1886, 1 (9), Kritische Studienausgabe, Band 12, S. 13; *Nietzsche*, Menschliches, Allzumenschliches, II 2, 32.

264 *Nietzsche*, Unzeitgemäße Betrachtungen, II, 6.

265 *Nietzsche*, Die Philosophie im tragischen Zeitalter der Griechen, 1873, 5.

266 *Nietzsche*, Nachgelassene Fragmente, August-September 1885, 40 (65), Kritische Studienausgabe (Hg. G. Colli/M. Montinari), Band 11, S. 664.

seinen Augen so schuldig wie die von ihnen Verurtheilten, und ihre Miene der Schuldlosigkeit schien ihm heuchlerisch und pharisäerhaft. Ueberdiess sah er auf die Motive der Handlungen, und nicht auf den Erfolg, und hielt für die Beurtheilung der Motive nur einen Einzigen für scharfsichtig genug: sich selber (oder wie er sich ausdrückte: Gott)."[267]

Jedoch erschließt sich ungeachtet dieser ironischen Zuspitzung nicht ohne weiteres, warum Nietzsches Versuch „*in gleicher Richtung*" erfolgt sein soll, wenn er doch angeblich „auf Grund der *entgegengesetzten* Lehre von der völligen Verantwortlichkeit und Verschuldung Jedermannes"[268] erfolgte. Hier werden die Dinge zwar bewusst auf den Kopf gestellt. Doch ist das Ergebnis ebenso wenig zwingend wie Nietzsches scheinbare Beweisführung der völligen Unverantwortlichkeit, mit der das Argument steht und fällt. Ungeachtet der stilistischen Brillanz handelt es sich letztlich um eine unbehelfliche Analogie, der jedoch die erforderliche Basis fehlt. Nietzsche setzt neben „der völligen Unverantwortlichkeit und Unschuld Jedermannes" den Gleichlauf mit einer Lehre voraus, die er von Grund auf ablehnt und implizit zu widerlegen sucht. Damit überlastet er jedoch seine Gedankenführung.

Der komplementäre Gedanke findet sich in einem nachgelassenen Fragment aus dem gleichen Zeitraum. Es hebt in Dühringscher Diktion an: „Das Rechtsgefühl ist ein Ressentiment, gehört mit der Rache zusammen: auch die Vorstellung einer *jenseitigen Gerechtigkeit* geht auf das *Rache*gefühl zurück."[269] Im Folgenden stellt er zur Bestimmung der Gerechtigkeit das Talionsprinzip mit einem aufschlussreichen Neologismus dem Abschreckungsgedanken gegenüber: „Die Gerechtigkeit besteht in der Wiederver(letzung)geltung, der Verletzung muß eine Gegenverletzung entsprechen: talio. Dies die uralte und noch immer populäre Auffassung. Von einer anderen Seite suchte man einen Grund und verfiel auf einen Zweckgrund für die öffentliche Gerechtigkeit: Verhütung der Verletzung durch Abschreckung." Aufschlussreich ist das Adjektiv der ‚öffentlichen' Gerechtigkeit. Denn der Gegenbegriff ist offenbar nicht die privatrechtliche Gerechtigkeit, weil Nietzsche bald darauf bestimmt: „Auch im Civilrecht gilt es. Nur insofern Nichtachtung oder Störung eines Zustands eine Verletzung sein würde, wird der Begriff der Ungestörtheit zum Rechtsbegriff. Das Recht schreibt nie ein positives Verhalten vor."

267 *Nietzsche*, Menschliches, Allzumenschliches, II 2, 81; Hervorhebung auch dort.
268 *Nietzsche*, Menschliches, Allzumenschliches, II 2, 81; Hervorhebung nur hier.
269 Hier und im Folgenden *Nietzsche*, Nachgelassene Fragmente, Sommer 1875, 9 (1), Kritische Studienausgabe (Hg. G. Colli/M. Montinari), Band 8, S. 176 f. Hervorhebungen auch dort. Siehe auch *J. Petersen*, Schopenhauers Gerechtigkeitsvorstellung, 2017, S. 113 ff.

Was aber demnach gelten soll, ist nichts anderes als das Rachegefühl, das auch die jenseitige Gerechtigkeit beherrsche: „Die von praktischen Motiven geleitete Intelligenz weiß, ohne das Rachegefühl, von keiner Gerechtigkeit." Mit anderen Worten: Das menschliche Bewusstsein, das viel stärker von atavistischen Trieben beherrscht ist, als es sich das eingestehen möchte, musste eine jenseitige Gerechtigkeit ersinnen, um das Rachegefühl zu verbrämen und in Grenzen zu halten. Hier steht unübersehbar Nietzsches Religionskritik im Hintergrund. Damit wird die Komplementarität im Verhältnis zu dem soeben behandelten Fragment umso deutlicher. Nicht von ungefähr unterscheidet er, wie es bis heute noch geschieht, die drei Disziplinen des öffentlichen Rechts, des Zivilrechts und des Strafrechts, die er gleichsam abschichtet. Zur verbleibenden Strafgerechtigkeit heißt es folglich: „Im Criminalrecht zwei Classen: einmal bloße Zweckmäßigkeiten (hat nichts also mit der Gerechtigkeit zu schaffen), sodann die Rücksichten, welche der Mensch dem Menschen schuldig ist; die feindliche Verletzung." Wie so oft bei Nietzsche steht das Entscheidende in der Klammer, nämlich hier die Absonderung der Zweckmäßigkeit von der Gerechtigkeit. Jenseitige Gerechtigkeit wird aus Nietzsches Sicht zum Wunschdenken der Gläubigen, das wiederum nur den Trieben gehorcht: „Die transscendente Vergeltung: das Gute soll Segen, das Böse Fluch eintragen. Der Dankbarkeits-trieb ist die Grundlage von den Vorstellungen der Belohnung: wie der Rachetrieb von der Gerechtigkeit. So haben Haß und Liebe auch ihre jenseitigen Welten."

Zusammenschau

Nietzsches Rechtsphilosophie und seine Religionskritik werden auf diese Weise verklammert durch sein Verständnis von der weltlichen und jenseitigen Gerechtigkeit. Indes hat Nietzsche damit zugleich auch die rechtliche Gleichheit der Menschen seiner Religionskritik geopfert, um von der ihm suspekten „Gleichheit der Seelen vor Gott“[270] mit der Möglichkeit einer jenseitigen Gerechtigkeit absehen zu können. Durch die Ablehnung der Rechtsgleichheit und die kategorische Leugnung eines Naturrechts entfernt er sich jedoch denkbar weit von der ihm vorschwebenden ‚Genialität der Gerechtigkeit‘, deren „Art es ist, mit herzlichem Unwillen Allem aus dem Wege zu gehen, was das Urtheil über die Dinge blendet und verwirrt“, und die „eine *Gegnerin der Ueberzeugungen* (ist), denn sie will Jedem, sei es ein Belebtes oder Todtes, Wirkliches oder Gedachtes, das Seine geben.“[271]

---

270 *Nietzsche*, Der Antichrist, 62.
271 *Nietzsche*, Menschliches, Allzumenschliches, I, 636. Hervorhebung auch dort.

Literaturverzeichnis

I. Werke von Nietzsche

— Der griechische Staat, 1872, Kritische Studienausgabe (Hg. G. Colli/M. Montinari), Band 1
— Die Geburt der Tragödie aus dem Geiste der Musik, 1872, Kritische Studienausgabe (Hg. G. Colli/M. Montinari), Band 1
— Die Philosophie im tragischen Zeitalter der Griechen, 1873, Kritische Studienausgabe (Hg. G. Colli/M. Montinari), Band 1
— Unzeitgemäße Betrachtungen, 1873–1876, Kritische Studienausgabe (Hg. G. Colli/M. Montinari), Band 1
— Menschliches, Allzumenschliches. Ein Buch für freie Geister, Band I/II, 1878–1880, Kritische Studienausgabe (Hg. G. Colli/M. Montinari), Band 2
— Morgenröte, 1881, Kritische Studienausgabe (Hg. G. Colli/M. Montinari), Band 3
— Die fröhliche Wissenschaft, 1882, Kritische Studienausgabe (Hg. G. Colli/M. Montinari), Band 3
— Also sprach Zarathustra, 1883–1885, Kritische Studienausgabe (Hg. G. Colli/M. Montinari), Band 4
— Jenseits von Gut und Böse. Vorspiel einer Philosophie der Zukunft, 1886, Kritische Studienausgabe (Hg. G. Colli/M. Montinari), Band 5
— Zur Genealogie der Moral, 1887, Kritische Studienausgabe (Hg. G. Colli/M. Montinari), Band 5
— Götzen-Dämmerung oder Wie man mit dem Hammer philosophiert, 1889, Kritische Studienausgabe (Hg. G. Colli/M. Montinari), Band 6
— Der Antichrist, 1895, Kritische Studienausgabe (Hg. G. Colli/M. Montinari), Band 6
— Ecce homo, Kritische Studienausgabe (Hg. G. Colli/M. Montinari), Band 6
— Nachgelassene Fragmente, 1869–1874, Kritische Studienausgabe (Hg. G. Colli/M. Montinari), Band 7
— Nachgelassene Fragmente, 1875–1879, Kritische Studienausgabe (Hg. G. Colli/M. Montinari), Band 8
— Nachgelassene Fragmente, 1880–1882, Kritische Studienausgabe (Hg. G. Colli/M. Montinari), Band 9
— Nachgelassene Fragmente, 1882–1884, Kritische Studienausgabe (Hg. G. Colli/M. Montinari), Band 10
— Nachgelassene Fragmente, 1884–1885, Kritische Studienausgabe (Hg. G. Colli/M. Montinari), Band 11
— Nachgelassene Fragmente, 1885–1887, Kritische Studienausgabe (Hg. G. Colli/M. Montinari), Band 12
— Nachgelassene Fragmente, 1887–1889, Kritische Studienausgabe (Hg. G. Colli/M. Montinari), Band 13
— Briefwechsel. Kritische Gesamtausgabe (Hg. G. Colli/N. Miller), Abt. 2, Band 5, Briefe Januar 1875 – Dezember 1879,

https://doi.org/10.1515/9783110645682-009

II. Sekundärliteratur

Abbey, R., Nietzsche's Middle Period, 2000

Abel, G., Nietzsche contra „Selbsterhaltung". Steigerung der Macht und ewige Wiederkehr, Nietzsche-Studien 10/11 (1981/82) 367

Altmann, A., Friedrich Nietzsche. Das Ressentiment und seine Überwindung, verdeutlicht am Beispiel der christlichen Moral, 1977

Ansell-Pearson, K., The Significance of Michel Foucault's Reading of Nietzsche: Power, the Subject, and Political Theory, Nietzsche-Studien 20 (1991) 267

Ansell-Pearson, K., Nietzsche contra Rousseau. A Study of Nietzsche's moral and political thought, 1991

Ansell-Pearson, K., An Introduction to Nietzsche as a Political Thinker: The Perfect Nihilist, 1994

Appel, F., Nietzsche contra Democacy, 1999

Auer, M., Normativer Positivismus – Positivistisches Naturrecht – Zur Bedeutung von Rechtspositivismus und Naturrecht jenseits von Rechtsbegriff und Rechtsethik, Festschrift C.-W. Canaris, 2007, Band II, S. 931

Backes, O., Strafrecht und Lebenswirklichkeit, Festschrift W. Maihofer, 1988, S. 41

Baier, H., Die Gesellschaft – ein langer Schatten des toten Gottes. Friedrich Nietzsche und die Entstehung der Soziologie aus dem Geist der Décadence, Nietzsche-Studien 10/11 (1981/82) 6

Baier, H., Friedrich Nietzsche und Max Weber in Amerika, Nietzsche-Studien 16 (1987) 430

Ballarini, A., Essere collettivo dominato – Nietzsche e il problema della giustizia, 1982

Balmer, H. P., Freiheit statt Teleologie. Ein Grundgedanke von Nietzsche, 1977

Bataille, G., Wiedergutmachung an Nietzsche, 1999

Bauer, M., Zur Genealogie von Nietzsches Kraftbegriff, Nietzsche-Studien 13 (1984) 211

Beam, C., Hume and Nietzsche: Naturalists, Ethicists, Anti-Christians, Hume-Studies 22 (1996) 299

Bergmann, P., Nietzsche – The Last Antipolitical German, 1987

Berkowitz, P., Nietzsche: The Ethics of an Immoralist, 1995

Berlin, I., Four Essays on Liberty, 1969

Bernstein, J. A., Nietzsche's Moral Philosophy, 1987

Bertram, E., Nietzsche – Versuch einer Mythologie, 1921

Binder, J., Nietzsches Staatsauffassung, Logos XIV (1925) 269

Binder, J., Philosophie des Rechts, 1925

Biser, E., „Gott ist tot". Nietzsches Destruktion des christlichen Bewusstseins, 1962

Biser, E., Das Desiderat einer Nietzsche-Hermeneutik. Der Gang der Wirkungsgeschichte, Nietzsche-Studien 9 (1980) 1

Biser, E., Gottsucher oder Antichrist? Nietzsches provokative Kritik des Christentums, 1982

Biser, E., Der inwendige Lehrer, 1994

Biser, E., Der Mensch – das uneingelöste Versprechen, 2. Auflage 1996

Biser, E., Hat der Glaube eine Zukunft?, 3. Auflage 1997

Biser, E., Die Reise und die Ruhe. Nietzsches Verhältnis zu Kleist und Hölderlin, Nietzsche-Studien 7 (1998) 97

Biser, E., Das Antlitz. Christologie von innen, 1999

Biser, E., Der ‚menschenmögliche' Atheismus Nietzsches, in: Welt ohne Gott? (Hg. V. Schubert) 1999, S. 135

Biser, E., Nietzsche für Christen. Eine Herausforderung, 2000
Biser, E., Der unbekannte Paulus, 2003
Bittner, R., Nietzsches Begriff der Wahrheit, Nietzsche-Studien 16 (1987) 70
Bockelmann, P., Studien zum Täterstrafrecht, Teil 2, 1940
Bockelmann, P., Willensfreiheit und Zurechnungsfähigkeit, ZStW 75 (1963) 372
Bohr, N., Atomtheorie und Naturbeschreibung, 1931
Bohr, N., Atomphysik und menschliche Erkenntnis, 1958
Brahn, M., Friedrich Nietzsches Meinungen über Staaten und Kriege, 1915
Bremer, D., Platonisches, Antiplatonisches. Aspekte der Platon-Rezeption in Nietzsches Versuch einer Wiederherstellung des frühgriechischen Daseinsverständnisses, Nietzsche-Studien 8 (1979) 39
Brobjer, T. H., Sources of and Influences on Nietzsche's The Birth of Tragedy, Nietzsche-Studien 34 (2005) 278
Brunner, H./Schwerin, Cl. Frhr. v., Deutsche Rechtsgeschichte, Band 1, 2. Auflage 1906
Brusotti, M., Die ‚Selbstverkleinerung des Menschen in der Moderne'. Studien zu Nietzsches ‚Zur Genealogie der Moral', Nietzsche-Studien 21 (1992) 81
Brusotti, M., Die Leidenschaft der Erkenntnis. Philosophie und ästhetische Lebensgestaltung bei Nietzsche von *Morgenröthe* bis *Also sprach Zarathustra*, 1997
Bueb, B., Nietzsches Kritik der praktischen Vernunft, 1970
Bung, J., Nietzsche über Strafe, ZStW 119 (2007) 120
Canaris, C.-W., Systemdenken und Systembegriff in der Jurisprudenz, 2. Auflage 1983
Canaris, C.-W., Richtigkeit und Eigenwertung in der richterlichen Rechtsfindung, Grazer Universitätsreden, 1993
Canaris, C.-W., Funktion, Struktur und Falsifikation juristischer Theorien, JZ 1993, 377
Canaris, C.-W., Die Bedeutung der iustitia distributiva im deutschen Vertragsrecht, 1997
Cavell, St., Conditions Handsome and Unhandsome: The Constitution of Emersonian Perfectionism, 1990
Chestov, L., La philosophie de la tragédie. Dostoiewsky et Nietzsche, 1926
Clark, M., Nietzsche's Doctrines of Will to Power, Nietzsche-Studien 12 (1983) 458
Clark, M., Nietzsche on Truth and Philosophy, 1990
Clark, M./Swensen, A. J. (Hg.), Friedrich Nietzsche. On the Genealogy of Morality. A Polemic. Translated, with Notes, by M. Clark and A. J. Swensen, 1998
Coing, H., Zur Geschichte des Privatrechtssystems, 1962
Colli, G., Nach Nietzsche, 1993
Conant, J., Nietzsche's Perfectionism: A Reading of Schopenhauer as Educator, in: Nietzsche's Postmoralism: Essays on Nietzsche's Prelude to Philosophy's Future (Hg. R. Schach), 2000, S. 181
Conway, D. W., Nietzsche on the Political, 1997
Crawford, C., Nietzsche's mnemotechnics, the theory of ressentiment, and Freud's topographies of the physical apparatus, Nietzsche-Studien 14 (1985) 281
Couprie, D. L., De verordening van de Tijd. Interpretatie en vertaling van het fragment van Anaximander met een appendix over de visualisering van zijn wereldbild, 1989
Danto, A. C., Nietzsche as Philosopher, 1965
Deleuze, G., Nietzsche und die Philosophie, 1985
Derrida, J., Gesetzeskraft. Der ‚mystische Grund' der Autorität, 1996
Detwiler, B., Nietzsche and the Politics of Aristocratic Radicalism, 1990

Dier, O., Die Lehre des Absoluten. Eine Untersuchung der Philosophie Nietzsches am Leitfaden des Absurden, 1998
Djurić, M., Das nihilistische Gedankenexperiment mit dem Handeln, Nietzsche-Studien 9 (1980) 142
Djurić, M., Nietzsche und die Metaphysik, 1985
Djurić, M., Das philosophische Pathos, Nietzsche-Studien 18 (1989) 221
Djurić, M. (Hg.), Nietzsche und Hegel, 1992
Dombowsky, D., Nietzsche's Machiavellian Politics, 2004
Dreier, R., Jherings Rechtstheorie – eine Theorie evolutionärer Rechtsvernunft, in: Privatrecht heute und Jherings evolutionäres Rechtsdenken (Hg. O. Behrends), 1993, S. 111
Dühring, E., Der Werth des Lebens, 1865
Dühring, E., Cursus der Philosophie als streng wissenschaftlicher Weltanschauung und Lebensgestaltung, 1875
Düringer, A., Nietzsche's Philosophie vom Standpunkt des modernen Rechts, 1906
Dux, G., Von allem Anfang an: Macht, nicht Gerechtigkeit. Studien zur Genese und historischen Entwicklung des Postulats der Gerechtigkeit, 2009
Dworkin, R., The Law's Empire, 1986
Emden, Ch. J., Sprache, Musik und Rhythmus: Nietzsche über die Ursprünge von Literatur, 1869–1879, Zeitschrift für deutsche Philologie 121 (2002) 208
Emden, Ch. J., Metaphor, Perception, and Consciousness: Nietzsche on Rhetoric and Neurophysiology, in: Nietzsche and Sciences (Hg. G. Moore/Th. H. Brobjer), 2004, S. 91
Emden, Ch. J., The Invention of Antiquity: Nietzsche on Classicism, Classicality, and the Classical Tradition, in: Nietzsche and Antiquity: His Reaction and Response to the Classical Tradition (Hg. P. Bishop), 2004, S. 372
Emden, Ch. J., Nietzsche on Language, Consciousness, and the Body, 2005
Emden, Ch. J., Learning How to Read: Nietzsche in Leipzig, Oxford German Studies 35 (2006) 97
Emden, Ch. J., Friedrich Nietzsche and the Politics of History, 2008
Emden, Ch. J., Nietzsche's Naturalism. Philosophy and the Life Sciences in the Nineteenth Century, 2014
Emden, Ch. J., Nietzsche' Will to Power: Biology, Naturalism, and Normativity, Journal of Nietzsche Studies 47 (2016) 30
Emden, Ch. J., Nietzsches Katharis. Tragödientheorie und Anthropologie der Macht, Nietzsche-Studien 47 (2018) 1
Emerson, R. W., Versuche (Essays), 1858
Emge, C. A., Einführung in die Rechtsphilosophie, 1955
Engelhardt, K., Die Transformation des Willens zur Macht. Bemerkungen zum Verhältnis von Moral, Strafe und Verbrechen in Nietzsches Philosophie, ARSP 71 (1985) 499
Engisch, K., Literaturbericht. Zur Idee der Täterschuld, ZStW 61 (1942) 166
Figl, J., Interpretation als philosophisches Prinzip. Friedrich Nietzsches universale Theorie der Auslegung im späten Nachlass, 1982
Figl, J., Dialektik der Gewalt. Nietzsches hermeneutische Religionsphilosophie, 1984
Fikentscher, W., Methoden des Rechts in vergleichender Darstellung, Band I, 1975
Fikentscher, W., Modes of Thought, 2. Auflage, 1984
Fikentscher, W., Rechtsanthropologie, Jura 1998, 182
Fikentscher, W., Law and Anthropology, 2009

Fink-Eitel, H., Nietzsches Moralistik, Deutsche Zeitschrift für Philosophie 41 (1993) 865
Fleischer, M., Die Zeitlichkeit des Menschen. Nietzsches Analyse in seiner zweiten unzeitgemäßen Betrachtung, in: Weltaspekte der Philosophie (Hg. W. Beierwaltes/ W. Schrader), 1972, S. 67
Förster-Nietzsche, E., Das Leben Friedrich Nietzsche's, 3 Bände, 1895–1904
Foucault, M., Nietzsche, die Genealogie, die Historie (Hg. P. Mazumdar), 1998
Foucault, M., Botschaften der Macht, 1999
Friedrich, H., Montaigne, 3. Auflage 1993
Gadamer, H.-G., Wahrheit und Methode, 1960, 5. Auflage 1986
Gasser, R., Nietzsche und Freud, 1997
Geijsen, J., Geschichte und Gerechtigkeit. Grundzüge einer Philosophie der Mitte im Frühwerk Nietzsches, 1997
Gemes, K., Nietzsche's Critique of Truth, Philosophy and Phenomenological Research 52 (1992) 47
Gerhardt, V., Zum Begriff der Macht bei Friedrich Nietzsche, Philosophische Perspektiven 7 (1981) 73
Gerhardt, V., Macht und Metaphysik. Nietzsches Machtbegriff im Wandel der Interpretation, Nietzsche-Studien 10/11 (1981/1982) 193
Gerhardt, V., Die Macht im Recht. Wirksamkeit und Geltung bei Hans Kelsen, in: Rechtssystem und gesellschaftliche Basis bei Hans Kelsen (Hg. W. Krawietz/H. Schelsky), Rechtstheorie, Beiheft 5, 1984
Gerhardt, V., Das „Princip des Gleichgewichts". Zum Verhältnis von Recht und Macht bei Nietzsche, in: Pathos und Distanz. Studien zur Philosophie Friedrich Nietzsches, 1988, S. 98 (=Nietzsche-Studien 12 (1983) 111)
Gerhardt, V., Die Perspektive des Perspektivismus, Festschrift M. Montinari, Nietzsche-Studien 18 (1989) 260
Gerhardt, V., ‚Das Thier, das versprechen darf'. Mensch, Gesellschaft und Politik bei Friedrich Nietzsche, in: Der Mensch – Ein politisches Tier? Essays zur politischen Anthropologie (Hg. O. Höffe), 1992, S. 134
Gerhardt, V., Selbstbegründung. Nietzsches Moral der Individualität, Nietzsche-Studien 21 (1992) 28
Gerhardt, V., Friedrich Nietzsche, 1992
Gerhardt, V., Vom Willen zur Macht. Anthropologie und Metaphysik der Macht am exemplarischen Fall Friedrich Nietzsche, 1996
Gerhardt, V., Die Tugend des freien Geistes. Nietzsche auf dem Weg zum individuellen Gesetz der Moral, Festschrift H. Schnädelbach, 1996, S. 197
Gerhardt, V., Sokrates ist mir so nah. Die unbewältigte Gegenwart Nietzsches, ARSP-Beiheft 77 (2001) 181
Gerhardt, V., Nietzsches Alter-Ego, Jahrbuch der Nietzsche-Forschung 8 (2001) 315
Gerhardt, V., „Schuld", „schlechtes Gewissen" und Verwandtes, in: Zur Genealogie der Moral (Hg. O. Höffe), KA 29, 2004, S. 81
Gillespie, M. A., Nihilism before Nietzsche, 1995
Glatzeder, B., Perspektiven der Wünschbarkeit. Nietzsches frühe Metaphysikkritik, 2000
Goedert, G., Nietzsche und Schopenhauer, Nietzsche-Studien 7 (1978) 1
Goethe, J. W. v., Torquato Tasso, 1790
Goodrich, P./Valverde, M. (Hg.), Nietzsche and Legal Theory, 2005

Goth, J., Nietzsche und die Rhetorik, 1970
Graf, F. W., Fachmenschenfreundschaft. Studien zu Troeltsch und Weber, 2014
Grau, G.-G., Nietzsche: ‚Was ist vornehm', Allgemeine Zeitschrift für Philosophie 21 (1996) 129
Grau, G.-G., Macht, Recht und Moral bei Nietzsche, ARSP-Beiheft 77 (2001) 11
Griffel, A., Prävention und Schuldstrafe. Zum Problem der Willensfreiheit, ZStW 98 (1986) 28
Griffel, A., Widersprüche um die Schuldstrafe, GA 1989, 193, 252.
Grimm, R. H., Nietzsche's Theory of Knowledge, 1977
Gschwend, L., Zur Geschichte der Lehre von der Zurechnungsfähigkeit – Ein Beitrag insbesondere zur Regelung im Schweizerischen Strafrecht, 1996
Gschwend, L., Nietzsche und die Kriminalwissenschaften. Eine rechtshistorische Untersuchung der strafrechtsphilosophischen und kriminologischen Aspekte in Nietzsches Werk unter Berücksichtigung der Nietzsche-Rezeption in der deutschen Rechtswissenschaft, 1999
Gschwend, L., Nietzsche und die Strafrechtswissenschaft des 19. Jahrhunderts, ARSP-Beiheft 77 (2001) 127
Guardini, R., Christliches Bewusstsein. Versuche über Pascal, 1950
Habermas, J., Erkenntnis und Interesse, 1973
Haeuptner, G., Die Geschichtsansicht des jungen Nietzsche. Versuch einer immanenten Kritik der zweiten unzeitgemäßen Betrachtung: „Vom Nutzen und Nachteil der Historie für das Leben", 1936
Hales, S. D./Welshon, R., Nietzsche's Perspectivism, 2000
Hamacher, W., ‚Disgregation des Willens', Nietzsche über Individuum und Individualität, Nietzsche-Studien 15 (1986) 306
Han, B. C., Liebe und Gerechtigkeit bei F. Nietzsche, ARSP-Beiheft 77 (2001) 77
Hassold, G., Rechtsfindung durch Konstruktion, AcP 181 (1980) 131
Havas, R., Nietzsche's Genealogy. Nihilism and the Will to Knowledge, 1995
Haymann, R., Friedrich Nietzsche. Der missbrauchte Philosoph, 1985
Hegel, G. W. F., Grundlinien der Philosophie des Rechts, 1821
Heidegger, M., Nietzsche, Band 1 und 2, 1961
Heidegger, M., Sein und Zeit, 16. Auflage 1986
Heidegger, M., Nietzsches Lehre vom Willen zur Macht als Erkenntnis, 1939, in: Gesamtausgabe, Band 47, 1989
Heidegger, M., Nietzsches Metaphysik, 1990
Heftrich, E., Nietzsches Goethe. Eine Annäherung, Nietzsche-Studien 16 (1987) 1
Heimsoeth, H., Nietzsches Idee der Geschichte, 1938
Heinze, K., Verbrechen und Strafe bei Friedrich Nietzsche – Versuch einer Deutung und Zusammenschau seiner Gedanken zum Strafrecht, 1939
Heller, P., Nietzsche über die Vornehmen und die Vornehmheit, in: Legitimationskrisen des deutschen Adels (Hg. P. Hohendahl/P. M. Lützeler), 1979, S. 309
Henning, O., Philosophie und Politik bei Nietzsche, 2. Auflage 1999
Henrich, D., Ethik der Autonomie, in: Selbstverhältnisse. Gedanken und Auslegungen zu den Grundlagen der klassischen deutschen Philosophie, 1982, S. 6
Henrich, D., Die Grundstruktur der modernen Philosophie, in: Selbstverhältnisse. Gedanken und Auslegungen zu den Grundlagen der klassischen deutschen Philosophie, 1982, S. 83
Hershbell, J. P./Nimis, St. A., Nietzsche and Heraclitus, Nietzsche-Studien 8 (1979) 17
Himmelmann, B., Gleichheit und Differenz: Nietzsches Gerechtigkeitsbegriff im Licht einer aktuellen Debatte, ARSP-Beiheft 77 (2001) 85

Himmelmann, B. (Hg.), Kant und Nietzsche im Widerstreit, 2005
Hindess, B., Discourses of Power. From Hobbes to Foucault, 1996
Hingst, K.-M., Perspektivismus und Pragmatismus. Ein Vergleich auf der Grundlage der Wahrheitsbegriffe und der Religionsphilosophien von Nietzsche und James, 1998
Hobbes, Th., De cive, 1642
Hobbes, Th., De homine, 1658
Hobbes, Th., Leviathan or the Matter, Form and Authority of Government, 1651
Höffe, O. (Hg.), Thomas Hobbes, Anthropologie und Staatsphilosophie, 1981
Höffe, O. (Hg.), Friedrich Nietzsche: Zur Genealogie der Moral, Sammelband der Reihe ‚Klassiker Auslagen' (KA), Band 29, 2004 (zitiert: *Verfasser*, in: Zur Genealogie der Moral (Hg. O. Höffe), KA 29, 2004
Höffe, O., Einführung in Nietzsches „Genealogie der Moral", in: Zur Genealogie der Moral (Hg. Ders.), KA 29, 2004, S. 1
Höffe, O., „Ein Thier heranzüchten, das versprechen darf", in: Zur Genealogie der Moral (Hg. Ders.), KA 29, 2004, S. 65
Hölscher, U., Die Wiedergewinnung des antiken Bodens. Nietzsches Rückgriff auf Heraklit, Neue Hefte für Philosophie 15/16 (1979) 156
Hösle, V., Moral und Politik. Grundlagen einer Politischen Ethik für das 21. Jahrhundert, 1997
Hösle, V., Eine kurze Geschichte der deutschen Philosophie, 2013
Hofmann, H., Nietzsche, Klassiker des politischen Denkens (Hg. H. Maier), 1968, Band 2, S. 342
Hofmann, J. N., Wahrheit. Perspektive. Interpretation. Nietzsche und die philosophische Hermeneutik, 1994
Hönigswald, R., Hobbes und die Staatsphilosophie, 1922
Hubbard, S., Nietzsche und Emerson, 1958
Humboldt, W. v., Ideen zu einem Versuch, die Grenzen der Wirksamkeit des Staates zu bestimmen, 1851
Hume, D., Traktat über die menschliche Natur (Treatise on Human Nature), deutsch von T. Lipps, 1906
Irwin, Th. H., Nietzsche and Jurisprudence – With Particular Reference to the Analysis of Edgar Bodenheimer, ARSP 73 (1987) 216
Irwin, Th. H., Nietzsche and Jurisprudence – A Critique of Edgar Bodenheimer's ‚Power, Law, and Society', Rechtstheorie 20 (1989) 501
Jäger, C., Der Rücktritt als zurechenbare Gefährdungsumkehr, 1996
Jäger, C., Zurechnung und Rechtfertigung als Kategorialprinzipien im Strafrecht, 2006
Janz, C. P., Friedrich Nietzsche, 1978
Jaspers, K., Nietzsche. Einführung in das Verständnis seines Philosophierens, 1936
Jhering, R. v., Geist des römischen Rechts auf den verschiedenen Stufen seiner Entwicklung, Teil 1, 9. Auflage 1955; Teil 2 Abt. 2, 9. Auflage 1968
Jhering, R. v., Der Zweck im Recht, Band I, 1877; Band II, 1883
Kain, P. J., Nietzschean Genealogy and Hegelian History in The Genealogy of Morals, Canadian Journal of Philosophy 26 (1996) 123
Kaiser, J., Grillparzers dramatischer Stil, 1961
Kaube, J., Max Weber. Ein Leben zwischen den Epochen, 2014
Kaufmann, A., Dogmatische und kriminalpolitische Aspekte des Schuldgedankens im Strafrecht, JZ 1967, 555

Kaufmann, A., Schuldprinzip und Verhältnismäßigkeitsgrundsatz, Festschrift R. Lange, 1976, S. 27
Kaufmann, W. A., Nietzsche. Philosoph – Psychologe – Antichrist, 1982
Kaulbach, F., Nietzsches Idee einer Experimentalphilosophie, 1980
Kaulbach, F., Die Tugend der Gerechtigkeit und das philosophische Erkennen, in: Nietzsche kontrovers I (Hg. R. Berlinger/W. Schrader), 1981, S. 59
Kaulbach, F., Nietzsches Interpretation der Natur, Nietzsche-Studien 10/11 (1982) 442
Kelsen, H., Der Staat als Übermensch, 1930
Kerger, H., Autorität und Recht im Denken Nietzsches, Schriften zur Rechtstheorie, Heft 127, 1988
Kerger, H., Verhältnis von normativer Regel und Handlungsrationalität bei Nietzsche, ARSP-Beiheft 77 (2001) 39
Kerger, H., Zum Verhältnis von Norm und Regel bei Nietzsche, Wittgenstein und Ihering, Festschrift W. Krawietz, 2003, S. 189
Kerger, H., Nietzsches normativ-institutionalistisches Postulat personaler Gerechtigkeit auf der Basis der Vollpositivität allen Rechts, Rechtstheorie 47 (2016) 443
Kerger, H., Personalität versus Moralität als Basis der Gerechtigkeit in der Philosophie von Hannah Arendt und Friedrich Nietzsche, Rechtstheorie 49 (2018) 407
Kittler, F., Wie man abschafft, wovon man spricht: Der Autor von ‚Ecce homo', in: Nietzsche – Politik des Eigennamens. Wie man abschafft, wovon man spricht (Hg. J. Derrida/F. Kittler), 2000, S. 65
Klass, T. N., Das Versprechen. Grundzüge einer Rhetorik des Sozialen nach Searle, Hume und Nietzsche, 2002
Klein, E., Staat und Zeit, 2006
Koek, C., Zeit des Ressentiments, Zeit der Erlösung. Nietzsches Typologie temporaler Interpretation und ihre Aufhebung in der Zeit, 1994
Kohler, J., Nietzsche und die Rechtsphilosophie, ARSP Band I (1907/1908) 355; erneut abgedruckt in: ARSP-Beiheft 77 (2001) 263
Kohler, J., Lehrbuch der Rechtsphilosophie, 2. Auflage 1917
Kouba, P., Die Vernunft als moralisches Phänomen, Nietzsche-Studien 19 (1990) 20
Kunz, K. L., Prävention und gerechte Zurechnung, ZStW 98 (1986) 823
Kuss, W., Der Staat in der Philosophie Nietzsche's, 1982
Lämmert, E., Nietzsches Apotheose der Einsamkeit, Nietzsche-Studien 16 (1987) 47
Lagarde, P. de, Über die gegenwärtige Lage des deutschen Reichs, 1876
Lakebrink, B., Einleitung zu den Grundlinien der Philosophie des Rechts, 1970
Landau, P., Die Rechtsquellenlehre in der deutschen Rechtswissenschaft des 19. Jahrhunderts, Juristische Theoriebildung und Rechtliche Einheit, Rättshistoriska Studier (Hg. C. Peterson), Band XIX, 1993, S. 69
Larenz, K./Canaris, C.-W., Methodenlehre der Rechtswissenschaft, 3. Auflage 1995
La Rochefoucauld, F. de, Réflexions ou Sentences et Maximes Morales (dt.: Maximen und Reflexionen), 1664, 5. Auflage 1678
Lee, J.-W., Politische Philosophie des Nihilismus – Nietzsches Neubestimmung des Verhältnisses von Politik und Metaphysik, 1992
Leenen, D., Typus und Rechtsfindung, 1971
Leiter, B., Morality in the Pejorative Sense. On the Logic of Nietzsche's Critique of Morality, The British Journal for the History of Philosophy 3 (1995) 113

Leiter, B., Nietzsche on Morality, 2002
Lévinas, E., Jenseits des Seins oder anders als Sein geschieht, 1994
Löwith, K., Nietzsches Philosophie der ewigen Wiederkehr des Gleichen, 1935
Löwith, K., Nietzsche, nach sechzig Jahren, in: Gesammelte Abhandlungen – Zur Kritik der geschichtlichen Existenz, 1960, S. 127
Löwith, K., Mein Leben in Deutschland vor und nach 1933. Ein Bericht, 1961
Löwith, K., Der christliche Gentleman. Über die Schizophrenie eines gesellschaftlichen Ideals, in: Sämtliche Schriften, Band III, 1985, S. 163
Lublinski, S., Machiavelli und Nietzsche, Die Zukunft 34 (1901) 73
Lüderssen, K., Abschaffen des Strafens?, 1995
Mann, Th., Der Tod in Venedig, 1912
Mann, Th., Nietzsche's Philosophie im Lichte unserer Erfahrung, 1947, in: Essays, Band 3: Musik und Philosophie (Hg. H. Kurzke), 1988, S. 235
Maurer, R., Nietzsche harmonisch, Nietzsche-Studien 12 (1983) 497
Maurer, R., Der andere Nietzsche. Zur Kritik der moralischen Utopie, Deutsche Zeitschrift für Philosophie 38 (1990) 1019
Maurer, R., Der andere Nietzsche. Gerechtigkeit kontra moralische Utopie, Aletheia, 5 (1994) 9
Merle, J.-C., Nietzsches Straftheorie, in: Zur Genealogie der Moral (Hg. O. Höffe), KA 29, 2004, S. 97
Mess, F., Nietzsche der Gesetzgeber, 1930
Mestmäcker, E.-J., A Legal Theory without Law. Posner v. Hayek on Economic Analysis of Law, 2007
Mezger, E., Die Straftat als Ganzes, ZStW 57 (1938) 675
Mezger, E., Rechtsirrtum und Rechtsblindheit, Festschrift E. Kohlrausch, 1944, S. 180
Mill, J. St., Aphorism. Thoughts in the Cloister and the Crowd, in: London and Westminster Review IV & XXVI, Jan. 1837
Miller, C. A., Nietzsche's Discovery of Dostoevsky, Nietzsche-Studien 2 (1973) 202
Miller, C. A., Nietzsches „Soteriopsychologie“ im Spiegel von Dostojewskijs Auseinandersetzung mit dem europäischen Nihilismus, Nietzsche-Studien 7 (1978) 130
Mittelman, W., The Relation between Nietzsche's Theory of the Will of Power and his earlier Conception of Power, Nietzsche-Studien 9 (1980) 122
Mohr, J., Der Mensch als der Schaffende. Nietzsches Grundlegung eines neuen Selbstverständnisses des Menschen, 1977
Mohr, J., Nietzsches Deutung des Gewissens, Nietzsche-Studien 6 (1977) 1
Montaigne, M. de, Essais (zitiert nach der Übersetzung von Hans Stilett; herausgegeben von Hans Magnus Enzensberger, 1998)
Montesquieu, Ch. de, De l'esprit des lois, 1748 („Vom Geist der Gesetze“, zitiert nach der von E. Forsthoff herausgegebenen Ausgabe, 1968)
Montinari, M., Nietzsche lesen, 1982
Montinari, M., Kommentar der von ihm mitherausgegebenen Kritischen Studienausgabe, Band 14
Moore, G., Nietzsche, Biology, and Metaphor, 2002
Mootz, F. J./Goodrich, P. (Hg.), Nietzsche and Law, 2008
Moroni, E., Nietzsche e la giustizia, Rivista internationale di filosofia del diritto 53 (1976) 151
Müller, E., Die Griechen im Denken Nietzsches, 2005

Müller-Lauter, W., Nietzsche. Seine Philosophie der Gegensätze und die Gegensätze seiner Philosophie, 1971

Müller-Lauter, W., Nietzsches Lehre vom Willen zur Macht, Nietzsche-Studien 3 (1974) 1

Müller-Lauter, W., Der Geist der Rache und die ewige Wiederkehr, 1981

Navratil, M., „Einige Sprossen zurück". Metaphysikkritik, Perspektivismus und die Gültigkeit der Perspektive in Nietzsches Menschliches, Allzumenschliches, Nietzsche-Studien 46 (2017) 58

Nehemas, A., Nietzsche: Life as Literature, 1985

Newman, J. H., Die Idee der Universität, Übersetzung von E. Stein, 2004 (The Idea of a University, 1873)

Niemeyer, C., Nietzsches andere Vernunft. Psychologische Aspekte in Biographie und Werk, 1998

Nigg, W., Friedrich Nietzsche, 1994

Nozick, R., Anarchy, State, and Utopia, 1974 (dt. von H. Vetter: Anarchie, Staat, Utopie, 1978)

Nussbaum, M., Mitleid und Gnade. Nietzsches Stoizismus, Deutsche Zeitschrift für Philosophie 41 (1993) 831

Nussbaum, M., Is Nietzsche a Political Thinker?, International Journal of Philosophical Studies 5 (1997) 3

Oechsler, J., Gerechtigkeit im modernen Austauschvertrag, 1997

Oehler, R., Friedrich Nietzsche und die Vorsokratiker, 1904

Orsucci, A., Genealogie della Morale. Introduzione alla Lettura, 2001

Orsucci, A., Strafe und Ressentiment: Nietzsches Rechtsverständnis und einige seiner Quellen, ARSP-Beiheft 77 (2001) 195

Otsuru, T., Gerechtigkeit und Díke. Der Denkweg als Selbst-Kritik in Heideggers Nietzsche-Auslegung, 1992

Ottmann, H., Philosophie und Politik bei Nietzsche, 1987, 2. Auflage 1999

Petersen, J., Anthropozentrik versus Ökozentrik, ARSP 83 (1997) 361

Petersen, J., Von der Interessenjurisprudenz zur Wertungsjurisprudenz, 2001

Petersen, J., Kants „Metaphysische Anfangsgründe der Rechtslehre" – kritisches Spätwerk oder „Erzeugnis eines gewöhnlichen Erdensohns"?, Festschrift C.-W. Canaris, 2007, Band II, S. 1243

Petersen, J., Medienrecht, 5. Auflage 2010

Petersen, J., Besprechung zu V. Hösle, Eine kurze Geschichte der deutschen Philosophie, 2013, ARSP 99 (2013) 434

Petersen, J., Fichtes Versuch, Machiavelli Gerechtigkeit widerfahren zu lassen, Festschrift M. Kloepfer, 2013, S. 927

Petersen, J., Freiheit unter dem Gesetz. Friedrich August von Hayeks Rechtsdenken, 2014

Petersen, J., Recht und Macht in den Fabeln La Fontaines, Liber amicorum O. Seul, 2014, S. 384

Petersen, J., Recht vor Gnade in Ovids Tristia, Gedächtnisschrift H. Unberath, 2015, S. 351

Petersen, J., Die Eule der Minerva in Hegels Rechtsphilosophie, 2. Auflage 2015

Petersen, J., Wilhelm von Humboldts Rechtsphilosophie, 3. Auflage 2016

Petersen, J., Pascals Gedanken über Gerechtigkeit und Ordnung, 2016

Petersen, J., Privatrechtsdogmatik und methodischer Individualismus am Beispiel Rudolf von Jherings, Festschrift C.-W. Canaris, 2017, S. 87

Petersen, J., Adam Smith als Rechtstheoretiker, 2. Auflage 2017

Petersen, J., „Einen für Europa mitzählenden Geist“, Festschrift J. Strangas, 2017, S. 169
Petersen, J., Schopenhauers Gerechtigkeitsvorstellung, 2017
Petersen, J., Montaignes Erschließung der Grundlagen des Rechts, 2. Auflage 2019
Petersen, J., Recht bei Tacitus, 2019
Petersen, J., Allgemeines Schuldrecht, 9. Auflage 2019
Petersen, J., Max Webers Rechtssoziologie und die juristische Methodenlehre, 3. Auflage 2020
Piazzesi, C., Nietzsche, die Gerechtigkeit und das Recht, Nietzsche-Studien, 39 (2010) 652
Picht, G., Nietzsche, 1988
Pieper, A., ‚Ein Seil geknüpft zwischen Tier und Übermensch‘. Philosophische Erläuterungen zu Nietzsches erstem *Zarathustra*, 1990
Pieper, A., Vorrede, in: Zur Genealogie der Moral (Hg. O. Höffe), KA 29, 2004, S. 15
Pizer, J., The Use and Abuse of „Ursprung“: On Foucaults Reading of Nietzsche, Nietzsche-Studien 19 (1990) 462
Porter, J. I., The Invention of Dionysus. An Essy on The Birth of Tragedy, 2000
Popper, K., Die offene Gesellschaft und ihre Feinde, 1945
Popper, K., Die öffentliche Meinung im Lichte der Grundsätze des Liberalismus, 1956
Prostka, N., Nietzsches Machtbegriff in Beziehung zu dem Machiavellis, 1989
Radbruch, G., Kleine Vorschule der Rechtsphilosophie, 1959
Ratzinger, J./Benedikt XVI., Vom Sinn des Christseins, 1965
Ratzinger, J./Benedikt XVI., Einführung in das Christentum, 1968
Ratzinger, J./Benedikt XVI., Werte in den Zeiten des Umbruchs, 2005
Ratzinger, J./Benedikt XVI., Jesus von Nazareth, 2007
Rawls, J., A Theory of Justice, 1971 (dt.: Eine Theorie der Gerechtigkeit, 1975)
Rée, P., Der Ursprung der moralischen Empfindungen, 1877
Reinhardt, K., Thukydides und Machiavelli, 1960
Richardson, J., Nietzsche's System, 1996
Richardson, J., Nietzsche's New Darwinism, 2004
Ricœur, P., Liebe und Gerechtigkeit, Amour et Justice (mit einer deutschen Parallelübersetzung von Matthias Raden), 1990
Ridel, M., Die „wunderbare Doppelnatur“ der Philosophie. Nietzsches Bestimmung der ursprünglich-griechischen Denkerfahrung, Nietzsche-Studien 19 (1990) 1
Ritter, G., Die Dämonie der Macht, 1947
Rosen, St., Nietzsches Platonismus, Allgemeine Zeitschrift für Philosophie 2 (1987) 1
Rothenfußer, C., Kausalität und Nachteil, 2003
Rouland, N., Legal Anthropology, 1992
Roxin, C., Strafrecht, Literaturbericht. Allgemeiner Teil, ZStW 77 (1965) 60
Roxin, C., Über den Rücktritt vom unbeendeten Versuch, Festschrift E. Heinitz, 1972, S. 251
Roxin, C., Kriminalpolitik und Strafrechtssystem, 2. Auflage 1973
Roxin, C., Allgemeiner Teil, Band I, 4. Auflage 2006
Salaquarda, J., Der Antichrist, Nietzsche-Studien 2 (1973) 91
Salaquarda, J., Umwertung aller Werte, Archiv für Begriffsgeschichte 22 (1978) 154
Salaquarda, J., Studien zur Zweiten Unzeitgemäßen Betrachtung, Nietzsche-Studien 13 (1984) 1
Sandvoss, E. R., Sokrates und Nietzsche, 1966
Sauter, C., Wilhelm von Humboldt und die deutsche Aufklärung, 1987
Savigny, F. C. v., Über den Zweck dieser Zeitschrift, Zeitschrift für geschichtliche Rechtswissenschaft 1 (1815) 1

Schacht, R., Philosophy as Linguistic Analysis: A Nietzschean Critique, Philosophical Studies 25 (1974) 153
Schacht, R., Nietzsche on Philosophy, Interpretation and Truth, Noûs 18 (1984) 75
Schacht, R., On Self-Becoming: Nietzsche and Nehama's Nietzsche, Nietzsche-Studien 21 (1992) 266
Schacht, R., Nietzsche, 1993
Schacht, R. (Hg.), Nietzsche, Genealogy, Morality. Essays on Nietzsche's *Genealogy of Morals*, 1994
Schacht, R., Making sense of Nietzsche, 1995
Schacht, R., Moral und Mensch, in: Zur Genealogie der Moral (Hg. O. Höffe), KA 29, 2004, S. 115
Schäfer, L./Wagner, O./Schafheutle, J., Gewohnheitsverbrechergesetz, Kommentar des Reichsjustizministerium, 1934
Scherer, M., Der Gentleman, 2. Auflage 2003
Schild, W., Zwischen triebhafter Rache und autonomer Selbstbestrafung – Die Dimensionen des Strafrechtsdenkens Friedrich Nietzsches, ARSP-Beiheft 77 (2001) 107
Schlaffer, H., Das entfesselte Wort, Nietzsches Stil und seine Folgen, 2007
Schlechta, K., Der junge Nietzsche und Schopenhauer, Jahrbuch der Schopenhauer-Gesellschaft 26 (1939) 289
Schlink, B., „Das Moralische versteht sich von selbst", Merkur 63 (2009) 557
Schmitt, C., Der Leviathan in der Staatslehre des Thomas Hobbes, 1938
Schopenhauer, A., Die Welt als Wille und Vorstellung, 1818
Schopenhauer, A., Parerga und Paralipomena, 1851
Schrift, A. D., Between Perspectivism and Philology: Genealogy as Hermeneutic, Nietzsche-Studien 16 (1987) 91
Schrift, A. D., Nietzsche for Democracy?, Nietzsche-Studien 29 (2000) 220
Schubart, W., Dostojewskij und Nietzsche, 1939
Seelmann, K., Vorwort, in: Nietzsche und das Recht, ARSP-Beiheft 77 (2001) 7
Simmel, G., Schopenhauer und Nietzsche, in: Gesamtausgabe Band 10, 1995, S. 167
Simon, J., Ein Geflecht praktischer Begriffe. Nietzsches Kritik am Freiheitsbegriff der philosophischen Tradition, in: Nietzsche und die philosophische Tradition (Hg. Ders.), Band 2, 1985, S. 106
Simon, J., Friedrich Nietzsche, in: Klassiker der Philosophie (Hg. O. Höffe), Band 2, 2. Auflage 1985, S. 203
Solomon, R., Abstract of Comments: Nietzsche's Ethics, Noûs 18 (1984) 88
Sommer, A. U., Zwischen Agitation, Religionsstiftung und ‚hoher Politik'. Paul de Lagarde und Friedrich Nietzsche, Nietzscheforschung 4 (1998) 169
Sonderegger, S., Friedrich Nietzsche und die Sprache. Eine sprachwissenschaftliche Skizze, Nietzsche-Studien 2 (1973) 1
Spaemann, R., Der letzte Gottesbeweis, 2007
Spinoza, B., Tractatus politicus, 1677
Spitta, D., Die Staatsidee Wilhelm von Humboldts, 2004
Staël, G. de, Corinne, 1807
Stegmaier, W., Nietzsches Neubestimmung der Wahrheit, Nietzsche-Studien 14 (1985) 69
Stegmaier, W., Zeit der Vorstellung. Nietzsches Vorstellung von der Zeit, Zeitschrift für philosophische Forschung 41 (1987) 202

Stegmaier, W., Nietzsches ‚Genealogie der Moral', 1994
Steinmann, M., Die Ethik Friedrich Nietzsches, 2000
Stevens, J., Nietzsche and Heidegger on Justice and Truth, Nietzsche-Studien 9 (1980) 224
Stierle, K., Die Modernität der französischen Klassik. Negative Anthropologie und funktionaler Stil, in: Französische Klassik (Hg. Ders./F. Nies), 1985, S. 81
Stierle, K., Friedrich Nietzsche und die klassische Moralistik in Frankreich, Festschrift M. Schmeling, 2008, S. 85 (= Montaigne und die Moralisten. Klassische Moralistik – Moralistische Klassik, 2016, S. 169).
Stierle, K., Was heißt Moralistik?, in: Moralistik. Explorationen und Perspektiven (Hg. R. Behrens/M. Moog-Grünewald), 2010, S. 10
Stolleis, M., Das Auge der Gerechtigkeit, Geschichte einer Metapher, 2004
Strakosch, H. E., Nietzsche and Dostojewskij, ARSP 49 (1963) 551
Straube, S., Zum gemeinsamen Ursprung von Recht, Gerechtigkeit und Strafe in der Philosophie Friedrich Nietzsches, 2012
Streng, F., Schuld ohne Freiheit? Der funktionale Schuldbegriff auf dem Prüfstand, ZStW 101 (1989) 273
Tanesini, A., Nietzsche's Theory of Truth, Australian Journal of Philosophy 73 (1995) 548
Taureck, B., Macht und nicht Gewalt. Ein anderer Weg zum Verständnis Nietzsches, Nietzsche-Studien 5 (1976) 29
Thüring, H., Das Gedächtnis als Grund und Abgrund des Rechts bei Friedrich Nietzsche, ARSP-Beiheft 77 (2001) 57
Tiemeyer, J., Zur Möglichkeit eines erfahrungswissenschaftlich gesicherten Schuldbegriffs, ZStW 100 (1988) 527
Tongeren, P. van, Die Moral von Nietzsches Moralkritik, Studie zu ‚Jenseits von Gut und Böse', 1989
Treiber, H., Ausgewählte Aspekte zu Paul Rées Straftheorie, ARSP-Beiheft 77 (2001) 151
Treiber, H., Besprechung von S. Straube, Zum gemeinsamen Ursprung von Recht, Gerechtigkeit und Strafe in der Philosophie Friedrich Nietzsches, Berlin 2012, ZRG GA 131 (2014) 704
Ulmer, K., Nietzsches Wahrheit und die Wahrheit der Philosophie, Philosophisches Jahrbuch 70 (1962) 295
Venturelli, A., Asketismus und Wille zur Macht. Nietzsches Auseinandersetzung mit Eugen Dühring, Nietzsche-Studien 15 (1986) 107
Venturelli, A., Nietzsche auslegen und kommentieren: Neuere Interpretationen von Jenseits von Gut und Böse, Nietzsche-Studien 47 (2018) 465
Villwock, J., Die Reflexion der Rhetorik in der Philosophie Friedrich Nietzsches, Philosophisches Jahrbuch 89 (1982) 39
Wagner, R., Der Ring des Nibelungen, 1848–1874
Warren, M., Nietzsche and Political Thought, 1988
Wasmuth, E., Der unbekannte Pascal. Versuch einer Deutung seines Lebens und seiner Lehre, 1962
Weber, Max, Wirtschaft und Gesellschaft, 5. Auflage 1972
Weizsäcker, C. F. v., Komplementarität, in: Die Religion in Geschichte und Gegenwart (RGG), Handwörterbuch für Theologie und Religionswissenschaft (Hg. K. Gailling), 3. Auflage 1959, Band III, Sp. 1744 f.
Weizsäcker, C. F. v., Der Garten des Menschlichen, 4. Auflage 1978
Weizsäcker, C. F. v., Theorie der Macht, 1978

Weizsäcker, C. F. v., Aufbau der Physik, 1985
Weizsäcker, C. F. v., Der Mensch in seiner Geschichte, 1991
Weizsäcker, C. F. v., Zeit und Wissen, 1992
Wesel, U., Frühformen des Rechts in vorstaatlichen Gesellschaften. Umrisse einer Frühgeschichte des Rechts bei Sammlern und Jägern und akephalen Ackerbauern und Hirten, 1985
Wesel, U., Geschichte des Rechts, 3. Auflage 2006
Whitman, J., Nietzsche in the Magisterial Tradition of German Classical Philology, Journal of the History of Ideas 47 (1986) 453
Wilcox, J. T., Truth and Value in Nietzsche. A Study of his Metaethics and Epistemology, 1974
Winter, L., Einleitung „Menschliches, Allzumenschliches", 1960
Wisser, R., Nietzsches Lehre von der völligen Unverantwortlichkeit und Unschuld jedermannes, Nietzsche-Studien 1 (1972) 147
Wolf, J.-C., Nietzsches Begriff der Macht, ARSP-Beiheft 77 (2001) 203
Wolf, J.-C., Exposition von These und Gegenthese: Die bisherige „englische" und Nietzsches Genealogie der Moral, in: Zur Genealogie der Moral (Hg. O. Höffe), KA 29, 2004, S. 31
Woodhead, A. G., Thucydides and the Nature of Power, 1970
Wurzer, W., Nietzsche und Spinoza, 1975
Yang, D.-J., Die Problematik des Begriffs der Gerechtigkeit in der Philosophie von Friedrich Nietzsche, 2005
Zimbardo, Ph., The Lucifer Effect, 2007
Zuckert, C., Nature, History, and the Self. Friedrich Nietzsche's Untimely Considerations, Nietzsche-Studien 5 (1976) 55
Zweig, St., Montaigne, 4. Auflage 2001
Zwierlein, E., Blaise Pascal zur Einführung, 1996

Personenverzeichnis

Die kursiv gedruckten Zahlen verweisen auf den Text, die normal gedruckten auf Fußnoten.

https://doi.org/10.1515/9783110645682-010

Kolibri 360 GmbH
Ferdinand-Jühlke-Straße 7
99095 Erfurt, Deutschland
produktsicherheit@kolibri360.de